OEUVRES
DE
J. F. COOPER

PARIS. — IMPRIMERIE J. CLAYE, RUE SAINT-BENOIT, 7.

J. F. COOPER

TRADUCTION

par Defauconpret

LE CRATÈRE

Paris,
FURNE & Cie, PERROTIN, PAGNERRE
Éditeurs

OEUVRES
DE
J. F. COOPER

TRADUITES

PAR

A. J. B. DEFAUCONPRET

TOME VINGT-NEUVIÈME

LE CRATÈRE
OU MARC DANS SON ILE

PARIS
FURNE ET Cⁱᵉ, PAGNERRE, ET PERROTIN
ÉDITEURS

M DCCC LIV

PRÉFACE

Les lecteurs de cet ouvrage seront naturellement portés à demanrde pourquoi aucun livre de géographie ni d'histoire ne fait mention des pays ni des événements dont il y est question. La réponse est bien simple, et de nature à satisfaire les esprits les plus exigeants. C'est que très-probablement les auteurs de ces livres n'ont jamais entendu dire qu'il existât des lieux tels que le Récif, l'Ile de Rancocus, le Pic de Vulcain, le Cratère, et les autres îles dont il est tant parlé dans cette histoire.

Nous conviendrons franchement qu'en toute autre circonstance, ce serait une présomption très-forte contre l'existence de pays de ce nom, que le silence complet des géographes à cet égard. Mais qu'on veuille bien réfléchir qu'il y eut un temps, et ce temps ne remonte pas à plus de trois siècles et demi, où les géographies ne disaient pas un seul mot de tout le continent d'Amérique; qu'il n'y a pas plus d'un siècle qu'elles ont commencé à décrire la Nouvelle-Zélande, la Nouvelle-Hollande, Taïti, Oahu, et mille autre lieux qui sont cités aujourd'hui tous les jours, même dans les gazettes. Les traités les plus complets de géographie ne disent que bien peu de choses du Japon, par exemple; encore est-ce une question s'il ne vaudrait pas mieux qu'ils n'en parlassent pas du tout que d'en donner de pareilles descriptions. En un mot, ceux qui connaissent le mieux le globe, sont loin de le connaître tout entier, et nous ne voyons pas pourquoi les esprits curieux de s'instruire ne chercheraient pas des renseignements dans nos colonnes aussi bien que dans ces volumes annoncés avec fracas par les trompettes littéraires qu'embouchent les présidents, vice-présidents et secrétaires des diverses sociétés savantes.

Il est une chose que nous soutiendrons, et cela à la face det ous ceux qui pourraient être tentés de déprécier nos travaux : c'est qu'il n'y a pas dans ce volume un mot qui n'ait droit à une croyance entière. Nous méprisons l'imposture. Mais pour faire taire d'avance toutes les mauvaises langues, nous exposerons quelques-unes des considérations qui se présentent à l'instant même à notre esprit, pour démontrer que tout ce qui est raconté ici *pourrait* être tout aussi vrai que les voyages mêmes de Cook. D'abord, la terre est grande, et elle est assez vaste pour contenir non-seulement toutes les îles dont nous aurons occasion de parler, mais une infinité d'autres. C'est quelque chose d'avoir établi d'une manière invincible qu'une hypothèse est possible. Ensuite, à la fin du dernier siècle, et même au commencement de celui-ci, on ne connaissait pas la moitié des îles de l'océan Pacifique, qui nous sont connues aujourd'hui. Dans une pareille disette de renseignements précis, combien de choses ont pu se passer dont nous n'avons jamais su le premier mot! Que de générations se sont succédé dans ces régions lointaines, sans qu'aucun homme civilisé en ait entendu parler! Pendant les guerres de la révolution française, les événements secondaires passaient inaperçus; et c'est encore une considération importante à l'appui de la thèse que nous soutenons.

Mais quoi qu'on puisse penser de l'authenticité des incidents, nous espérons du moins qu'on ne contestera pas la moralité qui en ressort. La réalité n'est pas absolument nécessaire pour mettre en relief un principe, et quelquefois l'imagination peut très-bien prendre sa place.

Le lecteur peut encore désirer savoir pourquoi les merveilleux événements racontés dans cet ouvrage ont été si longtemps dérobés au monde. Quelqu'un pourrait-il me dire combien il y a de milliers d'années que les eaux se précipitent du haut du Niagara, et comment il se fait qu'il n'y ait que trois siècles que les hommes civilisés ont entendu parler de cette prodigieuse cataracte? Le fait est qu'il faut un commencement à tout, et c'est précisément aujourd'hui que le monde va commencer à connaître l'histoire du Pic de Vulcain et du Cratère. N'accusons pas le siècle passé de négligence pour nous l'avoir cachée si longtemps. Rappelons-nous, ce que nous disions tout à l'heure, que, il y a quarante ans, il n'y avait d'yeux, il n'y avait d'oreilles que pour Napoléon et sa merveilleuse histoire, où il se trouve plus de traits extraordinaires que dans tout ce qui est rapporté ici, quoique ce soit dans un tout autre genre. En fait de prodige, pendant près d'un quart de siècle, la révolution française et ses conséquences ont exercé le monopole.

Veut-on quelques explications plus simples? Nous allons les donner, et, soit dit en passant, ce n'est pas un argument médiocre à l'appui de notre véracité. La famille Woolston existe encore en Pensylvanie. Le membre le plus distingué de cette famille est mort depuis peu, et c'est son journal qui a servi le plus souvent de base à ce récit. Il est mort à l'âge de soixante-dix ans, laissant une grande fortune, une réputation

PRÉFACE.

intacte, ce qui est quelque chose, mais ce qui vaut mieux encore ; le souvenir d'une vie bien employée, et dans laquelle il avait toujours cherché à plaire à Dieu plutôt qu'aux hommes.

L'aimable et fidèle compagne de ce principal personnage de notre histoire est mort aussi. On eût dit qu'ils ne pouvaient pas rester longtemps séparés. Leur heure venue, ils rendirent presque en même temps le dernier soupir. Il en est de même de nos amis, Robert et Marthe, qui ont aussi fait leur temps, et qui sont partis, il faut l'espérer, pour un monde meilleur. Quelques-uns des acteurs plus jeunes de notre drame existent encore, mais ils évitent soigneusement de parler des événements de leurs jeunes années. La jeunesse est l'âge des illusions, et quand ces illusions se sont évanouies, on n'aime pas à jeter les yeux en arrière.

Si les habitants actuels des États-Unis savent mettre à profit les avertissements salutaires que renferment les événements qu'on va lire, il se peut encore que la miséricode divine épargne ce qu'elle a conservé et protégé jusqu'ici.

Un seul mot encore. En écrivant cet ouvrage, nous avons cherché à conserver le style simple et sans prétention du journal du capitaine Woolston, et si le lecteur remarque quelques négligences, ce sera notre excuse.

LE CRATERE

ou

MARC DANS SON ILE

CHAPITRE PREMIER

> L'occasion est belle; il faut quitter le port;
> Tu trouveras là bas la fortune ou la mort.
> SHAKSPEARE.

De toutes les licences que se permet la liberté américaine, il n'en est pas de plus grande, de plus manifeste, que le changement continuel des noms de baptême. La Bible, la Mythologie, l'Histoire ancienne, ont tour à tour fourni leur contingent; mais quand ces veines ont été épuisées, les inventeurs se sont mis à l'œuvre, et ont déployé une richesse d'imagination vraiment extraordinaire pour un peuple aussi positif. De quelle source sont dérivés tous les mots étranges qui ont été successivement enrôlés au service de cette nomenclature humaine, c'est ce que les philologues les plus exercés seraient très-embarrassés de dire. Les Kate, les Dolly, les Betty sont passées de mode; aujourd'hui nous n'entendons parler que de Philémas, d'Amindas, de Marindas, etc.

Heureusement pour le héros de cette histoire, il était venu au monde il y a soixante ans, avant cette invasion des noms modernes, dans la petite ville de Bristol, du comté de Bucks, en Pensylvanie, et il avait reçu tout simplement le nom de Marc.

Son père était médecin, et eu égard au pays et à l'époque, médecin habile et instruit. Le docteur Woolston avait un confrère qui ne demeurait qu'à un mille de distance, et qui s'appelait Yardley. C'était un homme respectable, d'une instruction à peu près égale à celle de son voisin, mais d'une fortune beaucoup plus considérable. Il n'avait qu'une fille, tandis que le docteur Woolston avait une famille nombreuse. Marc était l'aîné, et ce fut sans doute à cette circonstance qu'il fut redevable des soins donnés à son éducation, puisqu'il était le seul des enfants dont on eût encore à s'occuper.

En 1777, un collége en Amérique n'était guère autre chose qu'une bonne école primaire. En fait de lettres, on n'y étudiait guère que la grammaire; mais on y recevait quelque teinture des sciences. C'en était assez pour qu'en sortant de là on pût aspirer au titre de bachelier ès-arts, et Marc Woolston l'aurait obtenu tout comme un autre, sans un événement qui arriva dans sa seizième année, et qui, en amenant un changement complet dans son plan de vie, étouffa dans leur germe les honneurs académiques auxquels il allait être appelé.

Bien qu'il soit rare de voir de grands bâtiments remonter la Delaware plus haut que Philadelphie, la rivière est navigable même pour eux presque jusqu'à Trenton Bridge. En 1793, lorsque Marc Woolston venait d'avoir seize ans, un bâtiment gréé en carré vint jeter l'ancre à l'extrémité du quai de Burlington, petite ville située presque en face de Bristol. Ce fut aussitôt le point de mire de tous les jeunes gens du voisinage. Marc était alors en vacances, et il n'avait d'yeux que pour le beau navire; à chaque instant il passait la rivière sur une barque pour l'admirer de plus près. A partir de ce moment, il ne pensa plus qu'à l'Océan, et ni les larmes de sa mère, ni le désespoir de la plus âgée de ses sœurs, jolie enfant qui n'avait que deux ans de moins que lui, ni les représentations plus calmes de son père, ne purent ébranler sa résolution. Les six semaines de vacances se passèrent à débattre cette grande question, et le docteur finit par se rendre, réfléchissant sans doute que ce serait une assez grande charge pour lui de pourvoir à l'éducation de ses autres enfants, et que ce serait toujours autant d'épargné si l'aîné se mettait le plus tôt possible en état de se suffire à lui-même.

En 1793, le commerce de l'Amérique était déjà florissant, et Philadelphie était alors de beaucoup la ville la plus importante du pays. C'était surtout avec les Indes Orientales qu'elle avait des relations commerciales, qui prenaient de jour en jour plus d'importance, et le docteur Woolston n'ignorait pas qu'on y faisait rapidement fortune. Un de ses cousins avait épousé la fille d'un capitaine de bâtiment marchand ; le père lui demanda ses conseils et son appui. Le capitaine Crutchely consentit à prendre Marc sur son bord, et il promit d'en faire un homme, et, qui plus est, un officier.

Marc avait juste seize ans le jour où il vit la mer pour la première fois. C'était un grand garçon de cinq pieds six pouces, fort pour son âge, et plein d'activité. A vrai dire, il eût été difficile de trouver personne de mieux préparé pour son état que le jeune Marc Woolston. Si les trois années qu'il avait passées au collége n'en avaient fait ni un Newton ni un Bacon, elles n'avaient pas été inutiles pour lui ; car elles avaient meublé sa tête d'une foule de notions en tout genre, dont, par la suite, il devait tirer parti. Il savait un peu de tout, et il était si adroit et si habile en une foule de choses, et de tant de manières différentes, qu'il ne tarda pas à attirer l'attention des officiers. A peine avait-on mis à la voile, qu'il était aussi à l'aise à bord du *Rancocus* que dans la maison paternelle, et le jour même, le capitaine Crutchely dit à son second : — Voilà un gaillard qui ira loin !

Le pauvre Marc ne perdit pas de vue la terre, pour la première fois de sa vie, sans avoir le cœur un peu gros. Il aimait tendrement son père, sa mère, ses frères et ses sœurs, et, comme nous nous sommes promis de ne rien cacher, nous ajouterons même qu'il y avait encore une personne qui occupait ses pensées plus que toutes les autres ensemble. Cette personne était Brigitte Yardley, la fille unique du très-redoutable confrère de son père.

Les deux médecins étaient obligés d'avoir ensemble de tristes relations, soit dit sans calembour. Ils étaient trop souvent appelés ensemble en consultation pour être en guerre ouverte. Mais si les chefs des deux familles se trouvaient parfois en même temps au chevet du lit d'un malade, les familles elles-mêmes n'avaient point de relations entre elles. Elles pouvaient se rencontrer par hasard en soirée, mais sans jamais se faire la moindre avance. Les excellentes dames n'étaient pas moins divisées pour les opinions religieuses que leurs maris pouvaient l'être sur la vertu de tel ou tel remède. Il n'était guère question alors d'homéopathie, ni d'allopathie, ni d'hydropathie, ni de toutes les opathies du monde ; mais on n'en trouvait pas moins matière à de très-amères discussions, et les médecins se déchiraient à tout aussi belles dents qu'aujourd'hui. La religion n'exerçait pas une influence plus salutaire sur ses adeptes. Ainsi, mistress Woolston et mistress Yardley étaient ce qu'on appelle des personnes pieuses : elles disaient exactement leurs prières ; elles allaient chacune à leur église particulière, et c'étaient des églises très-*particulières* en effet ; chacune s'imaginait avoir une dose suffisante de la foi qui sauve, mais ni l'une ni l'autre n'avait beaucoup de charité pour sa voisine ; aussi, comme nous l'avons donné à entendre, jamais ne mettaient-elles les pieds l'une chez l'autre.

Bien différents étaient les sentiments des enfants. Anne Woolston, la sœur aînée de Marc, et Brigitte Yardley, étaient presque du même âge, et elles étaient compagnes de pension et les meilleures amies du monde. Rendons justice à leurs mères : elles ne cherchèrent pas à contrarier cette inclination ; au contraire, elles laissèrent leurs filles libres de s'y livrer, comme s'il leur suffisait de se haïr personnellement, sans chercher à transmettre à leurs enfants ces sentiments d'hostilité. Anne et Brigitte s'aimaient donc de toute leur âme, persuadées, les chères petites, dans la simplicité de leurs cœurs, que puisque leurs

pères exerçaient la même profession, c'était un motif de plus
pour elles de rester étroitement unies. Elles pouvaient avoir
deux ou trois ans de moins que Marc; mais elles étaient déjà
grandes, et aimantes et bonnes autant qu'on peut l'être. Toutes
deux étaient jolies, chacune à sa manière. Anne avait des traits
fins, de vives couleurs, de belles dents et une bouche charmante;
Brigitte avait tout cela, et, de plus, de l'expression. On
ne pouvait rien voir de plus doux, de plus gracieux que la
figure de Brigitte au repos; mais rien de plus enjoué, de plus
folâtre, de plus ardent ou de plus tendre, suivant les impressions
qui faisaient battre son jeune cœur. C'était Marc qu'on
envoyait presque toujours chercher sa sœur, lorsqu'elle allait
voir son amie, et il était naturellement admis en tiers dans leur
intimité. D'abord, il fut convenu que Marc serait le frère de
Brigitte comme il était celui d'Anne. Brigitte était fille unique,
et il était bien juste de chercher à réparer les torts de la fortune.
Brigitte déclara que de tous les jeunes gens de Bristol,
Marc était celui qu'elle préférait avoir pour frère; et puis c'était
si gentil d'avoir le même frère qu'Anne ! Malgré cette excursion
dans le domaine du romanesque, Brigitte était pleine de raison,
et susceptible du plus tendre dévouement, sans tomber dans
l'exagération. Franche et vraie dans toute sa conduite, en adoptant
Marc pour son frère, elle cédait à un mouvement de sympathie
naturelle, sans en comprendre la portée ni l'origine.
C'était avec Anne des dissertations à n'en pas finir sur *leur*
frère, sur ce qu'il fallait qu'il fît, et sur l'appui qu'elles pouvaient
lui donner. La véritable sœur était moins active que son
amie, d'esprit et de corps; et elle écoutait tous ces projets avec
une douce tranquillité, qui n'était pas exempte d'étonnement.

Le résultat de toutes ces entrevues fut de faire naître entre
Marc et Brigitte une passion beaucoup plus profonde qu'on
n'aurait pu le croire dans d'aussi jeunes cœurs, passion qui devait
se refléter sur toute leur vie. Marc comprit pour la première
fois la force de cet attachement, quand il perdit les Caps de
vue, et qu'il se figura la chère enfant parlant avec sa sœur de

l'absence et des périls du jeune marin. Mais Marc avait trop l'esprit de corps pour se consumer en regrets ou pour négliger son service. Il n'avait pas encore doublé le cap de Bonne-Espérance, que son poste était dans les hunes, et quand le bâtiment entra dans les mers de Chine, il avait déjà été appelé au gouvernail.

Ces sortes de voyages duraient alors près d'un an, et *le Rancocus* ne fit pas exception. Si messieurs les Chinois avaient le quart de l'activité de nos Américains, il ne faudrait pas le quart de ce temps; mais le transport du thé sur les canaux du Céleste Empire était loin de se faire avec la même rapidité que celui du froment sur les routes de la Grande République, même lorsqu'elles étaient encore aussi raboteuses qu'à l'époque dont nous parlons.

Le Rancocus était à peine de retour depuis vingt-quatre heures que Marc Woolston faisait l'envie de tous les garçons de Bristol, et l'admiration de toutes les jeunes filles. C'était alors un beau jeune homme de dix-sept ans, grand, bien fait, dégagé, qui avait doublé le Cap, qui avait vu des pays étrangers et qui avait dans chacune des poches d'une belle veste bleue, d'un drap superfin, un vrai foulard des Indes, dont le bout sortait coquettement, tandis qu'un autre foulard, noué négligemment autour de son cou, retombait sur sa chemise entr'ouverte. A combien de questions il lui fallut répondre sur les baleines, sur les pieds chinois, et sur ces « vagues qui sont autant de montagnes! » Quoique Bristol soit situé sur une rivière navigable que des frégates ont parcourue dans tous les sens pendant la Révolution, ses habitants ne connaissaient guère l'Océan. Ils se figuraient que les vagues de la mer étaient à la lettre aussi élevées que des montagnes. Il est vrai de dire qu'ils n'avaient pas non plus d'idées très-précises sur les montagnes; car il n'y a pas dans cete partie du pays de butte même assez haute pour y établir un moulin à vent.

Marc répondait à tout avec une patience héroïque. Il était heureux! heureux d'être l'objet de tant d'attentions; plus heureux encore au sein d'une famille dont il avait toujours été l'idole, et dont il était devenu l'orgueil, mais surtout le plus heureux des hommes quand il avait pu dérober un baiser sur les joues rougissantes de Brigitte Yardley. Douze mois avaient opéré de grands changements de part et d'autre, et la séduisante sœur de Marc ne pouvait concevoir qu'un voyage sur mer pût produire en si peu de temps des effets si merveilleux. Pour être restée à terre, Brigitte n'avait pas perdu son temps, et le bouton de fleur qui donnait de si riantes espérances, commençait à s'entr'ouvrir et à se colorer des teintes les plus gracieuses. Marc était ravi, hors de lui, et le mois qu'il passa à Bristol lui suffit pour déclarer sa passion et pour surprendre l'aveu timide qu'il était payé de retour. Pendant ce temps les parents ne soupçonnaient pas plus ce qui se passait entre les jeunes amants que ceux-ci ne remarquaient le degré d'animosité où les deux confrères en étaient venus l'un contre l'autre. On ne se voyait plus même en consultation, ou, si l'on était obligé de se trouver ensemble dans la maison de quelque riche malade, c'était pour entamer des discussions qui dégénéraient toujours en querelles.

Enfin, au bout d'un mois trop court, Marc fut rappelé à son poste à bord du *Rancocus*, et il fallut s'arracher à ces délicieuses entrevues avec Brigitte. Anne était devenue leur confidente, et la chère enfant, ne voyant pas pourquoi le fils d'un respectable médecin n'épouserait pas la fille d'un médecin non moins respectable, les encouragea dans leurs promesses de constance, et reçut leur serment de devenir un jour mari et femme, et cela le plus tôt possible. Voilà qui est bien précoce, et surtout bien inconvenant! vont s'écrier quelques rigides moralistes. Eh! Messieurs, veuillez faire attention à l'état de société dans lequel nos jeunes gens ont été élevés, aux habitudes qu'ils ont dû prendre, au genre de vie qu'ils ont mené. Alors, comme aujourd'hui, les parents en Amérique, surtout dans la moyenne classe, s'inquiétaient peu des relations que formaient leurs enfants. Qu'on eût des mœurs, et qu'on n'eût pas fait parler de soi, qu'on fût à peu près dans la même position sociale, c'était tout ce qu'ils demandaient; ou, s'ils songeaient à demander davantage, c'était généralement lorsqu'il était trop tard, et après que les jeunes gens étaient devenus trop profondément amoureux pour écouter les conseils de la prudence.

Marc partit cette fois en laissant son cœur derrière lui, mais, néanmoins, rempli d'espérance. A son âge, on ne se laisse pas abattre ; et, tout en restant fidèle à son amie, il n'était pas parti depuis huit jours qu'il était le boute-en-train de tout l'équipage. Il n'allait pas directement à Canton, comme à son premier voyage. *Le Rancocus* portait une cargaison de sucre à Amsterdam; de là il alla à Londres, où il prit un chargement pour Cadix. C'était l'époque où le volcan de la Révolution française jetait ses premiers feux, et c'était par la marine américaine que se faisait la plus grande partie du commerce du monde. Le capitaine Crutchely avait pour instructions de faire le cabotage en Europe, jusqu'à ce qu'il eût réuni un nombre de dollars suffisant pour acheter une riche cargaison. Alors seulement il devait prendre la route de Canton. Comme il allait de port en port, Marc eut beaucoup d'occasions de voir le monde, autant du moins qu'on peut le voir dans les ports de mer. Grande en effet est la différence entre des villes qui ne sont que des entrepôts de commerce, et celles qui sont les capitales politiques de vastes contrées ! Il en est quelques-unes, Londres, par exemple, qui réunissent les deux avantages, et alors elles échappent à ce ton provincial, à cet esprit étroit, qui n'est que trop commun dans les simples résidences de cours. C'est ce qui rend Naples, malgré le peu d'importance de son commerce, supérieure à Vienne, et Gênes à Florence. Quoi qu'il en soit, si Marc, dans ses visites précipitées à Amsterdam, à Londres, à Cadix, à Bordeaux, à Marseille, à Gibraltar, et à quelques autres ports encore, que je pourrais nommer, n'eut pas le temps d'approfondir ce qu'il voyait et ce qu'il entendait, il n'en fit pas moins une ample récolte de connaissances, dont il fit son profit par la suite. Peu à peu il dépouillait la rouille de sa province, et ses idées s'agrandissaient. Avant de partir pour Canton, Marc se vit appelé du gaillard d'avant à la cabine. Les deux années qu'il avait passées sur mer l'avaient déjà formé, et l'éducation qu'il avait reçue lui avit facilité l'étude de la navigation. Les officiers de marine n'étaient pas alors communs en Amérique, et un jeune homme aussi heureusement doué que Marc, au physique comme au moral, ne pouvait manquer de faire rapidement son chemin, pourvu qu'il se conduisît bien. Il n'est donc pas étonnant que notre jeune marin ait été nommé second lieutenant du *Rancocus* avant d'avoir accompli sa dix-huitième année.

Le voyage de Londres à Canton, puis de Canton à Philadelphie, prit environ dix mois. Le *Rancocus* était un bon voilier, mais il ne pouvait communiquer sa vitesse aux bâtiments chinois. Aussi Marc allait-il avoir dix-neuf ans dans quelques semaines, quand son navire doubla le cap May. En arrivant, le capitaine Crutchely lui promit qu'il serait son premier lieutenant dans son prochain voyage, et, tout heureux de cette promesse, Marc se hâta de remonter le fleuve jusqu'à Bristol.

Brigitte Yardley était alors dans tout l'éclat de la beauté, et, pour continuer la métaphore que nous avons déjà employée, cette tendre fleur s'était complétement épanouie. Lorsque Marc la vit, elle était en deuil de sa mère. Cette perte avait encore rapproché les deux filles, cette liaison innocente ne pouvant donner aucune alarme à leurs parents; mais il n'en fut pas de même des visites du jeune marin. Il n'y avait pas quinze jours qu'il était de retour, et il était plus assidu que jamais auprès de l'amie de sa sœur, quand tout à coup le docteur Yardley lui chercha querelle et lui défendit de remettre le pied chez lui. D'où provenait cette colère subite? Simplement de ce que Brigitte était devenue une héritière, et qu'elle avait une fortune indépendante du côté de sa mère. Or, penser que cette fortune irait enrichir le fils de son ennemi, c'était ce que le docteur ne pouvait supporter. Du moment qu'il avait appris que ce fils courtisait sa fille, il avait décidé de lui fermer sa porte; aussi chercha-t-il la première occasion de lui faire une scène en présence même de Brigitte, étonnée et toute tremblante. Il n'épargna pas les insinuations les plus malveillantes contre les Woolston en général, en exceptant toutefois Anne qu'il ne confondait pas, disait-il, avec les autres. Marc se conduisit avec une modération admirable. Il n'oublia pas un moment que c'était un vieillard qui lui parlait, et que ce vieillard était le père de Brigitte. Brigitte! et que lui importait sa fortune? Savait-il seulement que sa mère lui eût laissé une ferme et des rentes assez considérables? Ce qu'il aimait en elle, c'était sa franchise, sa douceur, son cœur si tendre et si dévoué; jamais ses pensées n'avaient été plus loin. Marc écouta le docteur jusqu'au bout, puis, quand il fut bien convaincu qu'il prolongerait inutilement sa visite, il saisit vivement son chapeau, et, à la manière brusque dont il sortit, Brigitte fut convaincue qu'il était décidé à ne plus les revoir. Mais telle n'était point l'intention de Marc, comme on le verra par la suite.

CHAPITRE II

LADY CAPULET.
Elle n'a pas encor quatorze ans.
LA NOURRICE.
Sur mon âme,
Que je perde à l'instant quatorze dents, Madame,
— Et je n'en ai que quatre, hélas! — si cette enfant
A quatorze ans. Voyons! calculons un instant.
Roméo et Juliette.

La Sagesse divine nous commande d'honorer nos père et mère. Des observateurs attentifs croient remarquer qu'en Amérique les parents sont moins honorés que chez les autres nations chrétiennes; nous disons chrétiennes, car beaucoup de peuples païens, les Chinois, par exemple, vont jusqu'à les adorer, sans doute par suite de quelque association d'idées mystérieuse que nous ne comprenons pas. Nous sommes de cet avis : oui, les liens de famille sont plus relâchés en Amérique que presque partout ailleurs, et cela tient aux habitudes nomades des habitants, ainsi qu'au peu de consistance en général des liens qui nous rattachent au passé. En même temps les lois sur le mariage sont si élastiques, les relations entre les jeunes gens des deux sexes sont si faciles, si peu surveillées, qu'il n'est pas étonnant que ce grand engagement soit si souvent contracté sans réflexion et contre la volonté des parents. Mais le commandement de Dieu n'en est pas moins là, et nous sommes de ceux qui croient qu'on ne saurait l'enfreindre sans s'exposer à en sentir la peine, même dans ce monde, et nous sommes porté à penser que si Marc et Brigitte eurent tant à souffrir plus tard, ce fût pour avoir bravé en face l'autorité paternelle.

La scène qui avait eu lieu chez le docteur Yardley ne tarda pas à être connue du docteur Woolston. Il aimait assez Brigitte, autant du moins qu'il pouvait aimer une Yardley; mais l'outrage fait à son fils était trop sanglant pour qu'il pût l'oublier, et, à son tour, il défendit toutes relations entre les jeunes filles. Brigitte aimait Anne presque à l'égal de Marc, et elle ne pouvait s'habituer à ne plus la voir. Sa santé même s'en altéra au point d'alarmer son père. Pour la distraire, il imagina de l'envoyer chez une de ses tantes à Philadelphie, oubliant que c'était justement là que le bâtiment de Marc était amarré, et que nulle part les jeunes gens n'auraient plus de facilités pour se voir. Le bon docteur n'y pensa pas, ou s'il y pensa, il se dit sans doute que sa sœur ferait bonne garde, et qu'elle aussi, elle interdirait sa maison au jeune marin.

Les choses tournèrent comme le docteur aurait dû le prévoir. Marc ne fut pas plus tôt retourné à bord de son bâtiment, dont il était alors le premier lieutenant, qu'il chercha Brigitte, et il n'eut pas de peine à la trouver. La tante voulut se montrer sévère, défendre les visites; mais on obéit à une tante encore moins qu'à un père, et nos amoureux se donnèrent des rendez-vous secrets. Une semaine ou deux se passèrent ainsi. Marc ne pouvait songer à partir pour un nouveau voyage en laissant sa bien-aimée entre les mains de ceux qu'il considérait comme ses ennemis. Il paraissait si malheureux, il déploya tant d'éloquence, que Brigitte se laissa convaincre. Il fut décidé qu'on se marierait secrètement, et que, quand Marc serait majeur, il viendrait réclamer ouvertement sa femme.

Une fois décidée, une affaire de ce genre est facile à conclure en Amérique. Au nombre des amis de collége de Marc se trouvait un jeune ministre qui avait quelques années de plus que lui. C'était une bonne pâte d'homme, sans malice, qui, apprenant la manière dont on s'était conduit avec son ami, ne se fit pas trop prier pour célébrer la cérémonie. Un matin que Brigitte était sortie avec une de ses amies pour faire, à ce que croyait sa tante, sa promenade ordinaire avant le déjeuner, elle se dirigea vers le quai où Marc l'attendait. On se rendit à bord du *Rancocus*, et le mariage fut célébré dans la cabine qui, en l'absence du capitaine, qui était alors à terre, appartenait tout entière au jeune officier, lieu tout à fait convenable pour le mariage d'un jeune couple qui devait avoir les aventures que l'on verra plus tard.

Le Rancocus sortait des chantiers de Philadelphie, où se construisaient alors les meilleurs bâtiments. C'était un très-beau navire, quoique les dimensions n'en fussent pas très-grandes. Il pouvait porter près de quatre cents tonneaux, et la cabine du capitaine était spacieuse et commode. Sa femme, bonne et industrieuse ménagère, avait veillé elle-même à ce qu'il n'y manquât rien, et Brigitte trouva que la chambre dans laquelle elle fut unie à Marc était la plus jolie du monde. Certes on n'y voyait pas des colonnes de marbre, des boiseries d'érable, des meubles en bois de rose : ce sont des extravagances auxquelles on ne songeait pas il y a cinquante ans ; mais il n'y manquait rien de ce qui pouvait contribuer à l'agrément et à la commodité des passagers. Elle était sur le pont, ce qui contribuait encore à lui donner meilleure apparence, celles qui sont placées en bas étant nécessairement plus sombres et plus étroites, puisque le bâtiment est d'autant meilleur voilier, qu'il se rétrécit davantage dans sa partie inférieure.

Les témoins du mariage furent l'amie de Brigitte, le ministre officiant, et un marin qui avait été de tous les voyages de Marc, et qui avait été établi par le capitaine gardien du bâtiment, tout prêt à être encore du prochain voyage. Il se nommait Robert, ou, comme on l'appelait généralement par abréviation, Bob Betts. Il était de l'État de New-Jersey, dans les États-Unis. A l'époque dont nous parlons, il pouvait avoir trente-cinq ans, et semblait voué à tout jamais au célibat. Des fenêtres de la maison de son père, Bob avait sous les yeux l'océan Atlantique, de sorte que, dès le berceau, il avait humé l'air de la mer. A huit ans il était entré comme mousse à bord d'un caboteur, et depuis lors il avait toujours été matelot. Pendant toute la guerre de la Révolution, Bob avait servi dans la marine, tantôt sur un bord, tantôt sur un autre, et il avait eu le bonheur de n'être jamais fait prisonnier. C'était un avantage dont il était très-fier, et il soutenait qu'il n'y avait que les maladroits qui se laissaient prendre; aussi professait-il pour eux le plus profond mépris. A tous autres égards, Bob était plein de raison et de bon sens; mais sur ce chapitre il n'était point maniable et se montrait vraiment absurde. Que voulez-vous? les plus grands hommes ont leurs faiblesses, et c'était celle de notre ami Bob.

Le capitaine Crutchely avait engagé Bob après la paix de 1783, et depuis lors il l'avait toujours gardé avec lui. C'était à Bob qu'il avait confié l'instruction de Marc, quand celui-ci était venu à bord; et c'était sous Bob que le jeune matelot avait fait son apprentissage. Bob était plein de ressources, et, comme presque tous les matelots américains, il n'y avait presque rien qu'il ne sût faire de ses dix doigts. C'était, entre autres, un mécanicien des plus habiles. D'une force athlétique, d'une taille gigantesque, d'une carrure remarquable, Bob était pour ses amis d'un dévouement à toute épreuve. Il ne voyait jamais un défaut à ceux qu'il aimait, ni une bonne qualité à ceux qui lui déplaisaient. Son attachement pour Marc était sans bornes, et l'avancement de son jeune ami lui avait fait autant de plaisir que s'il se fût agi du sien. Dans la dernière traversée, il avait dit aux matelots du gaillard d'avant: — Vous voyez bien Marc Woolston? eh bien, ce sera un fameux loup de mer dans son temps; retenez ça de moi! Le plus beau jour de ma vie sera celui où je pourrai m'embarquer à bord d'un bâtiment commandé par le *capitaine* Marc Woolston. C'est moi qui lui ai appris à mordre dans un biscuit de mer, et c'est que, dès le premier jour, il s'en acquittait joliment. Voyez-le donc haler sur un câble! quel gaillard! Et dire qu'il n'y a pas plus de deux ans, on eût cru qu'il allait s'évanouir à l'odeur du goudron! — Ici Bob brodait un peu; car jamais Marc n'avait eu de ces délicatesses. Il répondait cordialement à l'attachement de Bob, et c'était une véritable paire d'amis.

Quoiqu'il n'y eût, avec le ministre, que deux témoins du mariage, Bob Betts et Marie Bromley, on n'en dressa pas moins deux contrats en bonne forme, dont l'un fut remis à Marc, qui l'enferma dans son secrétaire, et l'autre à Brigitte, qui le cacha dans son corset. Cinq minutes après la cérémonie, on se sépara; les deux jeunes filles retournèrent chez elles, le ministre retourna à ses affaires, et les deux marins restèrent sur le pont du bâtiment. Bob n'ouvrit pas la bouche, tant qu'il vit les yeux du jeune mari fixés sur la taille légère de Brigitte, qui descendait rapidement le quai, accompagnée de sa jeune amie. Mais Brigitte n'eut pas plus tôt disparu à leurs regards, qu'il crut convenable de placer un mot.

— Voilà une goëlette fine voilière et joliment arrimée, monsieur Woolston, dit-il en tournant une chique dans sa bouche; un de ces jours ce sera une fameuse frégate à commander.

— C'est elle qui est et qui sera toujours mon capitaine, Bob, répondit Marc. Mais pas un mot de ce qui vient de se passer, n'est-ce pas?

— Oh! bien oui! c'est Bob qui irait consigner sur le livre de loch de quoi faire caqueter toutes les commères du voisinage, comme autant de guenons qui auraient trouvé un sac de noix! Mais qu'est-ce que le ministre voulait donc dire en marmotant : « Je te donne tous mes biens en ce monde; » est-ce que vous allez être plus riche ou plus pauvre?

— Ni l'un ni l'autre, répondit Marc en souriant. Je reste juste au même point, et il est probable que j'y resterai longtemps encore.

— Est-ce que la demoiselle n'a rien de son côté? Je me suis laissé dire que parfois il y a d'assez bons coups de filet à faire dans ces sortes de pêches?

— Brigitte doit être dans la même position que moi, Bob, et c'est tout dire. Mais maintenant elle est à moi, et dans deux ans je viendrai la réclamer, n'eût-elle pas deux robes à porter. Son père est homme à lésiner tant qu'il pourra, quand il s'agira de l'équiper, ma jolie corvette!

Marc était de bonne foi. Il ne savait pas que Brigitte avait trente mille dollars qui lui étaient assurés, et qu'elle toucherait à sa majorité, ou quand elle se marierait, si alors elle avait dix-huit ans. Il ne l'apprit que plusieurs jours après son mariage, de la bouche même de son amie, qui l'engagea à renoncer à la mer pour rester toujours auprès de sa petite femme. Malgré tout son amour, Marc était attaché à son état, et il lui répugnait aussi d'être à la charge de Brigitte. La lutte fut vive entre l'amour et l'orgueil; mais Brigitte plaida si bien, elle sut employer si à propos les caresses et les larmes, qu'il finit par se rendre. Ce fut dans la maison de Marie Bromley que se traitèrent ces grandes négociations, dans des entrevues aussi fréquentes que le permettait le service du jeune lieutenant. Le résultat fut que Marc partit pour Bristol, et qu'il alla raconter franchement à son père ce qui s'était passé, révélant ainsi au bout de huit jours un secret qui devait être gardé pendant au moins deux grandes années.

Au premier mot, le docteur Woolston bondit sur sa chaise; mais il y avait dans cette affaire quelques considérations de nature à consoler un père. D'abord Brigitte était jeune, douce et belle, et, en même temps, pour Bristol, elle était riche. Il y avait là de quoi jeter quelque baume sur les blessures de l'amour-propre, de quoi oublier des rivalités de profession et des antipathies personnelles. Nous ne sommes pas bien sûr qu'il n'éprouva même pas une joie secrète à la pensée que la fortune de la femme de son collègue allait revenir à son fils par suite de ce mariage. Au surplus, il se conduisit en galant homme. Il annonça la chose au docteur Yardley, dans une lettre délicatement tournée, qui permettait d'arranger l'affaire à l'amiable, si on le voulait. On ne le voulut pas, et le père de Brigitte se laissa aller à un tel accès de colère qu'il en eut une attaque d'apoplexie qui faillit l'emporter.

Cependant le docteur en réchappa, et, dès qu'il fut sur pied, il n'eut rien de plus pressé que de courir à Philadelphie et de ramener sa fille. Marc aurait pu redemander sa femme et la conduire dans la maison de son père; la loi n'y faisait point obstacle; mais le docteur Woolston s'y opposa, et il manœuvra ensuite avec beaucoup d'habileté. Un ami commun lui ménagea une entrevue avec son confrère, et l'on s'expliqua avec beaucoup plus de calme et de sang-froid. On tomba d'accord qu'il valait mieux que les jeunes gens restassent séparés encore deux ou trois ans; c'était un arrangement que l'âge si tendre de Brigitte rendait nécessaire. Il ne fut pas question de la fortune, ce qui arrangeait fort le docteur Yardley, qui ainsi pourrait continuer à en recevoir les revenus jusqu'à nouvel ordre. Enfin, le docteur Woolston poussa la condescendance jusqu'à demander l'avis de son confrère sur un cas difficile qui se présentait dans sa pratique. Il en résulta que l'entrevue fut beaucoup plus amicale qu'on ne l'avait espéré, et qu'avant de se séparer, les parties intéressées étaient tombées d'accord sur tous les points.

Il fut décidé que Marc resterait à bord du *Rancocus*, qui allait entreprendre son quatrième voyage. Le bâtiment devait se diriger vers quelques-unes des îles de l'océan Pacifique et y prendre un chargement de bois de sandal pour le marché de Chine. A son retour, Marc serait majeur et pourrait prendre le commandement d'un navire, s'il ne voulait pas renoncer à son état. Jusqu'au moment du départ, Marc pourrait aller voir de temps en temps sa femme; quant aux lettres, il leur était permis de s'écrire aussi souvent que cela pourrait leur faire plaisir. Tels furent les principaux articles du traité conclu entre les parties contractantes.

Le docteur Yardley obéissait sans doute à un sentiment paternel très-respectable, en reculant le moment où sa fille, si jeune encore, aurait à remplir les devoirs et à supporter les peines inséparables de son nouvel état. Mais au fond se glissait aussi un secret espoir que quelque incident imprévu pourrait se jeter à la traverse de ce malencontreux mariage, qu'il n'acceptait que contraint et forcé, mais dont il aurait voulu de grand cœur être débarrassé. En 1796, il n'était pas si facile de séparer un mari de sa femme. Aujourd'hui, le docteur Yardley n'aurait qu'à aller trouver les juges, à leur débiter quelque histoire lamentable sur la fortune de sa fille, sur sa jeunesse qui ne lui avait pas permis de savoir ce qu'elle faisait; et en mettant habilement en œuvre l'incident de la cabine et quelques autres enjolivements, il n'aurait pas de peine à obtenir le divorce. Les choses ne se passaient pas encore aussi rondement, et force fut de prendre patience. Les relations entre Anne et Brigitte furent rétablies comme par le passé, et Marc écrivait lettres sur lettres remplies des expressions les plus passionnées.

Cependant le bâtiment faisait ses préparatifs de départ, et Marc ne pouvait quitter le bord que le dernier jour de chaque semaine. Il s'arrangeait du moins pour passer son dimanche à Bristol; il voyait sa femme à l'église, faisait avec elle une promenade dans la campagne sous la surveillance d'Anne, et repartait assez à temps pour être à son poste le lundi matin à l'ouverture des écoutilles.

Moins d'un mois après le mariage prématuré de Marc Woolston et de Brigitte Yardley, *le Rancocus* partit pour l'océan Pacifique et pour Canton. Marc trouva moyen d'aller passer un jour à Bristol, et le docteur Yardley, se laissant attendrir par la douleur de sa fille, consentit à la conduire à Philadelphie avec son amie, pour qu'elle pût lui faire ses derniers adieux. Le docteur consentit même à visiter le bâtiment, que le capitaine Crutchely n'appelait plus en riant que la Chapelle de Saint-Marc, à cause de la cérémonie religieuse qui y avait été célébrée. Mistress Crutchely était là pour présider aux derniers arrangements, et voir si tout était bien en ordre. Le bon capitaine ne se fit pas faute de plaisanteries et de bons mots qui firent rougir plus d'une fois Brigitte, mais que son affection pour Marc lui fit supporter plutôt que d'abréger une visite qui lui était si chère dans un pareil moment.

Cependant, l'heure de la séparation finale arriva. Malgré tout son courage, Marc sentit son cœur près de se briser, et Brigitte éclatait en sanglots. Une séparation de deux ans, c'est un siècle pour ceux qui n'ont pas encore vécu quatre lustres. Qu'eût-ce été, s'ils avaient pu prévoir par quels grands et mystérieux événements leur absence devait être prolongée !

Il avait fallu employer une sorte de violence pour emmener Brigitte, et du rivage elle suivit tant qu'elle put le bâtiment. Marc ne pouvait plus distinguer ses traits, qu'il voyait encore un mouchoir qui s'agitait en l'air. Puis la distance et les objets qui s'interposèrent entre eux mirent fin même à cette dernière correspondance.

Marc trouva dans sa petite chambre, — car dans la cabine du *Rancocus* on avait ménagé quatre cabinets, l'un pour le capitaine, deux pour les lieutenants, et le quatrième pour le subrécargue, — plus d'une preuve de l'affection de Brigitte. Mistress Crutchely elle-même, malgré sa longue expérience, n'avait pas montré plus de sagacité, ni certainement plus de sollicitude à préparer et à réunir tout ce dont le capitaine pouvait avoir besoin, que la jeune femme à orner la chambre de son petit mari. A cette époque les artistes n'étaient pas nombreux en Amérique, et ce n'était pas chose facile de trouver à faire faire son portrait; mais Brigitte avait fait découper son profil, l'avait mis dans un joli cadre, et ce fut une charmante surprise en même temps qu'une douce consolation pour Marc, lorsque, après cette cruelle séparation, il chercha la solitude pour se remettre de son émotion, de reconnaître des traits qui lui étaient si chers; car le profil avait été très-bien pris, et Brigitte avait une coupe de figure qu'il était facile de reproduire par ce procédé. C'était bien elle, la tête légèrement penchée d'un côté, pose qui lui était naturelle et qui chez elle était pleine de grâce. Marc passa des heures entières devant cette image qu'il animait de toutes les grâces de l'original.

On dit qu'à bord il n'y a point de dimanche ; ce qui veut dire qu'il faut être constamment à l'œuvre, la nuit comme le jour, par le calme comme par la tempête. Le *Rancocus* n'était pas exempt de la règle commune, et il y avait toujours quelque manœuvre à exécuter pour les gens de l'équipage. Mais nous n'avons pas l'intention de décrire minutieusement cette longue traversée, pour deux raisons : d'abord parce que ce sont les mêmes incidents qui marquent presque toujours les voyages à l'extrémité méridionale du continent d'Amérique ; ensuite parce que nous avons à raconter beaucoup d'autres événements qui demanderont toute notre attention, et qui auront sans doute plus d'intérêt pour le lecteur.

Le capitaine Crutchely toucha, suivant l'usage, à Rio-Janeiro, pour renouveler ses provisions, et, lorsqu'il eut passé une semaine dans le plus délicieux de tous les ports, il poursuivit sa route. Enfin, après avoir doublé le cap Horn, en moins de quinze jours il arrivait à Valparaiso.

C'était alors que commençait la partie vraiment sérieuse du voyage. Jusque-là on n'avait guère eu qu'à se laisser glisser à travers ces déserts sans bornes de l'Océan ; mais le moment de la besogne était arrivé. On déchargea le fret qu'on avait apporté pour le compte du gouvernement d'Espagne, on prit de l'eau, un supplément de vivres en cas de scorbut, et au bout d'une nouvelle quinzaine le bâtiment reprit la mer.

En 1796, l'océan Pacifique n'était pas aussi connu des marins qu'il l'est aujourd'hui. Il n'y avait que vingt ans que Cook avait fait ses célèbres voyages, et les relations en avaient été publiées ; mais Cook lui-même avait laissé beaucoup à faire, et il y avait encore bien des points à éclaircir. Le premier auteur d'une découverte acquiert un grand renom ; mais ce sont généralement ceux qui viennent après lui qui savent utiliser ses travaux. Si nous ne connaissions de l'Amérique que ce que Christophe

Colomb en a connu, nous serions bien loin encore de recueillir tous les fruits de sa grande découverte.

Comparativement à son étendue, et eu égard au temps qui y règne ordinairement, l'océan Pacifique peut à peine être regardé comme une mer dangereuse ; cependant il suffit de jeter un coup d'œil sur la carte pour voir combien les groupes d'îles, les rochers, les récifs et les bas-fonds, y sont en plus grand nombre que dans l'Atlantique. Quoi qu'il en soit les marins sillonnent hardiment ses vastes plaines, et les Américains sont au nombre des plus audacieux et des plus intrépides.

Pendant près de deux mois après son départ de Valparaiso, le capitaine Crutchely sonda les profondeurs de cette belle mer, à la recherche des îles que ses instructions portaient de trouver. C'était du bois de sandal qu'il s'agissait de prendre, branche de commerce, soit dit en passant, dont tout chrétien devrait scrupuleusement s'abstenir si ce qu'on rapporte de l'usage qu'on en fait en Chine est vrai : ce bois serait brûlé comme encens au pied des idoles, et une créature humaine peut-elle commettre un plus grand crime que de contribuer, même indirectement, à faire rendre à un autre qu'à Dieu l'hommage qui n'est dû qu'à lui? C'est une réflexion qui se présenta plus d'une fois à l'esprit de Marc Woolston, quand plus tard il en vint à réfléchir aux causes qui avaient pu amener les prodigieux événements dans lesquels il se trouva enveloppé. Mais nous voici arrivés à un endroit de notre récit où il devient nécessaire d'entrer dans des détails que nous remettrons au commencement d'un nouveau chapitre.

LE CERISIER

CHAPITRE III.

> O Dieu puissant des mers ! ta voix retentissante
> A tiré du repos la vague obéissante.
> Elle se dresse en mont, puis retombe en grondant,
> Puis, se dressant encor, terrible elle descend
> Avec un bruit affreux sur le pont qu'elle inonde ;
> Des éclairs redoublés percent la nuit profonde.....
> Fais un signe ; aussitôt la tempête se tait,
> Les vents sont apaisés, et le calme renait.
>
> PEABODY.

La journée qui précéda la nuit dont nous avons à parler fut brumeuse, et le vent était est-sud-est, circonstance favorable pour *le Rancocus*, qui portait au sud-ouest. Le capitaine Crutchely avait un défaut capital pour un maître de bâtiment : il buvait trop de grog à son dîner. A tout autre moment de la journée, c'était un homme sobre ; mais au dîner il avalait d'un trait trois ou quatre verres de rhum avec très-peu d'eau. Et ce n'était pas de cette manière seulement qu'il savourait les douceurs de la table : il ne faisait pas moins d'honneur aux mets abondants qu'il avait soin de se faire servir, et la cuisine de son bord était renommée.

Le jour en question était précisément l'anniversaire de la naissance de mistress Crutchely, et le capitaine était trop bon mari pour ne pas le célébrer par des libations plus copieuses encore que d'ordinaire. Or, quand la ration régulière est déjà plus qu'il ne faudrait pour la santé, pour peu qu'on y ajoute encore il est impossible que la tête résiste. C'est ce qui était arrivé au capitaine au moment où il quittait la table. Marc, qui, lui, ne faisait jamais d'excès, vit avec peine l'état de son capitaine, d'autant plus qu'un matelot qui redescendait de la hune prétendait que, dans un moment où le temps était clair, il avait vu à l'avant un point où la mer était « blanche ». Marc fit connaître cette circonstance au capitaine en disant qu'il pourrait être à propos de diminuer de voiles, de mettre en panne et de jeter la sonde. Mais le capitaine n'en tint aucun compte. Il jura que les matelots étaient toujours prêts à croire qu'ils allaient donner contre des bancs de corail, et qu'il n'y aurait pas de raison pour qu'on arrivât jamais s'il se prêtait à toutes les fantaisies de cette nature. Par malheur, le lieutenant en second était un vieux matelot qui ne devait son poste qu'au goût immodéré que, comme son patron, il avait pour les liqueurs fortes, et il venait justement de se griser avec lui. Cet homme encouragea le capitaine dans le mépris qu'il faisait de ces sottes terreurs, et Marc se vit réduit au silence.

Cependant notre jeune officier n'était pas tranquille. Le matelot qui avait fait le rapport était un homme sûr, incapable de dire ce qu'il n'aurait pas cru vrai. Il était alors six heures du soir, et Marc, qui venait d'être relevé du quart, profita de sa liberté pour monter dans les barres de perroquet, afin de profiter des derniers rayons du jour pour faire lui-même ses observations. D'abord il ne put rien distinguer à plus d'un mille de distance, à cause de la brume; mais au moment où le soleil entrait dans la mer, il se fit une clarté à l'ouest, et Marc vit alors distinctement ce qu'il reconnut ne pouvoir être que des brisants, qui se prolongeaient dans une étendue de plusieurs milles à travers la route du bâtiment.

Une pareille découverte ne permettait pas d'hésiter, et le jeune marin cria aussitôt :

— Des brisants à l'avant!

Ce cri, poussé par le premier lieutenant, tira de son assoupissement le capitaine lui-même, qui commençait à se remettre de l'effet de ses libations; mais il fut sans effet sur son compagnon, qui n'avait jamais pardonné à un tout jeune homme comme Marc d'avoir obtenu un poste qu'il lui semblait qu'un homme de son âge et de son expérience aurait rempli beaucoup mieux. Il fit des gorges-chaudes de ce qu'on s'obstinait à parler de brisants sur un point de l'Océan où la carte indiquait une mer parfaitement libre; mais le capitaine n'ignorait pas que les cartes ne peuvent dire que ce qu'on sait à l'époque où elles sont faites, et il n'était pas disposé à pousser aussi loin l'incrédulité. Il cria donc : « En haut tout le monde ! » et l'on diminua de voiles. Marc descendit de son observatoire pour se mettre aussi à la besogne, pendant que le capitaine y montait à son tour pour chercher les brisants. En se croisant sur le mât, le capitaine dit à Marc de présenter le cap au sud, dès qu'il y aurait assez peu de voilure pour le faire sans danger.

A peine sur le pont, Marc se mit à exécuter les ordres qui lui avaient été donnés. Les voiles furent diminuées rapidement ; la crainte aiguisait encore le zèle des matelots, car leur jeune officier inspirait de la confiance. Quoique le bâtiment fût sous ses bonnettes hautes quand le commandement de carguer les voiles fut donné, il ne resta bientôt que les trois huniers avec deux ris pris, et le bâtiment alla à la bouline, le cap au sud. Quand ces manœuvres furent achevées, le jeune marin éprouva un grand soulagement, car, par suite du changement de direction, les brisants qu'il avait vus à l'avant se trouvaient alors par le travers du navire. Il est vrai qu'ils étaient encore sous le vent, ce qui était une position très-dangereuse ; mais le vent n'était pas assez fort pour empêcher de les doubler, pourvu qu'on ne perdît pas un instant.

Il n'y avait pas cinq minutes que le capitaine Crutchely était monté dans les barres de perroquet qu'il cria qu'on lui envoyât Bob. Bob avait la réputation d'être le plus clairvoyant de l'équipage, et c'était lui qu'on employait toutes les fois qu'on croyait approcher de terre ou de quelque navire. Il grimpa le long des agrès comme un écureuil, et fut bientôt à côté du capitaine, tous deux regardant de tous leurs yeux du côté sous le vent. En redescendant, ils s'arrêtèrent à la hune pour jeter encore un coup d'œil du même côté.

Le second lieutenant attendait le retour du capitaine, ayant sur sa rude figure une expression sardonique qui semblait annoncer d'avance qu'on allait voir que cette eau, que Marc disait blanche, avait perdu sa couleur, et qu'elle était redevenue bleue.

Mais le capitaine Crutchely n'alla pas aussi loin quand il fut descendu sur le pont. Il convint qu'il n'avait rien vu qui lui parût être positivement des brisants, mais que cependant, une ou deux fois, quand le temps s'éclaircissait un peu, il avait vu briller à l'horizon quelque chose qui l'intriguait fort. Ce pouvait être une écume blanche, comme aussi l'effet des derniers rayons du soleil couchant. Bob Betts n'était pas moins en défaut que son capitaine, et une réflexion d'Hillson, le second lieutenant, acheva de mettre les brisants de Marc en discrédit.

— Mais regardez donc la carte, capitaine ! jamais on n'en a dressé de plus exacte. Vous verrez qu'il ne *peut* pas y avoir par ici la plus petite goutte d'eau blanche. S'il faut diminuer de voiles et nous haler dans le vent à chaque baleine morte qui se trouvera sur notre passage, ça ne fera pas le compte des armateurs.

— Et vous, Bob, n'avez-vous rien vu là haut? demanda Marc, en appuyant sur le mot *vous* de manière à indiquer qu'il n'était pas trop surpris que le capitaine eût eu un brouillard sur les yeux.

— Rien de rien, monsieur Woolston, répondit Bob en remontant son pantalon, et cependant j'ai regardé crânement à l'avant.

Ce témoignage était décisif contre Marc. Le capitaine se fit apporter la carte. Il se mit à l'examiner avec Hillson, et ces deux fortes têtes en vinrent à la conclusion que de toute nécessité la mer était libre autour d'eux dans toutes les directions, à plus d'un millier de milles à la ronde. Dans les cas embarrassants, c'est un grand pas de fait quand on a décidé que telle ou telle chose doit être. Le capitaine Crutchely n'aurait pas sans doute porté le même jugement, s'il avait eu la tête plus libre; il n'en était pourtant pas encore au point d'oublier tous ses devoirs dans une circonstance si critique. Et comme Marc protestait avec plus de force que jamais qu'ils étaient en face de brisants, le capitaine consentit à faire jeter la grande sonde.

Ce n'est pas une petite opération, surtout à bord d'un bâtiment marchand, où elle prend ordinairement de quinze à vingt minutes. Il faut d'abord que le bâtiment mette en panne, et perde son aire, autant que possible ; puis c'est la sonde qu'il faut disposer, les hommes qu'il faut placer. Pendant ce temps, le jour tombait de plus en plus ; une petite pluie fine ajoutait à l'obscurité, et Marc était plus que jamais convaincu de la position dangereuse du navire.

La sonde apprit qu'on ne trouvait pas le fond à quatre cents brasses. Ce n'était pas un indice concluant, même pour l'incrédule Hillson, car on savait très-bien que les bancs de corail s'élèvent souvent dans l'Océan comme des murs perpendiculaires, sans qu'on puisse soupçonner leur présence même à une encablure de distance. De son côté Marc ne croyait pas qu'on en fût encore très-près, car la vue porte loin du haut d'une élévation comme celle des barres de perroquet, et l'écume blanche ne s'était montrée à ses yeux que tout à l'extrémité de l'horizon occidental.

Après une nouvelle conférence avec ses officiers, pendant laquelle Hillson n'avait pas épargné les épigrammes à son supérieur moins expérimenté, le capitaine Crutchely se décida pour un parti qu'on pourrait appeler demi-prudent. Il n'y a rien qui répugne plus à un marin que de paraître s'effrayer trop aisément d'un danger qui n'est pas certain. Que ce danger soit constant, hors de toute contestation, il ne se fera point scrupule de mettre tout en œuvre pour l'éviter ; mais qu'il y ait doute, ce misérable sentiment de vanité qui nous porte tous à faire violence à notre nature, nous fait affecter de l'indifférence même quand nous avons peur. Dans les circonstances où le capitaine Crutchely se trouvait placé, le parti le plus sage eût été de courir bord sur bord en faisant peu de voile, jusqu'au lendemain matin où il aurait pu remettre le cap en route avec plus de confiance. Mais ç'aurait été une sorte de concession faite à l'influence d'un danger inconnu, et le vieux marin se fût cru deshonoré en cédant à un sentiment de crainte. Il résolut donc de faire la même route, avec les ris pris dans les huniers, mais d'avoir toujours un homme en vigie, et les basses voiles sur les cargues, afin de pouvoir amurer tout bas et s'éloigner au vent, s'il était nécessaire.

Il est certain que, par suite de ces dispositions, le péril était beaucoup moindre, et lorsque Marc prit le quart, ses inquiétudes avaient diminué. Ce qui le tourmentait, c'était l'obscurité intense qui l'entourait, et qui ne lui permettait pas de distinguer la mer même à une encablure du bâtiment. Le capitaine et Hillson étaient rentrés dans la cabine, où ils avaient encore vidé chacun un grand verre de rhum. Le jeune marin, debout entre les apôtres, redoubla de surveillance, et puisque ses yeux ne pouvaient lui rendre aucun service, il prêtait avidement l'oreille pour saisir quelque lointain murmure qui pût l'avertir de la présence des brisants; car il était persuadé qu'il s'en rapprochait de plus en plus. Il était près de minuit, et la pensée qu'à cette heure Hillson allait prendre sa place, lorsque de nouveaux excès l'avaient mis hors d'état de veiller à la sûreté du bâtiment, lui causa une angoisse inexprimable. Il ne se trompait pas cette fois : c'était bien le bruit redouté qu'il entendait non pas à l'avant, mais à tribord. Le danger était assez pressant pour qu'il pût se départir de ses instructions, et il donna ordre aussitôt de mettre la barre tout à tribord, afin de courir debout au vent à bord opposé. Par malheur, ainsi que l'événement le prouva, son devoir impérieux était d'aller rendre compte au capitaine de ce qu'il avait fait. Un moment il eut la pensée de ne rien dire, de ne point réveiller le second lieutenant et de rester sur le pont jusqu'au jour; mais la réflexion le convainquit que c'était une responsabilité qu'il ne lui était pas permis de prendre, et, d'un pas lent, le cœur rempli de tristes pressentiments, il entra dans la cabine.

Ce n'était pas chose facile de réveiller deux hommes dans la position où le capitaine et Hillson s'étaient couchés. Hillson surtout était dans un état voisin de la léthargie; mais la situation était trop grave pour garder des ménagements, et Marc les secoua violemment.

— Eh bien! eh bien! qu'y a-t-il de nouveau? demanda le capitaine en se frottant les yeux.

— Je crois avoir entendu un bruit qui révèle la présence de brisants par notre travers, capitaine, et j'ai mis le cap au sud.

Cet avis fut suivi d'une sorte de grognement que Marc ne sut comment interpréter. Était-ce du mécontentement ou bien de la surprise? Cependant, comme le capitaine était complétement éveillé, et qu'il s'apprêtait à aller sur le pont, Marc pensa qu'il avait fait tout ce que son devoir lui commandait, et il retourna à son poste. L'arrière du bâtiment était alors le lieu d'observation le plus convenable; l'absence de basses voiles faisait qu'on voyait aussi bien que si l'on eût été à l'avant, et l'on entendait beaucoup mieux, parce que les vagues ne venaient pas s'y briser. Marc alla s'y établir, et il ne tarda pas à appeler Bob qui était de son quart, et avec lequel il continuait à entretenir des relations aussi intimes que le permettait la différence de leurs positions.

— Bob, vos oreilles ne sont pas moins bonnes que vos yeux; ne vous disent-elles rien des brisants?

— Pardon, monsieur Woolston, et, s'il faut tout vous avouer, m'est avis que quand j'étais là haut, j'ai vu quelque chose qui ressemblait terriblement à de l'eau blanche. Mais le capitaine jurait si haut qu'il n'en était rien et qu'il était sûr que la mer était libre, que je n'ai pas osé soutenir le contraire.

— Quand on est en vigie, c'est un grand tort de ne point dire ce qu'on a vu, reprit Marc d'un ton grave.

— J'en conviens, Monsieur, j'ai eu tort, et je ne suis pas à m'en repentir. Mais c'est si grave de tenir tête à son capitaine!

— Brisons là. — A présent vous croyez avoir entendu le bruit des vagues contre des récifs. — De quel côté?

— A l'arrière d'abord, puis à l'avant; et tenez, au moment où vous m'avez appelé, c'était là par le bossoir du vent.

— Parlez-vous sérieusement, Bob?

— Très-sérieusement, monsieur Marc. Mon aventure de l'après-midi m'a mis sur mes gardes, et j'ai l'œil et l'oreille au guet. Suivant moi, Monsieur, le bâtiment, dans ce moment même, est au beau milieu des brisants, et nous pouvons y être jetés d'un instant à l'autre.

— Comment diable! s'écria le capitaine Crutchely, qui en ce moment arrivait sur l'arrière, et qui avait entendu ces derniers mots. — Quant à moi, je n'entends rien d'extraordinaire, et je défie bien l'homme doué de la meilleure vue de rien apercevoir dans cette obscurité.

A peine ces mots étaient-ils sortis de la bouche du capitaine, et pendant que Hillson, qui n'était pas encore dégrisé, manifestait son assentiment par un rire hébété, le bruit des vagues contre les brisants se fit entendre de la manière la moins équivoque. Ils étaient bien par le travers, du côté du vent. Par la manœuvre qu'il avait commandée, Marc avait reculé le danger, sans pouvoir le conjurer; il était trop tard. Le capitaine, sans s'amuser à échanger des paroles inutiles appela tout l'équipage sur le pont, et cria d'une voix de tonnerre : Tout le monde à virer vent arrière ! Cet ordre était donné d'un ton à ne pas admettre de remontrances, et Marc se mit à l'œuvre comme les autres, avec toute son énergie. Il aurait préféré virer vent devant, et c'eût été une manœuvre beaucoup plus sage : mais il était évident qu'il fallait mettre le bâtiment à l'autre bord, et il y employa tous ses efforts. Malheureusement la place manquait. Au moment où le bâtiment courait en dérivant, malgré son peu de voilure, l'atmosphère parut s'éclairer tout à coup d'une lumière étrange, la mer blanchit tout autour d'eux, et le bouillonnement des vagues ressemblait au bruit d'une cataracte; c'étaient bien des brisants; le bâtiment en était entouré, et, l'instant d'après, il touchait le fond !

La profonde obscurité de la nuit ajoutait à l'horreur de ce moment terrible. Le premier effet de cette catastrophe fut de rendre le capitaine complètement à lui-même, et il se montra le marin intrépide et calme qu'il était. Ses ordres furent donnés avec autant de sang-froid que de précision et de clarté, et ils furent exécutés avec l'ensemble qu'on pouvait attendre de matelots expérimentés dans un pareil moment. Toutes les voiles furent carguées; les plus lourdes furent serrées. Tandis que Marc dirigeait cette manœuvre, Hillson était chargé de parer une ancre. Pendant ce temps, le capitaine surveillait les mouvements du bâtiment. En jetant la sonde il s'assura qu'il allait encore de l'avant. Les secousses n'étaient pas très-fortes, et les vagues blanches furent bientôt laissées à l'arrière sans qu'aucune eût inondé le pont. C'étaient autant de preuves que, dans l'endroit même où le bâtiment avait touché, il y avait presque assez d'eau pour le relever, fait que la sonde même confirmait. Douze pieds d'eau, c'était tout ce qu'il fallait au *Rancocus* dans sa disposition actuelle, et la sonde indiquait trois brasses par moments. C'était quand le navire entrait dans le creux des lames qu'il labourait le fond. Persuadé que son bâtiment pourrait sortir de ce mauvais pas, le capitaine épia l'instant où il serait dégagé, pour mouiller une de ses ancres de poste aussi près des brisants que possible, du côté sous le vent, décidé à attendre ensuite le jour pour aviser au meilleur moyen de se tirer des dangers dont il était entouré.

Sur le gaillard d'avant la besogne n'avançait pas, et le capitaine Crutchely s'y porta. Son second lieutenant savait à peine ce qu'il faisait, et le capitaine vit qu'il fallait qu'il le remplaçât. En même temps il donna ordre à Marc de préparer la chaloupe pour qu'il n'y eût plus qu'à la mettre à l'eau. Hillson avait mal entalingué le câble, et c'était une opération qui était à recommencer. La tête se monte aisément quand on voit faire de pareilles bévues dans des moments aussi critiques. Le capitaine, hors de lui, sauta sur le jas de l'ancre qui était une ancre de veille, et il cria à M. Hillson de se retirer. Pendant qu'il était ainsi occupé, au moment où l'entalingure était faite, et où les matelots remontaient à bord, une secousse subite ébranla le navire, les brisants reparurent de tous côtés, et des flots d'écume s'élevèrent jusqu'aux lisses du plat-bord. Quand les vagues retombèrent, le capitaine avait disparu. Que lui était-il arrivé? c'est ce qu'on ne put jamais savoir d'une manière précise. Il est probable que la lame avait balayé le jas de l'ancre, et que l'infortuné capitaine avait été emporté du côté sous le vent au milieu de l'obscurité.

Marc apprit bientôt cette catastrophe, et la grave responsabilité qu'elle lui imposait. Un sentiment d'horreur s'empara de lui, mais il le surmonta aussitôt. Il avait besoin de tout son sang-froid, et il n'y avait pas une minute à perdre. Son premier devoir était de chercher à sauver le capitaine. Le petit canot fut mis à la mer; six hommes y montèrent dans cette intention charitable. Marc, debout sur le beaupré, les vit passer comme une flèche sous l'avant du navire, et se perdre aussitôt dans les ténèbres de cette scène terrible. Ils ne reparurent pas: une même et affreuse destinée avait frappé en quelques minutes le capitaine Crutchely et six de ses meilleurs matelots!

Malgré ces pertes successives et si déplorables, la besogne n'en allait pas moins. Hillson semblait comprendre enfin qu'il fallait payer de sa personne; la raison lui était revenue, et il parvint à mettre la chaloupe à la mer. A force de secousses, le bâtiment avait presque dépassé le récif; c'était à peine s'il touchait encore, et Marc était tout prêt à mouiller ses ancres, dès qu'il penserait qu'il y avait assez d'eau pour le tenir à flot. La sonde indiquait une dérive considérable, à tel point qu'il fallait la retirer à chaque minute pour la jeter de nouveau. D'après ces indices, Marc s'attendait à tout instant à se trouver sur quatre brasses d'eau, et c'était le moment qu'il épiait pour jeter l'ancre. Cependant il dit au charpentier de sonder les pompes. Le résultat fut qu'il n'y avait que la quantité d'eau ordinaire dans la sentine. La quille n'avait encore reçu aucune atteinte sérieuse.

Tandis que Marc, la sonde à la main, observait avec anxiété la dérive du bâtiment et la profondeur de l'eau, Hillson était occupé à placer des provisions dans la chaloupe. Il y avait dans la cabine un peu de numéraire qui y fut également transporté d'après l'ordre du second lieutenant, et sans que Marc en fût même informé. Il était sur le gaillard d'avant, trop occupé pour faire attention à ce qui se passait à l'arrière, où Hillson restait maître absolu avec les quelques matelots qui l'entouraient.

Enfin Marc reconnut, à sa grande joie, qu'il y avait quatre bonnes brasses d'eau sous les bossoirs, quoique le bâtiment tombât encore à l'arrière. Bob était auprès de lui, une lanterne à la main. Peu à peu *le Rancocus* se redressait sur l'avant, la lame étant alors si faible, par la manière dont elle avait été brisée du côté du vent, qu'elle le soulevait à peine d'un pouce ou deux à la fois. Après avoir attendu patiemment un quart d'heure, Marc pensa que le moment propice était arrivé, et il donna ordre de laisser tomber l'ancre. Le matelot placé à la bosse obéit. Par une heureuse coïncidence, l'ancre avait été jetée au moment où la quille se dégageait du fond. Le câble n'étant pas très-long, le bâtiment, après avoir été de l'avant assez pour le tendre, commença à éviter. Comme il venait à l'appel de son ancre, une lame, qui avait traversé le récif sans se briser, se déploya sur le pont. Dans ce moment Hillson était sur la chaloupe avec ses compagnons. Fut-elle entraînée à la dérive par la force de la lame, ou, dans la confusion qui régnait à bord, eut-on l'imprudence de détacher le câblot? Toujours est-il que lorsque Marc, qui s'était avancé lui-même jusqu'au cabestan quand la lame embarqua, put rouvrir les yeux que cette inondation soudaine l'avait obligé de fermer, il aperçut, comme à travers un brouillard, la chaloupe sur le sommet d'une vague. Héler eût été peine perdue, et il resta les yeux fixés sur la malheureuse embarcation jusqu'au moment où les épaisses ténèbres qui dérobaient tous les objets l'enveloppèrent également. Marc était loin de soupçonner l'étendue du malheur qui lui était arrivé. Ce fut seulement après avoir visité la cabine, le poste des matelots et le gaillard d'avant, qu'il acquit la conviction terrible que, de tout l'équipage, il ne restait à bord du *Rancocus* que Bob Betts et lui!

Il pouvait se trouver quelque terre sous le vent, et Marc en était réduit à espérer que les deux embarcations parviendraient à l'atteindre; mais il n'avait pas de temps à donner à des réflexions semblables, et la conservation du bâtiment devait absorber toute son attention. Heureusement l'ancre tenait, et le vent, qui n'avait jamais soufflé avec beaucoup de violence, commençait à diminuer. Le capitaine Crutchely avait eu la précaution de faire bitter le câble très-court, afin de l'éloigner du fond le plus possible, sachant bien que le corail aurait coupé net comme une hache les câbles de chanvre dont on se servait alors exclusivement. Il en résultait que le *Rancocus* n'était qu'à la distance de quarante brasses de son ancre. Marc sonda par le travers du grand mât, et il reconnut que le bâtiment était lui-même sur neuf brasses. C'était une heureuse découverte, et en l'apprenant, Bob s'écria que rien n'était désespéré, s'ils pouvaient seulement retrouver les six hommes qui étaient sur le canot. De son côté, la chaloupe avait emporté neuf hommes de l'équipage, qui se composait en tout de dix-huit avant les désastres de cette nuit. Marc accepta cette espérance, et il ne s'en remit qu'avec plus d'ardeur à veiller à la conservation du bâtiment.

La sentine fut encore sondée, et elle se trouva presque vide. Soit à cause de la nature du fond sur lequel ils avaient touché, soit par suite de la construction solide du *Rancocus*, il était évident qu'il n'avait pas encore reçu de grandes avaries. C'était un avantage qui inspira à Marc un vif sentiment de reconnaissance. S'il pouvait retrouver quelques matelots et avoir de nouveau la mer libre, tout espoir de revoir l'Amérique et d'être un jour réuni à sa chère Brigitte n'était pas encore perdu.

Le temps s'adoucissait de plus en plus, et avant le retour du jour les nuages s'étaient dissipés, la bruine avait cessé; tout annonçait une amélioration notable dans l'état de l'atmosphère. Marc trouva de nouveaux sujets d'appréhensions, même dans ces circonstances favorables. Si près de terre, le bâtiment ne pouvait manquer de sentir l'influence de la marée, et il pouvait être jeté de nouveau contre les brisants. Afin de prévenir ce péril, il se mit avec Bob à entalinguer un autre câble, et à poser une nouvelle ancre.

Comme tous les lecteurs ne sont pas familiers avec ce qui se fait à bord, il est bon de dire que quand les bâtiments partent pour une longue traversée, on roule les câbles et on les descend en bas, pour qu'ils ne gênent point les manœuvres, tandis qu'en même temps on rentre les ancres ; c'est-à-dire qu'au lieu de les laisser sous les bossoirs, où ils sont ordinairement suspendus, tout prêts à servir, on les place dans l'intérieur du bâtiment, pour qu'ils soient plus en sûreté et à l'abri des fortes lames. On voit d'après cela que le travail que Marc et Bob entreprenaient, avait de quoi les occuper pendant plusieurs heures.

CHAPITRE IV.

> Une grotte en corail se cache au sein de l'onde.
> Le mulet, la dorade au corsage vermeil
> Viennent s'y reposer au lever du soleil ;
> Et la fleur de la mer, par le vent balancée,
> Sans jamais être humide de rosée,
> Entr'ouvre avec orgueil son beau calice bleu.
>
> PERCIVAL.

Notre jeune marin, et son seul aide, Bob Betts, s'étaient mis à l'œuvre pour disposer le câble et l'ancre de touée, le plus léger et le plus maniable de tous les apparaux du bâtiment. Tous deux étaient forts et agiles, et ils savaient manier les leviers, les poulies, les anspecs ; et cependant le jour allait paraître que le résultat de leurs efforts réunis n'avait pu être que d'élever l'ancre à la hauteur du plat-bord, toute prête à être bossée. Pendant ce temps, *le Rancocus* continuait à éviter dans la bonne direction ; il ne faisait plus qu'une simple brise, et la mer s'était calmée au point de laisser le bâtiment presque sans impulsion. Dès que Marc se fut assuré de cet état favorable des éléments, état qui semblait devoir durer, il dit à Bob d'interrompre son travail. Il était bien temps ; car des fatigues si continues avaient complétement épuisé leurs forces.

On se figure aisément avec quelle impatience ils attendaient le jour. Chaque minute leur paraissait une heure, et il leur semblait que la nuit ne finirait jamais. Enfin la terre accomplit sa révolution ordinaire, et les premières lueurs qui éclairèrent l'horizon oriental leur permirent de commencer leurs observations. Pour les faire d'une manière plus complète, ils montèrent, Marc sur le mât de misaine, et Bob sur le grand mât de hune, examinant les différents points du récif, et dévorant du regard tout ce qu'il était possible de découvrir. La distance qui les séparait était si peu considérable qu'ils pouvaient facilement causer ensemble, ce qu'ils continuèrent de faire. Dans une pareille situation, on a tant de pensées à échanger!

Nos marins n'eurent rien de plus pressé que de regarder du côté sous le vent, et comme c'était à l'ouest, c'était naturellement le point le plus obscur encore de l'horizon. Ils espéraient y découvrir, sinon un groupe d'îles, au moins une île isolée; mais aucune terre ne paraissait. Il est certain que le jour était si faible encore qu'une erreur était possible. C'était à cet espoir qu'il fallait s'accrocher pour le moment. Marc demanda à Bob ce qu'il en pensait.

— Attendons quelques minutes, Monsieur, dit son compagnon; laissons se soulever encore un coin du rideau. Il y a, comme qui dirait à une lieue d'ici, à bâbord, un je ne sais quoi sur l'eau que je ne sais trop à quelle sauce mettre. Mais ce qui me crève les yeux, par exemple, ce sont les brisants. En voilà-t-il de tous les côtés! L'un finit à peine que l'autre recommence. Je ne conçois vraiment pas comment nous avons pu nous faufiler à travers tout cela.

C'était la vérité. Du côté du vent, l'Océan commençait à s'éclairer à une distance considérable. C'était cette heure solennelle du matin où les objets se montrent distincts les uns après les autres, avant même de recevoir les premiers rayons du soleil, et où l'on dirait que la nature sort rajeunie et plus belle encore des mains du Créateur. La mer était tombée, et si les brisants paraissaient moins redoutables en apparence, il était impossible de se tromper sur leur position. Dans l'état actuel de l'Océan, il était évident que, partout où l'eau bouillonnait, il devait se trouver en dessous des rocs ou des écueils. La plupart de ces rocs étaient si peu élevés, que les lames, qui venaient s'y abattre, comme en se jouant, ne laissaient d'autre trace de leur passage qu'une ligne blanchâtre, faiblement indiquée. Il en était de même du récif contre lequel le bâtiment avait donné, et dont il eût été difficile de soupçonner l'existence à un demi-mille de distance. D'autres rochers étaient d'une nature toute différente : les vagues s'y précipitaient comme autant de cataractes, ce qui provenait de ce qu'ils étaient plus enfoncés dans la mer.

Quant au nombre des récifs et à la difficulté de passer à travers, Bob ne se trompait pas. Il arrive souvent que dans les îles de l'océan Pacifique, surtout dans celles de corail, il y a un récif intérieur et un récif extérieur, mais Marc commençait à douter qu'il y eût des bancs de corail à l'endroit où ils étaient, à cause de la position irrégulière de ces brisants. Ils se montraient dans toutes les directions, non pas en lignes continues, mais par blocs détachés qui se succédaient de si près que l'œil ne pouvait en atteindre l'extrême limite. Comment le bâtiment avait-il pu s'engager si complétement dans leur dangereuse enceinte sans se briser en mille pièces, c'est ce qui tenait du prodige. Il arrive parfois en mer que dans l'obscurité et le brouillard on surmonte ainsi des obstacles qui, en plein jour, paraîtraient infranchissables. Mais s'il était difficile de comprendre comment le *Rancocus* avait pu y pénétrer, il était bien plus difficile encore de concevoir comment il en pourrait sortir. Ce fut le sujet de la première remarque de Bob.

— Il faudrait un bon petit miracle, monsieur Marc, pour porter le vieux *Rancocus* à travers tous ces brisants en pleine mer, s'écria-t-il. Nos bancs de la Delaware ne sont que des pelures de noix en comparaison.

— C'est une position critique pour un bâtiment, Bob, répondit Marc en soupirant, et je ne vois pas trop comment nous pourrons en tirer le nôtre, en supposant même qu'il nous revienne assez d'hommes pour la manœuvre.

— Je suis tout à fait de votre avis, Monsieur, dit Bob en tirant.

une chique de sa boîte à tabac; et je ne serais pas surpris, pour peu qu'il y ait un bout de terre sous le vent, que nous soyons destinés, vous et moi, à en être les Robinson Crusoë pour le reste de nos jours. C'était la crainte qui poursuivait toujours ma pauvre mère lorsque je m'embarquai. Elle me voyait à chaque instant mangé par les sauvages.

— Voyons donc si nous n'apercevrons pas nos embarcations, reprit gravement Marc. — L'image de Brigitte se présentait dans ce moment à son esprit d'une manière si distincte qu'il en éprouvait une vive et pénible émotion.

Jusqu'alors un voile épais de vapeurs était resté étendu sur les eaux à moins d'une lieue de distance du bâtiment, du côté de l'ouest, et avait empêché d'examiner à fond cette partie de l'horizon. Mais l'action du soleil le dissipa tout à coup, et, pour la première fois, Bob crut apercevoir quelque chose comme de la terre. D'où il était, Marc ne distinguait rien. Il monta dans les barres de perroquet, où il découvrit à son tour ce qui ne pouvait être qu'une portion de récif s'élevant au-dessus de l'eau, ou quelque île basse, isolée, qui pouvait être à deux lieues du bâtiment.

C'était de ce côté que leurs compagnons avaient dû dériver. Bob alla chercher une lunette pour Marc, qui se convainquit alors que c'était un roc nu où il y avait beaucoup d'oiseaux, mais pas une seule trace d'homme. Il eut beau interroger tous les autres points de l'horizon; ce rocher, qui n'avait pas un mille d'étendue, était la seule chose qui ressemblât à de la terre, et il en vint à cette triste conviction que tous leurs compagnons avaient péri.

Marc et Bob redescendirent sur le pont après avoir passé plus d'une heure à faire leurs observations, tous deux convaincus que leur situation était à peu près désespérée, mais tous deux trop résolus, trop imbus du véritable esprit du marin, pour se laisser aller à un stérile abattement. Ils songèrent à réparer leurs forces, et s'assirent sur le cabestan pour prendre un peu de nourriture. Ce sont de ces moments où l'officier et le matelot ne font pas de difficulté de manger à la même table ; mais Bob, qui s'était fait à bord la réputation d'un excellent mangeur, ce qui l'exposait même parfois à quelques quolibets, avoua que cette fois il n'avait point d'appétit. Aussi le repas ne dura-t-il pas longtemps, et fit-il place à une conversation approfondie sur leur position actuelle.

— Et croyez-vous possible, Bob, demanda tout à coup Marc après beaucoup d'autres paroles échangées entre eux, qu'à nous deux nous puissions gouverner le bâtiment, si nous parvenions jamais à le remettre en pleine mer ?

— C'est ce qui demande réflexion, monsieur Woolston, répondit Bob. Nous sommes robustes tous les deux, et la santé ne nous manque pas plus que le courage. Mais il y a loin d'ici à la côte d'Amérique, et ce n'est qu'à la côte que nous pourrons nous dire sauvés. Le vieux *Rancocus* est ici à un ancrage dont il ne démordra pas sans peine. Mais ce n'est pas ce qui doit nous occuper pour le moment.

— Comment donc? Mais il me semble que c'est la question capitale. Une fois dehors, nous aurions la chance de faire quelque rencontre sur mer.

— Oui, une fois dehors. C'est là le *hic*, monsieur Woolston. C'est que je crains que nous ne soyons jamais dehors !

— Vous pensez donc que nous sommes enfermés ici à tout jamais?

— Eh bien ! oui, monsieur Woolston, et je ne vois pas pourquoi j'en ferais mystère. Voyez-vous, le pauvre capitaine Crutchely serait ici avec tout l'équipage, comme nous étions il y a vingt-quatre heures, qu'il y perdrait son latin. Malgré toute sa rhétorique, le pauvre *Rancocus* resterait où il est.

— Je suis fâché de vous entendre parler ainsi, répondit Marc d'un air sombre, d'autant plus fâché que c'est aussi mon opinion.

— Les hommes sont des hommes, Monsieur, et l'on n'en peut tirer que ce dont ils sont capables. Allez, j'ai bien considéré ces récifs quand j'étais là-haut, et c'est ce que j'appelle une affaire perdue. Encore s'ils étaient rangés avec quelque symétrie, mais le diable ne s'y reconnaîtrait pas. Ils sont fourrés partout. Courez donc des bordées là-dedans! Ce serait à toutes les minutes : — Pare! loffe! — Loffe! pare! — sans qu'on ait le temps seulement de commencer une manœuvre. Et puis les bras pour préparer les manœuvres, orienter les voiles, enverguer et désenverguer, et tout le reste, où les trouverons-nous?

— Quelque peu d'espoir que nous ayons de remettre notre bâtiment à flot sur une mer libre, encore faut-il en faire l'essai; car l'alternative n'est rien moins que plaisante.

— Alternative ou non, c'est une entreprise qui surpasse les forces humaines.

— Mais alors que devenir?

— *Robinsonner* un peu, monsieur Marc, jusqu'à ce que notre heure soit venue, ou que Dieu dans sa merci juge convenable de nous faire repêcher ici.

— Robinsonner! répéta Marc, ne pouvant s'empêcher de sourire de l'expression de Bob, malgré la gravité de la situation; — mais, au moins, Robinson avait une île, et nous n'en avons pas.

— Il y a sous le vent un bout de récif où m'est avis qu'on trouverait à vivre de manière ou d'autre, répondit Bob avec un sang-froid qui eût paru comique dans toute autre circonstance; et puis n'avons-nous pas le bâtiment?

— Et combien de temps croyez-vous qu'un câble de chanvre retienne *le Rancocus* dans une pareille position, lorsqu'à chaque lame qui soulève le navire, il va frotter contre le roc? Non, non, Bob, nous ne pouvons rester en place; c'est un point hors de doute. Si nous ne pouvons gagner le vent à travers tous les dangers, il faut alors que nous cherchions à passer sous le vent.

— Écoutez, monsieur Marc! j'ai ruminé la chose dans tous les sens, et voici mon idée. Il nous reste encore le petit canot sur l'arrière, et en aussi bon état qu'embarcation fut jamais. Il nous portera facilement tous les deux. Eh bien! mon idée à moi, c'est de le mettre à l'eau, d'y porter quelques provisions, et d'aller visiter ce bout de récif. Je tiendrai les avirons et vous pourrez jeter la sonde par manière de voir s'il n'y a pas quelque chose comme un passage dans cette direction. Si jamais le bâtiment doit se mettre en branle, ce sera de ce côté. Ainsi donc, prenons le canot, allons reconnaître le récif et chercher nos compagnons; après quoi, nous saurons mieux peut-être ce qu'il nous faudra faire. En attendant, partons au plus vite; le temps est favorable; il faut en profiter.

L'avis était trop bon pour n'être pas suivi. La petite embarcation fut examinée avec soin. Elle ne faisait eau d'aucun côté, le capitaine Crutchely l'ayant toujours tenue à moitié pleine depuis qu'il était entré dans l'océan Pacifique. Elle était même pourvue d'une petite voile qui se comportait très-bien devant le vent. La mettre à la mer ne fut pas chose difficile, et pendant que Bob s'occupait du transport des provisions, Marc faisait d'autres préparatifs qu'il regardait comme de la plus haute importance. Le *Rancocus* avait une batterie de plusieurs canons, tous montés et en place, pour repousser au besoin les sauvages des îles où l'on devait s'approvisionner de bois de sandal. C'étaient deux vieilles pièces de six et huit caronades de douze. Les premières se comportaient bien quand elles étaient convenablement chargées. Le jeune marin prit les clefs du magasin, l'ouvrit, et en tira trois cartouches dont il chargea trois des pièces. Puis il mit le feu en laissant un intervalle entre chaque coup, dans l'espoir que la détonation pourrait être entendue de quelques-uns de leurs compagnons, et les encourager à faire tous leurs efforts pour les rejoindre. Le bruit de l'artillerie produisit un effet étrange au milieu de cette vaste solitude, et Bob Betts, qui avait plus d'une fois vu le feu, ne laissa pas d'en ressentir une assez vive impression. Comme cette explosion ne pouvait avoir de résultat immédiat, Marc n'eut pas plus tôt tiré qu'il retourna auprès de Bob, qui lui annonçait pour la troisième fois que tout était prêt, et il se prépara à quitter le bâtiment. Toutefois, avant de le faire, il examina encore avec une attention scrupuleuse tous les points de l'horizon, pour s'assurer qu'il n'y avait pas à craindre que le temps changeât pendant son absence. Tous les indices étaient favorables, et Marc descendit dans le canot, mais avec une répugnance qui n'était que trop manifeste. C'est une grande épreuve pour un marin, même dans une position semblable, d'abandonner son bâtiment pour une grande partie de la journée. La nécessité le commandait dans cette circonstance; mais, tout en se résignant, Marc ne pouvait repousser de sinistres pressentiments, en dépit des signes favorables de l'atmosphère.

Lorsque Marc eut pris place dans l'embarcation, Bob, qui s'était cramponné au bâtiment, lâcha prise; puis il établit la voile. La brise était légère et favorable, ce qui pouvait être moins rassurant pour le retour. Malgré l'attention qu'il avait mise à reconnaître les brisants sous le vent, notre marin commença son petit voyage sans avoir de plan bien arrêté. Ces brisants n'étaient pas moins nombreux que ceux du vent; seulement il y en avait tant, que la mer était calme au milieu. Une fois engagée dans ces lignes brisées de rochers, une embarcation se trouvait comme un bâtiment qui est dans une baie, les vagues de la mer épuisant leurs forces sur les blocs extérieurs, et venant expirer impuissantes dans l'enceinte naturelle qu'elles ont eu peine à franchir. Mais l'Océan, même à l'état de repos, n'est pas de composition facile, quand il vient à trouver sur son passage des rocs et des bancs de sable; et c'était de ces rencontres que, même dans la baie, on pouvait faire à chaque pas, et il fallait la plus grande vigilance pour s'en garantir; autrement l'embarcation, la seule qui restât au *Rancocus*, eût chaviré infailliblement, et c'eût été une perte irréparable.

Le canot s'éloigna du bâtiment par un mouvement facile. Il y avait juste autant de vent qu'il en fallait pour une si petite embarcation, et Bob commença à jeter la sonde, Marc préférant tenir le gouvernail. Mais c'était une opération qui n'était pas aisée sur une embarcation si basse, avec la vitesse qui lui était donnée, et Bob dut y renoncer. Comme au retour ils seraient obligés de faire usage des avirons, Marc dit en riant qu'il *senti-*

rait bien la route. Néanmoins, les quelques coups de sonde qui avaient pu être donnés suffirent pour convaincre nos marins qu'il y avait plus d'eau qu'il n'en fallait pour *le Rancocus*, entre les récifs. *Sur* les récifs, c'eût été tout autre chose.

Marc eut plus de peine qu'il ne l'avait pensé à éviter les écueils. La baie artificielle dans laquelle il se trouvait était si calme, que ce n'était qu'à de longs intervalles que la mer brisait, lorsqu'une vague plus haute était parvenue à franchir la barrière. Si le petit canot eût été surpris sur un récif au moment précis où une de ces lames y déferlait, il eût été perdu. C'est ce qui faillit lui arriver plus d'une fois ; et s'il échappa, il le dut plutôt à une intervention toute providentielle qu'aux efforts et à l'habileté de son petit équipage.

On se figure aisément le profond intérêt avec lequel les deux amis s'approchaient du récif qui sortait de l'eau. Du haut des barres de perroquet, ils avaient reconnu que c'était la seule terre qu'il fût possible d'apercevoir, et par conséquent le seul endroit où ils pussent espérer de retrouver leurs compagnons. Ce récif, ou cette île, avait une autre importance à leurs yeux : il pouvait devenir leur habitation pour des années, pour toute leur vie peut-être. L'aspect des brisants à travers lesquels Marc venait de passer, lui avait laissé moins d'espoir que jamais d'en tirer le bâtiment, et c'est à peine s'il croyait possible de l'amener à l'endroit vers lequel il se dirigeait à l'heure même. Ces réflexions, qui devenaient de plus en plus poignantes à mesure qu'il avançait, redoublaient son attention à examiner l'île sous toutes ses faces. Bob ne pensait, lui, qu'au moment actuel. Son imagination ne travaillait pas comme celle de son supérieur ; il n'avait pas laissé derrière lui une jeune femme qui attendît son retour. D'ailleurs, il s'était dit une bonne fois que c'était la volonté de la Providence qu'ils fussent les Robinson Crusoë de cette île. Mais quand et comment sortiraient-ils de cette plage désolée, s'ils en sortaient jamais, c'est ce qu'il ne s'était pas encore mis à considérer.

Plus on approchait de l'île, plus l'exactitude des observations qui avaient été faites du haut des barres de perroquet se trouvaient vérifiées en grande partie. Elle pouvait avoir un mille de long, mais sa largeur variait d'un demi-mille à moins d'un huitième de mille. Sur le bord, le roc ne se montrait que de quelques pieds au-dessus de la surface de l'eau, mais à l'extrémité orientale cette hauteur augmentait de plus du double. Il s'étendait de l'est à l'ouest. Ce qu'il avait de remarquable, c'est qu'au milieu de l'île il s'élevait de soixante à quatre-vingts pieds, et se terminait par une sorte de plateau circulaire qui occupait une grande partie de la portion la plus sauvage de l'île. Les oiseaux de mer n'y étaient pas en aussi grand nombre qu'ils se montrent d'ordinaire dans les parages inhabités ; mais on les voyait voler par milliers sur des rochers arides, qui n'étaient pas à une grande distance du récif principal.

Enfin le canot touchait à l'île. D'abord Marc fut étonné de trouver si peu de ressac même à la côte du vent ; mais cela tenait à la grande quantité d'écueils qui couvraient la mer à plusieurs milles de distance, et surtout à ce qu'un mur de rochers venait tomber en ligne droite sur ce bord, en ne laissant qu'un intervalle de deux encâblures, ce qui formait une jolie petite nappe d'eau parfaitement calme entre les rochers et l'île : ces rocs étaient presque à fleur d'eau, et en sortaient même de deux ou trois pieds au jusant.

Il serait difficile de décrire les sensations qui assaillirent Marc au moment où il débarqua. Bob et lui, du plus loin que la vue pouvait s'étendre, n'avaient cessé de chercher avidement quelques traces de leurs compagnons ; mais rien n'indiquait ni sur l'île ni à l'entour qu'ils y eussent abordé. Le roc sur lequel ils marchaient était nu, et d'une formation particulière. En l'examinant de près, ils reconnurent que ce n'était pas un banc de corail, mais que son origine était purement volcanique. L'aridité, la nudité, en étaient les deux traits distinctifs, découverte qui était loin d'être agréable, et à laquelle ils étaient d'autant moins préparés que, de tous les côtés, les rochers qu'ils avaient vus sur la route étaient remplis d'herbes marines. La solitude et la désolation de ces tristes bords n'étaient interrompues que par les troupes d'oiseaux qui venaient voler sur leurs têtes, et qui montraient par leurs cris et par leur audace que la vue d'un homme était quelque chose de tout nouveau pour eux.

Le monticule qui s'élevait au centre de l'île était un objet trop remarquable pour ne pas attirer l'attention de nos marins, et ce fut vers ce point qu'ils se dirigèrent aussitôt, espérant avoir du sommet une vue beaucoup plus étendue; une volée monstrueuse d'oiseaux les suivit. Tout en marchant, Marc et Bob se retournaient souvent pour observer le bâtiment qui était alors éloigné, et qui semblait toujours mouillé sur son ancre, exactement dans la position où ils l'avaient laissé une demi-heure auparavant. De ce côté, il ne paraissait pas y avoir d'inquiétude à concevoir, et Marc redoubla de vitesse pour gagner le monticule.

En arrivant au pied de cette singulière hauteur, il vit qu'elle ne serait pas aussi facile à gravir qu'il se l'était imaginé. Elle ne ressemblait en rien aux autres parties du récif qu'il avait vues. C'était une roche friable, si lisse et si perpendiculaire, qu'elle semblait inabordable. Cependant, à force de recherches, ils trouvèrent un côté par où, en se donnant la main, ils parvinrent à atteindre le sommet. Là les attendait une surprise qui leur arracha une exclamation involontaire. Au lieu de trouver un plateau suivant leurs prévisions, la roche se creusait en caverne circulaire, et Marc reconnut à l'instant que c'était le cratère éteint d'un volcan. Après un premier mouvement de stupeur, il se mit à l'examiner à fond.

La barrière de lave ou de scories qui formait le mur extérieur de ce cratère était strictement circulaire. En dedans, le précipice était presque perpendiculaire. Il n'y avait que quelques points saillants à l'aide desquels un homme intrépide pouvait descendre sans danger. La surface intérieure pouvait être de cent acres environ, tandis que le mur présentait une hauteur uniforme d'une soixantaine de pieds, si ce n'est du côté sous le vent où il s'abaissait un peu, et où il laissait un creux ou passage étroit, de niveau avec le fond du cratère; espèce de porte qui donnait accès dans la caverne. Il était hors de doute que ce passage avait été pratiqué par la lave qui, de temps immémorial, s'y s'était frayé une issue, et avait été former le monticule qui s'élevait derrière. La porte avait vingt pieds de haut sur trente de large, et était surmontée d'une arche naturelle. Quand Marc y descendit par le mur du cratère, non sans de grands risques, il trouva une sorte de plaine très-unie; seulement elle inclinait légèrement de l'est à l'ouest. Sans doute les eaux de l'Océan, dans les fortes marées ou pendant des tempêtes, avaient fait irruption à travers le passage, et avaient balayé les cendres qui se trouvaient amoncelées dans le cratère, en les refoulant à l'extrémité. Ces cendres avaient été converties en tuf par l'action du temps. Si le cratère s'était jamais élevé en cône, le travail successif des saisons n'en avait laissé aucune trace. Il était recouvert d'une croûte qui offrait assez de résistance. Une ou deux fois Marc la creva comme on passe à travers la glace d'une nuit, et ses souliers se couvrirent alors d'une légère poussière qui ressemblait beaucoup à de la cendre. Dans d'autres endroits, il la perça exprès, et toujours il trouva en dessous une couche considérable de cendres mêlée de pierres et de coquillages.

Ce qui rendait évidente l'invasion des eaux à certaines époques, c'étaient de vastes dépôts de sel qui en marquaient la limite. Ce sel était probablement l'obstacle qui s'opposait à toute végétation. Marc observa que les oiseaux évitaient le cratère; leur instinct semblait les avertir qu'il y avait là des dangers à courir. Ils volaient à l'entour, par centaines, sans jamais le traverser, ayant grand soin, pour employer le langage des marins, de se tenir au large.

CHAPITRE V.

<blockquote>
Le fils du roi, vous dis-je, est débarqué dans l'île.
Je l'ai vu, de mes yeux, sur la plage stérile,
Assis, les bras croisés, dans des pensers amers,
Et poussant des soupirs à rafraîchir les airs.
La Tempête.
</blockquote>

APRÈS avoir achevé ce premier examen du Cratère, Marc et Bob regrimpèrent au sommet de la muraille, et allèrent s'asseoir juste au-dessus de l'arche. C'était de là qu'ils pouvaient voir le mieux, non-seulement la petite île dans toute son étendue, mais l'Océan qui l'entourait. Marc commença à comprendre le caractère de cette singulière formation géologique, au milieu de laquelle *le Rancocus* avait été dirigé comme par la main de la Providence. Il était assis en ce moment sur le point le plus élevé d'une montagne sous-marine d'origine volcanique, sous-marine à l'unique exception du Cratère qui lui servait d'asile, et des blocs de lave dont il était entouré. Ces blocs, qui ne s'élevaient guère au-dessus de la surface de l'Océan en cinquante endroits qu'il pouvait apercevoir à peu de distance, formaient les innombrables brisants dont nous avons parlé; mais excepté le Récif de Marc, nom que Bob donna sur-le-champ à l'île principale, deux ou trois îlots détachés qui n'en étaient qu'à une encâblure, et quelques autres plus éloignés, où les oiseaux semblaient se donner rendez-vous, aucune autre terre n'était visible à quelque distance que ce fût.

Marc chercha à calculer jusqu'où pouvaient s'étendre les écueils dont il était entouré. Comparant ses observations actuelles à celles qu'il avait pu faire du bord, il évalua à une douzaine de lieues marines la zone qu'embrassaient les ramifications de la montagne volcanique. Si, dans son travail d'enfantement, la terre eût fait quelques efforts de plus, sans doute on aurait vu surgir une île belle et fertile au lieu de ce roc à demi submergé.

Depuis le premier moment de son arrivée au pied du récif qui dorénavant doit porter son nom à tout jamais, Marc avait toujours eu présente à l'esprit la pénible idée qu'il pouvait être forcé d'y passer le reste de ses jours. Quelle perspective pour un jeune marié, et combien de temps pourrait-il trouver des moyens d'existence dans cette aride solitude ! Mais il concentrait sa peine en lui-même, et cherchait à imiter, du moins à l'extérieur, le calme de son compagnon. Celui-ci avait un grand fonds de philosophie naturelle, et une fois bien convaincu qu'il lui faudrait *Robinsonner* pendant quelques années, il n'avait plus d'autre pensée que de se tirer de son rôle le moins mal possible. Dans une pareille situation d'esprit, on juge facilement le tour que devait prendre la conversation entre les deux solitaires.

— Nous sommes bien et dûment bloqués, monsieur Marc, dit Bob, et nous voilà comme Robinson, si ce n'est que nous sommes deux, et qu'il était tout seul pour se tirer d'affaire, jusqu'à ce qu'il eût rencontré Vendredi.

— Je voudrais qu'il n'y eût point d'autre différence dans notre position, Betts, mais il n'en est pas ainsi. D'abord il avait une île, et nous n'avons qu'un récif; il avait un terrain fertile, et nous n'avons qu'un roc aride; il avait de l'eau douce, et nous n'en avons pas; il avait des arbres, et nous n'avons pas même un brin d'herbe. Toutes ces circonstances sont loin d'être encourageantes.

— Vous parlez comme un livre, Monsieur, et cependant ne lâchons pas le gouvernail. Nous avons un bâtiment aussi solide, aussi fin voilier que le jour où il a quitté le port, tandis que Robinson avait vu son navire sombrer sous ses pieds. Tant qu'il y a une planche à flot, un vrai marin ne désespère pas.

— Oui, Bob, c'est ma conviction, comme c'est la vôtre; mais encore faudrait-il que ce bâtiment pût servir à quelque chose; et le moyen de le tirer de là?

— Il est certain qu'il n'a pas choisi le bassin le plus favorable, dit Bob en lançant le reste de sa chique dans le Cratère; mais, monsieur Marc, m'est avis qu'il pourra nous être utile de plus d'une façon, même où il est, si nous pouvons le maintenir à flot. La provision d'eau qui s'y trouve peut nous durer un an, pour peu que nous ne la prodiguions pas; et quand viendra la saison des pluies, ce qui ne peut manquer d'arriver dans cette latitude, il ne tiendra qu'à nous de la renouveler. Et puis ce sera une maison pour nous, et une fière maison encore, je vous en réponds! Vous habiterez l'arrière, et moi je suspendrai mon hamac sur le gaillard d'avant, comme si rien n'était arrivé.

— Laissons là ces distinctions, Bob, et qu'il n'en soit plus question entre nous. Le malheur, comme la tombe, nous rend tous égaux. Nous sommes partis du même point, nous avons mangé à la même gamelle, et il est bien probable que nous finirons comme nous avons commencé. Mais j'y songe : il est encore un moyen d'utiliser *le Rancocus*, dont vous n'avez point parlé, et qui est peut-être notre meilleure chance de salut. Nous pouvons le démonter, et, avec les pièces, construire une embarcation assez grande pour naviguer sur ces mers tranquilles, et qui puisse cependant passer à travers et même par-dessus les blocs de lave. De cette manière, avec l'aide de la divine Providence, nous pouvons encore espérer de revoir nos amis.

— Courage, monsieur Marc, courage! j'aime à vous entendr parler ainsi. Je sens, quand on a devant les yeux l'image d'une jolie petite femme qui vous tend les bras, qu'il serait cruel de ne pas s'ingénier de toutes les façons pour la rejoindre. Robinson lui-même a bien fini par démarrer, quoiqu'il ait eu une traversée diablement rude. Eh bien! va pour la petite chaloupe, et je vous promets de vous donner un bon coup de main, et de tout mon cœur, quand vous vous mettrez à l'œuvre. Je ne suis pas un charpentier fameux, ça c'est vrai; et s'il faut vous parler franchement, je ne crois pas non plus que vous vous entendiez très-bien à manier la hache et le rabot; mais qu'importe! deux hommes solides et de bonne volonté, et qui ont leur vie à sauver par-dessus le marché, sauront bien faire quelque chose de leurs quatre mains. Eh bien, vrai! puisque j'étais destiné à faire naufrage, j'aime mieux que ce soit avec vous qu'avec tout autre.

Marc ne put s'empêcher de sourire de cette remarque naïve, qu'il ne pouvait que prendre en bonne part.

— A propos, Bob, dit-il après un moment de silence, j'ai réfléchi à la possibilité d'amener ici le navire. Savez-vous qu'une fois sous le vent de ce récif, à la hauteur de la pointe extrême de l'île, il n'y aurait pas de raison pour qu'il n'y restât pas plusieurs années, ou tant que les planches pourront tenir ensemble? Si nous devons essayer de construire une chaloupe pontée, quelque chose enfin qui soit en état de résister à un coup de vent, il nous faudra plus de place pour le chantier que nous n'en aurions sur le pont. Et puis le moyen ensuite de la mettre à la mer! Il faut, de toute nécessité, que de l'endroit où nous la construirons, nous puissions la lancer aisément. Notre petit canot a bien son mérite; mais tout ce qu'il peut faire, c'est de nous contenir tous les deux, et ce serait bon tout au plus pour une courte traversée. Ainsi donc, tout bien considéré, je crois que nous n'avons rien de mieux à faire pour le moment que de chercher à amener le bâtiment ici, où nous aurons de la place, et où nous pourrons mettre nos plans à exécution.

Bob donna son assentiment à ce projet, et il fit à l'appui quelques réflexions qui n'étaient pas venues à Marc. Ainsi, il était certain que, si jamais *le Rancocus* pouvait sortir de ce labyrinthe inextricable, ce serait en partant sous le vent; l'amener à l'île était donc autant de gagné sur la route à faire. Une fois qu'il serait à l'ancre dans la petite baie, qui sait si, à force d'observer les courants à l'ouest, et à l'aide de bouées, il ne serait pas possible de trouver un passage? C'était toujours revenir sur la même idée; mais cette idée ne devait-elle pas se présenter à chaque instant sous toutes ses faces, lors même que, l'instant d'auparavant, elle avait paru dénuée de toute vraisemblance? Un autre avantage encore, c'était de mettre en sûreté la provision d'eau douce. Qu'il survînt une tempête, et que *le Rancocus* fût lancé sur les brisants, il serait mis en pièces en moins d'une heure, et tout ce qu'il renfermait périrait avec lui. Ce fut donc après être tombés complétement d'accord sur ce point, que Marc et Bob descendirent du sommet du cratère pour retourner à leur embarcation.

Comme le temps était toujours calme, Marc ne se pressa pas; il passa une demi-heure à sonder la petite baie formée par la ligne de rochers submergés à la hauteur de l'extrémité est du cratère, et il reconnut que non-seulement il y avait la quantité d'eau suffisante, mais, ce qui le surprit, il trouva aussi un fond sablonneux, formé sans doute par les particules enlevées aux rochers voisins par l'action incessante des vagues. Le bassin présentait donc toutes les garanties désirables pour que le *Rancocus* y fût en sûreté; il ne s'agissait plus que de l'y amener.

Enfin Bob gouverna vers le bâtiment, pendant que Marc avait la sonde à la main. Mais celui-ci reconnut qu'il y avait deux grands obstacles pour mettre en communication les deux points qui les intéressaient. Le premier consistait dans une double rangée de brisants, qui se prolongeait pendant un quart de mille sur une ligne presque parallèle, et qui n'étaient qu'à une demi-encâblure de distance l'une de l'autre. Dans l'espace intermédiaire, il y avait beaucoup d'eau, mais si peu de place pour manœuvrer un grand bâtiment ! Marc y passa à quatre reprises différentes, jetant la sonde presque à chaque pas, et plongeant les yeux jusqu'au fond, car dans ces eaux transparentes, surtout au milieu du jour, on pouvait voir à deux ou trois brasses de profondeur. Il s'assura du moins que, s'il était possible de maintenir le cap parfaitement droit, il n'y avait point de danger à craindre.

Le second obstacle était beaucoup plus sérieux. C'était un bloc détaché qui était recouvert d'une quantité d'eau assez considérable, mais pas assez, cependant, pour pouvoir porter un navire comme le *Rancocus*, si ce n'est pourtant sur un point qui n'avait pas cent pieds de large. Des deux côtés de cette passe il faudrait de toute nécessité placer des bouées, car la moindre déviation à droite ou à gauche entraînerait la perte infaillible du bâtiment.

Nos deux navigateurs n'étaient de retour à bord du *Rancocus* qu'à près de trois heures. Ils trouvèrent tout dans l'état où ils l'avaient laissé. Les porcs, les poules et la chèvre, parurent charmés de les revoir, car il leur tardait de recevoir leur pitance accoutumée. Des porcs et des poules se voient à bord de tous les bâtiments; mais des chèvres, c'est chose plus rare. Le capitaine Crutchely en avait emmené une pour qu'elle lui fournît du lait pour son thé, boisson qu'il aimait presque autant que le rhum, ce qui n'est pas peu dire. Après s'être occupé de la basse-cour, Bob alla rejoindre Marc auprès du cabestan, qui était leur table ordinaire, et ils mangèrent quelques restes de viande froide, car ils n'avaient pas eu le courage d'allumer du feu. Dès qu'ils eurent terminé ce repas frugal, Marc plaça dans le canot deux bouées avec les crampons de fer nécessaires pour les assujettir; et il partit aussitôt avec son compagnon.

Il fallut une heure pour retrouver la passe, et une autre heure pour placer les bouées. Ce travail terminé, on retourna à bord sans perdre un instant, car il y avait toute apparence que le temps allait changer. C'était un moment où il fallait montrer autant de sang-froid que de décision. Il ne restait pas plus d'une heure de jour, et il fallait décider si l'on essaierait de mettre le bâtiment en mouvement, pendant qu'on avait encore la mémoire toute fraîche de la direction à suivre, et avant que l'ouragan éclatât, ou bien si l'on se fierait au câble qui était tendu, pour résister à toutes les atteintes. Marc, malgré sa jeunesse, montrait une grande sagacité dans tout ce qui touchait à sa profession. Il savait que des lames pesantes allaient déferler sur les brisants au milieu desquels le bâtiment était amarré, et il tremblait que le câble ne vînt à chasser et à se rompre, s'il survenait une forte bourrasque qui durât vingt-quatre heures. Ces lames au contraire viendraient s'amortir contre les rochers avant d'arriver à l'île, et il crut qu'il y avait de plus grandes chances de salut à se mettre en marche sur-le-champ qu'à rester où l'on était. Bob se soumit à cette décision avec le même empressement que si Marc eût toujours été son officier, et à peine l'eut-il apprise qu'il sauta de voile en voile et de cordage en cordage, comme un écureuil saute de branche en branche. Job déferla le foc, le grand hunier et le foc d'artimon, et mit la brigantine en place. En même temps, Marc avait l'œil à la bosse de la grande ancre, qu'on venait d'apprêter pour servir au moment où le capitaine Crutchely avait disparu.

Il était bien temps en effet de se presser. Le vent commençait à se faire sentir par rafales, le soleil s'enfonçait derrière un épais rideau de nuages, et tout le long de l'horizon du côté du vent le ciel prenait un aspect lugubre et menaçant. Un moment Marc changea d'idée; il reculait devant le risque qu'il allait courir, et il allait laisser tomber la grande ancre, quand Bob lui cria que tout était prêt, et Marc revenant à lui, leva la hache dont il était armé, et en frappa un grand coup sur le câble. Cela décida la question; un toron tout entier avait été coupé, et trois ou quatre coups de plus séparèrent le bâtiment de son ancre. Marc courut aussitôt aux drisses de foc, et aida Bob à hisser la voile. A peine cette manœuvre était-elle exécutée qu'il courut au gouvernail, où il arriva à temps pour veiller l'abatée. La brigantine fut alors appareillée avec toute la vitesse dont deux hommes sont capables, et ensuite Bob se précipita à l'avant pour voir si le lien de fer qui maintenait le bâton de foc était solidement attaché, et pour chercher de l'œil les bouées.

Dans une pareille navigation la moindre méprise eût été fatale, et Marc recommanda la plus grande vigilance à son compagnon. Plus de vingt fois il le héla pour s'informer si les bouées se montraient, et enfin, à sa grande satisfaction, il reçut une réponse affirmative.

— N'arrive pas! défie! Monsieur Marc, ne craignez rien; nous sommes au vent du passage. — Bon! c'est cela, monsieur Woolston! — A merveille, mon commandant? Est-ce que vous-même vous ne voyez pas encore les bouées?

— Pas encore, Bob, et c'est une raison de plus pour que vous redoubliez d'attention.

— Tenez, prenez ma place, commandant. Il n'y a que vous qui puissiez enfiler droit cette passe. C'est trop fort pour moi.

Et Bob courut à l'arrière. Tout mécontent qu'il était que ce changement eût lieu dans un instant si critique, Marc ne fit qu'un bond jusqu'à l'avant, et chercha les bouées. Il ne les vit pas tout de suite et maudit l'imprudence de Bob qui avait quitté son poste dans un pareil moment. Mais une minute après, il en aperçut une, puis, bientôt après, la seconde, qui lui parut terriblement proche de l'autre. Cependant, mesurant l'espace de l'œil, il reconnut qu'il était rigoureusement suffisant, et cria à Bob de mettre la barre au vent : — Arrive tout ! — A peine l'ordre fut-il exécuté, que le *Rancocus* s'éleva à la lame. Marc épiait ses moindres mouvements avec une anxiété fébrile. Il tremblait qu'il ne s'écartât un peu trop à droite ou à gauche. Il respira à peine quand il le vit cingler résolument entre les deux sombres sentinelles; il lui semblait que le vent ou le courant avaient changé de position. Mais il était trop tard pour modifier la manœuvre. Marc vit le navire se dresser sur les vagues de l'Océan, et chaque fois qu'il retombait, il semblait au jeune marin qu'il allait entendre la quille labourer le fond. Mais l'instant d'après, les bouées se montrèrent par le travers du bâtiment. Ce premier danger était passé !

Restait à accomplir la seconde partie de la traversée. Il ne fut pas facile de reconnaître le passage qu'ils avaient découvert entre deux blocs de lave. Depuis quelques heures, le vent avait augmenté, à tel point que la mer brisait partout contre les roches. Mais quand il fut sûr de l'avoir retrouvé, Marc ne s'en inquiéta pas. Il voyait alors distinctement le cratère ; seulement il devenait nécessaire d'augmenter la voilure pour que le navire pût gouverner facilement. Marc cria à Bob d'amurrer la barre en serrant le vent le plus près possible, et de courir aux drisses de la voile de grand étai, et de l'aider à l'établir. Il en fut de même successivement des autres voiles, puis chacun retourna à son poste.

Dès que *le Rancocus* sentit de nouveau la barre, il se dressa comme un coursier qui va s'élancer dans l'arène, et franchit la passe en droite ligne. Il ne restait plus qu'à doubler l'extrémité septentrionale du Récif, laquelle formait le bassin intérieur, et, une fois entrés, de choisir un point favorable. Pour faciliter la manœuvre, Marc commença par amener le foc. Le bâtiment atteignait alors l'extrémité des roches cachées sous l'eau. Bob mit aussitôt la barre à tribord pour la doubler. La voile d'étai fut amenée en un instant, et Marc sauta sur le gaillard d'avant, en criant à Bob d'amarrer la barre sous le vent. La minute d'après, Bob était à côté de son jeune commandant, et tous deux attendirent que le bâtiment vînt au lof en se rapprochant le plus possible du Récif. Le succès couronna leurs efforts, et Marc détacha la barre à vingt pieds du rempart que formaient les rochers, juste au moment où le navire commençait à dériver. Les voiles furent carguées, et le câble fut filé jusqu'à ce que *le Rancocus* fût arrivé au milieu du bassin, où il était enfin en sûreté. Alors Bob lança son bonnet en l'air en poussant trois acclamations, tandis que Marc, debout à l'arrière, remerciait Dieu tout bas de l'avoir guidé dans cette difficile expédition.

Il est vrai que leur position, toute triste qu'elle était encore, se trouvait singulièrement améliorée. Non-seulement *le Rancocus* était mouillé sur sa meilleure ancre et avec son meilleur câble, dans un fond solide, au milieu d'un bassin où le flot se faisait peu sentir, et n'entrait qu'obliquement, ce qui lui ôtait encore de sa force, mais il n'était qu'à cent cinquante pieds de l'île, dans un endroit où pourrait toujours pénétrer le petit canot, qu'il eût été impossible de risquer hors du bassin, dès que le vent aurait fraîchi le moins du monde. En un mot, il n'était guère possible de souhaiter à un bâtiment un mouillage plus sûr et en même temps plus commode pour les futurs habitants de l'île.

Marc et Bob ne tardèrent pas à avoir tout sujet de se féliciter du parti qu'ils avaient pris. Il y eut de telles rafales pendant la nuit, qu'il était douteux que le navire eût pu y résister, s'il fût resté à son ancien ancrage; et s'il eût été jeté contre les brisants dans l'obscurité, leur perte était à peu près certaine. Les vagues soulevées venaient s'amonceler avec fracas tout autour de l'île, et couvraient la mer d'écume; mais, arrêtées par la muraille naturelle qui protégeait *le Rancocus*, elles venaient s'y briser en rejaillissant en des nuages de vapeurs sur le navire qu'elles inondaient, sans lui faire d'autre mal. Marc resta sur le pont jusqu'après minuit. Voyant alors que l'ouragan commençait à se calmer, il entra dans la cabine et y dormit profondément jusqu'au matin. Quant à Bob, il avait été faire son quart en bas dès le commencement de la soirée, et il faisait grand jour quand il reparut sur le pont.

Marc monta encore une fois dans les barres de perroquet pour jeter un nouveau regard sur la mer, sur les brisants et sur l'île. La position était changée, et il découvrait un plus grand espace du côté de l'ouest, mais rien ne s'offrit à sa vue qui pût ranimer l'espoir qu'il y aurait quelque moyen de tirer *le Rancocus* de son étroite prison. Il redescendit donc sur le pont, avec cette conviction plus arrêtée que jamais, pour partager le déjeuner que Bob s'était mis à préparer dès qu'il avait quitté le poste où il avait été, comme autrefois, suspendre son hamac sur le gaillard d'avant, car Marc n'avait jamais pu le décider à prendre une des chambres de la cabine. Cette fois ce fut sur la table du capitaine que le déjeuner fut servi, déjeuner à peu près complet, dont le café fit même partie. Le ciel était sans nuages, et les rayons du soleil avaient une force qui rendait peu agréable de s'asseoir autre part qu'à l'ombre. Pendant le repas, un nouvel entretien s'établit dans la cabine.

— A la manière dont le vent soufflait la nuit dernière, dit Marc, je doute fort que nous eussions eu ce matin une salle à manger aussi agréable, et une table aussi bien servie, si nous étions restés là-bas.

— Il était temps d'en sortir, monsieur Marc, répondit Bob, et s'il faut vous parler à cœur ouvert, tout en étant d'avis d'en risquer l'aventure, j'avoue que je croyais que nous n'arriverions jamais jusqu'ici ; car ces diablesses de lames ne s'amusaient pas à s'arrêter devant les brisants ; elles les enjambaient de la belle manière pour venir caresser le vieux *Rancocus*, qu'elles pouvaient réduire en poudre à force de tendresse. Pour ma part, je rends grâces à Dieu du fond du cœur de ce que nous sommes dans ce bassin.

— Vous avez raison, Bob, et malgré le malheur qui nous est arrivé, nous devons être reconnaissants en comparant notre sort à celui de nos compagnons, — les pauvres diables! — à celui de tant de marins qui ont perdu leur bâtiment.

— Ah ça! oui, c'est beaucoup d'avoir sauvé le nôtre. On ne peut pas appeler cela un naufrage, monsieur Marc; tout ce qu'on peut dire, c'est que nous avons fait un plongeon, voilà tout.

— J'avais déjà entendu parler de navires portés par-dessus des récifs et des bancs de rivières dans des mouillages qu'ils ne pouvaient plus quitter, répondit Marc. Mais réfléchissez donc, mon ami, combien notre position est meilleure que si nous avions été jetés sur cette île sans avoir d'autre ressource que les débris du bâtiment que nous aurions pu recueillir.

— Je suis charmé de vous entendre parler d'une manière si rationnelle, monsieur Marc; c'est la preuve que vous ne perdez pas courage, et que vous ne prenez pas la chose trop à cœur. Je craignais que l'image de miss Brigitte ne vous empêchât de goûter les consolations que nous pouvons trouver ici.

— Ma séparation d'avec ma femme me cause un vif chagrin, Bob, je ne m'en défends pas, mais je place ma confiance en Dieu. C'est par sa volonté que nous nous trouvons dans cette situation extraordinaire; j'ai bon espoir qu'il ne voudra pas nous y laisser.

— Sans doute qu'il ne le voudra pas. Voilà ce qu'il faut dire, et vous avez grandement raison. En attendant, nous avons de l'eau en abondance, du bœuf et du porc pour plus de six ans, du pain et de la farine plus que nous n'en mangerons jamais, sans parler de toutes sortes de petites douceurs.

— Oui, le bâtiment est bien approvisionné, et, comme vous

dites, il renferme des vivres pour plus d'une année. Mais nous avons une chose à craindre contre laquelle il est urgent de nous prémunir. Voilà cinquante jours que nous nous nourrissons de viandes salées; si nous continuons encore pendant cinquante jours, nous n'échapperons pas au scorbut.

— Oh! Monsieur, Dieu nous préserve de cette affreuse maladie! j'ai fait connaissance avec elle, une certaine fois que je doublais le cap Horn, et je n'ai pas envie de recevoir de nouveau sa visite. Mais il ne doit pas manquer de poissons dans ces rochers; nous avons du pain; en laissant dormir le bœuf et le porc salé pendant quelques jours de temps en temps, n'éviterons-nous pas ce danger?

— Le poisson serait une bonne chose; la tortue nous serait encore d'une grande ressource si nous pouvions en rencontrer; mais c'est une nourriture variée, tantôt de la viande, tantôt des légumes, qui entretient la santé. Ce qui nous manque, c'est un peu de terre végétale pour en faire venir. Je n'ai pas aperçu la plus petite touffe d'herbe, ni la plante marine la plus commune quand nous étions dans l'île hier. Si nous avions un peu de bonne terre, il ne manque pas de graines à bord; et, sous ce climat, la végétation irait grand train.

— Oui, sans doute, et je ne suis pas non plus sans ressources à cet égard. Vous rappelez-vous les succulentes pastèques et les délicieux melons musqués que nous avons mangés dans notre dernier voyage en Orient? Eh bien, Monsieur, j'en ai gardé les graines, pensant les donner à mon frère, qui est un fermier de Jersey; mais un marin, vous savez, ça n'a pas plus de tête que cela : une fois dans le port, j'ai tout oublié. Si nous avions quelques poignées de terre pour les y mettre, je gage qu'avant deux ou trois mois nous mangerions des fruits magnifiques, comme de vrais seigneurs!

— Voilà une bonne pensée, Betts, et il ne faut pas la perdre de vue. Ce serait une ressource précieuse. C'est justement le moment favorable pour faire des semences, et les melons pousseraient pendant que nous ferions nos autres dispositions. Il me semble qu'il doit nous rester aussi un peu de pommes de terre.

Pendant le reste du déjeuner, ils achevèrent de préparer en imagination un potager complet, et ils se voyaient déjà en possession d'une douzaine de belles couches couvertes de melons. Aussi, en quittant la table, Marc n'eut-il rien de plus pressé que de réunir les graines, pendant que Bob ôtait le couvert et remettait tout en place.

Il y avait à bord quatre porcs, qui avaient eu la chaloupe pour habitation jusqu'au moment où elle avait été mise à la mer, dans la nuit où *le Rancocus* avait touché sur les brisants. Depuis lors on les avait laissés courir librement sur les ponts, ce dont l'ordre et la propreté du bâtiment avaient eu beaucoup à souffrir. Bob les prit l'un après l'autre, et les laissa glisser dans l'eau, bien sûr que leur instinct les porterait à gagner à la nage la terre la plus proche; ce qui ne manqua pas d'arriver. Il ne tarda pas à les voir dans l'île, flairant de tous côtés au milieu des rocs et s'efforçant de creuser le sol. En même temps, Marc s'occupait à recueillir les ordures de ces animaux, qui étaient restées accumulées : depuis quelque temps, on avait eu tout autre chose à faire que de nettoyer les ponts. Marc commençait à en remplir un petit tonneau pour le porter à terre et s'en servir comme d'engrais, lorsque Bob l'arrêta en lui disant qu'il savait où en trouver un qui valait deux fois mieux. Marc demanda une explication qui lui fut donnée sur-le-champ. Bob, qui avait fait plusieurs voyages sur la côte occidentale d'Amérique, lui dit que les Péruviens et les Chiliens employent pour engrais la fiente des oiseaux de mer, et qu'ils la recueillent sur les roches qui bordent la côte. Il y avait près du Récif deux ou trois rochers qui étaient toujours couverts d'oiseaux; il y avait là évidemment une récolte à faire, et il proposa d'aller sur le petit canot à la recherche de cet engrais fertile. Il en faudrait très-peu, ajouta-t-il; les Espagnols ne l'employent qu'en petites quantités, et en mettaient autour de la plante à mesure qu'elle grossi. — C'est l'engrais qui est devenu un article si important de commerce sous le nom de guano. Marc connaissait Betts pour un homme de sens, incapable d'avancer ce dont il n'aurait pas été sûr. Il accepta donc avec empressement sa proposition; et pendant qu'il apprêtait l'embarcation, Bob prenait un panier et les outils nécessaires. Ils se rendirent ensemble sur l'un des rochers, où, au milieu des cris perçants de plus de mille oiseaux, Bob recueillit une aussi belle récolte de guano que s'il eût été sur les côtes du Pérou.

Pendant qu'il était ainsi occupé, Marc remarqua que les porcs avaient gagné l'extrémité occidentale de l'île, flairant tout ce qu'ils rencontraient en chemin, et cherchant en vain à fouiller la terre, partout où ils pouvaient enfoncer leurs groins. Comme ce sont des animaux d'une sagacité remarquable, Marc ne les perdit pas de vue, pendant que Bob faisait sa provision de guano. Il avait un faible espoir que leur instinct les dirigerait vers quelque source. Il les vit entrer ainsi dans le cratère par le passage que nous avons décrit et qui lui servait de porte.

En retournant dans l'île, Marc eut soin de débarquer le plus près possible de cette ouverture; Bob prit les outils sur ses épaules, tandis que Marc portait le panier, et ils se dirigèrent à leur tour vers le cratère. A la grande satisfaction de Marc, il vit les porcs occupés à gratter la terre avec quelque succès, en ce sens qu'ils la remuaient à la surface, mais sans rien trouver pour leurs peines. Il remarqua dans ce que nous avons appelé la plaine quelques places où il était possible, en brisant une sorte de croûte, d'arriver à une couche de cendres grossières. En les exposant à l'air, en les mêlant à des herbes marines et aux balayures qu'il pourrait réunir, le jeune marin se flatta d'obtenir assez de substances productives pour faire venir quelques légumes. Lorsqu'il était sur le sommet du mur d'enceinte du Cratère, il avait remarqué deux ou trois places qui lui avaient paru favorables, et il résolut d'y monter et d'y faire son essai, d'autant plus que là son potager serait à l'abri des incursions de ses compagnons velus. S'il pouvait réussir à obtenir ainsi quelques melons, il sentait qu'il aurait un moyen de combattre les dispositions au scorbut qui pouvaient se manifester soit chez lui soit chez Bob. C'est avec cette sagacité que, malgré son jeune âge, Marc savait penser à l'avenir.

CHAPITRE VI.

Ils viennent du soleil saluer le retour,
Et goûter à longs traits les prémisses du jour.
Mais les moments sont chers ; leurs jardins les attendent.
Ils sont deux seulement pour les soins qu'ils demandent ;
A de si grands travaux comment suffiront-ils ?

MILTON.

Nos deux marins ne manquaient pas d'instruments de travail. Il est peu de bâtiments sur lesquels on eût trouvé une provision d'outils de toute espèce, pareille à celle qui avait été réunie à bord du *Rancocus*, ce qui provenait du long séjour qu'il devait faire au milieu des îles où il était envoyé. Ainsi les haches et les pioches ne manquaient pas, le capitaine Crutchely ayant prévu la nécessité où il pourrait être d'établir une enceinte fortifiée contre des peuplades sauvages. Marc gravit alors la rampe du Cratère, la pioche sur l'épaule, et un long bout de cordage d'enfléchure passé autour du cou. Tout en montant, il se servait de la pioche pour former des marches, ce qui, dans cette direction, rendit le chemin beaucoup plus facile. Une fois sur le sommet, il trouva un quartier de roche qui faisait saillie, et il descendit un bout de son cordage dans le cratère. Bob y attacha le panier que Marc retira à lui et vida. En recommençant plusieurs fois la même manœuvre, ils transportèrent sur la hauteur tout ce dont ils avaient besoin. Bob retourna alors à l'embarcation pour rouler jusqu'au Cratère la petite tonne, remplie de balayures, qui y avait été aussi déposée.

Pendant ce temps, Marc cherchait les endroits qui dans sa première visite lui avaient paru les moins rebelles à la culture. C'étaient généralement de petites cavités détachées, sur lesquelles la croûte ordinaire ne s'était pas encore fermée, ou du moins avait disparu sous l'action des éléments. Il commença par piocher avec ardeur, puis, quand le sol fut bien émietté avec la houe, il le saupoudra légèrement de guano, suivant les instructions de Betts. Cela fait, il descendit le panier que son compagnon, déjà de retour, remplit des balayures du pont. Bob n'avait pas perdu son temps, pendant l'heure que Marc avait travaillé au soleil sur le sommet du Cratère. Il avait trouvé un grand amas d'herbes marines sur un rocher près de l'île, et il avait fait deux ou trois voyages dans le canot pour en rapporter. Cette petite provision suivit le même chemin, et fut hissée également à l'aide du panier. C'étaient des ressources qui n'étaient point à dédaigner; Marc en fit des bottes qu'il mêla aux autres ingrédients dont il devait former sa couche. Bob le rejoignit alors, et ensemble ils travaillèrent encore une heure de cette manière.

Ils crurent alors pouvoir risquer de mettre la graine en terre. Ils semèrent des melons des deux espèces, des fèves, des pois et du blé de Turquie. Ils avaient aussi quelques graines de concombre et d'ognons dont ils firent également l'essai. Le capitaine Crutchely avait emporté une quantité de semences diverses, qu'il comptait distribuer aux naturels des îles qu'il se proposait de visiter, dans leur intérêt, comme dans celui des futurs navigateurs. C'était une attention de ses armateurs, qui étant de la secte qu'on appelle « les Amis », faisaient un alliage assez bizarre de la philanthropie avec l'avidité pour les biens de ce monde.

Marc n'était pas très-fort en jardinage, mais Bob n'était jamais embarrassé. Cependant il fit bien quelques méprises. Le Récif de Marc était situé juste entre les tropiques, par le 21e degré de latitude sud, mais la brise qui venait constamment de la mer y entretenait une assez grande fraîcheur; et, s'il avait eu raison de semer les pois, et même les oignons, sur la hauteur, il aurait peut-être mieux fait de mettre les melons, les aubergines et deux ou trois autres graines, dans les endroits les plus chauds qu'il aurait pu trouver, au fond du cratère, par exemple. Mais où ils montrèrent tous deux une grande intelligence, ce fut en plaçant toutes leurs semences dans des cavités où la pluie séjournerait, et ils eurent soin de faire avec la houe les travaux nécessaires pour qu'elle ne restât ni en trop grande ni en trop petite quantité.

Il était l'heure de dîner quand Marc et Betts furent prêts à quitter le Sommet, nom qu'ils commencèrent à donner à la seule auteur qui se trouvât dans leurs domaines. Bob avait prévu la nécessité de s'abriter, et il avait jeté dans le canot une vieille voile de perroquet. A l'aide de cette voile et de quelques mâteraux, il réussit à établir au fond du Cratère une sorte de tente sous laquelle Marc et lui dînèrent et firent ensuite leur sieste. Assis sur une bonnette de rechange qui avait aussi été apportée, nos amis devisèrent ensemble de ce qu'ils avaient fait, et de ce qu'ils devraient commencer par entreprendre maintenant.

Marc avait travaillé jusqu'alors sous l'influence d'une agitation fébrile, qui se conçoit aisément dans sa situation, mais qui ne nous permet pas toujours de tirer le meilleur parti de nos efforts. Devenu plus calme, il commença à voir qu'il y avait des mesures à prendre d'une urgence plus grande encore que celles qui avaient attiré d'abord son attention. C'était, avant tout, de pourvoir à la sûreté du bâtiment. Tant que *le Rancocus* ne serait mouillé que sur une seule ancre, on ne pouvait être complétement tranquille; car si le vent venait à sauter, il pouvait le pousser contre la « muraille de lave », comme ils appelaient le brise-lames naturel qui bordait le bassin ; et là, quand même le navire ne se briserait pas, il courait du moins risque de recevoir de fortes avaries. La prudence demandait donc qu'indépendamment de l'ancre, on se servît d'amares pour le retenir. Les deux amis convinrent de ce qu'ils auraient à faire dans ce but, puis à deux heures ils se remirent à l'ouvrage.

Bob pensa qu'il était plus que temps de songer à donner à manger et à boire aux porcs; les pauvres bêtes étaient à jeun depuis longtemps ; il y aurait eu de l'inhumanité à les oublier, et il faut se montrer humain, même pour les animaux. Marc approuva qu'on leur donnât à manger ; mais quant à boire, il fit observer qu'il allait tomber une pluie d'orage. Il est certain que le temps était menaçant, et Bob ne demanda pas mieux que d'attendre, avant de se donner une peine inutile. Quant aux porcs, ils étaient toujours à fouiller avidement, quoiqu'ils n'eussent encore rien trouvé qui récompensât leurs peines. Peut-être avaient-ils du plaisir à fourrer leur groin dans quelque chose qui ressemblât à de la terre, après avoir été si longtemps confinés entre les planches d'un navire. En les voyant ainsi à l'œuvre, Marc eut l'idée de faire un autre essai, qui certes annonçait une grande prévoyance, en même temps que peu d'espoir de sortir de l'île de plusieurs années : il avait de la graine de limons, d'oranges, de citrons, de figues, et de raisins, tous fruits qui viendraient très-bien dans l'île, s'ils trouvaient seulement un sol pour les nourrir. Un des porcs, en fouillant de son mieux, précisément sous la rampe du cratère, du côté du nord, avait fait une longue rangée de petits monticules de cendres, à des distances inégales il est vrai, mais assez bien disposés pour recevoir des semences. Marc y enterra les siennes, charmé de faire une épreuve qui pourrait profiter plus tard à quelques-uns de ses semblables, s'il n'en profitait pas lui-même.

Après avoir fait cette plantation, Marc éprouva naturellement le désir de la conserver. En sortant du Cratère, il avait chassé les porcs devant lui, et il eut l'idée d'en fermer l'entrée avec la voile qu'il établit comme une porte en l'attachant des deux côtés du passage. Si ces animaux avaient eu quelques succès dans leurs recherches, il est probable que ce léger obstacle ne les aurait pas empêchés de retourner dans l'intérieur du Cratère ; mais, dans l'état actuel des choses, il se trouva suffisant, et la voile resta suspendue devant l'entrée, jusqu'à ce qu'on eût trouvé moyen d'y mettre une clôture plus solide.

L'orage semblait alors si imminent que les deux marins se hâtèrent de retourner à bord, pour éviter d'être mouillés jusqu'aux os. A peine étaient-ils rentrés que le grain commença, mais ce ne furent pas ces torrents de pluie qui tombent quelquefois avec tant d'impétuosité entre les tropiques. Ils eurent néanmoins un moment d'inquiétude qui leur fit voir de nouveau la nécessité d'amarrer le bâtiment. Le vent quitta brusquement la direction ordinaire des vents alisés, et se changea en un courant d'air qui la coupait presque à angle droit. Cela fit éviter le bâtiment, qui fut entraîné si près de la muraille de lave, qu'une ou deux fois il en laboura les parois. Marc, en sondant précédemment, s'était assuré que cette muraille surplombait, et qu'il y avait peu de risques que le bâtiment touchât le fond ; néanmoins, ce frottement même n'était pas sans danger, et pouvait, pour peu qu'il augmentât, compromettre la sûreté du navire.

Mais les vents alisés revinrent avec le beau temps, et *le Rancocus* reprit sa première position. Bob alors suggéra l'idée de porter à terre la plus solide de leurs ancres à jet, de l'établir au milieu des rocs, et d'y attacher de forts cordages qui viendraient s'accrocher au bâtiment, et à l'aide desquels on pourrait établir une voie de communication, qui permettrait de ne pas avoir sans cesse recours au petit canot. Marc approuva ce plan, et comme il fallait un radeau pour porter à terre l'ancre qui aurait pu faire chavirer la frêle embarcation, il fut décidé qu'on remettrait cet ouvrage au lendemain.

Le reste de la journée ne fut plus consacré qu'à des travaux peu fatigants. Marc était curieux d'observer l'effet de la pluie sur ses plantations, et la quantité d'eau qui pourrait être restée sur le Récif. Il fut donc décidé qu'on irait encore passer une heure ou deux dans l'île avant la nuit.

Avant de partir, Bob appela l'attention de Marc sur le poulailler. Il ne se composait plus que de six poules, d'un coq et de cinq canards. Les pauvres volatiles semblaient aussi souffrantes au moral qu'au physique ; elles étaient maigres et abattues, ce qui n'était pas étonnant après un séjour de cinquante jours sur mer. Le brave garçon proposa de les lâcher en liberté dans l'île, leur laissant chercher leur nourriture comme elles le pourraient, bien qu'il se promît de ne pas les laisser tout à fait au dépourvu.

Marc n'avait pas d'objection à faire, et les cages furent ouvertes. Chaque poule fut successivement portée à la lisse de couronnement et lancée en l'air, d'où elle allait s'abattre sur le Récif qui n'était qu'à deux cents pieds de distance. C'était un grand bonheur pour elles que cette délivrance. A la grande surprise de Marc, elles ne furent pas plus tôt dans l'île qu'elles se mirent à becqueter avidement, comme si elles eussent été au milieu de la basse-cour la mieux fournie. Marc n'y pouvait rien comprendre, mais son étonnement redoubla encore quand, détournant les yeux sur le pont, il y vit les canards livrés à la même occupation. Il se baissa pour regarder quel genre de nourriture ils avaient pu trouver; le pont était couvert d'un grand nombre de petites particules mucilagineuses, qui étaient sans doute tombées avec la pluie, et dont tous les oiseaux, et même les porcs, se montraient avides. C'était donc une sorte de manne tombée du ciel qui allait faire le bonheur de ces pauvres bêtes, du moins pour quelques heures.

Bob prit les canards et les jeta par-dessus bord; et en voyant leur joie à barboter dans l'eau, ceux qui les avaient mis en liberté ne purent s'empêcher de la partager jusqu'à un certain point.

Il ne restait plus à bord d'autre être vivant que la chèvre, et quoiqu'il ne fût pas probable qu'elle leur fût jamais d'une grande utilité, et qu'il ne leur fût pas facile de pourvoir à sa subsistance, il répugnait à Marc de s'en défaire. La Providence ne les avait-elle pas conduits ensemble jusque-là? et puis ne serait-ce pas un joli tableau de la voir courir de roche en roche? elle animerait un peu le paysage, qui en avait grand besoin. D'un autre côté, ce serait un danger de plus pour les plantations, si les légumes venaient à pousser. Quoi qu'il en pût être, un répit lui fut accordé, et il fut décidé qu'elle serait conduite dans l'île, et qu'on attendrait encore quinze jours avant de prononcer définitivement sur son sort.

En débarquant, Marc trouva les moindres cavités pleines d'eau. Il y en avait assez pour remplir toutes les futailles du bord, et il ne s'en était presque pas perdu. C'était encourageant pour l'avenir, car la crainte du manque d'eau était une de ses plus grandes perplexités. Si les vivres venaient à être rares, la mer pourrait y suppléer au besoin ; mais de l'eau potable, c'était ce qu'elle ne pouvait fournir.

On ne saurait se figurer la joie des canards au milieu de ces étangs improvisés. En voyant leurs ébats, Marc ne pouvait s'empêcher de se demander quel droit avait l'homme de contrarier les instincts d'aucune des créatures de Dieu. Mettre en prison des oiseaux, des oiseaux créés pour voler, c'était ce qui lui avait toujours répugné ; et il n'admettait pas cette réponse qu'ils étaient nés en prison, et qu'ils n'avaient jamais connu la liberté. Leur instinct les portait à s'élever dans les airs, et combien ne devaient-ils pas regretter l'usage qu'ils ne pouvaient faire de leurs ailes ! N'était-ce pas en prison qu'il se trouvait lui-même, et quoiqu'il pût marcher, courir, nager, faire tous les mouvements du corps, en sentait-il moins amèrement les privations qu'il était condamné à subir !

Il était évident que la pluie n'avait pas encore endommagé les semences. Tous les monticules étaient dans l'état où Marc les avait laissés, bien qu'ils eussent été saturés d'eau. Quelques-uns même semblaient en avoir reçu plus que leur contingent, mais le soleil des Tropiques ne tarderait pas à y porter remède. Sa grande crainte était d'avoir commencé ses plantations trop tard, et que bientôt elles n'eussent à souffrir de la sécheresse. En tout cas, elles venaient de recevoir un bon arrosoir, comme disait Bob, et, connaissant l'influence du soleil sous cette latitude, Marc était persuadé que le résultat de la grande épreuve qu'il avait faite serait bientôt connu. S'il pouvait réussir à faire sortir quelque végétation des débris du Cratère, leur subsistance était assurée pour le reste de leur vie ; mais si cette ressource venait à leur manquer, ils n'avaient plus d'autre espoir que de chercher quelque issue sur une embarcation qu'ils auraient construite eux-mêmes. Dans aucun cas, à moins d'une nécessité extrême, Marc n'aurait renoncé à ce dernier projet, dont la réalisation pouvait seule le rendre au monde habité, et le ramener dans son pays auprès de Brigitte.

Cette nuit-là, nos marins dormirent plus profondément qu'ils ne l'avaient encore fait depuis la perte de leurs compagnons. Les deux jours suivants furent employés à consolider le navire. Bob réussit à faire un radeau très-convenable avec les espars de rechange, en sciant en deux les mâts de hune et les basses vergues, et en les aiguilletant fortement ensemble. Mais Marc imagina un moyen de descendre à terre les deux ancres à jet, sans avoir recours au radeau. Ces ancres étaient sur la poupe, et deux hommes pouvaient sans peine les suspendre aux bossoirs. Il avait remarqué que sur le bord du Récif, de même que dans toutes les autres parties de cette montagne volcanique, le roc s'élevait perpendiculairement comme une muraille, et que le bâtiment pouvait approcher jusqu'à sa base. D'ailleurs, dans tous les navires construits sur les chantiers de Philadelphie, à cette époque, l'étrave était très-élancée; rien n'était donc plus facile que de filer du câble, de laisser le navire dériver vers l'île jusqu'à ce que les ancres se trouvassent suspendues au-dessus des rochers, puis ensuite de les laisser tomber. Tout cela fut exécuté de point en point, et le radeau fut réservé pour une autre occasion.

Malgré la facilité avec laquelle les ancres avaient été transportées, il fallut aux deux travailleurs une grande demi-journée pour les établir dans le roc à l'endroit précisément nécessaire. Mais aussi, quand ils eurent réussi, ils avaient obtenu une tenue meilleure encore que celle de la grande ancre. Les jas ne furent pas employés; mais les ancres furent posées à plat sur le roc, l'une contre l'autre, de manière à ce que les pattes fussent enfoncées dans les crevasses de la lave, tandis que les verges sortaient par des cannelures naturelles. A l'organeau de chaque ancre furent amarrés trois cordages, retenus à égale distance par des pièces de bois, et le tout fut maintenu par une ligne régulière de traversins, établis le long des cordages de dix pieds en dix pieds, ce qui leur donnait partout le même niveau.

Avant que les traversins fussent posés, les différentes parties des cordages furent tendues d'une manière égale. Par ce procédé, *le Rancocus* se trouvait à cent pieds environ de l'île, amarré en même temps par l'avant et par l'arrière, ce qui le maintenait toujours dans la même position. Enfin des planches placées sur les traversins et solidement assujetties établirent une communication facile entre le bâtiment et l'île, sans qu'il fût besoin d'avoir recours au petit canot.

Ces travaux ne furent terminés que dans l'après-midi du second jour, qui se trouvait être un samedi. Marc avait résolu d'observer à l'avenir le dimanche, et de le consacrer au service de son créateur. Il était de l'église épiscopale, et il fit part de sa détermination à son ami Bob, qui était un quaker déterminé, quoique assez ignorant. Il fut donc entendu que, pour bien commencer, le lendemain serait un jour de repos, comme l'entendent les chrétiens, et qu'il en serait de même de tous les dimanches. Marc avait toujours été porté vers les idées religieuses. Son attachement pour Brigitte l'avait préservé des écarts dans lesquels ne donnent que trop de marins, et plus d'une fois des entretiens sérieux sur la vie future s'étaient établis entre lui et sa fiancée. Le temps de l'adversité est celui où les hommes sont le plus disposés à se rappeler leurs devoirs envers Dieu; il n'est donc pas étonnant que le jeune officier sentît se réveiller en lui avec une nouvelle vivacité des sentiments de reconnaissance et de repentir.

Tandis qu'il parcourait ses étroits domaines dans cette disposition d'esprit, Bob sautait dans l'embarcation, et il se dirigeait avec ses instruments de pêche vers quelques rochers qui montraient la tête au-dessus de la surface de l'eau, dans la direction nord-ouest du Cratère. Il pouvait y en avoir une vingtaine, tous à moins d'un mille de distance; les plus grands n'avaient pas plus de six à huit acres de surface, tandis que plusieurs n'avaient pas même cent pieds de diamètre. Contenue par ces rochers, placés comme des digues à des distances irrégulières, la mer était tranquille, et à moins de rafales très-fortes, le petit canot pouvait y voguer sans crainte, pourvu qu'il ne sortît pas des limites qui étaient tracées par la muraille de lave.

Betts était grand amateur de pêche, et il eût passé des journées entières livré à ce paisible amusement, pourvu qu'il eût eu une quantité suffisante de tabac. Une de ses grandes consolations, dans son infortune, c'était l'immense provision qu'il en avait trouvée à bord. Tous les marins du *Rancocus*, à l'exception de Marc, faisaient usage du tabac, et pour un si long voyage chacun avait pris ses précautions. Dans cette occasion, il put donc se livrer tout à son aise à ses deux occupations favorites.

Ce que Marc aimait, lui, c'était la chasse ; mais son fusil lui était peu utile dans cette occasion : de tous les oiseaux qui fréquentaient ces parages, il n'en était pas un seul qu'à moins de famine extrême il fût possible de manger. Il se promena donc dans l'île, accompagné de la chèvre qui y avait été conduite par le nouveau passavant, et qui jouissait de sa liberté avec autant d'entrain que les canards. En la voyant cabrioler autour de lui, et le suivre partout, Marc se rappela involontairement les chèvres de Robinson ; puis, par une association d'idées toutes naturelles, les différentes relations de naufrages qu'il avait lues se présentèrent à son esprit, et il fut amené à comparer son sort à celui des malheureux qui avaient été obligés de séjourner plus ou moins longtemps dans des îles inhabitées.

Sur beaucoup de points cette comparaison lui était défavorable : d'abord, l'île était dépourvue de toute espèce de végétation ; il n'y avait ni arbres ni plantes d'aucune sorte. C'était une grande privation ; restait à savoir s'il y avait moyen d'y remédier, et si l'essai qu'il avait tenté réussirait. Il lui semblait que cette aridité, qui le désolait, n'aurait pas été si complète, si les débris du Cratère eussent contenu quelques substances productives. Il n'était pas assez versé dans la nouvelle branche de la chimie appliquée à l'agriculture, pour comprendre que l'adjonction de certains éléments pouvait vivifier des principes jusqu'alors latents. Et puis le Récif n'avait pas d'eau ; et, bien que pour le moment il tombât chaque jour une pluie bienfaisante, il ne fallait pas oublier qu'on était au printemps, et que les grandes chaleurs amèneraient la sécheresse à leur suite. Enfin, pour dernière objection, le Récif manquait d'étendue comme de variété ; on l'embrassait d'un coup d'œil, et il n'y avait que le Cratère qui fît quelque diversion à son aride monotonie. Une fois la provision de bois qui était à bord épuisée, il n'y avait ni branches ni broussailles d'aucune espèce pour alimenter le feu.

Mais ces graves inconvénients étaient compensés par de grands avantages. *Le Rancocus* leur était resté avec tout ce qu'il contenait ; il leur fournissait une demeure, des vêtements, des vivres, de l'eau et du combustible pour bien longtemps ; ou même, pour peu qu'il fût possible de glaner quelquechose sur ces tristes rochers, pour toute leur vie. Sa cargaison, qui eût été de peu de valeur dans un pays civilisé, leur offrait de grandes ressources. Sans doute les verroteries et les colifichets qu'on avait emportés pour faire des échanges avec les sauvages, ne leur seraient d'aucune utilité, mais les armateurs étaient, comme nous l'avons dit, des quakers aussi prévoyants que zélés, qui entendaient leurs intérêts à merveille. Outre une collection d'outils et d'instruments de tout genre, ils avaient embarqué un assortiment d'étoffes grossières, de faïence commune, de ces mille petits riens, très-utiles à ceux qui savent s'en servir.

Quant à l'eau potable, il n'y avait pas autant de crainte à avoir que Marc l'avait pensé dans le premier moment. La saison des pluies devait durer au moins plusieurs semaines, et les cavités nombreuses qui se trouvaient dans le cratère formaient autant de citernes naturelles. Il suffisait donc d'avoir soin de remplir à certaines époques les futailles du bâtiment. Sans doute c'était une grande privation de ne pouvoir étancher sa soif à une source limpide ; mais de l'eau de pluie, recueillie sur un roc bien lisse, et conservée dans des tonneaux, était une boisson très-tolérable pour un marin ; d'ailleurs, le capitaine Crutchely avait fait placer une fontaine filtrante dans la cabine, et l'on y passait l'eau avant de la servir.

Somme toute, en établissant la balance, Marc trouvait qu'il

avait au moins autant à se féliciter qu'à se lamenter. Aussi résolut-il de s'armer de tout son courage, et il reprit sa promenade avec un calme et une résignation qu'il n'avait pas eue depuis la malheureuse entrée du *Rancocus* au milieu des brisants.

En jetant les yeux autour de lui, Marc fut amené assez naturellement à se demander ce qu'il fallait faire des animaux domestiques, qui tous alors avaient été débarqués dans l'île. Les porcs pourraient lui être plus ou moins utiles suivant que son séjour se prolongerait. Il y avait encore pour eux de la nourriture à bord pour quelques mois, mais cette nourriture était celle qu'on donnait aussi aux poules, et il importait plus encore aux deux naufragés d'avoir des œufs que du porc frais. Restait la chèvre; il n'y avait plus grand service à attendre d'elle, et elle ne trouverait rien à brouter. Mais la petite provision de foin n'était pas épuisée, et tant qu'elle durerait, Marc décida que la jolie bête, si joyeuse et si folâtre, serait épargnée. Bien lui prenait de se contenter d'une nourriture qui ne pouvait convenir à aucun autre animal.

Marc ne pouvait rien apercevoir sur les rochers dont un volatile pût se nourrir, et cependant les poules étaient toujours à becqueter quelque chose. Elles trouvaient sans doute des insectes qui échappaient à sa vue. Quant aux canards, ils barbottaient à cœur joie dans les mares que la pluie venait d'improviser. Toutes ces créatures du bon Dieu continuèrent à recevoir leur pitance accoutumée, et leurs joyeux ébats semblaient exprimer la joie qu'elles avaient de vivre. En se promenant au milieu d'elles, Marc réfléchissait de quels sentiments de gratitude il devrait être animé, puisqu'il était encore en position de goûter un genre de bonheur complétement inconnu aux êtres inférieurs de la création. N'avait-il pas toujours à sa disposition son esprit avec toutes les ressources qu'il avait puisées dans l'étude et dans l'expérience, et son intelligence qui s'élevait jusqu'à Dieu, son créateur, et lui montrait en perspective une éternité bienheureuse ! Et son affection pour Brigitte, si elle avait son amertume, n'avait-elle pas aussi ses charmes? Comment se rappeler sans émotion les traits si fins et si gracieux de son amie, la constance qu'elle lui avait jurée, et à laquelle il était bien sûr qu'elle ne manquerait jamais, et tant d'entretiens chastes et délicieux qu'ils avaient eus ensemble, et qui avaient tenu tant de place dans sa courte existence!

Le soleil se couchait lorsque Bob revint de sa pêche. A la grande surprise de Marc, la petite embarcation avait de l'eau jusqu'à son plat-bord, et il s'empressa d'aller à la rencontre de son ami qui se dirigeait vers l'entrée du Cratère. Bob avait pris une douzaine de poissons dont plusieurs étaient d'une grosseur considérable, mais tous d'espèces qui leur étaient inconnues. Mettant de côté ceux qui avaient la plus belle apparence, Marc jeta les autres sur le rocher, à la merci des porcs et des poules. Les porcs ne se firent pas prier, et se mirent à la besogne sans s'inquiéter des écailles ni des arêtes. Les poules se montrèrent plus difficiles; dans le premier moment elles firent la petite bouche; sans doute le repas d'insectes qu'elles avaient fait en était cause; mais longtemps avant la fin du festin, elles s'étaient ravisées et elles avaient fait largement honneur au festin. Les deux marins étaient donc rassurés sur ce point essentiel : leur petit troupeau aurait toujours de quoi manger, sauf la pauvre Kitty. Il est vrai que la chair de ces animaux pourrait bien sentir un peu le poisson; mais ce serait quelque chose de nouveau, et, si le goût en était par trop désagréable, en leur donnant quelques jours à l'avance leur nourriture ordinaire, on parviendrait à le corriger.

Mais ces poissons ne faisaient pas la principale cargaison du canot. Bob l'avait rempli presque bord à bord d'une sorte de limon végétal qu'il avait trouvé dans le creux d'un rocher et qui devait avoir été formé par des amas d'herbes marines. Voici ce qui motivait cette supposition. Par sa configuration particulière, cette cavité recevait un courant qui y déposait une grande quantité d'herbes flottantes; des orages successifs étaient venus sans doute ajouter leur contingent à la provision, qui s'élevait au-dessus du niveau de la mer. Il n'y avait pourtant aucun signe de végétation autour du rocher ; mais cette circonstance s'expliquait facilement par l'action de l'eau salée qui en mouillait incessamment la surface et emportait ainsi tous les éléments productifs, excepté ceux qui appartiennent exclusivement aux plantes aquatiques.

— Voilà qui ressemble à s'y méprendre à une terre excellente ! s'écria Marc après avoir eu successivement recours à tous ses organes pour en apprécier la qualité ; est-ce qu'il s'en trouve beaucoup sur votre rocher ?

— Beaucoup, monsieur Marc ? assez pour remplir le vieux *Rancocus*, et plus d'une fois encore ! Je ne connais pas la profondeur de mon trésor, mais il occupe un espace qui n'est guère moins grand que votre Cratère.

— Allons, nous nous y mettrons la semaine prochaine ; voilà une importation qui n'est pas à négliger. Mais je n'abandonne pas mon idée de chaloupe, Bob, songez-y bien. En tout cas la prudence exige que nous cherchions à nous créer ici des moyens d'existence, si la volonté de Dieu n'est pas que nous nous remettions un jour en mer.

— En mer, monsieur Marc ! y pensez-vous ? ni vous, ni moi, ni âme qui vive, ne naviguera jamais sur le vieux *Rancocus*, retenez bien cela de moi. Quant à ma pièce de terre, je ne crois pas qu'on puisse y rien planter, car l'eau de la mer doit venir la baigner dès qu'il y a quelque bourrasque. Il est vrai, quand j'y pense, qu'il n'y aurait pas grand'chose à faire pour lui en interdire l'entrée. Les asperges, entre autres, y viendraient comme un charme. Il doit s'en trouver parmi toutes les semences que notre armateur, l'Ami Abraham White, avait réunies pour l'usage des sauvages : le tout est de savoir où nous pourrons mettre la main dessus.

— Tout ce qui reste de semences est dans deux ou trois caisses dans l'entrepont. Pendant que je monte au Cratère chercher une pelle pour décharger le canot, occupez-vous de faire cuire le poisson pour notre souper. Voilà si longtemps que nous ne mangeons que des salaisons que quelques aliments frais nous feront du bien.

Chacun s'occupa de sa tâche. Marc, à l'aide d'une brouette, — et à bord il s'en trouvait trois que l'Ami Abraham destinait encore à des cadeaux, — transporta, en plusieurs voyages, le limon dans l'intérieur du Cratère. Il en fit un grand tas, sur lequel il comptait jeter à mesure toutes les immondices de tout genre qu'il pourrait trouver.

Bob était retourné à bord pour s'occuper de sa cuisine. Il prit les deux poissons, les vida, coupa le plus gros en plusieurs morceaux qu'il mit dans une casserole avec des oignons, du petit lard et du biscuit de mer pour en faire une matelote le lendemain matin. Quant à l'autre, il en fit une friture que Marc et lui mangèrent le soir même avec délices.

CHAPITRE VII.

Calme-toi, pauvre abandonné !
L'œil perçant qui voit tout, et le ciel et la terre,
Voit aussi ta misère.
L'heure de délivrance aura bientôt sonné !
MISTRESS HEMANS.

Le jour du dimanche ne se lève jamais, pour les personnes vraiment pieuses, sans ranimer les sentiments de gratitude qu'elles doivent au Créateur pour tous ses bienfaits. Cette influence se fait surtout sentir dans les siasons où la nature se rajeunit et se renouvelle, à la campagne, plus que dans les grandes villes où le bruit qui se fait autour de nous est un obstacle aux pensées sérieuses. Elle est plus vive encore dans la solitude absolue, lorsque nous nous sentons sous la dépendance directe de Dieu même pour trouver les moyens de prolonger notre existence. Dans le monde on oublie cette dépendance ; on ne s'en repose que sur soi-même, on s'exagère ses forces : on oublie d'où ces forces mêmes nous arrivent ; mais que l'homme soit seul et dans des circonstances critiques, il sent alors son insuffisance, et se tourne humblement du côté de cette main divine qui seule peut le relever.

Ce fut sous l'impression de ces pensées que Marc et Bob passèrent leur premier dimanche sur le Récif. Le jeune marin lut d'un bout à l'autre l'office du matin, tandis que Bob écoutait avec attention. La différence de leurs croyances religieuses ne se trahit que par une circonstance assez singulière pour ne pas être passée sous silence. Malgré leurs premières relations, qui avaient commencé sur le pied de l'égalité, malgré l'âge de Bob et cette communauté de sentiments et d'intérêts établie entre eux par leurs malheurs communs, celui-ci n'avait pas cessé de montrer à son officier le respect dû à son grade. Cette déférence ne s'était jamais démentie, et, depuis leurs tristes aventures, il n'était pas entré une seule fois dans la cabine sans ôter son bonnet. Mais dès que les prières commencèrent, il le remit sur sa tête, comme pour témoigner de sa fidélité aux pratiques de ses pères; se faisant un point d'honneur d'imiter ce qu'il les avait toujours vus faire dans leurs assemblées, et ne voulant pas que son compagnon pût croire qu'il était homme à se laisser convertir. Marc observa aussi que, dans le cours de la journée, Bob le tutoya deux ou trois fois, ce qui ne laissait pas de produire un singulier effet dans la bouche du vieux matelot.

L'un et l'autre éprouvèrent l'efficacité du précepte divin qui recommande l'observation du dimanche. Marc se sentit beaucoup plus résigné à son sort qu'il ne l'aurait cru possible, et Betts déclara qu'il ne manquerait rien à son bonheur, s'il avait seulement une meilleure embarcation, non pas que le canot n'eût beaucoup de bonnes qualités; mais il était trop petit.

Après le service religieux, pour lequel nos marins avaient fait leur barbe et s'étaient habillés, ils firent ensemble un tour sur le Récif, tout en causant de leurs affaires. Bob dit alors à Marc, pour la première fois, qu'il devait y avoir quelque part dans la cale la charpente et tous les matériaux d'une pinasse, que le capitaine avait l'intention d'assembler quand il serait arrivé au lieu de sa destination, afin de pouvoir croiser plus commodément au milieu des îles pour trafiquer avec les sauvages et transporter le bois de sandal. Marc déclara qu'il n'en avait jamais entendu parler, mais qu'une partie de la cale avait été remplie pendant qu'il était à Bristol, et que la chose n'était pas impossible. Bob convint qu'il n'avait jamais vu la pinasse en question, quoiqu'il eût été employé au chargement, mais il était sûr d'avoir entendu l'Ami Abraham White et le capitaine Crutchely parler ensemble de ses dimensions et de l'usage qu'on en pouvait faire. Si sa mémoire ne le trompait pas, ce devait être une embarcation plus grande même que la chaloupe, disposée pour recevoir des mâts et des voiles, et à demi pontée.

Marc écouta patiemment ces détails, bien convaincu toutefois que l'honnête Bob était dans l'erreur. Sans doute il avait pu entendre le capitaine et l'armateur parler de quelque projet de ce genre; mais s'il avait été mis à exécution, il était bien difficile que lui, son second, n'en eût eu aucune connaissance. Ce qui était certain, c'est qu'il y avait à bord une grande quantité de matériaux au moyen desquels on pourrait, avec le temps, — car il sentait mieux que personne que ce ne serait pas l'affaire d'un jour, — construire une embarcation quelconque, assez solide pour résister aux flots de cette mer ordinairement paisible, et les reconduire dans leur patrie.

Ce fut dans des entretiens de ce genre, dans l'accomplissement des devoirs religieux, dans un échange de conjectures sur le sort probable de leurs compagnons, que se passa ce saint jour du dimanche. Cette interruption dans leurs travaux ordinaires parut faire sur Bob une assez vive impression; il suivit les différents exercices avec un zèle et une simplicité qui donnèrent beaucoup de satisfaction à Marc; car tout en sachant bien que son ami était le meilleur garçon du monde, dans l'acception ordinaire de ce mot, il ne le croyait pas très-accessible aux idées religieuses. Mais le monde n'était plus là pour exercer sur Bob une influence délétère; il en était séparé par une barrière presque aussi infranchissable que le tombeau; et le cœur humain, dans sa détresse, ne manque jamais de se tourner vers Dieu, comme vers l'unique source de consolation. C'est dans la prospérité que l'homme s'étourdit follement, s'imagine qu'il se suffit à lui-même, et, dans ce fatal aveuglement, oublie son créateur.

Le lendemain, les deux amis reprirent leurs travaux ordinaires avec une nouvelle ardeur. Pendant que l'eau pour le thé bouillait, ils roulèrent à terre deux futailles vides et les remplirent d'eau à l'un des réservoirs naturels les plus considérables, car il était tombé beaucoup de pluie pendant la nuit. Après le déjeuner, Marc alla examiner son monceau de limon dans le Cratère, tandis que Bob partait sur le canot pour pêcher quelques poissons, et prendre un nouveau chargement de limon. Marc se promit de l'accompagner la fois suivante sur le radeau, qui avait encore besoin, toutefois, de quelques dispositions pour servir à cet usage. La pluie avait tellement détrempé le limon, que Marc, qui en porta quelques parcelles à ses lèvres, reconnut qu'elle avait emporté une grande partie du sel qu'il contenait. Il y avait de quoi l'encourager dans ses projets de jardinage. Le printemps ne faisait que commencer, et il avait l'espoir de pouvoir préparer au moins une couche assez à temps pour y voir pousser des légumes.

Nous avons déjà vu que la cargaison du *Rancocus* n'était pas d'un grand prix, le commerce entre l'homme civilisé et le sauvage ayant lieu ordinairement d'après les grands principes du libre échange, dont on a tant parlé depuis quelques années, tout en les comprenant si peu, et qui le plus souvent n'ont d'autre résultat que de donner la part du lion à ceux qui en ont le moins besoin; mais du moins il s'y trouvait une grande quantité de planches de toute forme et de toute grandeur, et Marc en prit quelques-unes pour faire un plancher pour son radeau. Il venait de terminer, lorsque Bob rapporta une nouvelle provision de limon. Il fut décidé qu'on entreprendrait sur-le-champ un nouveau voyage avec le radeau et le canot tout à la fois.

L'amas de substances végétales que Betts avait découvert,

était beaucoup plus considérable et d'un accès plus facile que Marc ne l'avait espéré. On pouvait y faire cent voyages sans craindre de l'épuiser ; et, suivant toute apparence, on y trouverait de quoi étendre une couche épaisse de terre sur une étendue de plusieurs acres, — qui sait? sur toute la plaine du Cratère. Le premier soin de notre jeune ami fut de choisir un emplacement convenable, de bien le bêcher, de mêler au limon une quantité suffisante de guano, et alors d'y semer des asperges, opération après laquelle il donna sur sa couche un coup de râteau. Pendant ce temps, Bob avait complété le chargement du canot et du radeau, qu'ils ramenèrent au Cratère, l'un remorquant l'autre.

Les quinze jours qui suivirent se passèrent dans des occupations analogues. Aucun ne s'écoulait sans qu'on eût rendu une ou plusieurs visites au « Rocher du Limon », comme ils appelèrent leur nouveau grenier d'abondance, et jamais les embarcations ne revenaient à vide.

Cependant la journée entière n'était pas exclusivement consacrée à ces voyages. Au contraire, mille petits travaux s'achevaient en même temps, tantôt par nécessité, tantôt par prévoyance. Par exemple, toutes les futailles furent successivement remplies d'eau douce ; car les pluies pouvaient cesser bientôt, et il était bon de prendre ses précautions, quoique la provision d'eau du *Rancocus* fût loin encore d'être épuisée. On était parti avec d'excellente eau de Delaware, et les futailles avaient été remplies à Valparaiso. Marc les compta, et, à raison de dix gallons par jour pour Bob et pour lui, ce qui était une ration beaucoup plus que suffisante, il calcula qu'ils en avaient pour deux ans. Sans doute ce n'était pas cette boisson rafraîchissante après laquelle on aspire dans les grandes chaleurs : Marc eût préféré se désaltérer à quelque source jaillissante, telle qu'il en rencontrait dans ses chères promenades avec Brigitte ; Bob n'avait pas oublié non plus certain puits qui servait à l'usage de sa famille depuis des générations ; mais en dépit de ces retours vers le passé, nos marins n'avaient pas sujet de se plaindre. L'eau qu'ils

6

avaient en abondance était potable, et elle s'était conservée assez fraîche dans l'entrepont. Lorsque les futailles qui avaient été portées au Cratère eurent été remplies, elles furent réunies ensemble, calées avec soin, et couvertes d'une vieille toile. Aucune distribution d'eau n'avait encore été faite au petit troupeau; il en trouvait en abondance dans les cavités.

Betts ne négligeait pas la pêche, et il fournissait non-seulement la table, mais encore à la consommation des porcs et des poules. Plusieurs des poissons se trouvèrent délicieux; d'autres allèrent grossir incontinent le tas des substances en décomposition. Il fit aussi une importation considérable de guano.

Un jour l'idée lui vint d'aller jeter ses filets dans une autre direction. Il passa au vent de « la muraille de lave », et il se dirigea un peu plus loin, vers un petit rocher nu, où il espérait trouver une espèce particulière de petits poissons qui feraient une friture délicieuse. Il y avait une couple d'heures que Bob était parti, lorsque Marc, qui était à travailler dans l'intérieur du Cratère, l'entendit tout à coup pousser de grands cris comme s'il appelait à son secours. Jetant aussitôt la pioche qu'il tenait à la main, Marc courut à sa rencontre, et ne fut pas médiocrement surpris de voir la nature de la cargaison avec laquelle son ami rentrait dans le port. Il paraîtrait qu'un grand amas d'herbes marines s'était formé au vent du rocher près duquel Bob était allé pêcher, et que là elles s'accumulaient en monceau; puis, qu'à un moment donné, cette masse compacte, qui ne trouvait plus d'espace suffisant pour la contenir, se détachait tout à coup, et passait au sud du Récif en dérivant sous le vent, jusqu'à ce qu'elle atteignît quelque autre roche dans cette direction. Bob était parvenu à lui faire doubler une pointe du Récif, et, à l'aide du vent et du courant, il cherchait à lui faire prendre la route du Cratère. Il appelait Marc pour qu'il vînt l'aider dans cette manœuvre difficile; car il eût été cruel, après toute la peine qu'il s'était donnée, de voir cette riche proie lui échapper, et passer devant l'île sans s'y arrêter. Le jeune marin comprit aussitôt le service qu'on attendait de lui; il prit une corde, réussit à la jeter à Bob, et, en la tirant à lui, il parvint à conduire la masse flottante sur le point de débarquement le plus favorable.

Ce surcroît de richesses leur venait très à point. Il y avait bien le volume de deux grandes charretées de foin. Il s'y trouvait beaucoup de petits coquillages, qui firent les délices de la basse-cour. Les poules y découvrirent aussi des graines à becqueter, et elles les cherchèrent avec la même avidité que si c'eût été du blé. Les porcs, de leur côté, firent grand honneur aux herbes. La pauvre Kitty était la seule qui n'eût pas toujours sa table servie comme elle l'eût désiré ; elle donna quelques coups de dent çà et là, mais d'un air à demi satisfait, et comme si elle doutait de la salubrité de ce mets de nouvelle espèce.

Quoiqu'il commençât à se faire tard, Marc et Bob prirent deux des fourches de l'ami Abraham White, — encore une attention du digne quaker pour les insulaires de Fejee, — et se mirent à rentrer toute la provision dans l'intérieur du Cratère, en laissant en dehors ce qui était nécessaire pour la consommation de la basse-cour.

A la fin de la seconde semaine, nos défricheurs tinrent conseil, et il fut arrêté qu'avant toute autre chose il fallait achever d'apprêter une plate-bande qui pouvait avoir une demi-acre d'étendue, la défoncer, y jeter de leur engrais, donner un coup de bêche, l'ensemencer, et recouvrir le tout d'une couche d'herbes marines. Malgré toutes les ressources inespérées qu'il avait trouvées, Marc ne se flattait pas encore d'un grand succès. Le limon lui paraissait froid et encore empreint de matières salines, malgré l'effet des eaux du ciel, et il ne connaissait les propriétés du guano que par les explications confuses et incomplètes de Bob. Comment expliquer l'absence de toute végétation sur le Récif, si les substances dont il était composé renfermaient les principes de toute espèce de plantes ? Il avait bien lu que les terrains qui entourent les volcans actifs à une assez grande distance pour être à l'abri des ravages causés par la lave, étaient ordinairement d'une grande fertilité à cause des cendres et de la poussière impalpable disséminée dans l'air ; mais ne voyant aucune trace de cette fertilité, il supposait que la mer adjacente en avait successivement absorbé tous les éléments. Sous l'impression de ces sentiments, il n'est pas étonnant que Marc préférât se borner à faire modestement un premier essai sur un petit coin de terre, plutôt que de se consumer en efforts impuissants pour défricher un espace plus considérable.

Il fut décidé qu'un mois serait consacré à ces travaux, et qu'ensuite on les confierait à l'action tutélaire des saisons et de la Providence. Marc se proposait alors de procéder à une visite complète et approfondie du bâtiment, pour reconnaître une bonne fois ce qu'il pouvait contenir. Si, par exemple, les matériaux de la pinasse dont Betts avait parlé se trouvaient véritablement dans la cale, il faudrait les assembler sans perdre de temps. Dans le cas contraire, et c'était, suivant Marc, la supposition la plus probable, ils devraient se mettre eux-mêmes à l'œuvre, et chercher à construire une embarcation de ce genre à force d'adresse et de patience. Ils pourraient alors, à travers cet Océan tranquille, gagner la côte de l'Amérique du Sud, ou une des îles qu'on savait accueillir favorablement les hommes blancs; car on se rappellera qu'il y a cinquante ans, ces parages n'étaient pas connus comme ils le sont aujourd'hui, et les marins ne s'aventuraient pas sans crainte au milieu des habitants de ces îles.

Le premier mois de leur captivité finissait quand l'exécution de ce plan, déjà élaboré depuis longtemps, fut définitivement arrêtée.

Le lendemain, qui était un dimanche, Marc fut un peu surpris d'une proposition que lui fit Bob le matin.

— Les Amis ont des assemblées mensuelles, avait-il dit ; si nous avions aussi les nôtres? Quand viendra le jour de Noël, nous le fêterons, si vous voulez, de tout mon cœur ; m'est avis pourtant qu'il serait convenable de faire aussi quelque attention aux fêtes et aux cérémonies des Amis.

Marc ne put s'empêcher de sourire de cette proposition, à

laquelle néanmoins il s'empressa de souscrire. L'assemblée mensuelle des quakers avait lieu au moins autant pour régler les affaires temporelles que pour se livrer à des exercices de piété, et l'on ne voyait pas trop comment Bob, qui composait son église à lui tout seul, avait besoin d'un jour fixe pour en surveiller l'administration. Quoi qu'il en fût, Marc était trop heureux de voir ses idées prendre cette direction nouvelle pour lui faire la moindre observation. La demande fut admise en principe; seulement la mise en pratique fut remise à un jour ultérieur.

Le lendemain, il plut toute la matinée, ce qui obligea nos solitaires à rester à bord; ils en profitèrent pour visiter à fond l'entrepont, et notamment les caisses où étaient renfermées les semences. C'était là qu'on avait placé la plupart des outils, ainsi qu'une grande quantité de planches; mais ils cherchèrent inutilement la carcasse de la pinasse. Ils n'en persistèrent pas moins tous deux dans leur opinion : Bob, que le capitaine en avait parlé devant lui avec l'armateur, et Marc, que Bob avait mal entendu. La provision d'outils était hors de toute proportion avec les besoins de l'équipage; mais il ne faut pas perdre de vue que l'Ami Abraham voulait répandre la civilisation parmi les sauvages. C'était une espèce de compromis qu'il avait fait avec sa conscience. Le but du voyage était d'aller prendre un chargement de bois de sandal pour le porter à Canton où l'on devait prendre en échange une cargaison de thé; mais on disait que ce bois servait à des pratiques d'idolâtrie, et que c'était pour cette raison même qu'il était si fort recherché. En fournir, c'était donc favoriser indirectement le culte des idoles, et en compensation, l'Ami Abraham voulait faire quelque chose pour la civilisation des peuplades païennes. S'il eût été de l'église presbytérienne, il aurait sans doute encombré l'entrepont de traités religieux; mais l'Ami Abraham appartenait à une secte aussi recommandable en pratique qu'elle est parfois ridicule en théorie, et ces momeries n'auraient nullement calmé sa conscience. Aussi, en expiation des milliers de dollars qu'il espérait retirer, et qu'il aurait retirés en effet de cette spéculation, sans l'accident arrivé au *Rancocus*, et sans les trop nombreuses libations du capitaine Crutchely en honneur de l'anniversaire de son mariage, il avait consacré à l'achat d'outils, d'instruments, de semences, d'approvisionnements de toute espèce, destinés très-sincèrement à améliorer la condition des naturels de Vanua Levu et de Viti Levu, une somme qui ne montait pas à moins de mille dollars.

Dans ses recherches, Marc trouva des graines de trèfle et d'autres plantes herbacées en assez grande quantité pour couvrir presque toutes les hauteurs du Cratère. Le temps s'étant éclairci pour le moment, il partit avec Bob qui portait un panier plein de guano, tandis que lui-même s'était muni des semences. C'était la première fois qu'ils montaient au Cratère depuis qu'ils avaient terminé leurs plantations, et Marc approcha de ses petits monticules sans grand espoir, car il n'avait pas alors de limon à mêler aux cendres. Qu'on juge de son ravissement, comme de sa surprise, quand il vit une couche de melons sur laquelle on distinguait déjà de petites tiges verdoyantes ! Le grand problème était donc heureusement résolu : la végétation se trouvait importée sur ce sol jusqu'alors stérile. Les principes inertes qui, combinés ensemble, avaient produit ce phénomène, étaient là, depuis des milliers de siècles, tout près les uns des autres, mais privés de vie, faute de se trouver en contact immédiat. Marc ne doutait pas que ce ne fût le guano de Betts qui eût déterminé cette végétation, et réveillé de leur torpeur les matières jusqu'alors inactives vomies par le volcan. Le labourage, l'accès donné à l'air et à la lumière, l'arrosement, pouvaient y avoir contribué, mais notre jeune jardinier était convaincu qu'il avait fallu quelque chose de plus pour le succès. Ce quelque chose, c'était la fiente des oiseaux fertilisée par l'action du temps, qui l'avait fourni ; et, ô miracle ! obéissant à l'appel de cet engrais nouveau, le sol ingrat se couvrait pour la première fois d'une verdure naissante.

La joie de Marc Woolston tenait du délire ; il n'avait plus à

craindre la famine dans l'avenir ; mais ce n'était point cette
considération qui causait ses transports, c'était de voir une
création nouvelle sortir en quelque sorte de ses mains. Il
courait de monticule en monticule, et partout il trouvait des
plantes, les unes commençant à sortir du milieu des cendres,
d'autres déjà en feuilles; toutes, vertes et bien portantes. Heureusement Kitty n'avait pas été sur le sommet depuis quinze
jours; les premières visites qu'elle y avait faites, toujours sans
résultat, ne lui avaient sans doute pas donné l'envie d'y retourner; mais si elle venait à apercevoir d'en bas la verdure, elle ne
résisterait pas à la tentation, et alors Dieu sait les ravages qu'elle
ferait. Marc résolut donc de la confiner à bord, jusqu'à ce qu'il
eût pris les précautions nécessaires pour l'empêcher de gravir la
hauteur, ce qui n'était pas très-difficile. A l'extérieur du rocher,
il n'y avait que trois endroits par où il fût possible même à une
chèvre de grimper. Cela provenait de ce que, à l'exception de
ces trois points, le roc, à partir de sa base, s'élevait à pic jusqu'à une hauteur de dix à douze pieds. A deux des endroits où
des débris accumulés avaient fait une sorte d'escalier grossier,
il ne faudrait que très-peu d'efforts pour le détruire, et rendre
le passage tout à fait impraticable. Sur le troisième point, il y
aurait plus à faire, et provisoirement il fut convenu qu'on y
établirait une sorte de barrière. Comme la voile tendue devant
l'entrée ne permettait pas aux animaux de pénétrer dans l'intérieur du Cratère, il n'y avait pas de craintes à concevoir de ce
côté, et l'on se promit même d'établir quelques marches pour
rendre, au moins sur un point, la montée plus facile.

Dès que Marc fut un peu revenu de sa première surprise, il
envoya Bob chercher en bas quelques seaux remplis de la terre
qui avait été apportée du Rocher du Limon. Il eut soin de mettre
de cet engrais autour de chaque plante, et l'expérience lui prouva
combien il avait eu raison d'agir ainsi. Il est certain que, sans
cette précaution salutaire, toutes ses plantes favorites auraient
péri, faute d'une nourriture suffisante. Aussi ne se borna-t-il
pas à un simple essai, et il voulut que toutes ses plantations sur

le sommet reçussent cette addition importante ; mais c'était un travail long et fatigant que de monter sur l'épaule les seaux l'un après l'autre. Bob établit en haut une poulie à l'aide de laquelle les seaux montaient et redescendaient sans fatigue, et la besogne s'en trouva singulièrement abrégée.

Après avoir pourvu à la conservation de son nouveau trésor, Marc se mit à semer les graines destinées à couvrir le sommet et les parois extérieures du Cratère ; car en dedans, où la rampe était à pic, c'eût été peine perdue. Sans doute tout ne viendrait pas, c'était un espoir qu'il ne pouvait concevoir ; mais ne poussât-il par-ci par-là que quelques brins de verdure sur lesquels l'œil pût au moins se reposer, il se croirait encore grandement récompensé de ses peines. Bob le suivait pas à pas, mettant du guano partout où Marc déposait de la semence. Une pluie bienfaisante qui tomba bientôt après, humecta cette semence, la fit pénétrer dans ce qu'il pouvait y avoir de sol à la surface, et la mit, par conséquent, dans les conditions les plus favorables.

Ayant fait ce qui dépendait d'eux pour que la zone supérieure fût couverte de verdure, les intrépides horticulteurs descendirent dans la plaine du Cratère sur laquelle ils voulaient dessiner un jardin. Marc y fit preuve de beaucoup d'adresse et d'un talent véritable. La surface du plateau était recouverte d'une croûte composée de scories et de cendres durcies, croûte qui, sans être très-épaisse, aurait pu porter le poids d'une charrette. Cette croûte une fois brisée, ce qui n'était pas difficile avec des pinces et des pioches, les substances qu'elle recouvrait étaient assez molles pour l'usage qu'on voulait en faire, même sans qu'il fût besoin du secours de la bêche. L'espace ne manquait pas. Marc traça des allées qui serpentaient en zigzag au gré de sa fantaisie, laissant la croûte partout où il devait y avoir un chemin, et ne la brisant que là où il voulait établir une plate-bande. Ce travail était pour lui un véritable délassement ; il s'en amusait en même temps qu'il ne perdait pas de vue l'utilité qu'il en retirerait par la suite. Partout où l'on jetait de la semence, la couche, préparée avec soin, recevait toujours son contingent de limon et d'herbes marines, et rien n'était négligé de ce qui pouvait contribuer au succès de la plantation.

Sans doute on ne pouvait espérer que tous ces essais de culture réussissent au même degré. De toutes les semences réunies par l'Ami Abraham, il y en avait qui pouvaient manquer complétement, ou dégénérer ; mais pourquoi d'autres, au contraire, ne s'amélioreraient-elles pas? Il n'attendait pas beaucoup de la pomme de terre d'Irlande, du chou, ni de la plupart des légumes du nord ; mais il avait voulu essayer un peu de tout ; et son jardin potager offrait un assortiment à peu près complet des légumes alors connus en Amérique.

Il fallut bien quinze jours à nos amis pour préparer, fumer et ensemencer leur jardin et ses compartiments de dessins si variés. Il occupait, au centre même du Cratère, un emplacement d'au moins une demi-acre. Ce n'était pour Marc qu'un commencement, une sorte de pépinière, destinée à alimenter beaucoup de créations du même genre, jusqu'à ce que les cent acres ne formassent qu'un parc immense. Au moment où ils terminaient cette partie de leurs travaux, les pluies étaient moins fréquentes ; c'étaient plutôt des averses, qui étaient encore plus favorables au développement de la végétation. Pendant ces quinze jours les semis faits sur les hauteurs avaient fait des progrès rapides sous l'influence d'un soleil des Tropiques. Mais pour féconder le sol, il ne faut pas seulement de la chaleur ; et il n'arrive que trop souvent, sous ces latitudes, qu'il ne soit pas assez humecté. Ces longues sécheresses, qui reviennent périodiquement, tiennent souvent moins à la chaleur qu'à d'autres causes locales. A mesure que le printemps avançait, Marc commençait à espérer que son petit territoire serait à l'abri de ce fléau si terrible. Les vents alizés, et quelques autres causes qui lui étaient inconnues, amenaient continuellement des nuages qui non-seulement versaient une pluie bienfaisante sur ses plantations, mais qui servaient encore à modérer une chaleur qui eût été insupportable si rien n'avait jamais intercepté les rayons du soleil.

Comme l'été approchait, et qu'il ne fallait pas se laisser prendre au dépourvu, Marc s'occupa de dresser une tente dans l'enceinte du Cratère. Avec quelques vieilles voiles et quelques petits mâts, la chose ne fut pas difficile, et il eut bientôt construit une habitation de ce genre aussi vaste que commode. Mais Marc ne pensa pas seulement à lui, et il établit en dehors un autre abri pour son petit troupeau, qui montra, par l'ardeur avec laquelle il s'y réfugia, combien il appréciait cette attention. Cet abri fut beaucoup plus difficile à construire, car il fallait qu'il pût résister au vent qui soufflait de ce côté avec violence, tandis qu'il se faisait à peine sentir dans l'intérieur. Sous ce rapport, il y avait en trop d'un côté ce qui manquait de l'autre. Cette absence d'air était même un grave inconvénient pour fixer sa résidence dans ce que nous avons appelé la plaine du Cratère. Aussi Marc se mit-il aussitôt à l'œuvre pour chercher à se bâtir une sorte de petit pavillon sur le Sommet même, où il règnerait toujours une douce température, pourvu qu'on pût se garantir contre l'ardeur du soleil.

Marc mit beaucoup de soin à choisir un emplacement convenable. L'emplacement une fois trouvé, les matériaux ne manquaient pas. Des mâtereaux, qu'il fut facile d'enfoncer dans la roche tendre, servirent de poteaux; des morceaux de toile à voile, taillés en bas pour plus de commodité et montés à l'aide de la poulie, formèrent les quatre murs, et nos habiles architectes eurent ainsi des habitations pour toutes les saisons.

Ces divers arrangements prirent encore une quinzaine, et ce fut ainsi que se terminèrent les premiers trois mois qu'ils passèrent sur le Récif. Ils s'étaient alors habitués à leur situation, et avaient mis de l'ordre et de la régularité dans leurs travaux, bien que la chaleur toujours croissante commençât à les avertir de ne pas se fatiguer trop, surtout à l'heure où, du haut du zénith, le soleil dardait tous ses feux.

CHAPITRE VIII.

> Tantôt, le jour naissant, de ses fertiles pleurs
> Imbibe doucement le calice des fleurs ;
> Tantôt, du roc ardent, de grands flots de lumière
> Rejaillissent, doublés, sur la prairie entière.
>
> SAVAGE.

Dès que le petit pavillon fut établi sur le Sommet, Marc y passa la plupart de ses heures de loisir. Il y transporta une partie de ses livres, — et il en avait une collection assez nombreuse, — sa flûte, et tout ce qu'il faut pour écrire. De là, tout en s'occupant, il pouvait surveiller le développement de son potager aérien. Quant à Bob, il pêchait une grande partie du temps : il y trouvait tout à la fois plaisir et profit, car les porcs et les poules faisaient bonne chère. Tout prospérait en un mot, à l'exception de la pauvre Kitty, qui traînait un peu la patte. Elle aimait à suivre Marc, et jetait plus d'un regard d'envie sur le Sommet, lorsque, d'en bas, où elle était consignée, elle le voyait se promener au milieu de ses plantations.

Les légumes mis les premiers en terre venaient à merveille. Ils avaient été entourés de limon à plusieurs reprises, et rien de ce qui pouvait hâter la végétation ne leur manquait. Les melons ne tardèrent pas à promener leurs jeunes pousses sur la couche, ainsi que les concombres, les courges et les citrouilles ; et, à la fin du mois suivant, presque toutes les parties planes des hauteurs se paraient çà et là d'un commencement de verdure. Mais une nouvelle surprise était ménagée à Marc. Un jour qu'il était assis sous son pavillon, tous les rideaux ouverts, afin de donner un libre accès à la brise, il aperçut quelques points sombres qui se détachaient sur le roc ardent. Il s'approche de l'endroit, et il voit que quelques brins du gazon qu'il y a semé presque au hasard commencent à paraître. Ainsi donc ces rochers sur lesquels l'œil ne pouvait se fixer sans fatigue allaient être convertis en belles collines verdoyantes qui deviendraient, au contraire, un repos pour la vue. Il connaissait assez les lois de la végétation pour savoir qu'une fois que les racines des herbes se seraient infiltrées dans les crevasses presque invisibles de la roche, elles pourvoiraient d'elles-mêmes à leurs besoins par leurs émanations successives qui, en aidant à leur reproduction, ajouteraient à la fertilité. Toutefois, il ne manqua pas de faciliter ce travail de la nature en mettant encore partout du guano, puisque cet engrais avait produit de si merveilleux effets.

Bob montrait pour la pêche le même goût que Marc pour le jardinage, et il rapportait de telles quantités de poissons que celui-ci songea à en faire aussi de l'engrais. Profitant des quelques heures de fraîcheur du matin et du soir, il se mit à préparer, dans la plaine du Cratère, un emplacement convenable; il y enfouit tous les poissons qui ne leur étaient pas nécessaires, pour les y laisser entrer en décomposition. Bob ne négligeait pas non plus l'approvisionnement d'herbes marines, qui s'élevaient en monceau, mêlées au guano et au limon. Mais ces divers travaux durent se ralentir à mesure que la saison avançait. Malgré la brise, le soleil avait une ardeur qui, en plein midi, n'était pas supportable, et qui pompait l'eau amassée dans les cavités des rochers; aussi fallut-il pendant plusieurs semaines faire des distributions régulières au troupeau sur la provision d'eau qu'on avait eu le bon esprit d'amasser dans les temps d'abondance.

Marc consacra ces heures de loisir au bâtiment. Saisissant les moments favorables, il déferla successivement toutes les voiles, les sécha complétement, les désenvergua, et les rangea dans l'entrepont. La tente fut mise en place; les ponts furent lavés matin et soir, ce qui avait le double avantage d'entretenir la propreté et d'empêcher le bois de jouer. Ce fut alors que, pour la première fois depuis leur solitude, la cale fut l'objet d'une visite et d'une inspection minutieuse. On y trouva beaucoup d'articles utiles, et, entre autres, deux barils de vinaigre que l'ami Abraham White avait fait mettre à bord pour mariner tout ce qui en serait susceptible, comme préservatif contre le scorbut. Marc fut charmé de cette découverte, et, puisque ses couches d'oignons et de concombres lui promettaient une si belle récolte, il se promit bien d'en mettre une partie au vinaigre.

Un jour que Bob était à fureter dans la cale, et que Marc le regardait, car c'était alors l'endroit où il y avait le plus de fraîcheur, il mit la main sur une pièce de bois, et s'efforça de la tirer du milieu d'un tas qui était par terre dans un coin obscur. Après plusieurs tentatives la pièce de bois vint à lui, et Marc, frappé de sa forme particulière, lui dit de l'approcher de l'écoutille pour qu'il pût la voir au jour. A entendre Bob, impatienté sans doute de toute la peine qu'elle lui avait donnée, c'était « un mauvais bâton fourchu, un propre à rien, qui tenait là une place inutile; » mais Marc reconnut au premier coup d'œil que ce n'était ni plus ni moins qu'une des pièces de la membrure d'une embarcation d'une dimension peu commune.

— Voilà, pour le coup, qui est providentiel! s'écria Marc ébahi. Votre bâton fourchu, Bob, fait bel et bien partie de la pinasse dont vous parliez, et que nous désespérions de trouver à bord

— Vous avez raison, monsieur Marc, vous avez, parbleu! bien raison! et je suis un grand sot de ne pas m'en être aperçu quand j'avais tant de peine à la tirer! Mais si nous avons mis la main sur un des os de la pinasse, les autres ne doivent pas être bien loin : ils ont sans doute été arrimés tous dans la même latitude.

C'était la vérité. Chaque partie de la membrure fut trouvée successivement et portée à la timonerie. Ni Bob ni Marc n'étaient de bien habiles constructeurs; mais ils n'étaient pas non plus sans quelques notions premières, et ils savaient du moins parfaitement où chaque pièce devait être placée.

Quelle révolution cette découverte n'opéra-t-elle pas dans les sentiments du jeune mari! Il n'avait jamais perdu tout espoir de revoir Brigitte; il avait une imagination trop vive et trop ardente pour cela; mais néanmoins cet espoir allait s'affaiblissant de jour en jour. Il avait vécu longtemps, si l'âge doit se mesurer moins au nombre des années qu'à l'expérience qui nous a mûris avant l'âge. Si cette cruelle séparation devait finir quelque jour, combien ne pouvait-elle pas se prolonger encore! Et dans toutes les dispositions qu'il prenait, il agissait comme si toute sa vie devait se passer dans cette solitude où il avait été jeté par un soudain et mystérieux décret de la Providence. Lorsque Bob était revenu plusieurs fois à la charge pour lui dire que les matériaux de la pinasse devaient être à bord, il avait toujours repoussé obstinément cette idée, parce qu'il lui semblait impossible qu'une mesure de cette importance eût été prise à son insu; et il ne réfléchissait pas à cette époque, qu'absorbé par ses adieux, il avait à peine le sentiment de ce qui se passait autour de lui.

Maintenant que l'existence de la pinasse n'était pas un rêve, maintenant qu'elle était là, sous ses yeux, il eut peine à soutenir l'excès de sa joie; tout son sang reflua vers son cœur, et il fut obligé de s'appuyer contre une caisse. Mais ce moment d'absence de lui-même fut loin d'être sans charme. A travers ses paupières entr'ouvertes, l'avenir lui apparaissait sous des couleurs toutes nouvelles. Il n'avait pas le moindre doute qu'avec Bob il ne réussît à assembler ces bienheureuses pièces, et qu'il ne parvînt ensuite à franchir l'Océan à bord d'une embarcation convenable. Et que voyait-il sur le rivage? sa jeune, sa chère fiancée qui lui tendait les bras. Ce n'était pas une illusion : le problème était résolu avec une certitude, avec une précision presque mathématique.

L'agitation fébrile à laquelle Marc était en proie se prolongea pendant plusieurs jours, et le rendit incapable de toute occupation. Il était devenu presque méconnaissable, même à ses propres yeux. Le gazon commençait à s'étendre de tous côtés sur les lèvres du cratère; des collines verdoyantes succédaient aux roches arides; toutes ses plantations réussissaient au gré de ses plus chères espérances : c'est à peine s'il y paraisssait encore sensible. Il ne pouvait plus parler que d'une chose : de Brigitte;

penser qu'à une chose : au moyen inespéré qui se présentait de quitter le Récif pour voler auprès d'elle !

Bob prenait les choses plus philosophiquement. Il s'était mis dans la tête de « Robinsonner » pendant quelques années, et son parti en était pris. Sans doute il eût préféré que le canot fût plus grand, mais il n'aurait pas eu la moindre objection à ce que la pinasse fût réduite au quart de ses dimensions actuelles. Cependant Marc avait prononcé, il se soumit avec son humilité et son empressement ordinaires. Marc ne voulait pas même attendre un temps plus frais pour se mettre à l'œuvre, et Bob lui prêta son aide, sans se permettre de remontrances.

Mais le soleil, qui n'avait pas été consulté, vint déranger un peu ces beaux projets. La chaleur était si intense, pendant la plus grande partie du jour, que tout travail devenait impossible si les travailleurs ne se construisaient un abri. La carcasse de la pinasse ne pouvait être montée que près de l'eau pour qu'il fût possible ensuite de la mettre à flot. Or, sur la côte, il n'y avait d'ombre nulle part ; il fallait donc aviser aux moyens de s'en procurer. Marc, dont l'impatience ne connaissait plus aucun retard, s'en occupa sur-le-champ.

Il fallait d'abord choisir l'emplacement du nouveau chantier, et, après mûre délibération, il fut décidé que ce serait la pointe occidentale du Récif. Sans doute c'était ajouter beaucoup à la peine, puisqu'il faudrait y transporter tous les matériaux et que la distance était de plus d'un mille. Mais la configuration particulière du rocher sur ce point offrait plus de facilité que partout ailleurs pour la mise à l'eau. C'était déjà une considération importante ; il en était une autre plus décisive encore : à la forme de la base extérieure de la montagne volcanique, à la surface généralement lisse du Récif qui, malgré ses nombreuses inégalités, semblait avoir reçu une sorte de poli par suite d'invasions périodiques de la mer, à d'autres signes assez manifestes qui se rencontraient jusque dans la partie inférieure de la plaine du Cratère, il semblait évident que la masse tout entière du Récif, le Cratère excepté, avait été souvent envahie par les eaux de l'Océan, et cela à une époque qui ne devait pas être très-éloignée. Si aucune saison n'était à l'abri des ouragans, c'était surtout pendant les mois d'hiver que les tempêtes devaient éclater avec le plus de violence sous cette latitude. Or, nos deux marins n'avaient pas encore été à même d'apprécier par eux-mêmes l'influence de l'hiver, mais ils avaient vu souvent, à peu de distance, à la suite de simples bourrasques, les vagues s'élever de plusieurs pieds en moins d'une heure. Si la mer venait jamais à s'élancer sur le Récif, si les flots amoncelés en balayaient la surface, il était fort à craindre que la pauvre pinasse ne fût emportée, avant même d'être entièrement terminée, ce qui demandait au moins six à huit mois, à moins qu'on ne pût la placer dans un lieu à l'abri de ces inondations. C'était précisément l'avantage que présentait la pointe occidentale, où l'embarcation serait sous le vent de l'île. En même temps le roc avait à cet endroit trois ou quatre pieds d'élévation de plus que partout ailleurs; et l'emplacement projeté était assez près de la mer pour que la mise à l'eau pût s'effectuer sans peine. Aussitôt, le radeau fut mis en réquisition, et la carcasse entière, avec quelques-unes des planches nécessaires pour commencer l'ouvrage, fut portée à la pointe.

Avant de placer la quille de la pinasse, Marc la nomma *la Neshamony*, du nom d'une crique située presque en face du Rancocus, autre baie de la Delaware, qui avait donné son nom au bâtiment, d'après cette circonstance que l'Ami Abraham White était né sur ses bords. Il y avait une grande mesure préliminaire à prendre; c'était de trouver les moyens de travailler malgré l'ardeur du soleil. Ce fut encore à l'aide du radeau qu'on put commencer les dispositions nécessaires pour mener à bonne fin cette grande entreprise. Une grande voile de rechange fut tirée de la soute, et mise sur le radeau avec une provision de cordages; des mâts furent coupés à la longueur convenable, puis jetés à l'eau pour être remorqués à la suite, et Bob conduisit assez aisément le tout à bon port.

Deux heures le matin, deux heures après le coucher du soleil, c'était tout le temps que les deux constructeurs, malgré tout courage, pouvaient consacrer au travail, même lorsqu'il ne s'agissait que d'établir une sorte d'appentis. Il fallut d'abord percer huit trous dans la lave, à une profondeur de deux pieds. C'est un ouvrage qui aurait pris plus d'un an, si Marc n'avait eu l'idée de faire usage de la poudre à canon. Il jeta une petite quantité de poudre dans la trouée que la pince avait faite; la lave éclata, et les pierres furent alors détachées facilement à l'aide de pioches et de leviers. On peut se faire une idée des peines que durent se donner les deux travailleurs infatigables par cette circonstance qu'un grand mois fut nécessaire pour dresser les huit poteaux. Mais du moins l'ouvrage avait été exécuté avec cette conscience et ce soin minutieux que les marins mettent à tout ce qu'ils font; et quand ils furent en place, ils remplissaient parfaitement leur destination. A l'extrémité de chaque poteau fut amarré un palan à l'aide duquel la voile fut hissée en place. Pour empêcher qu'elle ne fasiât, ce qui n'eût pas manqué d'arriver dans une tente de cette dimension, plusieurs bois droits furent placés au centre pour lui servir de support, mais sans qu'il fût nécessaire de les enfoncer dans le roc.

Bob était dans le ravissement de son nouveau chantier de construction : il avait toute la dimension de la grande voile d'un navire de quatre cents tonneaux, assurait un ombrage complet, et avait en outre l'avantage de laisser circuler la brise. Marc n'était pas moins content du résultat, et dès le lendemain il s'occupa de poser la quille sur le chantier.

Ce jour-là fut mémorable à un autre point de vue. Bob était monté au Sommet pour chercher un outil qu'il y avait laissé en dressant le pavillon; et en donnant un coup d'œil sur les plantations, il s'aperçut que les melons commençaient à mûrir. Il en rapporta trois ou quatre, et Marc put se convaincre, en savourant ces fruits délicieux, que le ciel avait béni ses efforts et sa persévérance. Sans doute il était prudent de n'en faire usage qu'avec modération; mais quelle ressource inespérée, quel régal pour de pauvres solitaires qui ne vivaient depuis si longtemps que de salaisons et de légumes secs ! Ce n'étaient pas les melons seuls qui arrivaient à maturité. Marc ayant été faire à son tour une visite à ses couches, trouva des patates, des concombres, des oignons, des tomates et plusieurs autres légumes également bons à manger. Aussi n'y eut-il plus de jour où l'on n'en pût mettre plusieurs dans la casserole, ce qui ne contribua pas peu à calmer certaines appréhensions qui étaient venues de nouveau assaillir Marc au sujet du scorbut. Quant au jardin d'en bas, dessiné avec tant de coquetterie, et d'une étendue tout à fait respectable, il n'était pas aussi avancé, ce qui n'avait rien d'étonnant, puisqu'il avait été ensemencé le dernier ; mais les apparences n'en étaient pas moins belles, et Marc s'assura qu'une seule acre, bien cultivée, suffirait et au delà à leur consommation. Mais revenons au chantier.

En examinant ses matériaux, nos ouvriers reconnurent que chaque partie de la membrure, chaque planche, en un mot tout ce qui appartenait à la pinasse, était marqué et numéroté. Des trous avaient été percés d'avance, et il était évident que les armateurs avaient voulu faciliter, autant qu'il dépendait d'eux, le travail de ceux qui auraient sans doute à ajuster les pièces dans quelque contrée éloignée. Dès que la quille fut en place, Marc monta les couples et chevilla les bordages. Comme toutes les pièces avaient déjà été ajustées, il n'y avait pas à faire usage du rabot ; seulement il fallait s'armer de patience, changer les matériaux plusieurs fois de place, jusqu'à ce qu'on eût trouvé celle à laquelle ils s'adaptaient. Marc eut un plein succès, et toute la coque fut posée sans qu'il eût fallu enlever la plus petite parcelle de bois. Ce fut l'affaire de huit jours.

Marc mesura alors la pinasse. La quille avait vingt-quatre pieds de long ; la distance de l'étrave à l'étambot était de six pieds de plus. Le maître-bau avait six pieds, et la cale pouvait avoir cinq pieds de profondeur ; ce qui donnait à peu près une mesure de onze tonneaux. Comme un bâtiment de onze tonneaux pouvait faire très-bonne contenance sur mer, ce résultat fut accueilli avec de grandes acclamations de joie.

L'assemblage des bordages de *la Neshamony* n'offrit pas beaucoup de difficultés, mais il n'en fut pas de même du calfatage. Quoique Bob ne fût pas tout à fait novice dans cette partie, il lui fallut quinze grands jours pour en venir à bout. Pendant qu'il y travaillait, il fit encore, en rôdant dans la cale du *Rancocus* pour y chercher quelques chevilles, une véritable trouvaille. C'était une quantité de vieux cuivre, entassé dans un coin, et sur lequel était écrit « cuivre pour la pinasse; » nouvelle attention de l'Ami Abraham, qui, songeant aux vers qui abondaient dans ces basses latitudes, avait acheté le cuivre d'un vieux bâtiment qu'on venait de démolir, pour en doubler son embarcation. Dès que les coutures furent brayées comme il faut, les plaques de cuivre furent appliquées, ce qui ne prit pas beaucoup de temps; alors il n'y eut plus que le pinceau à faire agir. Les peintres ne furent pas moins habiles que les calfats, et la toilette de la pinasse se trouva complétement faite. Il n'avait pas fallu moins de huit semaines d'un travail sans relâche pour achever cette besogne, et l'été avançait rapidement. La pose du pont fut ce qui donna le plus de peine, parce qu'il ne couvrait pas toute la surface de l'embarcation, mais qu'on avait ménagé à l'arrière de petites chambres pour la commodité des passagers.

Cette grande opération heureusement terminée, il en restait une autre qui n'était ni moins importante ni moins difficile; car jusqu'alors la besogne avait été en quelque sorte taillée d'avance, il ne s'était agi que d'ajuster des pièces toutes préparées; mais il fallait maintenant lancer la pinasse.

Nos deux marins avaient souvent vu des bâtiments sur le berceau, et ils avaient quelque idée de la manière dont il fallait s'y prendre. Marc avait placé la quille aussi près de l'eau qu'il avait été possible, et cette précaution leur épargnait beaucoup de peines. Il ne manquait pas de vieilles planches pour former les coittes du berceau; mais la difficulté était de les établir de manière à ce qu'elles ne se rapprochassent pas trop. Les poteaux qui soutenaient la tente leur furent d'un grand secours. Des planches furent mises de champ, en travers de ces poteaux, et sur ces planches venaient s'appuyer les accores. Ils ne parvinrent pas du premier coup à établir le berceau ; il fallut recommencer plus d'une fois. Enfin Marc déclara que, suivant lui, ils avaient pris toutes les précautions nécessaires, et il proposa d'essayer le lendemain de lancer la pinasse. Mais Bob fit une proposition qui modifia ce plan, et entraîna un délai qui faillit avoir les plus graves conséquences.

Depuis quelques jours le ciel se couvrait de nuages et prenait un aspect menaçant, et Bob ouvrit l'avis d'amener la grand'voile qui formait la tente, d'établir les bigues sur le roc, et de placer le pied du mât de la pinasse dans sa carlingue, avant de la lancer, ce qui leur épargnerait quelque peine. Marc y consentit. La grand'voile fut donc amenée ; et pour la mettre à l'abri de tout accident, surtout hors de la portée des porcs, qui auraient bien pu la déchirer, elle fut placée sur deux brouettes et roulée jusque dans l'intérieur du Cratère, où ces animaux n'avaient pas encore trouvé moyen de pénétrer. Le mât fut mis en place et gréé. Rien n'empêchait donc de lancer la pinasse, et l'opération allait être fixée au lendemain, lorsque Bob eut encore une nouvelle idée.

Pourquoi ne pas profiter du moment où tous les mouvements étaient faciles autour de la pinasse, pour arrimer toutes les provisions qu'elle devait recevoir ? En conséquence, les futailles furent remplies d'eau douce et mises sur le radeau avec un baril de bœuf, un autre de porc, et une provision de biscuits. Le radeau déposa sa cargaison sur le roc, d'où elle fut transportée auprès de la quille sur des brouettes, et enfin hissée à bord à l'aide de drisses. Un grappin et une ancre à jet, trouvés parmi les matériaux destinés à la pinasse, furent également mis en place. En un mot, toutes les dispositions furent prises pour que, quand on le voudrait, il n'y eût plus qu'à mettre à la voile.

Il était trop tard ce jour-là pour procéder à la mise à l'eau, opération qui fut remise définitivement au lendemain matin. Marc profita de la dernière heure du jour pour monter au Sommet, choisir quelques melons, et jeter un coup d'œil sur ses plantations. Avant de monter, il parcourut le jardin qu'il avait tracé dans la plaine du cratère, et il constata de nouveaux progrès dans la végétation. Partout les légumes poussaient avec une abondance merveilleuse, et la plupart étaient déjà bons à manger. Étrange disposition de l'esprit humain! A la vue de ces produits de son industrie, de ces trésors qui de tous les côtés à la fois semblaient sortir de terre à son commandement, Marc éprouva un moment comme une sensation de regret à la pensée qu'il allait s'éloigner pour toujours. Il lui sembla même qu'il aurait un certain plaisir à revenir au Récif, et il en vint au point de se tracer un instant un tableau dans lequel il se voyait ramenant Brigitte dans ces parages pour y passer avec elle le reste de ses jours dans le repos et la tranquillité. Il est vrai d'ajouter que cette impression ne fut que passagère, et qu'elle s'effaça bientôt devant les images qui se présentèrent en foule dans son esprit, suscitées par l'approche du grand événement qui devait avoir lieu le lendemain.

En parcourant les allées de son jardin, il remarqua sur la lisière même du Cratère des traces toutes nouvelles de végétation. Il y courut et trouva une longue rangée d'arbustes, qui s'élevaient déjà de quelques pouces, et commençaient à se couvrir de feuilles. Il avait jeté là presque au hasard et sans espoir de succès, de la graine d'orangers, de citronniers, de figuiers, et autres fruits des tropiques. Pendant qu'il était occupé d'autres choses, ces semences avaient prospéré, et les divers arbustes poussaient avec cette promptitude et cette richesse de végétation qui est particulière à ces climats. Sur le Sommet, même spectacle l'attendait, et, faut-il ajouter, peut-être aussi encore même mouvement de regret, aussi passager sans doute, mais non moins réel.

Cette nuit-là Marc et Bob dormirent à bord du *Rancocus*. Ils se disaient que ce serait peut-être la dernière fois, et leur attachement pour leur vieux navire les portait à retourner coucher à bord ; car, depuis assez longtemps, ils avaient suspendu leurs hamacs dans le chantier, afin d'être plus à proximité de leur travail.

Marc fut éveillé de grand matin par le bruit que faisait le vent dans les agrès, bruit auquel il n'était plus accoutumé, et qui, dans le premier moment, ne lui fut pas désagréable. S'habillant à la hâte, il alla sur le pont, et il vit qu'une véritable tempête était au-dessus de leurs têtes. Il n'avait jamais rien vu de pareil sur l'océan Pacifique. La mer était violemment agitée, les lames venaient déferler sur le Récif avec une force et une impétuosité qui semblaient ne tenir aucun compte des obstacles. Le jour commençait à poindre, et Marc alarmé appela Bob.

L'aspect des éléments n'était rien moins que rassurant, et dans le premier moment, les deux marins eurent des craintes sérieuses pour la sûreté du bâtiment. Les blocs de lave qui protégeaient le bassin résistèrent bien au choc des vagues qui les atteignaient; mais quoique brisées par cet obstacle, elles n'en arrivaient pas moins jusqu'au navire avec une violence qui donnait au câble une tension extraordinaire. Heureusement l'ancre mordait fortement le fond, qui était excellent. D'ailleurs la conservation du bâtiment n'avait plus pour eux qu'un intérêt secondaire. Certes, il leur eût été pénible de voir *le Rancocus* se briser contre les rochers; mais le sort de la pinasse avait une bien plus grande importance à leurs yeux, et ils ne pouvaient être indifférents aux dangers qui la menaçaient. Les lames avaient à peine replié leurs sommets sur elles-mêmes, qu'elles se relevaient plus courroucées, et déjà elles commençaient à envahir les parties basses du Récif, qui semblait menacé d'une inondation générale.

Une quantité d'objets de différentes natures avaient été laissés sur la côte, et il était urgent de les mettre en sûreté. Malgré ses projets de départ, Marc se hâta de transporter tout ce qu'il pouvait dans l'intérieur du Cratère. A l'extérieur, la mer faisait des progrès de plus en plus rapides; et les porcs, par la manière dont ils couraient çà et là dans une agitation extrême, et par leurs grouillements, témoignaient qu'ils avaient aussi l'instinct de quelque danger. Marc détacha la voile qui fermait l'entrée, et laissa les animaux entrer dans le Cratère. La pauvre Kitty fut charmée de la permission; et en un instant, sautant sur les marches que ses maîtres avaient pratiquées, elle fut sur le Sommet. Heureusement pour les légumes, l'herbe y croissait en abondance, et comme c'était son mets de prédilection, elle ne fit pas même attention aux autres. Quant aux porcs, ils n'eurent pas plus tôt trouvé un tas d'herbes marines, que, sans s'inquiéter des plates-bandes et des richesses qu'elles déployaient, ils se mirent à s'y vautrer et à le retourner de toutes les manières.

Cependant la tempête redoublait, les eaux s'accumulaient de plus en plus, les alentours du Cratère étaient inondés. En voyant avec quelle violence les vagues venaient battre la base du Cratère, Marc se rendit compte alors de la manière dont elle avait été minée sourdement. Un courant impétueux parcourait alors d'une extrémité à l'autre la plaine extérieure; on eût dit que l'eau, en se précipitant sous le vent sur l'île, cherchait à tout prix à franchir cet obstacle pour fuir devant la tempête.

Marc passa une grande demi-heure à mettre à l'abri ses livres et tout ce qui se trouvait dans le pavillon. Après s'être assuré que les poteaux étaient solidement établis et ne couraient aucun danger, il dirigea ses regards vers le *Rancocus*, qui était aussi de ce côté de l'île. Le vieux navire s'élevait et s'abaissait avec les vagues qui troublaient le bassin ordinairement si tranquille où il était amarré; mais il tenait toujours sur son ancre, et ne semblait pas en péril. Heureusement nos marins, lorsqu'ils avaient désenvergué les voiles, avaient amené tout bas les vergues, ce qui avait diminué de beaucoup la tension du câble. Les mâts de perroquet avaient été amenés également, de sorte qu'il ne restait aucune surface qui pût donner prise au vent. C'eût été une vraie douleur pour Marc de voir son pauvre navire sombrer, bien qu'il n'espérât plus en tirer grand service, mais c'était un de ces vieux amis dont il coûte toujours de se séparer.

Rassuré sur le compte du *Rancocus*, Marc fit le tour du Sommet, non sans manquer deux ou trois fois d'être renversé par la bourrasque, et il arriva à la pointe qui s'avançait sur la porte d'entrée. C'était la position la plus rapprochée du chantier, et il n'était pas fâché d'examiner un peu ce que devenait la pinasse, car il pouvait bien alors y avoir deux ou trois pieds d'eau sur le Récif. A sa grande surprise, Bob, qu'il croyait toujours à l'entrée du Cratère occupé à mettre le reste de leurs effets en sûreté, était descendu au chantier en ayant de l'eau jusqu'à mi-jambes, et il était grimpé à bord de la *Neshamony* pour veiller à sa sûreté. La distance entre la pointe sur laquelle Marc était debout et la pinasse, était de plus d'un demi-mille, et le vent n'eût pas soufflé, qu'à cette distance il eût été difficile de se faire entendre. On juge s'il y avait moyen même de le tenter au milieu du mugissement de la mer et des sifflements aigus de la tempête. Mais du moins Marc pouvait voir son ami, et il remarqua qu'il gesticulait avec force comme pour lui dire de venir le joindre. Ce fut alors que pour la première fois il s'aperçut que la pinasse semblait abandonner son lit. L'instant d'après, les coittes qui la soutenaient furent emportées par les vagues toujours grossissantes, et la pinasse cula d'une demi-longueur. Marc s'élança en bas du rocher pour se jeter dans les flots irrités, et courir à la nage au secours de Bob, mais au moment où il allait se précipiter dans l'eau, il vit la pinasse, soulevée par une lame, glisser rapidement à la mer.

CHAPITRE IX,

L'homme est riche avec peu, tant qu'il est probe et bon ;
La nature a si peu de besoins ! mais ses vices
Donnent, hélas ! naissance à des besoins factices.

YOUNG.

Il y aurait eu folie à Marc à persister dans son projet. Jamais personne, sans excepter ces insulaires, qui sont connus pour passer la moitié de leur vie dans l'eau, n'aurait pu rejoindre une embarcation, quelle qu'elle fût, courant à la dérive par une pareille tempête; et le jeune marin tomba anéanti sur le roc. Son angoisse était extrême, et c'était pour Bob qu'il était inquiet bien plus que pour lui-même, car il ne voyait pour l'infortuné presque aucune chance de salut. Cependant le vieux loup de mer ne perdait pas la tête. Au milieu de la fureur des éléments, il conservait un sang-froid admirable, et ce fut avec autant d'anxiété que d'intérêt que Marc suivit tous ses mouvements.

Betts n'essaya même pas de jeter son ancre de touée; il savait trop bien que ce serait peine perdue; il n'eût pas été prudent de chercher à maintenir la pinasse dans le creux des lames; le plus sage était de courir vent arrière jusqu'à ce qu'il fût sorti des brisants, et alors de tâcher de rester en panne. *La Neshamony* s'était élancée l'arrière le premier, ce qui était assez naturel, puisque généralement les bâtiments en construction ont leurs bossoirs tournés du côté de la terre. Dès que Bob s'aperçut qu'il était bel et bien en dérive, il s'élança sur les écoutes de l'arrière, et mit la barre dessous. Forcée de culer, la pinasse obéissante fit son abatée, et présenta le côté au vent, et quoiqu'elle n'eût aucune voile d'établie, presque aucun cordage en place, elle n'eut pas plus tôt saisi le courant d'air que, s'inclinant devant sa puissance, elle sembla prendre son élan, et bondit dans l'espace. Marc respirait à peine en la voyant se précipiter sur les brisants, comme un cheval emporté qui ne sait où l'entraîne sa course impétueuse. Du point culminant où il était, il découvrait de l'Océan tout ce que les vapeurs qui remplissaient l'atmosphère permettaient d'en apercevoir. Il n'était plus possible de distinguer la place des brisants à l'écume blanche qui les couvrait ordinairement : la mer furieuse offrait partout le même aspect.

Vingt fois Marc s'attendit à voir disparaître la pinasse dans ces lames courroucées qui s'ouvraient pour l'engloutir, mais lorsqu'il la croyait brisée en mille pièces, elle s'élançait de nouveau en avant, comme l'oiseau de mer qui, les ailes presque trempées dans l'eau, n'en poursuit pas moins son vol. Il commença à espérer que son ami franchirait heureusement les récifs qui pourraient se trouver sur son passage, et qu'il parviendrait à gagner le large du côté sous le vent. La crue subite de la mer motivait cette espérance, et autrement, en effet, il ne serait pas resté une seule planche de *la Neshamony* cinq minutes après qu'entraînée par les eaux elle avait roulé à la mer. Une fois sous le vent des nombreux écueils qui entouraient le Cratère, il était probable que Bob trouverait une mer plus tranquille, et qu'il pourrait faire tête à la lame. A voir l'affreux bouillonnement à travers lequel la pinasse était emportée, on eût plutôt dit une immense chaudière en ébullition sous l'action de feux souterrains, que le mouvement régulier des vagues, même lorsqu'elles sont soulevées par la tempête.

Pendant un quart d'heure à peu près, Marc put suivre l'embarcation au milieu de la tourmente, quoique déjà il l'eût perdue plus d'une fois de vue, à cause de la distance, de son peu de hauteur, de l'absence de toute voile, et du tumulte des éléments. Mais alors un coup de vent terrible le força à baisser la tête, et, quand il la releva, *la Neshamony* avait disparu !

Quel changement soudain et inattendu dans la position de Marc Woolston ! Avec son ami, il perdait tout moyen de sortir de l'île. Sans doute Bob était un simple matelot, sans usage du monde et sans instruction, mais jamais cœur plus honnête n'avait battu dans une poitrine d'homme ; et un dévouement à toute épreuve, une force peu commune, une rare habileté dans son état ! Il était homme à savoir se maintenir sous le vent des écueils jusqu'à ce que l'ouragan fût passé, et à les traverser alors de nouveau pour venir le rejoindre. Une seule chose inquiétait Marc : Bob n'entendait rien à la navigation. Jamais il n'avait pu en apprendre le premier mot. Jamais, par exemple, il n'avait pu distinguer la latitude de la longitude. Vingt fois Marc avait cherché à lui donner quelques leçons ; c'était peine perdue : son élève confondait toujours les degrés avec les minutes, et les minutes avec les degrés. Marc s'était tué à lui répéter que tout nombre qui excédait quatre-vingt-dix se rapportait nécessairement à la longitude ; Bob n'avait jamais pu se graver cette explication si simple dans la mémoire. Que le Cratère fût par le cent vingtième degré de latitude, ou par le vingtième, c'était tout un pour lui. Comment espérer qu'avec une pareille tête, il pût donner à personne les indications nécessaires pour trouver le Cratère, si, contre toute attente, il était jamais en position de le faire ?

Et cependant, malgré son ignorance, peu de marins savaient mieux que Bob Betts reconnaître leur route par la seule inspection de l'Océan. Il était très au fait de l'usage de la boussole, sauf les variations auxquelles il n'entendait rien, et l'on n'eût point trouvé d'artiste qui eût le coup d'œil plus juste, quand il s'agissait de juger de la couleur de l'eau. En plus d'une occasion, il avait annoncé que le bâtiment était dans un courant, au vent ou sous le vent, lorsque le fait avait échappé, non-seulement aux officiers du bord, mais même aux hydrographes qui avaient dressé les cartes. Le clapotis des eaux, l'aspect des herbes marines, tous les signes ordinaires de l'Océan, étaient pour lui autant d'indices qui ne le trompaient presque jamais. Aussi, autant y avait-il peu de probabilité qu'une fois éloigné du Récif, il pût en retrouver la route au moyen des observations et des cartes, autant y avait-il de chances pour qu'il pût y revenir dans un court délai à l'aide des autres ressources qui s'offrent au navigateur. C'était à cette dernière considération que se rattachait le faible espoir que Marc conservait encore de revoir son ami quand la tempête serait apaisée.

Depuis le moment de la disparition du capitaine Crutchely, Marc n'avait pas éprouvé d'angoisse pareille à celle qui le déchira quand il perdit de vue Bob et *la Neshamony*. Ce fut pour le coup qu'il se sentit seul, sans personne entre Dieu et lui avec qui il pût échanger ses pensées. Aussi, sous l'impression des sentiments religieux qui l'avaient toujours animé, tomba-t-il à genoux sur le roc pour soulager son âme par une ardente prière. Puis, fortifié par cet acte de dévotion, le jeune marin se releva et s'efforça de tourner son attention sur l'état des choses autour de lui.

La fureur de la tempête ne s'était pas ralentie. De minute en minute les eaux s'élevaient davantage sur le Récif, et elles avaient fini par pénétrer dans l'intérieur du Cratère, par des gouttières creusées dans la lave; les parties basses en étaient déjà couvertes dans une étendue de deux à trois acres. Quant au *Rancocus*, malgré ses fréquents mouvements de tangage, plus durs et plus irréguliers que Marc ne l'aurait cru possible dans le bassin qui l'abritait, il tenait toujours sur son ancre, et ne paraissait pas avoir souffert d'avaries.

Réduit à l'impossibilité d'agir, Marc descendit dans le Cratère dont le vent qui sifflait avec tant de rage à l'entour n'avait pas franchi l'enceinte, et il se jeta dans un hamac, qu'il avait suspendu sous l'espèce de tente qu'avec le pauvre Bob il avait dressée près du jardin. Il y passa le reste du jour et toute la nuit suivante. Sans le mugissement des vagues en dehors, la lutte des vents entre eux sur le Sommet, et ce qu'il avait vu précédemment, il aurait à peine soupçonné la violence de la tempête qui sévissait si près de lui. De temps en temps une bouffée d'air passait sur sa tête; mais, à cela près, il fut tranquille jusqu'au lendemain matin où la pluie tomba par torrents. Heureusement il avait eu la précaution de donner une forte inclinaison à toutes ses tentes, de sorte que l'eau ne fit que glisser sur la toile, et Marc, harassé de corps et d'esprit, finit par tomber dans un profond sommeil qui dura plusieurs heures.

Quand le sentiment lui revint, il resta une minute sur son séant, cherchant à se rappeler ce qui était arrivé; puis il écouta s'il entendait encore la tempête. Tout était calme au dehors, et lorsqu'il se leva, il vit briller le soleil. Les porcs étaient à boire et les canards à se baigner dans des flaques d'eau qui s'étaient formées sur la surface du Cratère. Debout sur le point le plus élevé du Sommet, Kitty broutait l'herbe tendre que la pluie venait d'humecter, et qu'elle n'en trouvait sans doute pas plus mauvaise pour être imbibée de quelques particules de sel. Le jardin présentait l'aspect le plus riant, et les hôtes nouveaux qu'il avait fallu y introduire n'avaient encore touché à rien.

Notre jeune ami fit sa toilette du matin à l'un des étangs, ensuite il traversa la plaine, chassant devant lui son petit troupeau, afin de préserver ses plantations qu'un plus long séjour aurait pu compromettre. En approchant de l'entrée du Cratère, il vit que la mer s'était retirée ; et certain que ces pauvres bêtes sauraient bien se tirer d'affaire, il les mit dehors et rétablit la voile qui fermait l'entrée. Alors il chercha l'un des escaliers qu'il avait pratiqués, et il fut bientôt sur le Sommet.

Les vents alizés étaient revenus, bien que leur douce haleine se fît à peine sentir ; les pointes des récifs reparaissaient sur la surface de la mer ; *le Rancocus* était immobile sur son ancre ; rien de plus reposé ni de plus frais que le spectacle que la nature offrait à son réveil. Partout l'Océan était rentré dans son lit ; seulement les cavités où il ne se trouvait ordinairement que de l'eau de pluie en renfermaient une alors qui n'était pas aussi douce. Encore les torrents qui étaient tombés pendant la nuit avaient-ils déjà fait disparaître en partie cet inconvénient. Une quantité prodigieuse de poissons couvraient la surface de l'île, et Marc sentit qu'il était urgent de s'en débarrasser.

Les porcs et les poules semblaient avoir compris sa pensée, car déjà ils s'étaient mis à l'œuvre et faisaient le plus grand honneur à leur repas improvisé ; mais jamais les pauvres bêtes, malgré leur bonne volonté évidente, n'en seraient venues à bout. Aussi Marc, après avoir été prendre quelque nourriture à bord du *Rancocus*, revint-il au Cratère, et prenant une brouette, il se mit à ramasser activement les poissons, car les laisser exposés pendant plusieurs heures au soleil des tropiques eût suffi pour infecter l'île de miasmes insupportables. Jamais de sa vie le jeune marin n'avait travaillé avec une pareille ardeur. Les poissons étaient jetés à mesure dans une tranchée qui avait déjà été pratiquée à cet effet, et ils étaient recouverts aussitôt d'une couche de cendres. Sentant la nécessité de l'occupation, tant pour s'étourdir que pour se préserver de la peste que tous ces cadavres en putréfaction auraient pu amener, Marc, pendant deux jours entiers, ne prit pas un seul instant de repos, et il ne quitta ses outils que lorsque les exhalaisons fétides qui s'élevaient de toutes parts le forcèrent de s'éloigner. Heureusement les oiseaux du ciel vinrent, par milliers, à son secours, et on ne saurait croire quelle consommation ils firent de tous ces habitants des eaux.

Cependant notre jeune ermite était retourné à bord où il passa toute une semaine, les vents réglés emportant avec eux les miasmes infects. Il se hasarda seulement alors à retourner dans l'île, et il jugea qu'il pouvait y rester à la rigueur; mais ce ne fut qu'au bout d'un grand mois que le Récif fut complétement assaini. Il lui fallut encore aller chercher au Rocher du Limon de son précieux engrais pour en couvrir ce qui restait de poissons; car malgré les efforts combinés de tous les mangeurs ailés ou velus, la table servie par la mer avec une si funeste abondance était loin d'être épuisée.

C'est une des grandes bizarreries de la nature humaine que nous supportions avec beaucoup plus de courage les grandes infortunes que les petites contrariétés. Malgré son affection pour Bob, malgré les graves conséquences que la perte de son ami avait pour lui-même, il est certain que les ravages causés par l'inondation occupaient plus ses pensées et lui étaient plus sensibles pour le moment que la disparition de *la Neshamony*. Il n'avait pas manqué néanmoins, pendant qu'il était à bord, de la chercher sur tous les points de l'horizon, et il passait alors une partie de la journée dans les barres de perroquet, prêt à saluer son retour par des transports de joie. Combien de fois il avait cru la voir! et toujours c'était où l'aile de quelque goëland ou la pointe de quelque récif éloigné. Mais enfin son retour dans l'île avait donné un autre cours à ses idées, et le travail, ce grand consolateur, était venu à son secours.

Rien n'était plus pénible ni plus fatigant pour notre solitaire que la réverbération d'un soleil ardent sur les rochers et sur les cendres rougeâtres du Cratère; et souvent il eût été obligé de fermer les yeux s'il n'avait pu les détourner sur les petits compartiments de verdure qui, de distance en distance, reposaient la vue sur le Sommet, en même temps qu'ils faisaient les délices de la pauvre Kitty, qui avait grand soin de ne jamais laisser l'herbe longue, ce que Marc voyait sans peine, car il savait qu'elle n'en serait que plus belle et plus épaisse. Le succès de cette épreuve, le désir si naturel de ménager sa vue, ce besoin fébrile d'action qui le dévorait plus que jamais depuis qu'il était seul, lui firent concevoir la pensée d'ensemencer toute la partie de la plaine qu'il ne comptait pas mettre en potager. L'Ami Abraham White avait embarqué deux barils de graine de gazon; Marc se mit à l'ouvrage. De fortes averses vinrent à tomber; il n'en travailla qu'avec plus d'ardeur. La terre humectée n'en était que plus propre à recevoir la semence; un des barils y passa presque tout entier, mais le soir le pauvre Marc était tout ruisselant de pluie et de sueur.

Il se coucha dans son hamac, sous la petite tente du Cratère; mais quand il se réveilla le matin, il sentit que sa tête était lourde comme du plomb, et son palais desséché : une fièvre ardente le dévorait. Ce fut alors que le pauvre ermite comprit son imprudence, et qu'il sentit toute l'amertume de sa situation. Il ne pouvait se le dissimuler : il allait être sérieusement malade, et il fallait mettre à profit le peu d'instants qui lui restaient. C'était seulement à bord qu'il pouvait trouver les choses qui lui seraient nécessaires; il fallait donc à tout prix tâcher de s'y rendre, s'il voulait avoir quelque chance de salut. Ouvrant un parapluie et soutenant ses pas chancelants à l'aide d'un bâton, Marc entreprit une marche de près d'un mille, sous un soleil presque perpendiculaire, dans la saison la plus chaude de l'année. Vingt fois le jeune malade crut qu'il allait tomber sur le roc nu, d'où il ne se serait certainement pas relevé sous la double influence du soleil des tropiques et de la fièvre dévorante. Le désespoir lui donna des forces; et, après des pauses fréquentes pour reprendre haleine, il parvint à entrer dans la cabine, à la fin de l'heure la plus pénible qu'il eût passée de sa vie.

Jamais nous ne parviendrons à décrire la délicieuse sensation de fraîcheur que Marc éprouva, malgré le sang qui bouillait dans ses veines, quand il se sentit à l'ombre dans la cabine. Il sentait en lui tous les symptômes d'une grave maladie. Sa vie pouvait dépendre de l'usage qu'il allait faire d'une heure, d'une demi-heure peut-être. Il se jeta sur un canapé pour prendre un peu de repos, tout en cherchant à rassembler ses idées et à calculer ce qu'il devait faire. La boîte aux médicaments restait toujours dans la cabine, et plus d'une fois lui-même il y avait eu recours pour venir en aide à quelque matelot souffrant. Il savait qu'il s'y trouvait toujours des potions toutes prêtes. Il s'approcha de la table en chancelant, ouvrit la boîte, prit la préparation qu'il crut la mieux appropriée à son état, l'étendit d'eau filtrée, et l'avala.

Notre jeune ami pensa toujours, par la suite, que ce fut cette potion qui lui sauva la vie. Le premier effet fut de le rendre complétement malade et d'agir sur tous ses organes. Pendant une heure il resta sous cette influence, et seulement après cet intervalle il eut la force de gagner son lit, sur lequel il tomba anéanti. Combien de temps resta-t-il dans cet état? c'est ce qu'il ne sut jamais. Ce fut plusieurs jours, peut-être plusieurs semaines. La fièvre avait apporté le trouble dans ses idées, quoique par moments il lui revînt comme un éclair de raison, et alors c'était pour comprendre l'horreur de sa situation. Il avait de l'eau et des aliments plus qu'il ne lui en fallait; la fontaine filtrante était à portée de sa main, et il y avait souvent recours; enfin, le sac aux biscuits était tout à côté, mais c'était à peine s'il pouvait en avaler une seule bouchée, même après l'avoir trempée dans l'eau. Enfin tout mouvement lui devint impossible, et il resta plus de deux jours dans la même position, sans pouvoir presque fermer l'œil, mais dans un état d'anéantissement complet.

A la longue la fièvre perdit de sa violence; mais elle prit un caractère peut-être plus dangereux encore pour un homme dans la position de Marc Woolston, en se réglant et en le minant insensiblement. Marc comprit que s'il se laissait aller à cet état de faiblesse qui allait s'augmentant de jour en jour, il était perdu. Il y avait à bord quelques bouteilles d'excellente bière de Philadelphie, et une de ces bouteilles était sur une planche au-dessus de son lit. Il l'aperçut, et il lui prit l'envie d'en goûter. En se soulevant sur son séant, il pouvait l'atteindre, mais comment la déboucher? Il n'en aurait pas eu la force, quand même il aurait eu un tire-bouchon à sa portée, ce qui n'était pas. Mais il y avait un marteau sur la même planche; il s'en servit pour faire sauter le goulot, et se versa un grand verre, qu'il vida d'un seul trait. Cela lui parut délicieux, et il recommença. L'effet du breuvage ne se fit pas attendre. A peine s'était-il renfoncé sous sa couverture, qu'il fut saisi comme d'une espèce de vertige; tous les objets semblaient tourner autour de lui, puis il eut une demi-heure de sommeil agité; enfin la transpiration s'établit, et notre malade s'endormit profondément.

Quand il se réveilla, — et bien des heures s'étaient écoulées dans l'intervalle, peut-être deux jours et deux nuits tout entières, — Marc sentit qu'il n'était plus malade; mais il ne se rendit pas sur-le-champ bien compte de son extrême faiblesse. Dans le premier moment, il lui sembla qu'il n'avait qu'à se lever, à prendre un peu de nourriture et à retourner à ses occupations ordinaires. Mais la vue de ses jambes amaigries et le premier effort qu'il fit pour se lever le convainquirent qu'il avait encore à passer par de longs jours de convalescence avant de se retrouver tel qu'il était une ou deux semaines auparavant. Un grand bonheur pour lui c'était, à ce premier retour de la vie, d'avoir du moins la tête aussi libre et les idées aussi nettes que lorsqu'il se portait le mieux.

Marc regarda comme un bon symptôme l'envie qu'il avait de manger. Quoiqu'il fût très-brouillé dans les dates, et qu'il n'eût aucun moyen de calculer le temps qu'avait duré sa maladie, il était certain que bien des jours s'étaient passés sans qu'il eût pris d'autre nourriture qu'une ou deux bouchées de biscuit. Ces circonstances se retracèrent à sa mémoire en même temps qu'il réfléchit qu'il fallait qu'il fût tout à la fois son médecin et sa garde-malade. Pendant quelques minutes, il resta tranquille, occupé à remercier Dieu de lui avoir au moins conservé la vie jusqu'au retour de sa raison. Alors il se mit à songer, autant que sa faiblesse le lui permettait, à ce qu'il avait à faire. Sur une table de la cabine, qu'il pouvait voir de son lit, à travers la porte, était une cave à liqueurs qui contenait plusieurs espèces de vins, de l'eau-de-vie et du genièvre. Notre jeune ami savait qu'il s'y trouvait d'excellent vin de Porto, qui était spécialement destiné aux malades. Il pensa qu'il serait tiré d'affaire s'il pouvait en boire quelques cuillerées. Mais comment y parvenir? Il fallait trouver la clef, ouvrir la cave, verser le vin, trois opérations dont la plus facile semblait être encore tout à fait au-dessus de ses forces.

La clef de la cave était dans le tiroir d'un secrétaire ouvert, qui, par bonheur, était placé entre la table et lui. Il fit un nouvel effort pour se lever, et cette fois du moins il réussit à se mettre sur son séant. La brise qui se faisait sentir dans la cabine le ranima un peu, et il put étendre la main et tourner le robinet de la fontaine filtrante que, dans son accès de fièvre, il avait approchée de son lit. Une seule gorgée d'eau lui fit plus de bien qu'il ne l'aurait cru possible. Près du verre dont il s'était servi, il y avait un reste de biscuit de mer, qu'il y trempa. Il voulut alors essayer de se tenir sur ses jambes, mais il fut pris d'une sorte de vertige qui le fit retomber sur son lit. Revenu à lui, il fit, au bout de deux minutes, une seconde tentative, qui fut plus heureuse, et le pauvre diable, en s'appuyant contre les murs, et en se traînant de chaise en chaise, parvint au secrétaire. Il prit la clef, arriva jusqu'à la table; mais alors ses forces étaient épuisées, et il tomba sur un fauteuil sans connaissance.

Il était en chemise, et la brise rafraîchissante de la mer produisit sur lui le même effet que s'il avait pris un bain. Il reprit peu à peu ses sens, ouvrit la cave, eut besoin de faire usage de ses deux mains pour en tirer le flacon, quoiqu'il fût presque vide, et en versa quelques gouttes. C'était à peine s'il lui restait assez de force pour porter le verre à ses lèvres; il y parvint néanmoins, et ce fut sans doute ce qui le sauva. Il est devenu de mode depuis quelques années de décrier le vin, probablement parce que c'est un don de la Providence dont on a étrangement abusé. Pour Marc Woolston, ce fut, suivant sa destination primitive, un bienfait au lieu d'un fléau. Une seule gorgée de cette liqueur généreuse produisit sur lui un effet magique. Il eut bientôt la force de remplir d'eau son verre, et il y versa le reste du flacon.

Son verre à la main, le malade essaya de traverser la cabine et d'arriver au lit qui était dans le cabinet en face. C'était pour lui un voyage qui lui prit plusieurs minutes, et qu'il fit en s'appuyant sur une chaise qu'il passait devant lui, et dans laquelle il fut obligé de s'asseoir à trois reprises différentes. Ranimé par une ou deux gorgées de son breuvage souverain, il arriva enfin au pied du lit qui avait été préparé pour Bob, mais dont le vieux matelot avait toujours refusé obstinément de se servir, par respect pour son officier. Ce fut donc dans des draps tout blancs qu'il put enfin s'étendre, après être resté si longtemps couché dans le même lit, qu'il avait trempé si souvent de sa sueur.

Ce changement seul amena les plus heureux effets. Après quelques instants de repos, Marc se traça un nouveau régime. Sans doute il ne fallait pas se fatiguer trop, mais il fallait en même temps ne négliger aucune précaution. Il avait mis tremper un biscuit dans un verre d'eau et de vin. Il en prit une bouchée, une seule, qu'il mâcha bien avant de l'avaler. C'était, à bien dire, le premier aliment que prenait le pauvre malade. La faim le sollicitait de revenir à la charge, mais ce n'eût pas été prudent, et cependant il était bien difficile de résister à la tentation, s'il ne donnait un autre cours à ses idées. Il se contenta de tremper ses lèvres au bord de verre, et essayant de se tenir sur ses jambes, il se traîna jusqu'au tiroir dans lequel le pauvre capitaine Crutchely mettait son linge. Il y prit une chemise, et d'un pas chancelant il sortit de la cabine.

Il avait placé lui-même à côté de la tente un grand baquet

pour recevoir l'eau de pluie. C'était un abreuvoir où Kitty, qui faisait de fréquentes visites au bâtiment, venait se désaltérer. Il le trouva plein d'eau, comme il s'y attendait, et ôtant la chemise qu'il portait depuis si longtemps, il entra dans le baquet. Il y resta quelques minutes seulement, malgré le plaisir qu'il y trouvait, craignant qu'un bain trop prolongé ne lui fût nuisible, et lorsqu'il en sortit le malade était un autre homme. Après être resté si longtemps confiné dans le même lit, en proie à la fièvre, sans pouvoir changer de linge une seule fois, se trouver enfin rafraîchi, purifié, c'était une sensation délicieuse à laquelle l'esprit ne pouvait manquer de participer aussi bien que le corps. Sa toilette achevée, il regagna sa couche d'un pas qui n'était pas encore très-assuré; puis, quand il fut dans son lit, il prit encore une bouchée de biscuit, quelques gorgées de sa boisson bienfaisante, et mettant la tête sur son traversin, il tomba bientôt dans un profond sommeil.

Le soleil allait se coucher au moment où il était entré dans sa petite chambre, et il faisait grand jour quand Marc ouvrit les yeux pour la première fois. Il avait donc dormi plus de douze heures sous l'action bienfaisante du bain et du peu de nourriture qu'il avait prise. Le premier son qu'il entendit, ce fut le bêlement de Kitty qui passait sa tête à la porte. La pauvre Kitty avait visité tous les jours la cabine, et elle se trouvait auprès du malade au moment où Marc était dans le délire de la fièvre; on eût dit que dans cet instant elle venait savoir de ses nouvelles. Marc lui tendit la main, et parla à sa compagne qui, pour lui répondre à sa manière, et comme si elle comprenait son langage, accourut lui lécher la main. Délaissé comme il l'était, Marc trouva un grand charme dans cette preuve d'affection, même de la part d'une pauvre bête.

Marc se leva alors, très-content de sa personne. Il vida son verre et finit son biscuit, puis il prit un second bain qui ne lui fit pas moins de bien que son déjeuner. Pendant toute la journée il ne se départit pas de son régime de prudence et de modération. Un biscuit et deux ou trois verres d'eau et de vin sucrés, voilà la stricte ration à laquelle il se mit pendant vingt-quatre heures. Dans l'après-midi il voulut se faire la barbe, mais c'était aller trop vite en besogne, il fallut y renoncer.

Le lendemain il eut assez de force pour aller jusqu'à la cuisine et allumer du feu. Il se régala d'une bonne tasse de thé, puis il varia ses repas par de l'arrow-root et du cacao. En même temps il continua ses bains et changea de linge tous les jours. Le cinquième jour il réussit à se raser, ce qui lui fut un grand soulagement, et à la fin de la semaine il parvint à monter sur la dunette d'où il put contempler ses domaines.

Le Sommet se couvrait partout de verdure. Kitty paissait tranquillement sur le penchant du roc ; la douce créature avait appris à franchir l'entrée malgré la voile qui la recouvrait, et elle montait et descendait le sentier frayé, suivant son bon plaisir. Marc osait à peine regarder après les porcs : ils étaient à fouiller et à fourrager partout, et semblaient gras et contents. C'était d'un triste augure pour son jardin, car ils seraient morts de faim pendant sa maladie, s'ils n'y avaient cherché leur vie. Mais il ne pouvait songer encore à aller dans l'île, et il lui fallut se contenter de ce coup d'œil rapide jeté sur sa propriété. La gent volatile paraissait en parfaite disposition, et il crut même voir une petite troupe de poulets qui sautillaient autour de leur mère.

Il fallut encore huit grands jours avant que Marc se décidât à aller jusqu'au Cratère. En y entrant, il reconnut que ses conjectures étaient fondées. Les porcs, avec leurs groins, avaient retourné les deux tiers du potager aussi efficacement qu'il l'aurait pu faire avec sa houe lorsqu'il avait toute sa force. C'était partout un chaos de tiges brisées, de racines enlevées, de fruits à demi rongés : Kitty fut prise en flagrant délit, occupée à brouter des fèves. Les poules ne se faisaient faute ni de pois, ni de maïs ; en un mot tous les animaux avaient vécu dans l'abondance pendant que leur pauvre maître, dénué de tout secours, était entre la vie et la mort.

Marc trouva sa tente toujours en place, et il fut bien aise de se reposer une heure ou deux dans son hamac, après avoir fait le tour de son jardin. Pendant qu'il y était, les porcs entrèrent dans le Cratère et firent un repas complet sous ses yeux. A sa grande surprise, la truie était suivie de dix petites bêtes qui commençaient à être d'une grosseur raisonnable. Un appétit d'enfer était alors le plus grand tourment de notre convalescent, et les aliments qu'il pouvait trouver à bord étaient un peu trop lourds pour lui. Il avait mis la fleur de farine à toute sauce et était à bout de combinaisons; il aurait bien voulu sortir un peu des viandes salées. Il y avait dans un coin de la tente un fusil de chasse tout chargé; il attendit un moment favorable et abattit un des jeunes pourceaux. Quoiqu'il ne fût pas bien expert en cuisine, il parvint à le saigner et à l'écorcher. Le plus difficile fut de porter à bord la victime, quoiqu'elle n'eût pas six semaines; il y parvint cependant, et il sut en faire plusieurs plats savoureux et nourrissants, qui contribuèrent puissamment au rétablissement de ses forces. Dans le cours du mois suivant, trois autres pourceaux partagèrent le même sort, ainsi que plusieurs des petits poulets, bien qu'ils fussent à peine éclos; mais il lui semblait alors qu'il eût pu manger le Cratère lui-même, bien qu'il ne fût pas encore en état de grimper jusqu'au Sommet.

CHAPITRE X.

> Tant que l'enfant de la nature
> A su respecter ses autels,
> Qu'il s'est épargné la souillure
> De sacrifices criminels;
> Sur ce monde qui l'environne
> Il est souverain radieux;
> La terre entière est sa couronne
> Et son trône est au haut des cieux.
>
> WILSON.

NOTRE jeune ermite fut deux grands mois à recouvrer ses forces; alors seulement il put s'occuper un peu et commencer les travaux les plus indispensables. Son premier soin fut de chercher les moyens d'établir une porte qui pût empêcher les animaux de pénétrer dans l'enceinte du Cratère. Les porcs ne s'étaient pas contentés de retourner ses plates-bandes, ils commençaient à s'attaquer aux endroits où il avait semé du gazon, et notre jardinier n'était nullement d'humeur à laisser ses prairies à leur disposition. Jusque-là le mal n'était pas grand. En remuant le sol, ils avaient mêlé encore mieux les différentes sortes d'engrais qui y avaient été successivement déposées, et c'étaient bien des coups de bêche qu'ils lui avaient peut-être épargnés ainsi ; mais leurs ravages au milieu d'une herbe si tendre ne pouvaient avoir que des conséquences funestes, et il était urgent d'y mettre un terme.

Marc prit sa porte dans la lisse de garde-corps, au pied du grand mât. Il lui fallut scier les montants ; mais ensuite il eut très-peu de chose à faire pour l'ajuster à un poteau qu'il fit entrer dans l'arche. Comme c'était le premier coup de hache ou de scie qui eût encore été donné sur la membrure du *Rancocus*, Marc en eut le cœur un peu serré, et il eut de la peine à s'y résoudre. C'était à ses yeux comme le commencement de la destruction de son beau navire ; mais il fallait bien sauver le reste de la récolte. Il était grand temps ; Kitty ne respectait rien, et ses compagnons n'avaient guère plus d'égards. Cependant leurs dévastations mêmes ne furent pas sans profit pour lui. Les couches ainsi remuées étaient toutes prêtes à recevoir une nouvelle semence ; au lieu de les laisser en friche, Marc se décida à les cultiver de nouveau, ce qui lui donnait l'espoir de deux récoltes dans une seule année.

Ce fut de cette manière que le jeune convalescent s'occupa jusqu'à l'entier rétablissement de ses forces ; mais pendant que son corps travaillait, son esprit était loin de rester inactif. Le danger qu'il venait de courir, en appelant tristement ses pensées sur le jour où il pourrait être forcé d'abandonner la vie, sans avoir la main d'un ami pour lui fermer les yeux, lui faisait envisager sous un nouvel aspect le temps d'épreuve que nous avons à passer sur la terre, et cet avenir inconnu et terrible vers lequel il nous conduit. Marc avait reçu une éducation religieuse, et il était disposé naturellement à donner à l'examen de cette question capitale l'attention sérieuse qu'elle demandait ; mais les circonstances graves dans lesquelles il se trouvait placé ne contribuaient pas peu à éclaircir tous les doutes qui auraient pu l'assaillir. Privé de tous rapports avec ses semblables, jeté sur un rocher au milieu de l'Océan, il était en communication plus intime et plus directe avec son Créateur que s'il eût été au milieu du monde. Sur le Récif, rien ne pouvait détourner ses yeux du but final qui pour lui avait manqué d'être si rapproché, et les maux mêmes qui étaient venus fondre sur lui avaient donné un nouvel élan à sa reconnaissance en faisant ressortir, par le contraste, les innombrables bienfaits que lui prodiguait encore la main qui l'avait châtié. Les heures de la nuit sont les plus agréables sous cette latitude pendant la saison où l'on était arrivé : c'étaient celles que notre solitaire choisissait pour faire un peu d'exercice lorsque ses forces commencèrent à revenir, et l'aspect du beau ciel étoilé qui scintillait sur sa tête était éminemment favorable au développement des réflexions qui l'occupaient.

Autant qu'il a pu être donné à l'esprit humain de pénétrer les mystères de notre condition ici-bas, la chaîne qui lie le passé et l'avenir se rattache à un plan général d'où découle l'harmonie de tout l'univers. Nous avons lu quelque part que la croyance des Bohémiens est que les hommes sont des anges déchus, qui s'efforcent de remonter le sentier fatal par lequel ils se sont précipités autrefois à la perdition. Approfondissons l'idée qui a donné naissance à cette légende. Quand même la révélation ne nous l'apprendrait pas, ne sentons-nous pas dans notre for intérieur que nous ne sommes placés ici que pour nous préparer à un état d'existence plus noble et plus élevé ? Ainsi, il est dit que notre science doit augmenter à mesure que nous approchons de l'époque millénaire, jusqu'à ce que la connaissance du Seigneur soit répandue sur toute la terre comme les eaux sur l'Océan. Il se peut, il est même probable que ce jour de bénédiction est encore éloigné ; mais quiconque a vécu un demi-siècle au milieu de notre civilisation actuelle, a fermé volontairement les yeux, s'il n'a pas vu autour de lui s'accumuler par milliers les preuves que tout tend à l'accomplissement des décrets qui nous ont été annoncés il y a des siècles par les écrivains inspirés. Les moyens employés pour amener les grands événements prédits si longtemps d'avance sont si naturels que la cause qui les produit échappe à notre folle insouciance. Mais il n'y a point à se tromper sur les signes des temps. Que l'homme de cinquante ans, par exemple, tourne les yeux vers l'Orient ; qu'il compare ce qu'est la Judée aujourd'hui, ce qu'elle promet d'être, avec ce qu'elle était dans sa jeunesse, et qu'il se demande comment ce changement a été produit. Ce que les Richard et les saint Louis du moyen âge n'ont pu effectuer avec toutes leurs armées, est à la veille de s'opérer comme la conséquence toute naturelle de causes si simples que la foule indifférente n'y fait pas même attention. La puissance ottomane, avec ses préjugés, se fond pour ainsi dire sous l'action brûlante de la vérité divine, qui se fraie insensiblement la route qui doit conduire à l'accomplissement de ses prédictions.

Au nombre des instruments destinés à révéler à la race humaine la toute-puissance et la bonté de la Providence, la science de l'astronomie nous paraît appelée à tenir un des premiers rangs. Plus nous pénétrons avant dans les secrets de la nature, plus nous voyons comme tout se lie et s'enchaîne ; la notion de Dieu nous saisit, nous enveloppe de toutes parts, malgré nous, et nous sommes obligés de courber la tête devant l'évidence. Si, à l'époque dont nous parlons, cette science sublime n'avait pas encore atteint la hauteur où elle est arrivée depuis lors, déjà la théorie, sinon la pratique, lui avait fait faire de grands progrès. Sans doute elle n'avait pas encore pénétré dans les masses ; elle n'était pas accessible à toutes les intelligences ; mais Marc en avait reçu quelques principes ; il n'était pas sans avoir entendu parler des grandes découvertes d'Herschel et de ses contemporains, et quand, assis sur le Sommet, il se mettait en rapport avec les astres, et, à travers ces mondes éloignés et encore inconnus, avec leur Cause Première, c'était avec cette intelligence générale du sujet qui distingue les personnes qui, sans avoir approfondi une branche particulière de connaissances, ont reçu une éducation libérale. Le premier germe avait été déposé dans son esprit par les leçons qu'il avait reçues au collége; l'étude et la lecture, et surtout ses voyages sur mer l'avaient développé. Son regard intelligent perçait la claire et transparente atmosphère des tropiques pour arriver jusqu'au pied du trône de la puissance invisible et terrible qui avait produit tous ces grands résultats, au milieu desquels notre chétive planète, avec ses révolutions, ses alternatives de froid et de chaleur, ses plaisirs et ses misères, n'est qu'un point imperceptible au milieu de l'univers. Jusqu'alors il avait contemplé ce grand spectacle par curiosité et par amour de la science; aujourd'hui il y puisait la notion la plus vraie de la sagesse et de la puissance divine, et il comprenait même sa propre position dans l'échelle des êtres créés.

Notre jeune ermite n'en était pas réduit à ses yeux pour étudier les astres. Il y avait à bord deux excellentes lunettes, et lui-même avait acheté sur ses économies un télescope qui, dans la traversée, avait été souvent pour lui une source d'amusement et d'instruction. Ce télescope était monté sur un pivot de cuivre, et il l'établit sur le Sommet. A l'aide de cet instrument, Marc pouvait distinguer les satellites de Jupiter et de Saturne, et la plupart des phénomènes de la lune. Pendant plus d'un mois, Marc passa une grande partie des nuits dans cette muette contemplation. Ce n'était pas qu'il s'attendît à faire des découvertes, ou même à ajouter à son fonds de connaissances; mais il lui semblait que ses pensées s'élevaient ainsi plus près de son divin Créateur, et là où un zélé mathématicien aurait été ravi de trouver la confirmation de quelque théorie favorite, il voyait la main de Dieu au lieu de la solution d'un problème. Trois fois heureux le savant, s'il pouvait astreindre son génie à ne point s'écarter du grand objet pour lequel il lui a été donné ; si, au lieu d'en tirer vanité, il y découvrait son néant, et un motif de plus de s'humilier, lui et tout son savoir, devant celui qui est la science, la sagesse et la puissance infinie !

Quand Marc eut recouvré ses forces, il avait perdu tout espoir de revoir Betts. Il était possible que le pauvre diable fît la rencontre de quelque bâtiment ou arrivât à une île. La pinasse était bien approvisionnée, très en état, sauf le cas de tempête, de tenir la mer; et si Bob continuait à gouverner à l'est, il pourrait atteindre quelque point de l'Amérique du Sud. Mais qu'en résulterait-il pour lui, pauvre solitaire abandonné? Qui ajouterait assez de foi au récit d'un simple matelot, pour envoyer un bâtiment à la recherche de Marc Woolston? Aujourd'hui, sans doute, le gouvernement n'hésiterait pas à le faire, s'il ne se présentait pas d'autres moyens de le secourir ; mais à la fin du dernier siècle, son pouvoir n'allait pas jusque-là. C'était à peine s'il pouvait protéger ses matelots contre la presse que faisaient les Anglais ou contre les recruteurs d'esclaves d'Algérie ; encore moins aurait-il songé à aller délivrer un malheureux, échoué sur un rocher au milieu de l'océan Pacifique. Si les bâtiments américains se hasardaient sur ces lointains parages, c'était dans des circonstances rares, et en si petit nombre qu'il n'y avait aucun espoir à en concevoir. C'était un sujet sur lequel le pauvre Marc n'aimait pas à s'appesantir, et il faisait tous ses efforts pour en détourner ses pensées.

On avançait dans l'automne, qui sous cette latitude n'est guères qu'une continuation de l'été. Toutes les plantes potagères étaient arrivées à pleine maturité, et il avait fallu en abandonner la plus grande partie à la basse-cour. Marc vit qu'il était temps de recommencer ses couches, en choisissant les semences qui supporteraient le mieux l'hiver, si hiver il y avait. Il passa en revue tous ses domaines, examinant avec soin l'état tant de chaque plante que du sol lui-même.

Les orangers, les figuiers, les citronniers, etc., placés en ligne sous les rochers, avaient prospéré au delà de toute attente.

L'eau qui était tombée du haut des rocs les avait maintenus dans une humidité constante. Les arbustes étaient d'une belle venue et s'élevaient déjà au moins d'un pied. Marc eut soin de remuer la terre avec la houe autour de chaque pied, et d'y mettre une quantité suffisante de guano. Il en transplanta une grande partie, choisissant pour chaque espèce les endroits les plus favorables.

Les légumes avaient produit une récolte abondante. Marc prit note de ceux qui avaient réussi le mieux, afin de les cultiver de préférence. Les melons, les tomates, les aubergines, les oignons, les fèves, la pomme de terre commune, étaient de ce nombre, tandis que la pomme de terre d'Irlande avait à peine produit un tubercule.

Quant au sol, à force de guano, d'herbes marines, d'engrais de toute sorte, et arrosé comme il l'avait été, il était devenu excellent. Il était bon de le labourer, à l'entrée de l'hiver. Marc avait des ouvriers dont il avait déjà éprouvé l'habileté sous ce rapport; il les chargea de la besogne, et, en moins de trois jours, avec leurs groins ils s'en étaient acquittés avec un succès complet. Cependant ils commençaient à se multiplier d'une manière inquiétante, et il se vit obligé de mettre un terme à cette exubérance de population. Un des porcs les plus gras fut mis en salaison, il en abattit cinq autres qu'il enterra dans son jardin à une grande profondeur, se rappelant avoir entendu dire que les substances animales faisaient avec le temps un engrais excellent. Grâce à ces exécutions, son troupeau de porcs se trouva réduit à des proportions raisonnables.

Marc entreprit alors un voyage au Rocher du Limon, pour en rapporter une nouvelle provision. Ce fut à cette occasion que le jeune solitaire sentit tout ce qu'il avait perdu en n'ayant plus l'assistance de Bob. Il réussit néanmoins à opérer son chargement, et, avant de partir, il eut l'idée de regarder où en était le carré d'asperges qu'il avait disposé dans un coin écarté. Ce carré était en plein rapport, et des tiges nombreuses sortaient à travers le limon, ne demandant qu'à être cueillies. C'était un légume

dont Marc raffolait, et il était sûr maintenant d'en avoir toute
l'année. Encore un préservatif certain contre le scorbut, à ajouter aux melons et aux autres légumes, sans parler des œufs, des
poulets, et du poisson frais surtout, dont il ne savait que faire.
Si, dans le premier moment de son isolement sur un roc stérile,
notre ami avait pu craindre un moment les atteintes de la famine,
il était complétement rassuré : son Cratère, comme presque tous
les volcans éteints, lui promettait une fertilité sans bornes.

Quand Marc fut rentré en possession complète de sa santé,
il voulut mettre de l'ordre dans la distribution de son temps, et
il en fit trois parts : l'une pour le travail, la seconde pour la
méditation, la dernière pour le plaisir. Le plaisir ! c'est un mot
qui paraîtra peut-être bien ambitieux pour le genre d'amusements que pouvait se procurer notre pauvre ermite. Cependant
il n'en était pas entièrement dépourvu. Il étudiait les mœurs
des oiseaux de mer qui se rassemblaient par milliers sur les
rochers voisins, bien qu'il y en eût si peu qui s'aventurassent
sur le Cratère. Il allait leur rendre de fréquentes visites, unissant autant que possible l'utile à l'agréable, et ajoutant chaque
fois à sa provision d'herbes marines. Il mit deux mois à en composer une espèce de meule, qu'il voulait laisser reposer pendant l'hiver pour s'en servir seulement au printemps. Nous parlons d'hiver et de printemps, ne sachant quels autres termes
employer pour marquer la division de l'année ; mais, à bien dire,
il n'y avait pas d'hiver. Seulement, à cette époque, l'herbe
poussait plus verte encore et plus vigoureuse, par suite de
l'abaissement de la chaleur. Il y avait même des endroits où elle
formait une pelouse véritable ; la nature, dans ce climat privilégié, ne mettant pas à ses productions le quart du temps qu'il lui
faudrait dans des zones plus tempérées. Les racines s'étendaient
d'elles-mêmes, s'insinuaient dans des crevasses imperceptibles,
et, soulevant la croûte qui couvrait le sol, ouvraient un libre passage à l'air et à l'eau, qui n'y avaient jamais pénétré. C'était
surtout dans la plaine du Cratère que cet effet était sensible.
Elle offrait un tapis de verdure qui rappelait les plus frais pay-

sages de la Suisse. L'herbe devenait si haute qu'il fallait bien songer à la couper. Kitty, malgré toute son ardeur, ne pouvait suffire à la tâche, et Marc fut obligé d'avoir recours encore aux services des porcs et des poules. Mais il ne le fit qu'à de certaines heures, et lorsque, travaillant lui-même au jardin, il était à même d'empêcher les déprédations. Ce n'était pas sans peine qu'il parvenait à régler les porcs dans leurs repas; mais, s'il les avait laissés faire, ils auraient tout saccagé; aussi ne les admettait-il que lorsqu'ils étaient affamés; et, dès qu'ils commençaient à laisser l'herbe pour remuer la terre, il les mettait impitoyablement à la porte.

Ce fut à peu près vers le milieu de l'hiver, d'après les calculs de Marc, que le jeune ermite commença un nouveau travail qui fut pour lui une grande distraction, en même temps qu'il pouvait avoir des conséquences très-importantes pour l'avenir. Il y avait longtemps qu'il avait formé le projet de construire une embarcation assez grande pour explorer toute la montagne de lave, sinon pour cingler en pleine mer. Le petit canot, malgré les services inappréciables qu'il avait rendus, était insuffisant; le radeau, le plus souvent à la merci des vagues et des courants, n'y suppléait qu'imparfaitement. Ce projet de construction était d'ailleurs une occupation pour l'esprit en même temps que pour le corps, et c'était ce qu'il fallait surtout à Marc dans sa position.

Marc avait acquis beaucoup d'expérience en ajustant les différentes parties de la pinasse, et il se crut en état de mener à bonne fin cette nouvelle entreprise. Il y avait à bord du *Rancocus* assez de bois de toutes dimensions pour construire une demi-douzaine de chaloupes. La cale d'un bâtiment est une espèce d'arche de Noé où tous les objets sont tellement entassés les uns sur les autres que, pour celui qui n'a pas assisté à l'arrimage, il n'est pas facile de s'y reconnaître, ou de savoir ce qui s'y trouve ou ce qui ne s'y trouve pas. C'était justement la position de Marc, qui, tout occupé de faire sa cour à Brigitte, avait fort négligé cette partie de son service. Aussi faisait-il à chaque instant des découvertes nouvelles, et au lieu des planches qu'il cherchait, il trouva successivement une étrave, une arcasse et une quille pour une embarcation de dix-huit pieds. Notre ami enchanté se hâta de porter au chantier, à l'aide du radeau, ces matériaux précieux.

Pendant les deux mois qui suivirent, Marc travailla constamment à sa nouvelle construction. C'était pour lui une rude besogne, surtout parce qu'il était seul. Ainsi il eut toutes les peines du monde à hisser de nouveau la grande voile qui formait le toit du chantier. Les palans ordinaires ne suffirent pas ; il lui fallut établir un cabestan volant à l'aide duquel il en vint à bout, et qu'il réserva pour d'autres usages.

Ce qui lui prit beaucoup de temps, ce fut le plan de l'embarcation. Marc savait bien reconnaître si un bâtiment avait de beaux fonds ; mais les faire, c'était une toute autre chose. Il n'avait aucune connaissance du dessin, et la justesse de son coup d'œil était son seul guide. Il adopta une méthode assez ingénieuse, mais qu'il serait difficile d'appliquer à la construction d'un grand navire.

Comme il avait beaucoup de bois de sapin, il scia deux fois autant de planches qu'il lui en fallait pour un seul côté de son embarcation, et il les mit en place. Il commença alors à les tailler et à les réduire jusqu'à ce qu'elles eussent à peu près la dimension qu'il croyait convenable. Il ne se borna pas à ce premier travail, il passa encore toute une semaine à les polir et à les aplanir à l'aide de l'herminette, ramenant ses lignes à de justes proportions. Satisfait enfin du fond qu'il avait ainsi façonné, Marc détacha la moitié de ses pièces, en laissant les autres en place. Ce fut d'après ces patrons qu'il scia et coupa les couples de son embarcation, toujours en nombre double de ce qui lui était nécessaire. Quand les couples et les varangues furent prêts, il les intercala dans les vides et les assujettit en ayant soin de les adapter aux pièces laissées en place. En abattant ensuite ce qui restait de planches de sapin, Marc se trouva avoir la carcasse de son embarcation complète. Ce fut la partie la plus difficile de l'opération, et elle n'était pas encore finie quand la marche des saisons le força de quitter le chantier pour le jardin.

Ce que Marc redoutait le plus, c'était de tomber malade; aussi s'était-il tracé un régime dont il ne s'écartait pas. Des légumes formaient plus de la moitié de sa nourriture, et il n'en manquait pas même en hiver. Les asperges, entre autres, se succédaient, sur sa table, avec une régularité qui aurait fait la fortune d'un jardinier de Londres, et elles étaient d'une telle grosseur que douze lui suffisaient pour un repas. Les poules avaient pondu tout l'hiver. Les provisions de thé, de sucre et de café du *Rancocus* étaient loin d'être épuisées. Le poisson ne lui faisait jamais défaut, et de temps en temps il se régalait d'un potage aux pois ou aux haricots. Il apprit bientôt par expérience combien il fallait peu de chose pour la nourriture d'un homme, et il se convainquit qu'un quart d'acre d'une terre aussi bonne que celle qui composait alors son potager, fournirait aisément les légumes nécessaires à sa consommation.

Marc ne pouvait se lasser de contempler ce luxe de végétation qui s'étendait de plus en plus sur toutes les parties du Cratère. Et ce n'était pas une herbe malingre et chétive qu'on pouvait craindre de voir se flétrir aussi rapidement qu'elle avait poussé; c'était un gazon fort et épais, qui avait jeté dans le sol de profondes racines, et tout faisait présager à Marc que sa petite montagne serait verte toute l'année. Nous disons petite; mais par rapport à l'étendue générale de l'île, les hauteurs qui entouraient le Cratère auraient mérité une toute autre épithète. Leur point culminant s'élevait de soixante-dix pieds au-dessus de la base du roc. L'élévation moyenne pouvait être d'un peu moins de cinquante pieds; mais l'espace qu'elles couvraient était presque aussi étendu que la plaine elle-même du Cratère, quoiqu'à la vue l'inégalité du terrain fît croire tout le contraire.

Kitty ne quittait plus le Sommet, où elle trouvait amplement de quoi se satisfaire. Elle eut bientôt des compagnons assidus, car Marc se décida à y conduire ses porcs, ce qui ne fut pas chose facile, mais il y parvint cependant à l'aide des marches grossières qui avaient été pratiquées dans l'intérieur. Ils l'aideraient à tondre l'herbe, pour laquelle il n'y avait plus rien à craindre. Les racines étaient à une trop grande profondeur pour pouvoir être atteintes, et plus la croûte première serait brisée, plus la végétation serait rapide et abondante.

Il va sans dire que Marc renonça en même temps à cultiver sur le Sommet des melons et d'autres légumes. Cependant, pour conserver et pour utiliser en même temps les couches de bonne terre qu'il était parvenu à obtenir à force de sueurs, il en entoura une partie d'une sorte de palissade formée de pieux enfoncés en terre de distance en distance, et autour desquels il attacha de vieux cordages, dont il y avait tant et plus à bord du bâtiment. Puis il y transplanta quelques-uns des figuiers, des orangers et autres arbustes qui, dans la plaine, n'avaient pas tout à fait assez d'air, ce qui nuisait à la pleine maturité des fruits. Cet arrangement lui suggéra l'idée d'établir aussi des barrières dans son potager d'en bas, ce qui le mettrait à l'abri d'inquiétude, et le dispenserait de toute surveillance, quand l'herbe aurait besoin d'y recevoir à son tour la visite de ses faucheurs de nouvelle espèce.

Cependant le temps était venu d'ensemencer de nouveau. Marc résolut cette fois de suivre une marche différente, et de ne pas mettre ses graines partout à la fois. Il commença par préparer une seule couche, y jeta sa semence ou y planta des boutures, puis il attendit quelques jours avant d'en commencer une seconde. L'expérience lui avait appris que, dans ce climat privilégié, la terre ne se repose jamais, et qu'à toutes les époques de l'année, elle prodigue également les trésors de son sein. Il fallait seulement avoir soin de choisir les légumes qui venaient mieux à telle ou telle époque. Avec cette précaution, on était sûr de faire une récolte dans chaque saison, et presque chaque jour de l'année.

Cette distribution de son temps donnait quelque loisir au jeune horticulteur, et alors il reprenait ses travaux de charpentier. De cette manière l'embarcation et le jardin marchaient de conserve, et le dernier bordage fut placé en même temps que le dernier coup de bêche était donné. D'un autre côté, pendant que Marc disposait la dernière couche, la première commençait déjà à être en plein rapport; de sorte que Marc eut à volonté de délicieuses salades, des radis, des petits pois, et toujours des primeurs.

On voit qu'avec toutes les autres ressources qu'il avait à sa disposition, la table du jeune ermite ne pouvait manquer d'être abondamment servie. Seulement, ce qui le tourmentait, c'était la nécessité de faire lui-même sa cuisine, et de n'avoir pas une source d'eau vive. Mais il étouffait bien vite ces murmures de la chair, en songeant à toutes les grâces dont il était comblé, et en comparant sa position à celle de tant de malheureux naufragés qui, dans des circonstances semblables, avaient été en proie à tous les genres de souffrances.

Le printemps se passa d'une manière aussi agréable que le souvenir de Brigitte le permettait. Ses couches et ses plantations réussissaient au delà de ses espérances. Ce n'était plus seulement la verdure de ses prés qui récompensait le jeune horticulteur de tant de travaux et de fatigues : ils commençaient à s'émailler de fleurs, et il eut le bonheur d'apercevoir quelques fraises sauvages, dont la graine se trouvait sans doute mêlée par mégarde à celle du gazon. Il repiqua les pieds avec soin dans une des couches de son jardin, et ce fruit si savoureux était encore une conquête qu'il allait faire.

Ce qu'il y avait de remarquable, c'est que nulle part il ne poussait de mauvaises herbes. Sa tâche en était simplifiée pour le moment, quoiqu'il ne pût espérer qu'il en fût toujours ainsi. La seule explication possible de ce fait, c'est que les cendres du Cratère ne contenaient en elles-mêmes aucun des éléments nécessaires à la production des plantes, et que les engrais qu'il employait ne renfermaient d'autres semences que celles d'herbes marines.

CHAPITRE XI.

<blockquote>
Nous dormons au bruit des tempêtes,
Et malgré les feux dévorants
Que le sol ébranlé peut vomir de ses flancs !
Au milieu des débris, nous célébrons des fêtes,
Et nous dansons sur des volcans !
Young.
</blockquote>

L'été était revenu avant que l'embarcation fût prête à prendre la mer. Marc avait voulu terminer jusqu'aux moindres détails, avant de la mettre à l'eau. Dans la crainte des vers, il profita de ce qu'il lui restait encore un peu de vieux cuivre pour en doubler les bordages; il la peignit en dedans comme au dehors avec goût et avec amour. Quoiqu'il n'y eût que Kitty à qui il pût parler, il n'oublia pas d'écrire en belles lettres le nom qu'il lui donnait, dans un endroit où il pût toujours le voir. C'était *Brigitte Yardley;* et Marc lui trouvait si bonne tournure qu'il lui semblait qu'aucun nom ne lui convenait mieux. Quand enfin tous les arrangements furent terminés, et que les mâts et les voiles furent en place, le jeune marin ne pensa plus qu'à lancer son petit bâtiment.

Sentant bien que, réduit à ses propres forces, il ne pouvait mouvoir une masse semblable, il avait eu soin de poser la quille sur le même plan incliné qui avait reçu *la Neshamony*. La construction du berceau n'était pas une grande affaire; ce fut l'ouvrage de quelques jours, et il ne restait plus qu'à dégager *la Brigitte* des pièces de bois qui la maintenaient, et à l'abandonner à elle-même.

A ce moment suprême, Marc fut assailli d'une foule de sensations qu'il ne pouvait maîtriser. Ses genoux fléchirent, et il fut obligé de s'asseoir un instant.

Quelles seraient les conséquences de l'événement qui se préparait? Qui savait si *la Brigitte* n'était pas destinée à le transporter auprès de celle dont elle portait le nom? A cet instant, il lui semblait que son existence tout entière dépendait de la mise à flot de son embarcation, et il tremblait que quelque accident imprévu n'y mît obstacle. Il lui fallut attendre quelques minutes avant qu'il eût pu reprendre son sang-froid.

A la fin, Marc réussit à se maîtriser, et il se remit à l'œuvre. Les derniers appuis tombèrent, et, comme le bâtiment restait immobile, il donna un coup de maillet. Cette fois l'embarcation docile se mit en mouvement, et glissa sans s'arrêter jusqu'au bord de l'eau, dans laquelle elle entra en fendant les ondes, comme un canard qui agite ses ailes. Marc était dans le ravissement : sa *Brigitte* se comportait à merveille, et sa démarche était pleine de grâce et d'élégance. Il va sans dire qu'il avait eu soin d'y attacher une corde, à l'aide de laquelle il la hala à terre, et il l'amarra dans un petit bassin naturel, qui était juste de la grandeur nécessaire. Telle était sa crainte de perdre une embarcation qui lui était devenue si précieuse, qu'il avait retiré quelques chevilles du *Rancocus* pour les enfoncer dans le roc, où il trouva moyen de les fixer au moyen de plomb fondu.

La Brigitte n'avait guère que le quart des dimensions de *la Neshamony*, quoiqu'elle fût plus de moitié aussi longue. Néanmoins c'était une bonne embarcation ; et Marc, sachant qu'il ne pouvait guère compter que sur les voiles pour la mouvoir, avait construit sur l'avant un petit pont pour empêcher les vagues d'embarquer, et aussi pour se ménager un emplacement où il pût déposer quelques provisions à l'abri de la pluie. Quelques petites tonnes d'eau fraîche formaient le lest. Elles avaient été portées d'avance à bord, ainsi que les mâts, les voiles, les avirons, etc., avant la mise à l'eau. Comme il était encore de bonne heure, Marc ne put résister à son impatience. Il résolut de faire une croisière autour de la montagne de lave, et de pousser sa reconnaissance plus loin qu'il ne l'avait jamais fait sur le canot. Il porta donc quelques vivres à bord, détacha les amarres, et mit à la voile.

Dès l'instant que *la Brigitte* se mit en marche, et commença à obéir au gouvernail, Marc éprouva la même impression que s'il avait trouvé un nouveau compagnon. Jusqu'alors il n'avait eu que Kitty pour lui en tenir lieu ; mais cette embarcation lui rappelait tous ses plaisirs d'enfance. N'avait-il pas sa barque sur la Delaware, et que de parties délicieuses il avait faites sur la rivière ! Il n'avait pas couru deux ou trois bordées qu'il se surprit à parler à *sa Brigitte* et à lui donner ses ordres, comme si elle pouvait l'entendre. Comme la brise soufflait toujours dans la même direction, il passa entre le Récif et le Rocher du Limon, doubla la pointe de l'île, et arriva au bassin dans lequel *le Rancocus* était amarré. Il fit le tour du bâtiment, comme pour lui faire admirer son embarcation ; et, serrant le vent, il entra dans la passe par laquelle Bob et lui avaient pénétré jusqu'à l'île.

Il était assez facile d'éviter ceux des brisants qui pouvaient offrir des dangers pour le petit bateau : l'écume blanche de la mer les indiquait suffisamment ; mais d'ailleurs il y avait assez d'eau sur presque tous les récifs pour que *la Brigitte* pût les franchir impunément. Marc avança donc par courtes bordées jusqu'à ce qu'il trouvât les deux bouées entre lesquelles *le Rancocus* avait passé si heureusement. *La Brigitte* n'eut pas moins de bonheur, et Marc gouverna dans la direction où il s'attendait à trouver l'écueil sur lequel *le Rancocus* avait donné. Il ne tarda pas à le découvrir. La bouée de l'ancre de poste flottait toujours là, sentinelle attentive. Marc saisit la corde et se hala sur elle, après avoir amené ses voiles.

La Brigitte était alors amarrée par l'orin de l'ancre du *Rancocus*, et l'idée vint au jeune marin de tirer parti de cette circonstance. Il était tout près du récif, pour ne pas dire sur le récif lui-même. Ce sont des endroits où le poisson abonde. Il avait à bord ses instruments de pêche : il jeta la ligne, et retira un magnifique poisson. Chaque épreuve fut suivie d'un résultat pareil, et c'était à peine s'il avait le temps de mettre l'amorce à l'hameçon ; et tous les poissons étaient plus beaux que ceux qu'il trouvait près de son île. Il lui suffit d'une demi-heure pour se convaincre qu'en une journée il en prendrait plus que son embarcation n'en pourrait porter. Il se contenta, pour cette fois, de quelques douzaines, détacha l'amarre, hissa ses voiles, et continua à manœuvrer pour gagner dans le vent.

Le désir de Marc était de s'assurer de la nature et de l'étendue des bas-fonds dans cette direction. Bientôt il fut à dix milles au vent de l'île. Les mâts du bâtiment lui servaient de fanal, car le Cratère avait disparu derrière l'horizon, ou, s'il se montrait, ce n'était qu'à de rares intervalles, lorsque *la Brigitte* s'élevait sur une lame, et alors c'était une simple colline qui paraissait presque à fleur d'eau. Marc avait même de la peine à distinguer les mâts dégarnis, et, sans la boussole qui lui indiquait la direction, il n'y serait jamais parvenu.

Quant aux bas-fonds, aucun bloc de rocher ne sortait de la mer devant lui, mais des signes certains annonçaient la présence d'écueils. Ces écueils devaient embrasser une zone d'au moins vingt milles, car il en avait déjà fait plus de quinze sans pouvoir en sortir. A cette distance de sa demeure solitaire, sans aucune terre en vue, Marc Woolston mit en panne et procéda à son frugal repas. La fraîcheur de la brise l'avait décidé à prendre des ris, et, sous ce peu de voilures, il trouva *la Brigitte* telle qu'il pouvait la souhaiter. La journée avançait, et il jugea prudent de virer de bord et de retourner au Cratère. Au bout d'une demi-heure, il apercevait de nouveau les mâts du *Rancocus*; et, dix minutes après, le Sommet se montrait à l'horizon.

Notre jeune marin avait eu l'intention de rester en mer toute la nuit, si le temps eût été favorable. Il aurait voulu éprouver comment le bateau se serait comporté pendant son sommeil, et reconnaître en même temps l'extrême limite des bas-fonds. Délivré de la crainte de manquer jamais d'aliments par l'étonnante fertilité du Cratère, et pouvant disposer de son temps sans s'épuiser à travailler, il avait formé le projet de croiser pendant plusieurs jours de suite en dehors des écueils, dans l'espoir de rencontrer quelque bâtiment de passage qui aurait pu le recueillir. Jamais aucun navire ne s'aventurerait près du Cratère ; les brisants y mettaient bon ordre ; mais l'exemple même du *Rancocus* prouvait qu'il pouvait y en avoir qui suivissent cette direction. Marc ne se faisait pas illusion : il savait qu'il pouvait faire le guet trois cents jours de suite, et ne rien voir; mais qu'importait, si, le trois cent et unième, il voyait réaliser toutes ses espérances !

Mais, dans cette première épreuve, le temps était loin de l'encourager à prolonger son excursion. Au moment où le Cratère commençait à sortir de l'eau, Marc pensa au contraire que jamais le ciel n'avait pris un aspect aussi lugubre. L'atmosphère embrasée avait une teinte rougeâtre qui l'alarmait, et il aurait voulu être dans son île pour faire rentrer son troupeau dans l'enceinte du Cratère. Tout annonçait une tempête, suivie d'une de ces inondations dont il avait eu déjà un exemple si terrible.

Juste au moment où *la Brigitte* passait entre les deux bouées, sa voile fouetta le mât. C'était un sinistre présage, puisque c'était l'annonce d'un changement de vent, changement qui, sous cette latitude, n'était que trop significatif. Marc était encore à deux milles du Récif, et le peu de vent qu'il faisait ne tarda pas à souffler de l'avant. Les oiseaux de mer semblaient inquiets et agités; ils venaient voler par milliers autour du bateau, en décrivant un cercle de plus en plus rapproché, et en poussant des cris aigus. D'abord Marc attribua leur frayeur à cette circonstance que le bateau était quelque chose de nouveau pour eux; mais il se rappela presque aussitôt que bien des fois il était passé sur son petit canot contre les rochers où ils séjournaient de préférence, sans qu'ils s'en fussent émus en aucune manière, et il fallut bien en conclure qu'il y avait quelque autre raison à cette agitation extraordinaire.

Le soleil se coucha au milieu des feux rougeâtres qui embrasaient l'horizon, et *la Brigitte* avait encore un mille à franchir pour arriver à l'île. Une nouvelle crainte s'empara du pauvre ermite. Si une tempête faisait sauter violemment le vent à l'ouest, ce qui n'était que trop probable dans les circonstances actuelles, il pouvait être poussé au large, et, quand même la petite embarcation résisterait aux vagues, entraîné assez loin pour ne plus revoir le Récif. Ce fut surtout alors qu'il comprit à quel point il avait été favorisé dans son malheur en trouvant une plage aussi fertile que le Cratère, et combien il serait terrible de s'en voir arraché. Que de grand cœur il aurait abandonné la plus grande partie de ses plantations et de ses récoltes, obtenues pourtant au prix de tant de fatigues, pour se trouver sain et sauf à bord du *Rancocus!* Toutefois, à force de manœuvres adroites pour profiter de la moindre bouffée d'air, il parvint à obtenir ce résultat inespéré, sans avoir eu de sacrifice à faire.

Vers neuf heures du soir, la *Brigitte* rentrait dans son petit bassin, et Marc ne l'eut pas plus tôt amarrée qu'il se retira dans sa cabine. Son premier mouvement fut de se jeter à genoux pour remercier Dieu de l'avoir ramené dans des lieux qui lui étaient devenus si chers en se rattachant dans sa pensée à la conservation de son existence. Puis, fatigué de sa journée, il entra dans sa petite chambre et ne tarda pas à s'endormir d'un profond sommeil.

Quand il s'éveilla le matin, il se sentit comme suffoqué. Il ouvrit les yeux, et fut frappé de la clarté livide qui remplissait la cabine; il crut que le bâtiment était en feu et sauta hors de son lit. Cependant n'entendant aucun pétillement de flamme, il s'habilla précipitamment et sortit sur le pont. A peine y avait-il mis le pied, qu'il sentit tout le bâtiment trembler, et les eaux s'agiter autour de lui comme si elles se préparaient à faire irruption. Des sifflements aigus se faisaient entendre, et des lueurs sinistres sillonnaient les airs. Ce fut un moment terrible, et l'on aurait pu croire que le monde était arrivé à son dernier jour.

Marc Woolston comprit alors la vérité, malgré l'intensité des ténèbres, que perçaient par intervalles des sillons de lumière blafarde. Ce qu'il avait ressenti, c'étaient les secousses d'un tremblement de terre, et le volcan sortait de son long sommeil. Une atmosphère de cendres et de fumée l'enveloppait; et notre pauvre ermite jeta instinctivement les yeux sur son Cratère, déjà si frais et si verdoyant, s'attendant à lui voir vomir des flammes. Mais tout était tranquille encore de ce côté ; ce n'était point là que, pour le moment, l'éruption avait lieu. Les vapeurs étaient si épaisses qu'elles formaient un voile devant ses yeux, en même temps qu'elles étouffaient sa respiration. Il y eut un moment où Marc crut qu'il allait être suffoqué ; mais un coup de vent vint balayer ces exhalaisons fétides et dégager l'atmosphère. Le vent était retourné dans ses anciens quartiers ; l'air était redevenu pur. Il était temps : Marc était convaincu qu'il n'aurait pu supporter dix minutes de plus une pareille oppression.

Maintenant il attendait impatiemment le jour. Chaque minute lui semblait un siècle. Mais enfin les signes précurseurs de la lumière commencèrent à paraître, et il s'avança sur le beaupré comme pour les voir de plus près. Il avait les yeux fixés vers l'orient, guettant chaque traînée de lumière à mesure qu'elle sillonnait le firmament, quand tout à coup il fut frappé du changement qui s'était opéré dans cette partie de l'Océan, et qui attestait éloquemment la violence des efforts que la terre avait faits dans ses convulsions. Des rochers nus apparaissaient là où Marc était sûr que, quelques heures auparavant, il n'y avait que de l'eau. La muraille de lave qui formait la limite du bassin, et qui ne s'élevait jamais que de quelques pouces au-dessus du niveau de la mer, atteignait une élévation qui, dans quelques endroits, n'allait pas à moins de dix à quinze pieds. Preuve évidente que cette secousse terrible avait soulevé une grande partie de la montagne de lave, et en avait modifié complétement l'aspect ! La nature venait de faire un nouvel effort, et, en un clin d'œil, en quelque sorte, des îles avaient été créées.

Marc n'eut pas plus tôt constaté ce fait prodigieux, qu'il courut à la poupe pour s'assurer des changements qui avaient pu survenir autour du Cratère. Il avait été soulevé en l'air, comme tous les rochers qui l'entouraient à plusieurs milles à la ronde, mais la surface n'avait éprouvé aucune altération. Le Récif, qui sur le bord ne s'élevait que de six pieds à peu près au-dessus de l'Océan, atteignait maintenant la hauteur de vingt pieds; un seul mais vigoureux effort de la nature avait plus que triplé son élévation! La plate-forme qui conduisait de l'arrière du *Rancocus* au rivage, au lieu d'être sur un plan incliné, était alors presque de niveau, tant était grande la quantité d'eau qui s'était retirée du bassin. Cependant il en restait encore assez pour maintenir le bâtiment à flot.

Impatient de voir ce qui avait pu arriver, Marc courut à terre, car alors il faisait grand jour, et il se hâta d'entrer dans le Cratère, pour monter de là sur le Sommet. Rien ne lui parut changé sur son passage; tout était à la même place et dans le même état, et le petit troupeau, disséminé çà et là, cherchait sa vie comme il le pouvait. Seulement le roc était couvert de cendres sur lesquelles la trace de ses pas s'imprimait comme sur une neige légère. Dans l'intérieur, l'aspect était le même; un grand pouce de cendre en recouvrait les verts pâturages ainsi que tout le potager. Marc fut loin de s'en alarmer; car il savait qu'à la première pluie cette couche grisâtre s'imprégnerait dans la terre, et qu'elle y deviendrait la source d'une nouvelle fertilité.

Ce fut lorsqu'il eut gravi le Sommet que le jeune marin put se faire une idée plus exacte des étonnantes transformations qui s'étaient opérées autour de lui, par suite de cette élévation subite de la croûte de la terre. Partout la mer semblait changée en rocher. Toutes les parties écumeuses avaient disparu; à la place s'élevaient des masses de toutes dimensions, soit de roc, soit de sable ou de vase. C'étaient surtout les bancs de sable qui dominaient, et il s'en trouvait tout près du Récif, nom que nous continuerons à donner à l'île du Cratère; car, pour une île, à proprement parler, ce n'en était plus une. Les eaux qui s'en approchaient dans toutes les directions formaient des espèces de criques, de détroits, de petites rivières, mais il semblait que de tous les côtés il était possible de faire plusieurs lieues à pied sur un sol solide, en partant du Cratère, et en suivant les lignes de rochers, de récifs, de bancs de sable, qui avaient surgi de toutes parts. Cette transformation était trop étendue pour ne pas sembler devoir être durable, et Marc conçut l'espoir que tous les biens si précieux qu'il tenait de la bonté de la Providence lui seraient conservés. Seulement il s'était opéré un changement immense dans sa situation. Il n'en était plus réduit à l'usage de son bateau pour ses excursions; il pouvait se promener, des heures, qui sait? peut-être des jours entiers à pied sec, sur les bancs, les collines, les promontoires, qui venaient de se former. Les limites de ses domaines s'étaient tellement reculées, que c'était comme un nouveau monde qui s'ouvrait à ses ardentes recherches.

Le Cratère paraissait être le centre de cette nouvelle création. Du côté du sud seulement, l'œil ne pouvait pénétrer à plus de deux ou trois lieues. Un nuage épais et brumeux s'étendait dans cette direction, enveloppant et confondant ensemble la mer et le firmament. Cependant Marc était convaincu qu'au milieu de ce brouillard, sur un point plus ou moins rapproché, les forces cachées de la terre intérieure s'étaient frayé une autre issue. La science de la géologie était, comparativement, encore dans l'enfance; mais Marc en avait pourtant appris assez pour chercher à se rendre compte de ce qui était arrivé. Il supposa qu'à cet endroit il s'était dégagé des feux internes assez de gaz pour ouvrir des crevasses au fond de l'Océan; que l'eau, s'infiltrant par ces crevasses, avait produit une masse prodigieuse de vapeur qui avait soulevé tous ces rocs et causé le tremblement de terre. En même temps les feux internes avaient agi de concert; et, suivant une ouverture, ils étaient arrivés assez près de la surface pour se frayer un passage et former ainsi ce nouveau cratère dont l'existence, d'après tous les signes qui se manifestaient dans la direction du sud, était aussi évidente pour Marc que s'il l'avait vu de ses propres yeux.

Cette théorie pouvait être vraie, en totalité ou en partie, comme elle pouvait être erronée. Il existe tant d'effets extraordinaires qui se produisent sous tant de formes inattendues, qu'il est souvent aussi difficile d'en préciser la cause, lorsqu'il s'agit de phénomènes célestes, que lorsque nous voulons analyser les divers mobiles des actions des hommes. Quoique formés de la même substance et gouvernés par les mêmes passions, combien ne nous trompons-nous pas dans nos jugements, même lorsque nous y apportons le plus de bonne foi et d'attention !

A la première vue, Marc eut assez de peine à distinguer le caractère dominant des différentes masses d'eau qui l'entouraient. Les unes étaient de petits lacs que l'évaporation ne manquerait pas de faire disparaître, aucune communication n'existant entre eux et la pleine mer. D'autres devaient être de véritables bras de mer, puisqu'ils se prolongeaient sans interruption à perte de vue. C'était notamment dans cette dernière classe qu'il rangeait la ceinture d'eau qui environnait le Récif, était-ce complétement ? c'est ce qu'il ne pouvait encore décider d'une manière positive ; car, du point où il était placé, il lui était impossible de déterminer si le Récif ne communiquait point directement à une longue chaîne de rocs et de bas-fonds, qui se prolongeait dans la direction de l'ouest. L'Ile du Guano et le Rocher du Limon tenaient évidemment à cette masse compacte ; ce n'étaient plus des îles isolées, mais seulement des parties inhérentes à la grande montagne volcanique. Néanmoins le bras de mer qui coulait autour du Récif baignait également les bases de ces deux entrepôts importants, et Marc reconnut avec plaisir qu'il pourrait continuer à transporter les précieux engrais qu'ils renfermaient au moyen du radeau ou du bateau.

La situation du *Rancocus* devint ensuite pour Marc l'objet de l'examen le plus attentif et le plus approfondi. Il était évident qu'il était toujours à flot, au milieu du bassin ; mais pour mieux se convaincre de l'état des choses, il monta sur son canot et alla continuer de plus près ses observations autour du bâtiment. L'eau était si limpide qu'il était facile de distinguer le fond à une profondeur de plusieurs brasses ; et il vit qu'entre le fond et la quille il n'y avait guère que deux à trois pieds d'eau. Or, c'était à peu près le moment du plein de la mer, et la crue étant ordinairement de près de vingt pouces, il était clair que, par certains vents, le bon vieux navire serait bien près de toucher. Quant à l'espoir de le faire jamais sortir du bassin où il était amarré, il fallait y renoncer complétement, car il se trouvait dans une sorte de cavité où il y avait six à huit pieds d'eau de plus qu'à cent verges de distance dans tous les sens.

Ces faits bien constatés, Marc partit à pied, le fusil sur l'épaule, pour visiter les nouveaux domaines qui venaient d'être ajoutés à son territoire. Il se dirigea d'abord vers la pointe où il lui semblait que la vaste étendue de bas-fonds qui se prolongeait vers l'ouest était devenue partie intégrante du Récif. Cette cohésion, si elle existait réellement, avait lieu par deux langues étroites de rochers, de hauteur égale, produit toutes les deux de la dernière éruption. Des bancs de sable se montraient par intervalles sur les bords, considérablement agrandis, du Récif primitif, tandis qu'avant le tremblement de terre, ce n'étaient partout que des rochers presque perpendiculaires.

Marc, dans son impatience, pressait le pas pour arriver plus vite à la pointe en question, qui n'était pas à une grande distance du chantier, lorsque, arrivé près d'un de ces bancs de nouvelle formation, il remarqua que de l'eau, qui semblait sortir de dessous la lave du Récif, coulait à travers le sable. Il crut d'abord que c'étaient les restes de quelque infiltration des eaux de l'Océan qui avaient pénétré dans une cavité intérieure et qui, obéissant à la grande loi de la nature, cherchaient à retrouver leur niveau, en se frayant un passage à travers les crevasses des rochers. C'était pour lui un spectacle si attrayant de voir de l'eau, quelle qu'elle fût, sortir de dessous terre, que le jeune marin sauta sur le sable pour la considérer de plus près. Il en prit un peu dans le creux de la main, et quelle fut sa joie de reconnaître qu'elle était douce et d'une fraîcheur délicieuse! Voilà donc cette source, après laquelle il soupirait depuis si longtemps, qui lui était offerte inopinément, comme un don direct du ciel! Non, l'avare qui trouve un monceau d'or enfoui dans la terre n'éprouve rien de comparable à la joie qu'à la vue de son trésor, d'un prix inestimable à ses yeux, éprouva le jeune ermite, si nous pouvons donner ce nom à notre ami qui ne s'était pas retiré volontairement du monde, et qui adorait Dieu moins par esprit de pénitence que par un profond sentiment d'amour et de gratitude.

Marc tout aussitôt creusa dans le sable un petit bassin, qu'il entoura de pierres. En moins de dix minutes, il était rempli d'une eau presque aussi limpide que l'air, et du goût le plus agréable. Marc ne pouvait s'en détacher, mais il pouvait être dangereux de trop boire, même de ce liquide délicieux, et pour résister plus sûrement à la tentation, il poursuivit son exploration.

Arrivé à l'endroit le plus étroit de la pointe, il reconnut que les deux rocs n'étaient point contigus, comme il l'avait présumé, et que le Récif était toujours une île. Le canal qui séparait les deux pointes de rochers n'avait pas plus de vingt pieds de large, quoiqu'il eût deux fois cette profondeur. Retourner au chantier, y prendre une planche, en faire un pont, et à l'aide de ce pont passer sur son nouveau territoire, ce fut pour notre jeune ami l'affaire de quelques instants. Il trouva dans les cavités des rochers une assez grande quantité de poissons que la mer y avait laissés en se retirant, mais, découverte plus précieuse et plus inattendue! il rencontra tout près du pont une seconde source d'eau douce, beaucoup plus considérable que la première. L'eau de cette source, qui traversait un banc de sable de quinze à vingt acres d'étendue, avait rencontré dans son cours une sorte de réservoir naturel où elle formait un petit lac, et le trop plein allait se jeter dans la mer.

Marc ravi ne voulut pas garder son bonheur pour lui tout seul, et il retourna de nouveau au Récif pour chercher son troupeau. Arrivé au pont, il plaça une seconde planche à côté de l'autre, puis il fit passer toutes ses bêtes l'une après l'autre dans ses nouveaux domaines; car il avait pris tant d'ascendant même sur les canards qu'ils accouraient tous à sa voix. Quant à

Kitty, elle le suivait comme un chien, et elle n'était jamais plus heureuse que quand elle l'accompagnait dans ses promenades.

Les porcs ne parurent pas les moins contents de leur excursion. Ils trouvaient là tout ce qu'ils pouvaient désirer : de la nourriture à n'en savoir que faire, du sable à fouiller, de l'eau douce à boire, des étangs pour y patauger, et de l'espace pour leurs courses vagabondes. Marc, en les voyant si bien se régaler, se promit d'établir une porte à l'entrée du pont, et de les laisser le plus souvent errer en liberté dans cette partie de ses propriétés, qui devint leur parc.

Mais ce fut, à bien dire, à partir de ce moment que Marc commença sérieusement son voyage, qui dura tout la journée. Il avait bien fait deux lieues en droite ligne depuis le bâtiment, mais il fallait en compter plus de quatre, par les détours qu'il avait dû prendre. A chaque pas il rencontrait de grandes nappes d'eau salée. C'étaient de petits lacs, quelquefois d'un mille de long, dont les contours formaient les plus charmantes ondulations, mais que le soleil ne tarderait pas à tarir.

Il avait suivi le bord du canal qui communiquait avec le bras de mer qui entourait le Récif, et quand il fut au terme qu'il avait assigné à son excursion, il monta sur un roc qui pouvait s'élever de cent pieds au-dessus du niveau de la mer. Du haut de ce roc, il avait la vue la plus étendue. D'abord il suivit de l'œil le canal qui coulait à ses pieds, jusqu'à l'endroit où il se jetait dans la pleine mer qu'il voyait alors distinctement à très-peu de lieues devant lui, vers le nord-ouest. Il y avait beaucoup d'autres cours d'eaux qui étaient évidemment des criques larges et sinueuses. La grande quantité de lacs qui s'étaient formés jetaient pour le moment quelque confusion dans l'aspect général ; et il n'était pas toujours facile de distinguer ce que nous pouvons appeler les eaux courantes des eaux dormantes.

Mais ce fut dans la direction du sud que Marc trouva les plus grands sujets de surprise et d'admiration. Le rideau de vapeurs qui lui avait caché cette partie de l'horizon commençait à se lever graduellement, quoique une colonne de fumée, qui semblait sortir de la mer continuât à monter vers un nuage épais qui semblait suspendu sur ce point. D'abord il n'aperçut qu'une masse sombre et informe, mais à mesure que le brouillard se dissipa, il distingua, à ne pouvoir s'y méprendre, une montagne fortement labourée qui n'avait pas moins de mille pieds de hauteur, ni d'une lieue d'étendue. Cette preuve du pouvoir de la nature remplit l'âme du jeune homme de recueillement et de respect pour l'Être tout-puissant qui pouvait remuer à volonté des masses si énormes. Si quelque chose avait pu diminuer son impatience de quitter ce lieu d'exil, c'eût été assurément un semblable spectacle, car celui qui vit au milieu de scènes de ce genre se sent bien plus près de Dieu que ceux qui demeurent dans l'enceinte d'une ville au milieu d'une profonde sécurité.

N'avait-il pas à s'applaudir aussi que cette dislocation de rochers eût eu lieu à une distance qu'il évaluait à dix ou quinze milles, qui en réalité était de plus de cinquante? Non loin de la montagne, de sombres vapeurs continuaient à sortir de la mer, et Marc crut, par moments, distinguer à sa base le foyer ardent d'un cratère.

Après avoir regardé longtemps ces changements incroyables, il descendit de la hauteur et reprit le chemin du Récif, précédé de Kitty. Un mille avant d'arriver, il passa devant les porcs qui, enfoncés dans une couche épaisse de vase, semblaient y dormir le plus voluptueusement du monde.

CHAPITRE XII.

J'exclus de mes États la noire trahison,
L'intrigue, les poignards, les mousquets, le canon ;
Prodigue de ses dons, chaque jour la nature
A mon peuple innocent les livre sans culture.
La Tempête.

PENDANT les dix jours qui suivirent, Marc Woolston ne fit guère autre chose qu'explorer « le pays. » En traversant le bras de mer qui entourait le Récif, et qu'il avait nommé le Bracelet, — car le jeune solitaire aimait à donner ainsi des noms à tout ce qu'il voyait ; c'était comme une sorte d'entretien qu'il avait avec lui-même ; — il était arrivé à cette muraille de lave qui fermait le bassin, et de là il avait marché à pied sec le long de ces mêmes écueils à travers lesquels il avait navigué si récemment à bord de *la Brigitte.* Cependant cette passe étroite par laquelle il avait ramené *le Rancocus* existait encore, mais les deux bouées qui en marquaient les limites étaient à sec sur le roc.

Pendant deux jours, Marc alla en avant dans cette direction, pénétrant jusqu'à l'endroit où il avait mis en panne dans sa croisière sur *la Brigitte,* autant du moins qu'il était possible de calculer la distance. Les terrains de nouvelle formation avaient le même caractère qu'il avait trouvé dans la direction opposée. De vastes étangs, des lacs d'eau salée, des dépôts de sable et de limon d'une étendue considérable, et de temps en temps une crête de rocher qui s'élevait de quinze à vingt pieds, en étaient les traits saillants. Comme les obstacles se multipliaient à mesure qu'il avançait, il se décida, dans l'après-midi du second jour, à ne pas aller plus loin, bien décidé à revenir en bateau pour reconnaître s'il ne pouvait pas à présent gagner la pleine mer du côté du vent.

Quatre jours après cette grande convulsion de la nature qui avait si complètement changé l'aspect des lieux, Marc se mit en route sur *la Brigitte.* Il gouverna au vent, sortant du Bracelet par une passe étroite qui le conduisit dans un bras de mer qui se dirigeait presque en droite ligne vers le nord-est. Ce bras de mer pouvait avoir un demi-mille de largeur, et presque partout il y avait assez d'eau pour porter le plus grand navire. Il n'était pas impossible que par ce passage un bâtiment pût arriver jusqu'au bord du Récif, et malgré le peu de chances qu'un pareil événement se réalisât jamais, c'était une idée à laquelle le pauvre ermite éprouvait un grand bonheur à s'attacher.

Il donna donc à cette passe le nom de Canal de l'Espérance.

A trois lieues du Cratère, le canal se divisait en deux branches, dont l'une suivait la direction du nord, tandis que l'autre se prolongeait à perte de vue vers le sud-est. Le rocher qui formait le point de jonction fut nommé la Fourche de la Pointe, et Marc suivit le second embranchement, où il avait le vent favorable. *La Brigitte* continua sa route en portant au plus près. Un peu plus loin, d'autres canaux se présentèrent ; Marc choisit celui qui se dirigeait vers le nord-est. L'eau était profonde, et à l'entrée la passe pouvait avoir un demi-mille de large ; mais elle se terminait tout à coup par un bassin ovale d'un mille de large dans son plus grand diamètre, et borné à l'est par une ceinture de rochers qui s'élevaient d'une vingtaine de pieds au-dessus de l'eau. Le fond de ce bassin était un beau sable clair, et la sonde donnait vingt brasses. C'était un port naturel, et la main des hommes aurait eu peine à en construire un plus sûr et plus commode.

Marc avait été près d'une demi-heure à courir des bordées dans le « Havre Ovale, » avant de remarquer que la surface unie de ses eaux semblait un peu troublée par une légère ondulation qui semblait venir de l'extrémité nord-est. Il gouverna aussitôt sur ce point, et découvrit que les rochers s'ouvraient pour laisser un passage d'environ cent verges de largeur. Le vent le permettant, Marc s'y engagea aussitôt, et il se sentit bientôt porté sur les vagues longues et houleuses de la pleine mer. Il tressaillit d'abord au mugissement de la lame qui plongeait dans les cavernes des rochers ; il tremblait que son frêle esquif ne fût lancé contre cette côte âpre et dure où un seul choc l'eût mis en pièces. Mais trop bon marin pour perdre la tête, il tint bon et vit qu'en virant à temps il pouvait parer les rochers qui lui restaient sous le vent. Après avoir couru deux ou trois courtes bordées, il se trouva à un demi-mille au vent d'une longue muraille rocailleuse de vingt à vingt-cinq pieds de hauteur. Il mit en panne pour sonder, et lâcha quarante brasses de ligne sans atteindre le fond ; mais partout, sous le vent, il ne voyait que des bancs et des rochers, tandis qu'au vent, ainsi que devant et derrière lui, c'était l'Océan. Il était arrivé à la limite est des anciens écueils, changés maintenant en terre ferme. C'était donc là que *le Rancocus* s'était, à l'insu de ses officiers, engagé pour la première fois au milieu de ces bas-fonds dont, depuis ce moment, il avait toujours été entouré !

Il n'était pas facile de calculer la distance exacte entre la passe qui conduisait au Havre Ovale et le Cratère. Marc, à la vue, ainsi qu'au temps qu'il avait mis à la franchir, l'estimait à vingt-cinq milles en ligne directe. Le Sommet n'était plus visible, non plus que les mâts du bâtiment ; mais le Pic lointain et l'épaisse colonne de fumée se montraient toujours à l'horizon. Il pouvait y avoir une heure que le jeune marin était en pleine mer, s'éloignant graduellement de terre pour éviter la côte, quand il songea au retour. Il fallait un grand sang-froid pour gouverner dans la direction des rochers afin de trouver le passage qu'il devait suivre.

Le vent fraîchissait, et Marc dut prendre des ris. Le bruit que produisaient les vagues en se précipitant contre des rocs perpendiculaires, est plus facile à concevoir qu'à décrire. C'était, tout le long de la côte, un mugissement continuel produit par cet éternel conflit des éléments ; et lorsqu'une lame entrait dans une caverne de manière à en chasser l'air tout à coup, on eût dit le cri de rage ou d'agonie de quelque animal monstrueux. L'écume jaillissait au loin, et le mur de granit en était couvert dans toute son étendue.

Marc n'avait pas songé à prendre sur la côte quelques points de reconnaissance pour retrouver sa route, il lui avait semblé que rien ne serait plus facile. Il ne lui restait d'autre ressource que de chercher un endroit où la ligne d'écume fût interrompue. Ce qu'il se rappelait néanmoins, c'était que le passage n'était pas perpendiculaire, mais oblique à la côte, et il était possible d'en être à cent verges sans l'apercevoir. Il n'en resta que trop convaincu lorsque, s'étant approché de la côte autant qu'il le pouvait sans danger, il ne put découvrir le passage désiré. Il le chercha pendant une heure en courant des bordées dans tous les sens, mais sans plus de succès. Passer la nuit en pleine mer, au vent d'une côte aussi peu hospitalière, c'était une perspective qui n'avait rien d'agréable, et Marc se décida à gouverner au nord, pendant qu'il faisait encore jour, pour chercher quelque autre entrée.

Il suivit pendant quatre heures cette sombre muraille dont l'aspect triste et repoussant n'était tempéré que par la blanche écume de la mer, sans apercevoir un point où même un bateau pût aborder. Comme il courait alors vent arrière, et qu'il avait largué les ris, il ne pouvait avoir fait moins de trente milles, et il put ainsi apprécier l'étendue de son nouveau territoire.

Vers cinq heures du soir, il atteignait un cap ou promontoire après lequel la côte courait tout à coup dans l'ouest. C'était donc l'angle de cette immense montagne volcanique, et Marc le nomma Cap Nord-Est. Le foc fut déployé, et *la Brigitte* cingla vaillamment à l'ouest pendant une heure, en serrant la côte, qui n'était plus dangereuse dès que le Cap eut été doublé.

Il était alors trop tard pour songer à gagner le Récif ; s'aventurer au milieu de ces canaux inconnus, dans l'obscurité, c'eût été une entreprise périlleuse. Il se borna donc à chercher quelque endroit où il pût jeter l'ancre jusqu'au lendemain matin ; car, même sous le vent des rochers, il n'aimait pas à rester à la merci de la pleine mer pendant son sommeil. Au moment où le soleil se couchait, et où une douce fraîcheur succédait à une chaleur dévorante, la côte s'ouvrit tout à coup, et laissa un passage assez large pour l'inviter à entrer. Il mit la barre dessous, borda les voiles, et *la Brigitte* y pénétra en serrant le vent. Plus elle avançait, plus le passage s'élargissait, et il finit par prendre les proportions d'une vaste baie. Un long banc de sable en dessinait le bord du côté du vent, et Marc le suivit quelque temps, jusqu'à ce que la vue d'une source l'engageât à s'arrêter. Il vira doucement pour approcher le bateau de la plage, puis, jetant le grappin, il s'élança à terre.

L'eau de la source était d'une fraîcheur délicieuse ; c'était la première qu'il goûtait, bien qu'il eût vu déjà plus de vingt sources depuis son départ. A voir cette plage, d'origine si naissante, on eût cru qu'elle était exposée à l'air depuis des siècles. Le sable était parfaitement net et luisant, d'une belle couleur dorée, et il était couvert de coquillages de la plus belle eau et d'une grosseur remarquable. L'odeur qu'ils exhalaient était le seul indice qu'ils eussent été si récemment habités ; mais c'était un inconvénient auquel l'action toute-puissante du soleil aurait bientôt remédié, et notre marin se promit de rendre une seconde visite à la baie, qu'il appela la Baie des Coquillages, pour lui ravir une partie de ses trésors. Que n'eût-il pas donné pour pouvoir les offrir à Brigitte! Mais du moins il en ornerait sa cabine, et il se figurerait tout le plaisir qu'elle aurait eu à les admirer. Après avoir fait un petit souper au pied de la source, Marc étendit un matelas qu'il avait eu soin d'emporter, et il ne tarda pas à s'endormir.

Le lendemain, avant de partir, Marc se baigna, comme il le faisait tous les matins, et souvent même le soir. Après les fatigues de la journée, comme après le repos de la nuit, il y puisait de nouvelles forces. Qu'avait-il à désirer ? Il avait des vivres en abondance ; et avec son superflu il pouvait même faire le bonheur de son petit troupeau. Il était sûr de ne jamais épuiser la collection de vêtements de toute espèce qu'il avait trouvée à bord, et voilà qu'à toutes ces ressources s'ajoutait maintenant une eau délicieuse qui de tous côtés semblait sortir de terre pour ses besoins. Ses possessions venaient de prendre un tel accroissement qu'il lui faudrait plusieurs mois pour les explorer complétement, ce qu'il se promettait de faire. Partout, en un mot, il retrouvait le doigt de Dieu; aussi, chaque jour, ne manquait-il jamais de se mettre en rapport avec lui, non par de simples prières murmurées du bout des lèvres, mais par ces mouvements ardents et passionnés où l'âme passe tout entière, et que la foi seule peut donner.

Après avoir traversé la Baie des Coquillages, *la Brigitte* continua à suivre la direction du sud-ouest par une passe assez large qui la conduisit à une pointe que Marc reconnut pour celle de la Fourche. Il n'avait plus qu'à suivre le chemin qu'il avait pris la veille, pour arriver au Récif. Le Cratère, qui se montrait alors, pouvait lui servir au besoin de fanal ; et, vers dix heures, il était de retour et passait à bord du *Rancocus*, où il retrouvait tout dans l'état où il l'avait laissé. Après avoir allumé du feu pour préparer des provisions pour une autre croisière, il monta dans les barres de perroquet pour examiner avec plus de soin qu'il n'avait pu le faire encore l'état des choses dans la direction du sud.

Le sombre nuage qui s'était si longtemps appesanti sur l'emplacement de la nouvelle éruption, s'était presque entièrement dissipé. Un point seul était encore obscurci par une légère trace de fumée ; partout ailleurs l'atmosphère était dégagée de vapeurs, et l'éloignement seul mettait obstacle à la vue. Le Pic, sorti tout à coup par un bond gigantesque du sein de l'Océan, offrait un spectacle sublime. Ce n'était pas à mille pieds seulement, comme Marc l'avait calculé d'abord, mais plutôt à deux mille pieds qu'il s'élevait dans les airs. Qu'on juge de l'effet de ce colosse aux flancs rudement labourés, dont la tête bleuâtre dominait ainsi l'immensité des mers ! Il méritait bien le nom de Pic de Vulcain, que Marc lui donna aussitôt. Après être resté une grande heure à considérer ce tableau avec plus d'intérêt et de plaisir que n'en prit jamais le connaisseur le plus enthousiaste à la vue d'un chef-d'œuvre de l'art, le jeune marin prit la résolution d'aller le visiter de plus près. Ce voyage aurait pour lui tout l'attrait de la nouveauté ; il y trouverait le même charme que le citadin blasé éprouve à parcourir des sites inconnus. Sans doute d'immenses changements s'étaient produits dans son voisinage immédiat, et l'entretenaient depuis huit jours dans un état d'effervescence continuelle ; mais ce n'était rien auprès de l'intérêt qu'il prenait à la montagne lointaine qui avait surgi si inopinément sur un point où, depuis dix-huit mois, il était accoutumé à ne voir absolument rien que des nuages.

L'après-midi fut consacrée aux préparatifs d'un voyage qui était pour lui un grand événement. La terre semblait se reposer de ses longues et violentes convulsions ; ces sourds murmures qu'il avait cru distinguer encore dans le calme de la nuit, avaient cessé de se faire entendre. Il n'y avait donc aucune crainte de danger ; et cependant, au moment d'approcher du théâtre où la nature venait de déployer toute sa puissance, Marc ressentait une sorte de sainte terreur. Les pensées qui l'absorbaient le suivirent jusqu'à une heure avancée de la nuit, et lorsqu'il se leva, ses paupières n'étaient pas restées longtemps fermées, bien qu'il n'éprouvât aucune fatigue.

C'était dans une direction tout à fait nouvelle qu'il allait naviguer, et, pour gagner la pleine mer par le passage le plus favorable, il avait à traverser le petit détroit qui séparait le Récif de la longue chaîne de rochers sur laquelle il avait fait une longue excursion à pied le lendemain du tremblement de terre. Pour donner passage au mât de l'embarcation, il lui fallait enlever le pont qu'il avait construit ; mais il pouvait le faire sans inconvénient. Le troupeau était déjà acclimaté, et Kitty elle-même avait quitté le Sommet sans regret, pour venir s'établir dans ces nouveaux pâturages. Elle ne s'était pas contentée de la visite qu'elle avait faite avec son maître ; elle était trop de son sexe pour qu'un seul voyage pût satisfaire sa curiosité.

Après avoir traversé plusieurs passes qui se succédaient sans se ressembler, les unes étroites et sinueuses, les autres larges et directes, *la Brigitte* atteignit vers midi la pointe méridionale. Marc calcula qu'il était au moins à vingt milles du Récif, et c'était à peine si le Pic paraissait plus près que lorsqu'il était parti. Il y avait là matière à de sérieuses réflexions sur la distance, et le résultat fut que Marc se décida à passer le reste du jour où il était, afin d'avoir une journée tout entière devant lui avant de se mettre en mer. Il n'était pas fâché en même temps d'explorer la côte et les îles des environs, afin de connaître à fond le groupe entier. Il chercha donc un emplacement commode pour amarrer son bateau, et il partit à pied, armé de son fusil, suivant son habitude.

La passe qui, au sud des groupes, conduisait à la pleine mer, était bien différente de celle qu'il avait suivie à l'est. La baie qui la terminait avait du côté du vent, à son extrémité, un promontoire qui s'avançait considérablement dans la mer. L'entrée, comme la sortie, était facile, et le promontoire était assez élevé sur un point pour servir d'indicateur.

Par suite de la grande quantité de sable et de limon qui avait été mise en mouvement par l'éruption, l'eau douce ne manquait pas, et Marc trouva même un petit ruisseau, d'une limpidité admirable, qui allait se jeter dans l'anse où il avait amarré l'embarcation. Il le remonta pendant deux milles, et arriva à un confluent où venaient aboutir une douzaine de sources s'échappant d'un banc de sable de plusieurs milles de long. Ce banc était-il de formation récente? c'est ce qu'il n'était pas facile de reconnaître à la première vue. Que la lave ait été vomie depuis des siècles, ou qu'elle soit le produit d'une éruption récente, elle offre le même aspect; et sans les dépôts de vase, les débris de poissons, les amas d'herbes marines encore fraîches, et les étangs d'eau salée qui n'étaient pas encore desséchés, Marc eût pu se croire au milieu d'une nature qui n'avait subi aucune altération.

La soirée commençait à peine, quand notre ami s'agenouilla sur le sable, près de son bateau, pour se mettre une dernière fois en communication directe avec son Créateur avant de s'endormir. Nous disons une dernière fois; car bien souvent, dans la journée, soit sur le pont de son bâtiment, soit à l'ombre de ses plantations, il avait de ces entretiens solennels. Son sommeil n'en était pas plus mauvais lorsqu'il avait ainsi recommandé son âme à Dieu, puisant dans la prière des forces toujours nouvelles pour de nouvelles épreuves. Il ne priait pas longtemps de suite, mais tout son cœur passait sur ses lèvres lorsqu'il récitait le modèle sublime de toutes les prières, tel qu'il nous a été donné par le Christ lui-même.

Deux heures avant le jour, Marc était levé, et il appareilla aussitôt. Par un temps favorable, *la Brigitte* filait cinq nœuds à l'heure. Avec un bon vent, elle pouvait aller à sept, mais sa marche au contraire était considérablement réduite, dès que les lames, par leur élévation, abritaient les basses voiles.

Pendant deux heures *la Brigitte* se dirigea vers le sud-ouest au moyen de sa boussole. Avec le jour, le Pic sourcilleux reparut. Marc eut lieu de s'applaudir de la marche de son bateau. Les objets commençaient à se détacher distinctement de la montagne, et cependant il en était encore à plus de neuf lieues, tant il s'était trompé dans ses évaluations primitives.

A partir de ce moment, il ne franchissait pas un mille sans faire de nouvelles découvertes. Le soleil s'était levé, et les collines et les ravins se dessinaient les uns après les autres, se colorant, suivant leur position, de teintes différentes. A mesure qu'il approchait, il sentait redoubler son admiration mêlée de stupeur ; mais ce fut surtout lorsqu'il ne fut plus qu'à une lieue de distance, qu'il put se rendre exactement compte du phénomène sublime qui s'était produit si près de lui. Considéré comme île, le Pic de Vulcain n'avait pas moins de huit à dix milles de longueur, quoique la largeur n'excédât pas deux milles. Courant du sud au nord, c'était son côté étroit qu'il présentait à notre observateur attentif, lorsqu'il le considérait du haut du *Rancocus*; ce qui l'avait trompé sur son étendue comme sur son éloignement.

De tant de millions d'hommes qui couvrent la surface de la terre, Marc Woolston était le seul qui eût été en position d'assister à ce grand spectacle de la puissance des éléments ; mais qu'était-ce que ce spectacle auprès de ces mille globes immenses qui roulent incessamment dans l'espace, sans que la pensée de la créature s'élève jusqu'au Créateur ? Ces globes accomplissent leurs révolutions avec une régularité merveilleuse, et la plupart des hommes restent indifférents à ces prodiges qui se renouvellent à chaque instant du jour !

Le vent avait fraîchi pendant la fin de la traversée, et Marc ne fut pas fâché de voir sa frêle embarcation arriver sous l'ombre des vastes rochers qui formaient l'extrémité septentrionale du Pic. Il croyait les ranger qu'il en était encore à un mille de distance ; tant les proportions gigantesques de la montagne mettaient les calculs ordinaires en défaut. Il fallut qu'il en touchât en quelque sorte la base pour s'en former une idée exacte ; et alors, malgré l'abri qu'il trouvait sous le vent, le roulement incessant des vagues vers le rivage lui fit craindre de ne pouvoir aborder, et il allait se décider, à son grand regret, à revenir sur ses pas pour profiter du reste du jour, lorsqu'il arriva à un endroit que l'art plutôt que la nature semblait avoir disposé au gré de ses désirs.

Une étroite ouverture se montrait entre deux rochers de hauteur à peu près égale, mais dont l'un, en s'avançant dans la mer, la masquait presque entièrement. En passant par cette espèce de porte, vers laquelle le poussait un vent favorable, Marc se trouva dans un bassin de cent verges de diamètre qui non-seulement était entouré de bancs de sable, mais qui avait même un fond sablonneux. L'eau avait plusieurs brasses de profondeur, et il était facile d'aborder. C'est ce que fit Marc sur-le-champ, et, serrant les voiles, il s'élança à terre en prenant le grappin avec lui. Comme Colomb, il s'agenouilla sur le sable et rendit grâces à Dieu.

Du bassin partait un ravin qui montait en serpentant jusqu'au point culminant, et à travers, bouillonnait un courant rapide. D'abord Marc pensa que c'était de l'eau de mer qui s'échappait de quelque lac sur le Pic ; mais en la goûtant, il reconnut qu'elle n'était pas salée. Son fusil sur le bras, son sac de provisions sur le dos, Marc entra dans le ravin, et, suivant le cours de l'eau, il commença son ascension. Il la trouva moins difficile qu'il ne l'avait prévu, et il eut le bonheur de la faire à l'ombre, le soleil pénétrant rarement dans ces humides et profondes crevasses ouvertes par les torrents.

Il lui fallut monter près de deux milles, avant d'arriver à un terrain plat. Aux trois quarts du chemin, le site changeait tout à coup d'aspect. Ce n'était plus cette aridité sauvage qui contristait le regard ; il était évident que le sol sur lequel il marchait alors n'était pas sorti depuis quelques jours seulement des abîmes de la mer, et Marc Woolston en conclut que le sommet du Pic de Vulcain avait été une île longtemps avant la dernière éruption ;-seulement, cette île alors était trop basse pour pouvoir être aperçue du Récif.

Un cri de joie s'échappa des lèvres de notre voyageur, quand la plaine du Pic se montra tout à coup à ses regards. Elle était richement boisée : des cocotiers, des bananiers, toute la végétation des tropiques, y étalaient leurs richesses. Un tapis de gazon y portait encore la trace d'une averse que Marc avait vue tomber sur la montagne, pendant qu'il gouvernait vers l'île, et en l'examinant de plus près, il y retrouva celles de la pluie de cendres volcaniques qui l'avait précédée. Après une marche aussi rapide, exposé maintenant à toute l'ardeur du soleil, Marc s'assit à l'ombre sous un bouquet d'arbres, et il n'eut qu'à étendre la main pour ramasser des noix de coco, ce fruit délicieux dont le lait offre une boisson si agréable, en même temps que sa chair, au moment où il vient d'être cueilli, présente une nourriture succulente ; il y en avait par milliers. Comment ces arbres étaient-ils venus là ? Sans doute, comme tout se reproduit dans la nature. La terre ne renferme-t-elle pas les éléments de toute végétation, et manque-t-il de messagers ailés pour transporter les semences partout où il se trouve un climat favorable pour les faire fructifier ?

Après un repos d'une heure sous cet ombrage ravissant, Marc se mit à parcourir la plaine pour en admirer les beautés et l'étendue. Il marchait de surprise en surprise, et aux aspects les plus grandioses succédaient les sites les plus riants. Les branches des arbres étaient couvertes d'oiseaux du plus brillant plumage, dont plusieurs lui parurent de nature à offrir un manger délicieux. Un grand nombre étaient occupés à becqueter des figues sauvages, qui n'avaient pas grande saveur, mais qui du moins étaient rafraîchissantes ; il trouva que ces oiseaux avaient une grande analogie avec ceux que nous appelons becfigues, et, prenant son fusil, il en abattit plusieurs d'un seul coup. A l'aide de sa pierre et d'un peu de poudre, il ne lui fut pas difficile d'allumer du feu. Le bois s'offrait à lui en abondance, et c'était un article dont il commençait à devenir avare, tant il avait crainte d'en manquer. Il apprêta donc un rôti de gibier délicieux, qu'il entoura d'une botte de plantain ; il avait dans son sac du biscuit de mer et une bouteille de rhum, et nous rougissons presque de dire quel honneur notre héros fit au festin. Il n'y manquait rien qu'une douce et intime causerie. Oui, en savourant ce repas solitaire, si succulent en lui-même ; mais auquel toute une journée de fatigue donnait plus de saveur encore, Marc était tenté de se dire que, pour un paradis comme celui qu'il avait devant les yeux, il renoncerait sans peine à tout le reste de l'univers, pourvu qu'il eût une Ève auprès de lui, et que cette Ève fût Brigitte !

L'élévation de la montagne rendait l'air plus frais et plus agréable qu'il ne le trouvait sur le Récif ; et en le respirant, il éprouvait comme une sorte de douce ivresse. Oh ! que n'avait-il là un compagnon pour la partager ! c'était la pensée qui revenait sans cesse à son esprit. Qu'il était loin de s'imaginer qu'il fût alors si près d'un de ses semblables ; et que le plus cher désir de son cœur était au moment de se réaliser !

Mais l'incident auquel nous faisons allusion fut trop inattendu et trop important pour ne pas mériter un chapitre spécial.

CHAPITRE XIII.

> Patriarcales mœurs de la vieille Angleterre !
> Le soir, au coin du feu, par des contes charmants,
> Le père, en tisonnant, amuse ses enfants ;
> Le dernier-né sourit dans les bras de sa mère ;
> Les deux époux, heureux comme le premier jour,
> Échangent en secret un long regard d'amour.
>
> MISTRISS HEMANS.

LE PIC, ou la partie la plus élevée de l'île, était à l'extrémité septentrionale, à deux milles du bouquet d'arbres sous lequel Marc Woolston avait fait son splendide repas. Bien diffé-

LE TIRATÈRE

rent de la plaine, il n'avait d'arbres d'aucune espèce; et s'élevait par une montée assez rapide à une grande hauteur. Sur ses flancs, on voyait des traces de verdure, mais elles s'arrêtaient au commencement du sommet. Du point le plus élevé, il était évident que la vue embrassait toute la surface de l'île et l'Océan qui l'environnait, jusqu'à une grande distance.

Ranimé par la courte halte qu'il venait de faire, et surtout par le dîner succulent qui l'avait accompagné, le jeune aventurier reprit son sac, et se mit à entreprendre une ascension qui n'était pas sans fatigue. Il l'effectua cependant en moins d'une heure, et il se trouva bientôt sur le point culminant.

C'était bien la vue immense qu'il avait espérée. La plaine tout entière se déroulait à ses yeux, avec ses fruits et ses vergers, sa verdure et ses bocages, qui semblaient échelonnés pour le plaisir de ses yeux. Jamais site champêtre ne lui avait offert un aspect si enchanteur ; et l'île avait un tel air de culture qu'à chaque instant il s'attendait à voir des groupes d'hommes en sillonner la surface. Il portait toujours suspendue à ses épaules la meilleure lunette du *Rancocus*, et il la dirigea aussitôt sur tous les points de l'île, dans l'espoir de découvrir quelques habitations ; mais cet espoir fut déçu. Il était évidemment le seul habitant de l'île. Il n'y avait même aucune trace de quadrupèdes ou de reptiles. Les oiseaux seuls avaient accès dans le petit paradis ; c'était, à proprement parler, leur Élysée.

Marc procéda ensuite à l'examen du Pic lui-même. Il s'y trouvait un vaste amas de guano dont les parcelles, qui s'en étaient détachées sans cesse depuis des siècles, avaient sans doute contribué à entretenir la fertilité de la plaine. Un ruisseau, plus large qu'on ne se serait attendu à en trouver un dans une île si petite, serpentait dans la plaine, et sortait d'une source abondante qui jaillissait de terre à la base du Pic. Mais la source n'eût pas suffi pour l'alimenter seule ; et il recevait dans son cours le tribut d'une infinité de petits filets d'eau qui coulaient sur la surface légèrement inclinée de l'île. Sur un point, à deux lieues environ du Pic, se formait un petit lac dont les eaux ressortaient plus loin en replis sinueux, tandis que le trop-plein se déversait sans doute en cascades dans la mer.

On s'imagine aisément avec quel vif intérêt Marc dirigea sa lunette vers le nord, pour chercher le groupe d'îles qu'il avait quitté le matin même. Il était facile à distinguer, de la grande élévation où il se trouvait. A la manière dont il s'étendait du nord au sud, occupant presque un degré de latitude, on eût dit une vaste et sombre carte déployée sur la surface des eaux pour qu'il pût l'examiner à son aise. C'était comme une image de la lune, avec ses contours indécis de continents imaginaires. Marc distinguait à l'œil nu les flaques d'eau qui se trouvaient çà et là dans les rochers. La distance était si grande qu'il ne put voir le Cratère qu'à l'aide de la lunette. Quant au vieux *Rancocus*, l'instrument même fut impuissant à le découvrir.

Après avoir considéré longtemps ses anciens domaines, Marc parcourut successivement tous les points de l'horizon pour voir s'il ne découvrirait pas quelque autre terre. A peine venait-il de placer la lunette à son foyer que le premier objet qui frappa ses yeux le fit bondir du sol. C'était une terre, une terre bien distincte, à l'horizon occidental ! La distance était au moins de cent milles ; mais il était sûr de ne pas se tromper. Il y avait là une île qui pouvait être habitée ! L'émotion qu'il éprouva à la vue de ces régions inconnues ne peut se comparer qu'à celle de l'astronome qui découvre une nouvelle planète. Nous ne sortons pas des limites de la vérité en affirmant qu'il regardait cette masse terne et bleuâtre, qui s'élevait au milieu d'un désert d'eau, avec les mêmes transports d'admiration et de joie dont Herschell dût être saisi quand il établit le caractère d'Uranus. Notre ermite, enchanté, fut plus d'une heure sans pouvoir en détacher ses yeux.

Lorsque enfin il détourna la vue, ce fut pour faire cesser l'espèce de vertige que lui avait causé cette contemplation fixe et prolongée du même objet, mais avec la volonté ferme de la reprendre dès qu'il serait calmé. Il se promenait en long et en large sur le Pic dans cette intention, lorsqu'un objet bien plus saisissant encore cloua tout à coup ses pas à la place qu'ils occupaient, et lui ôta la faculté de respirer. Il voyait une voile !

C'était la première fois depuis la disparition de Betts que ses yeux avides se fixaient sur un bâtiment ! et ce bâtiment n'était pas loin ; il s'avançait vers l'île comme s'il voulait venir s'y abriter. Vu de cette hauteur, sans doute ce n'était qu'un point sur la surface de l'Océan, mais Marc avait l'œil trop exercé pour s'y méprendre ; c'était bien un bâtiment, portant plus ou moins de voiles, — c'était ce qu'il lui était difficile de préciser, — mais que lui importait du reste ! le point essentiel : c'était un bâtiment !

Marc sentit fléchir ses genoux à tel point qu'il lui fallut se laisser tomber à terre pour trouver un point d'appui. Il y resta quelques minutes immobile, remerciant Dieu mentalement de cette faveur inattendue ; puis, dès que ses forces furent revenues, ce fut pour se mettre à genoux et renouveler ses actions de grâces. Quand il se releva, il eut un moment la frayeur que le bâtiment n'eût disparu, ou qu'il n'eût été le jouet d'une cruelle illusion.

Non ! ce n'était pas une erreur : le petit point blanc était bien là ! Marc prit la lunette pour mieux l'examiner ; et un cri s'échappa de ses lèvres :

— La pinasse ! *la Neshamony !*

Et il courait comme un fou, et il agitait son mouchoir comme si on avait pu le voir. Marc avait reconnu dans cette voile la petite embarcation qui avait été entraînée par la tempête, avec Bob sur son bord. Et après un intervalle de quatorze mois, elle semblait s'efforcer de regagner la plage sur laquelle elle avait été construite. Dès que Marc eut repris son sang-froid, il adopta le meilleur moyen pour attirer l'attention de son côté, et faire connaître sa présence. Il tira ses deux coups de fusil, et recommença de nouvelles décharges, jusqu'au moment où un pavillon fut hissé à bord de la pinasse, qui était alors immédiatement sous le Pic. En même temps un coup de fusil fut aussi tiré du bord.

A ce signal, Marc s'élança dans le ravin, se mit à courir à toutes jambes, au risque de se casser mille fois le cou. C'était tout autre chose de descendre une pareille montagne que de la gravir. En moins d'un quart d'heure, notre ermite hors d'haleine était à bord de *la Brigitte*, tremblant de crainte de ne pas trouver son ami, car c'était bien Bob qui cherchait le Récif; il n'en avait pas le plus léger doute. Il démarra sur-le-champ, sortit au plus vite de la petite anse où il s'était abrité, et fit force de voiles. Au moment où il parait le dernier rocher, un nouveau cri lui échappa, à la vue de *la Neshamony* qui n'était qu'à cent brasses de lui, et qui rangeait la côte, cherchant un lieu pour aborder. Le cri fut répété sur l'autre bord, et Marc et Bob se reconnurent au même instant. Bob jeta son bonnet en l'air et poussa trois acclamations de joie, tandis que Marc tombait sur son banc, hors d'état de rester debout. L'écoute de la voile échappa de sa main, et il n'aurait pu dire ce qui s'était passé jusqu'au moment où il se trouva dans les bras de son ami, à bord de la pinasse.

Il s'écoula une grande demi-heure avant que Marc fût maître de lui-même. A la fin, des larmes le soulagèrent, et il ne rougit pas de montrer son émotion, lorsqu'il retrouvait son vieux compagnon. Il s'aperçut qu'il y avait un autre individu à bord; mais comme il avait la peau basanée, il en conclut naturellement que c'était un naturel de quelque île voisine où Bob avait sans doute abordé, et qui avait consenti à l'accompagner. Ce fut Bob qui rompit le premier le silence.

— Par ma foi! monsieur Marc, il ne pouvait m'arriver rien de plus heureux que de vous revoir, s'écria l'honnête garçon. Savez-vous que je tremblais de tous mes membres en partant pour ma croisière, et que je n'étais rien moins que sûr de vous trouver?

— Merci, Bob, merci; et Dieu soit loué de sa grande bonté! Il paraît, d'après la compagnie dans laquelle je vous trouve, que vous avez été dans quelque autre île; mais ce qu'il y a de merveilleux dans tout cela, c'est que vous ayez pu retrouver le Récif, vous qui ne vous piquez pas de savoir trouver votre chemin en pleine mer.

— Le Récif! cette montagne-là est le Récif? Il faut que le pays ait diablement changé depuis mon départ, s'il en est ainsi !

Marc lui expliqua le grand bouleversement qui avait eu lieu, et lui raconta brièvement son histoire, la construction de son bateau, et ses derniers voyages de découvertes. Betts était tout oreilles ; de temps en temps il lançait un regard étonné sur la masse immense qui était sortie si subitement de la mer, ou bien il détournait la tête pour regarder la fumée du volcan plus éloigné.

— Alors, tous nos tremblements sont expliqués ! s'écria-t-il, dès que Marc eut fini. Imaginez-vous qu'à l'époque dont vous parlez, j'étais à cent cinquante lieues d'ici pour le moins, et nous avons eu des tremblements qu'il n'y avait pas moyen de se tenir sur ses jambes, voyez-vous? Un bâtiment vint nous rallier deux jours après, qui était au moins à cent lieues plus au nord lors de l'événement; eh bien, les gens de l'équipage nous dirent qu'ils avaient cru que le ciel et la terre allaient s'embrasser là-bas en pleine mer.

— Il a fallu en effet un tremblement de terre extraordinaire pour opérer un pareil bouleversement ; mais j'avais supposé que la Providence m'avait destiné à en être le seul témoin... A propos ; vous parliez d'un bâtiment; ce n'est pas que vous en ayez rencontré, c'est impossible ?

— Si fait, Monsieur, c'est très-possible, au contraire, et même très-certain; mais je ferai mieux de vous conter tout du long mes aventures. C'est un long câble à dérouler, et nous ferons bien de prendre terre, de jeter un coup d'œil sur cette île que vous vantez si fort, et de dire deux mots à ces petits oiseaux que vous dites si appétissants. Je suis né natif de Jersey, et je me connais en gibier.

Marc brûlait d'entendre le récit de Bob, depuis surtout qu'il avait été question de la rencontre d'un bâtiment ; mais le pauvre diable mourait de faim, et il fallait bien accéder à sa demande.

L'entrée de l'anse était à deux pas; les deux embarcations s'y dirigèrent de conserve, et furent bientôt amarrées.

Les deux amis, accompagnés de l'homme de couleur, commencèrent leur ascension, Marc ramassant en chemin la lunette, le fusil, et les autres objets que dans sa précipitation il avait laissé tomber en descendant. Pendant la montée, peu de paroles furent échangées; mais arrivés à la plaine, Bob et son compagnon ne purent retenir de bruyantes acclamations de joie. A la grande surprise de Marc, la peau cuivrée s'exprimait dans la même langue que Bob. Il se retourna pour l'examiner de plus près, et il reconnut une figure qu'il connaissait.

— Que vois-je, Bob! s'écria Marc respirant à peine; comment! est-ce que ce serait Socrate?

— Eh! oui, Monsieur, c'est *Soc* en personne; et Didon, sa femme, n'est pas à cent milles de vous.

Cette réponse, toute simple qu'elle fût, jeta de nouveau notre jeune homme dans le plus grand trouble. Socrate et Didon étaient les esclaves de Brigitte au moment où il était parti d'Amérique; ils faisaient partie de la propriété dont elle avait hérité de sa grand'mère. Ils demeuraient dans la maison même, et ne l'appelaient jamais que maîtresse. Marc les connaissait à merveille, et Didon, avec la malice et la familiarité d'une servante favorite, avait l'habitude de l'appeler « son jeune maître. » Une foule de réflexions, de conjectures, de craintes se présentèrent à la fois à l'esprit de notre héros, mais il s'abstint de toute question précipitée. A vrai dire, il avait peur d'en faire aucune.

Sachant à peine ce qu'il faisait, il se dirigea à pas précipités vers le bouquet d'arbres à l'ombre duquel il avait dîné deux ou trois heures auparavant. Il restait quelques becfigues auxquels il n'avait pas touché. En remuant les cendres, le feu fut bientôt attisé; et, en quelques minutes, Bob se vit servir un rôti succulent, arrosé d'un rhum qu'il connaissait de vieille date.

Bob mangea sans se presser. Il semblait savourer les morceaux; et ce n'était pas par épicuréisme qu'il prolongeait ainsi son repas à plaisir : il avait un mobile beaucoup plus généreux.

Il craignait que son récit ne causât à son ami une trop vive émotion, et il n'était pas fâché de retarder ses explications. Ainsi il avait été charmé qu'il eût reconnu le nègre, ce qui avait dû le préparer à quelque chose d'extraordinaire. C'est que ce qu'il allait entendre était bien extraordinaire, en effet. Enfin Betts, ayant achevé son dîner, après un certain nombre d'insinuations préparatoires pour atténuer l'effet de ses paroles, se décida à entrer en matière. Nous en aurions pour longtemps si nous le suivions dans toutes ses circonlocutions, et Marc eut bien de la peine à ne pas l'interrompre cent fois, surtout lorsqu'il s'appesantissait sur les courants, sur les vents favorables ou contraires, sur toutes les circonstances matérielles de son voyage; mais il crut que le plus prudent et le plus court, peut-être, était de le laisser suivre le fil de son récit comme il l'entendrait. Comme le lecteur pourrait ne pas être d'humeur aussi facile, nous nous bornerons à en rapporter la substance.

Quand Betts avait été entraîné loin du Récif par la tempête de l'année précédente, il n'avait eu d'autre parti à prendre que de laisser *la Neshamony* dériver avec lui. Dès qu'il l'avait pu, il s'était efforcé de gagner au vent; et, lorsqu'il voyait devant lui des écumes qui annonçaient la présence de brisants, il tâchait de les parer, mais il n'y réussissait pas toujours; et alors il était le jouet de la tempête, et se voyait entraîné à travers ou par-dessus tous les obstacles. Heureusement le vent avait tellement amoncelé les vagues que la pinasse était portée de récif en récif, sans même les effleurer; et, en moins de trois heures, elle se trouva en pleine mer. Mais l'ouragan était trop violent pour qu'il fût possible d'établir des voiles, et Bob fut obligé d'attendre que le vent fût tombé.

Pendant plus de huit jours, il chercha alors à revenir sur ses pas pour rejoindre son ami; mais il n'y put réussir. Ce qu'il faisait de chemin pendant le jour, il le perdait la nuit pendant son sommeil. Telle fut du moins l'explication de Bob; mais Marc fut plus porté à croire qu'il n'avait pas su s'orienter convenablement.

Au bout de ces huit jours, une terre se montra sous le vent, et Bob mit aussitôt le cap de ce côté, dans l'espoir de trouver des habitants ; mais son attente fut trompée. C'était une montagne volcanique qui avait une grande analogie avec le Pic de Vulcain, mais entièrement déserte. Il lui donna le nom de son ancien bâtiment, et y passa plusieurs jours. A la description qu'il en fit, à la position qu'il lui donna, Marc ne douta pas que ce ne fût l'île qu'on voyait du haut du Pic, et qu'il avait regardée avec tant d'intérêt pendant plus d'une heure; et, des explications qu'il donna à son tour, il résulta qu'il ne s'était pas trompé.

Du point le plus élevé de l'île Rancocus, on voyait d'autres terres au nord et à l'ouest, et Bob résolut de se diriger de ce côté, dans l'espoir d'y rencontrer quelques bâtiments cherchant à s'approvisionner de cire et de bois de sandal. A cent lieues environ de sa montagne volcanique, il rencontra un groupe d'îles basses, qui, cette fois, étaient habitées. Les naturels étaient accoutumés à voir des hommes blancs, et ils étaient d'une douceur remarquable. Sans doute l'apparition soudaine de *la Neshamony*, avec un seul homme pour tout équipage, leur parut se lier à quelque intervention miraculeuse de leurs dieux ; car, lorsque Bob débarqua, il n'y eut pas d'honneurs qu'on ne lui rendît, ainsi qu'à son bâtiment. Le malin compère vit bientôt le parti qu'il pourrait tirer de cette erreur, et il se laissa faire de la meilleure grâce du monde. Il ne tarda pas à se lier de l'amitié la plus intime avec le chef, changeant de nom et se frottant le nez avec lui. Ce chef s'appela donc Betto après l'échange, et Bob fut nommé Ooroony par les naturels. Ooroony resta un mois avec Betto, et ils entreprirent alors un voyage ensemble sur un canot, pour visiter un autre groupe d'îles, à deux ou trois cents milles plus au nord, où Bob comprit qu'il trouverait un bâtiment. Le fait était vrai. Ce bâtiment était espagnol, de l'Amérique du Sud, employé à la pêche des perles, et au moment de mettre à la voile pour son pays.

Par suite de quelque mésintelligence avec le capitaine espagnol, dont Bob ne comprit jamais bien la cause, et qu'il ne tenta même pas d'expliquer, Ooroony partit précipitamment, sans prendre congé de son nouvel ami, mais en lui envoyant des excuses dont tout ce que celui-ci put démêler, c'est que son compagnon avait tout autant de peine à se séparer de lui, que de plaisir à planter là le capitaine espagnol.

Cet abandon ne laissait d'autre alternative à Betts que de rester dans l'île aux Perles, ou de s'embarquer sur le brick qui devait appareiller le lendemain matin. On s'imagine aisément qu'il prit ce dernier parti. Débarqué à Panama, il traversa l'isthme, et arriva à Philadelphie moins de cinq mois après son départ involontaire du Récif. Sans doute il fut favorisé par un concours heureux de circonstances; mais qu'on me parle d'un vieux loup de mer pour les mettre à profit!

Les armateurs du *Rancocus*, à qui Betts alla raconter son histoire, abandonnèrent toute prétention sur le bâtiment, ne se souciant pas de risquer une bonne somme pour tâcher de recouvrer une mauvaise créance. Ils retombèrent sur les assureurs et firent prêter serment à Bob que le bâtiment s'était perdu; serment qui, soit dit en passant, devint la base d'un procès qui dura pendant toute la vie de l'Ami Abraham White.

Brigitte reçut en même temps les confidences de Bob, et elle les accueillit par des torrents de larmes. La sœur de notre héros, Anne, ne se montra pas moins émue. Il paraît que Bob arrivait à temps. Comme il y avait plus de trois mois que le bâtiment devait être de retour, le docteur Yardley s'était efforcé de persuader à sa fille qu'elle était veuve, si toutefois, ce que depuis quelque temps il était assez disposé à contester, elle avait jamais été mariée légalement.

Le fait est que la guerre s'était ranimée plus vivement que jamais entre les médecins de Bristol, par suite de l'arrivée d'un certain nombre de malades qui étaient venus s'y faire soigner, pendant que la fièvre jaune sévissait à Philadelphie. Des soins de propreté plus minutieux et des bains fréquents paraissent avoir arrêté maintenant le développement de cette affreuse maladie dans les villes du nord, mais alors elle faisait de grands ravages. Les médecins ne s'accordaient nullement sur le traitement qu'il fallait suivre ; il y avait le parti des excitants et celui des calmants. Le docteur Woolston était le chef d'un des partis, le docteur Yardley celui de l'autre. Qui des deux avait raison ? c'est ce que nous n'entreprendrons pas de décider ; nous pencherions assez à croire que tous deux avaient tort. Il n'y avait pas longtemps qu'Anne Woolston avait épousé un jeune médecin, quand cette nouvelle rupture éclata à l'occasion de la fièvre jaune. Son mari, qui s'appelait Heaton, eut le malheur d'être sur cette grave question d'un avis opposé à celui de son beau-père, ce qui amena du froid entre eux. D'un autre côté, le docteur Yardley ne pouvait donner complétement raison au gendre du docteur Woolston, et il modifia légèrement sa théorie pour motiver son dissentiment ; de sorte que le pauvre M. Heaton se trouva avoir tout le monde à dos, parce qu'il avait eu le courage de persister dans son opinion.

Toutes ces circonstances, jointes à l'absence prolongée de Marc, rendaient Brigitte et Anne très-malheureuses. Mistress Yardley était morte depuis quelques mois. Pour comble d'infortune, le docteur Yardley se mit dans la tête de contester la légalité d'un mariage qui avait été célébré à bord d'un bâtiment. Il avait une grande influence dans le comté, et il ne désespérait pas d'en venir à ses fins. Il poussa les choses jusqu'à commencer une procédure au nom de Brigitte, et à demander une séparation légale. Ses raisons étaient que le mariage n'avait pas été consommé, que la cérémonie avait eu lieu dans une cabine, que la fiancée n'était alors qu'une enfant, et que c'était une héritière. En effet, ce qui ajoutait à l'acharnement du docteur, s'il faut en croire quelques personnes charitables, c'est que Brigitte avait fait un nouvel héritage. Une autre parente venait en mourant de lui laisser cinq mille dollars. Et il verrait passer encore toutes ces richesses dans une famille qu'il détestait ! Non, il accumulerait plutôt procès sur procès, et il parviendrait à faire prononcer le divorce, ou, plutôt, qu'était-il besoin de divorce ? il ferait tout simplement casser le mariage, qui était nul de plein droit.

Brigitte, comme il arrive toujours à toute jolie femme, avait pour elle la sympathie publique. Elle n'avait pas renoncé à l'espoir de voir revenir son mari, et elle était heureuse de pouvoir partager avec lui une fortune qui permettrait à Marc de renoncer à ses voyages sur mer.

Betts arriva à Bristol le jour même où un arrêt venait d'être rendu sur une question incidente dans l'affaire « Yardley contre Woolston. » Cet arrêt ne préjugeait en rien le fond ; c'était une question purement de forme, mais il n'en fallut pas davantage pour encourager le père dans ses démarches, et pour jeter la terreur dans l'âme de la fille et de son amie Anne. Les chères enfants ne connaissaient pas assez les lois pour être bien sûres qu'il n'y eût pas dans la célébration du mariage quelque cas de nullité, et l'aplomb du docteur Yardley les effrayait. Pour redoubler leurs angoisses, il se présenta un aspirant à la main de Brigitte dans la personne d'un étudiant en médecine, de grandes espérances, qui partageait de confiance toutes les opinions du docteur Yardley, opinions qui, si elles n'étaient pas toujours d'accord avec la science, étaient du moins parfaitement d'accord avec les prétentions du jeune amoureux.

Dans la position précaire et pénible du docteur Heaton, on sera moins étonné du parti qu'il prit, ainsi que sa femme et Brigitte. Il était pauvre, sans clientèle, et le docteur Woolston ne songeait nullement à lui en fournir une. Comment présenter à des malades un médecin qui voulait les traiter par des calmants? De sorte qu'il laissait John, c'était ainsi qu'Anne appelait son mari, mourir de faim, par amour pour les principes.

Tel était l'état des choses quand Bob parut à Bristol et vint annoncer à la jeune femme l'existence de son mari; mais dans quelle situation ! L'honnête garçon savait mieux que personne que le mariage s'était fait clandestinement, et il eut la précaution de s'entourer de mystère. Il s'arrangea de manière à voir Brigitte secrètement avant qu'on connût son retour; elle ne pouvait révoquer en doute sa véracité, et elle fondit en larmes en pensant à la position du pauvre Marc.

Mais Brigitte ne tarda pas à essuyer ses yeux, et après avoir puisé des forces et du courage dans la prière, elle résolut d'aller elle-même à la recherche de son mari. En même temps, pour couper court à toutes ces espérances de séparation dont se berçait son père, elle se décida à prendre ses dispositions pour pouvoir rester avec Marc dans son île, et, au besoin même, y passer le reste de ses jours. Bob avait peint sous les plus brillantes couleurs les charmes de la résidence et la beauté du climat, et il promit à cette épouse fidèle de l'accompagner. Le jeune M. Heaton et sa femme furent naturellement les premiers confidents de Brigitte, et non-seulement ils l'approuvèrent, mais ils se montrèrent disposés à être de la partie. Ce n'était point ses malades que John pouvait regretter, il n'en avait pas; il aimait les aventures, il serait charmé de voir de nouveaux pays. Anne était toujours prête à faire ce qui plaisait à son mari; pour lui elle eût été à l'extrémité de la terre, comme Brigitte y allait pour son cher Marc. Le projet fut discuté et adopté presque aussitôt; il ne fut plus question que des moyens de le réaliser.

John Heaton avait un frère qui résidait à New-York, et il allait souvent le voir. C'était précisément dans cette ville que Brigitte avait placé les cinq mille dollars dont elle avait hérité; elle obtint facilement la permission d'accompagner Anne dans ce petit voyage. Un bâtiment allait appareiller pour la côte nord-ouest; des passages y furent arrêtés en secret. Les achats nécessaires furent faits et envoyés à bord. Au moment de partir, des lettres d'adieux, conçues dans les termes les plus convenables, furent expédiées à Bristol. Bob était déjà à bord, où il avait été rejoint par Socrate, Didon et Junon, qui s'étaient échappés de la maison par ordre de leur jeune maîtresse, et par une certaine Marthe Waters. C'était une ancienne connaissance de Bob, de la secte des Amis comme lui, et qu'il avait souvent rencontrée autrefois dans les « assemblées. » Bob, depuis son retour, s'était singulièrement humanisé à l'endroit du mariage, et l'Amie

Marthe Waters était devenue « les os de ses os et la chair de sa chair. » Elle avait avec elle sa jeune sœur, Jeanne Waters, qui avait voulu partager leur sort.

Toutes les mesures avaient été si bien prises que nos aventuriers, au nombre de neuf, mirent à la voile sans rencontrer le moindre obstacle. Pendant la traversée, la mer seule pouvait en présenter, mais elle prit en pitié la petite troupe, qu'elle déposa saine et sauve à Panama, cinq mois, jour pour jour, après son départ de New-York. Le même brick qui avait amené Bob allait repartir pour les mêmes parages. Nos passagers furent reçus à bord sans difficulté. Avant de quitter Panama, ils avaient fait une nouvelle recrue : c'était un jeune charpentier américain nommé Bigelow, qui avait déserté son bord, il y avait un an, pour épouser une jeune Espagnole, et qui ne pouvait supporter le genre de vie qu'il menait à Panama. Il s'embarqua avec sa femme et un petit enfant, avec promesse de rester au service des Heaton pendant deux ans, moyennant une somme convenue.

De Panama à l'île aux Perles, la traversée fut longue, sans être pénible. En soixante jours, nos voyageurs étaient débarqués avec tous leurs effets. La cargaison comprenait deux vaches, un jeune taureau, deux poulains d'un an, quelques chèvres, et un assortiment d'instruments d'agriculture, qui ne se trouvaient pas au nombre de ceux destinés par l'Ami Abraham aux naturels de Fejee. A l'île aux Perles, Bob retrouva les amis qui l'avaient si bien accueilli à son passage. Il leur avait apporté des présents convenables, et il ne fut pas difficile de conclure un arrangement avec eux pour qu'ils les transportassent avec tout ce qu'ils avaient apporté, aux îles de Betto, distance de plus de trois cents milles. Les chevaux et les vaches furent placés sur un *catamaran*, espèce de grand radeau fort en usage dans ces mers tranquilles.

Aux îles de Betto, il trouva *la Neshamony* exactement dans l'état où il l'avait laissée. Après l'espèce de culte dont elle avait été l'objet, aucune main n'avait touché même à un seul cordage, aucun pied ne s'en était approché pendant son absence.

Oonoory reçut un fusil et quelques munitions en récompense de sa fidélité. Aucun présent ne pouvait lui être plus agréable ; il équivalait pour lui à une armée permanente, et une question de prééminence qui était débattue depuis longtemps entre lui et un autre chef, se trouva par ce seul fait tranchée tout à coup en sa faveur. Un nouvel arrangement fut conclu pour le transport de la colonie à l'île Rancocus. Bob avait si bien observé la direction suivie dans sa première traversée, qu'il n'eut pas de peine à faire son atterrage.

Si les naturels qui conduisaient les canots avaient été surpris de voir des vaches et des chevaux, l'aspect de l'île Rancocus ne fut pas pour eux un moindre sujet d'étonnement. Jusqu'alors aucun d'eux ne savait même ce que c'était qu'une montagne. Les îles qu'ils habitaient étaient très-basses, en dehors des terrains volcaniques : c'étaient de simples bancs de corail, et une colline était pour eux un phénomène.

Heaton et Bob jugèrent prudent de les congédier sans les mener plus loin. Ils ne se souciaient pas de leur faire connaître l'existence et la position du Récif, ne sachant pas encore assez quel fond ils pouvaient faire sur leurs nouveaux amis. Ce n'était pas que la nouvelle montagne ne fût, sous beaucoup de rapports, très-préférable au Récif, tel qu'il était du moins à l'époque où Bob l'avait quitté. Les arbres fruitiers y étaient en abondance comme au Pic de Vulcain ; mais au Pic ils étaient meilleurs, les pâturages étaient plus gras, et la plaine était d'un accès plus facile.

Il était impossible de songer à repartir tous ensemble ; *la Neshamony* n'aurait pu contenir les voyageurs avec toutes les provisions. Il y avait une autre considération : mistress Heaton venait d'accoucher ; son mari ne pouvait songer à la quitter, et la présence de Brigitte n'était pas moins utile. Il fut donc décidé que Bob commencerait par aller seul à la découverte.

On n'a pas oublié qu'il était hors d'état de calculer d'une manière précise où était le Récif ; seulement il était convaincu que c'était du côté du vent, et dans un rayon de cent milles. En se promenant sur les rochers de l'île Rancocus, il avait aperçu le Pic de Vulcain, avec surprise et en même temps avec joie : avec surprise, car ne soupçonnant pas la grande métamorphose que le récent tremblement de terre avait opérée dans l'aspect des lieux, il ne pouvait comprendre qu'il ne l'eût pas remarquée, lorsqu'il faisait avec Marc des observations si minutieuses ; avec joie, parce qu'il en concluait que le Récif était situé au nord de cette montagne étrange, et à une grande distance, puisque c'était le seul moyen d'expliquer que de son sommet il n'eût jamais aperçu le Pic.

Lors donc que Bob partit avec Socrate, il gouverna d'abord vers le Pic, autant que le vent le permettait, puisqu'il était certain de suivre ainsi une bonne direction. Après dix heures de marche, il commença à l'apercevoir du bord ; puis, bientôt après, se montra le cratère du nouveau volcan. Ce fut vers ce dernier point qu'il se porta d'abord ; et après avoir couru plusieurs bordées pendant la nuit, lorsqu'il n'en était plus qu'à quelques milles, il profita du premier rayon de jour pour se diriger vers l'île inconnue. Il venait d'en faire presque le tour sans trouver à aborder, et il allait poursuivre sa route lorsqu'il avait entendu les coups de fusil.

CHAPITRE XIV.

> Le jeune oiseau n'apprend point à voler,
> Ni le faon à courir, ni la source à couler ;
> Chacun sent son instinct ; le cœur bat de soi-même,
> Et c'est aussi sans art et sans leçons qu'il aime.
> CHURCHYARD.

Nous n'entreprendrons pas de décrire l'émotion de Marc pendant ce récit. Brigitte, qu'il aimait si tendrement, et dont l'image n'avait pas cessé un seul instant d'être présente à son cœur depuis son naufrage, Brigitte, plus digne que jamais de son attachement, était alors dans une île où il pouvait arriver en quelques heures! Quel nouveau sujet de félicitation et de reconnaissance, et comme il sentait le besoin de se retirer un moment à l'écart pour remercier Dieu de ce nouveau bienfait, et savourer silencieusement son bonheur! Il n'était plus seul; c'était à peine s'il pouvait le croire! Aussi lui fallut-il longtemps pour se familiariser en quelque sorte avec ce changement si merveilleusement survenu dans sa position. Que de fois le matin, en se réveillant, il avait oublié qu'il avait des compagnons, et quand la mémoire lui revenait, comme sa prière s'en élevait vers le ciel plus vive encore et plus ardente! Ce redoublement de ferveur ne le quitta plus le reste de sa vie, et devint encore la cause de nouvelles grâces. Mais n'anticipons pas sur les événements.

Quand Marc rejoignit Bob, ils convinrent, après une mûre délibération, que le meilleur parti à prendre était de faire venir au plus tôt la petite colonie. A présent que les naturels connaissaient l'existence de l'île Rancocus, leurs visites ne manqueraient pas d'être fréquentes, et qui pouvait assurer que la bonne intelligence durât longtemps? Sans doute de l'île Rancocus on apercevait le Pic de Vulcain, et du Pic le Récif; et il serait urgent de se mettre en garde contre toute tentative d'agression. Car les indigènes franchissaient souvent de grandes distances sur leurs canots et sur leurs radeaux; mais la vue du volcan encore en activité les tiendrait peut-être en respect; ils ne manqueraient pas d'attribuer ce phénomène à l'influence de quelque dieu ou démon, qui pourrait ne pas laisser impunie toute tentative d'invasion sur ses domaines.

Pendant la conférence, Socrate s'était amusé à tuer quelques douzaines de becfigues. Bob assurait que ces oiseaux, si communs sur le Pic, ne se trouvaient pas dans l'île Rancocus, ce qui provenait sans doute de quelque condition atmosphérique particulière; et c'était un mets si délicat qu'on voulait le faire goûter aux jeunes dames.

Le soleil allait se coucher quand *la Neshamony* quitta l'Anse Mignonne: c'était le nom que Marc lui avait donné, comme il avait nommé l'Escalier le ravin par lequel on montait à la plaine du Pic. Les gissements avaient été observés avec soin ; et, à toute heure, la traversée était facile. Excellent marin d'eau douce, le nègre excellait à diriger un bateau, talent qu'il avait acquis sur les rives de la Delaware qu'il n'avait jamais quittées depuis son enfance. Au surplus, pour aller d'une île à l'autre, il eût presque suffi d'observer la direction du vent, qui est toujours la même, à moins de quelque bourrasque imprévue.

Marc fut ravi de voir comment *la Neshamony* se comportait. Bob lui détailla toutes les qualités de la pinasse, et il déclara qu'au besoin, il était prêt à partir avec elle pour l'un des continents. C'était une ressource précieuse pour leurs excursions, car elle était très-capable de tenir le large, même contre un coup de vent. La *Brigitte*, qui avait des prétentions beaucoup plus modestes, était restée amarrée dans l'Anse Mignonne. Est-il besoin de dire que, pendant la traversée, la conversation ne languit pas un seul instant? Marc n'était jamais à bout de questions sur sa petite femme, sur sa santé, son teint, sa figure, ses craintes ou ses espérances. On établit néanmoins un quart, pour la forme ; et chacun eut son temps assigné pour dormir, sans que personne en profitât.

A peine le soleil venait de se lever que l'île Rancocus se montra à l'horizon. Ainsi, en dix heures, *la Neshamony* avait été assez bonne voilière pour franchir une distance de soixante-dix milles. L'île n'était plus qu'à dix lieues. On juge si Marc avait peine à contenir son impatience. Pour passer le temps, et aussi pour paraître avec tous ses avantages aux yeux de Brigitte, il donna quelques soins aux détails de sa toilette, qu'au surplus il ne négligeait jamais. Nous avons déjà dit avec quelle régularité il se baignait tous les jours ; sa barbe aussi était faite chaque matin. On ne saurait croire à quel point les soins du corps rendent l'esprit libre et dispos. Marc l'avait éprouvé, et c'est peut-être ce qui avait contribué à lui faire paraître son isolement plus supportable. Seulement il avait laissé pousser ses cheveux, et il fut sur le point de demander à Bob de les lui couper ; mais il céda à un petit mouvement de coquetterie qui lui faisait croire que sa longue chevelure ne lui allait pas trop mal. Et puis il se faisait une fête de penser que ce serait son amie qui plus tard lui rendrait ce service, ce que d'avance il trouvait charment.

Mais on approchait de plus en plus ; on n'était plus qu'à une lieue de la pointe septentrionale, lorsque Bob arbora un petit pavillon à la tête du mât. C'était le signal dont il était convenu, dans le cas où il aurait réussi dans sa recherche. Au nombre des objets dont Heaton avait eu la précaution de se munir, se trouvaient trois tentes qu'il avait achetées à une vente d'effets militaires. Ces trois tentes étaient dressées entre les rochers et la plage, et c'étaient provisoirement les habitations de la colonie. Bob les fit remarquer à son jeune ami, dont le cœur battit violemment. Les vaches et les poulains paissaient librement en dehors. Sur une petite plate-forme qui se trouva être le lieu de débarquement, une jeune femme était debout, les bras étendus, et puis tout à coup on la vit s'affaiser sur elle-même, comme si elle ne pouvait résister plus longtemps à son émotion. Bob sut manœuvrer de manière à ce que l'embarcation frôlât d'assez près le rivage pour que Marc pût s'élancer à terre, et il eut la délicatesse de pousser aussitôt au large et d'aller aborder un peu plus loin, afin que personne ne troublât le bonheur de cette première entrevue.

Au bout d'une demi-heure, Marc et Brigitte s'arrachèrent aux douceurs de leur tête-à-tête pour rejoindre leurs amis. Marc se jeta dans les bras de sa sœur, et serra la main de son nouveau beau-frère. Ce fut un jour d'émotions profondes et sans cesse renouvelées. D'un côté, c'était un pauvre solitaire rendu inopinément à tout le charme de la vie sociale par l'arrivée de ceux qu'il aimait le plus au monde ; de l'autre, des parents, des amis, qui retrouvaient celui qu'ils avaient cru perdu. On juge quel feu roulant ce fut entre eux de questions et de réponses. Marc eut à raconter tout ce qui lui était arrivé, et il y eut un certain frémissement parmi les jeunes femmes qui l'écoutaient, quand il parla du tremblement de terre et de ce volcan qui n'était pas encore éteint. Mais le narrateur leur fit comprendre que c'était précisément ce qui faisait leur sécurité, les feux souterrains qui trouvaient ainsi une issue cessant d'être dangereux.

Les colons restèrent une semaine à l'île Rancocus uniquement occupés à savourer leur bonheur ; mais il ne fallait pas s'abandonner trop longtemps à une sécurité funeste. Le bruit de leur arrivée ne tarderait pas à se répandre, et pourrait leur amener des visiteurs dangereux, ou tout au moins gênants. Dans le groupe des îles de Betto, comme partout, il y avait des partis opposés, et il avait fallu toute l'influence de son ami, le chef Ooroony, pour que Bob sortît aussi heureusement des mains des insulaires au milieu desquels il était tombé. Le plus léger revers de fortune pouvait renverser Ooroony pour élever à sa place quelque ennemi acharné ; et puis, même pendant qu'il était encore au pouvoir, des canots de guerre pouvaient se mettre à la recherche de la montagne, sans demander sa permission. La prudence commandait donc un prompt départ. La transport des vaches et des poulains offrait le plus de difficulté ; la pinasse n'avait pas été disposée pour recevoir de pareils hôtes. Cependant on put trouver place pour une des bêtes à la fois, tout en ménageant un espace suffisant pour cinq ou six personnes. Ce fut les femmes que naturellement on résolut de mettre avant tout en lieu de sûreté avec les effets les plus précieux, et il fut décidé qu'elles feraient partie du premier départ, sous la conduite de Marc, d'Heaton et de Socrate. Bob et Bigelow devaient rester pour garder les animaux et le surplus de leur mobilier. On calculait que la pinasse pourrait être de retour dans huit jours. Bob, en prenant congé de l'Amie Marthe, recommanda particulièrement à son attention les becfigues du Pic de Vulcain, et il lui fit entendre adroitement que, si elle lui en envoyait une douzaine, il ne serait pas insensible à cette attention.

Cette seconde traversée était chose beaucoup plus sérieuse que la première, puisqu'il fallait aller contre le vent. D'après le conseil de Bob, Marc prit des ris à la grande voile et ôta la bonnette du foc. Il porta dans le sud pour laisser à la pinasse la liberté de son allure, décidé à ne virer que lorsqu'il approcherait du volcan, ce qui avait si bien réussi à son ami. Il était parti au coucher du soleil ; le lendemain matin il était en vue du volcan, et se dirigeait vers lui. Après deux bordées, il n'en était qu'à une lieue, et alors il vira et gouverna au nord-est. Le volcan était comparativement tranquille ; on entendait bien encore des grondements souterrains, et de temps en temps de grosses pierres étaient lancées en l'air ; mais c'étaient comme les dernières fusées d'un feu d'artifice ; les changements qui s'étaient opérés dans la formation physique de toute cette zone étaient radicalement accomplis ; et ce qui ajoutait à la confiance de Marc, c'est que le fond de la mer s'élevait progressivement ; et à une lieue de ce nouveau cratère, il trouva de quinze à vingt brasses.

Entre le volcan et le Pic de Vulcain, vers lequel il se dirigeait, le vent fraîchit, et il eut une occasion favorable de reconnaître les qualités de la pinasse. La lame était longue et grosse, et la pinasse n'en courait pas moins de l'avant avec un aplomb qu'on n'eût jamais attendu d'un aussi petit bâtiment. La nuit était très-noire, et l'on n'avait que le vent pour se diriger. Mais le jeune marin s'apercevant vers minuit que la mer devenait plus calme, en conclut qu'il était sous le vent de l'île, et à peu de distance. Il fit de courtes bordées jusqu'au jour où le sombre géant se dressa devant ses yeux. Il ne lui restait plus qu'à longer la côte pendant deux ou trois milles pour entrer dans l'Anse Mignonne. Marc avait dit à ses compagnons quelle délicieuse et sûre cachette c'était pour un bâtiment, — si sûre, en effet, qu'il faillit les faire rire à ses dépens par la peine qu'il eut à la retrouver lui-même. Trop de confiance lui avait fait négliger d'en faire le relèvement, et il commençait à éprouver un certain mouvement d'inquiétude, lorsque la vue d'un objet qu'il se rappela le remit sur la voie, et il entra dans l'anse. Là était toujours amarrée l'homonyme de sa jeune femme, et la véritable Brigitte ne put retenir un sourire lorsqu'il lui montra la petite chaloupe qui l'avait remplacée si longtemps auprès de lui, et elle l'embrassa pour le remercier d'une si aimable infidélité.

Marc et Socrate, Didon et Thérèse, la femme de Bigelow, se chargèrent des plus pesants fardeaux ; Heaton eut bien assez à soutenir sa femme qui portait son enfant dans ses bras. Brigitte, légère comme une biche, et brûlant de voir un paysage que Marc lui avait décrit avec tant d'éloquence, prit les devants en courant, et elle était dans la plaine un quart-d'heure avant tous les autres. Au moment où ils arrivaient au haut de la rampe, ils virent la charmante créature qui prenait ses ébats sous le bouquet d'arbres à l'ombre duquel son mari avait dîné. Elle courait en folâtrant, cueillait des fruits, et semblait s'amuser comme un enfant. Marc s'arrêta pour considérer ce joli tableau. Quelques jours auparavant, il n'en avait vu que le cadre, tout magnifique qu'il fût. Combien de fois ne s'était-il pas comparé à Adam dans le Paradis terrestre avant qu'une femme lui eût été donnée pour compagne ! Il avait toujours le Paradis, mais l'Ève la plus charmante était venue l'animer !

Les objets montés dans ce premier voyage comprenaient tout ce qui était nécessaire pour l'apprêt d'un excellent déjeuner. Le feu fut allumé, la marmite mise en place. Les becfigues étaient si familiers et de si bonne composition que c'était presque pitié d'abuser de leur confiance. Heaton, de deux coups de fusil, en abattit plus qu'il n'en fallait pour tous les convives. Marc avait apporté du Récif un panier d'œufs frais, et c'était Brigitte qui l'avait pris à son bras pour sa part dans e transport des bagages. Ces œufs, les petits oiseaux, des figues, le lait des noix de coco, voilà quelles furent les bases d'un repas auquel l'air de la montagne, l'exercice, et surtout le contentement, donnèrent une saveur inexprimable.

Il fallut deux jours pour monter tout le chargement de *la Neshamony* jusqu'à la plaine, ou plutôt jusqu'à l'Éden, pour nous servir du nom que Brigitte lui donna, soupçonnant peu combien de fois elle avait été dans la pensée de Marc son Ève chérie! Deux des tentes avaient été apportées; elles avaient un plancher en bois, et étaient vastes et commodes. Au surplus, c'est à peine si un toit était nécessaire dans ce climat délicieux, où des arbres touffus offraient un abri suffisant. Un hangar couvert en chaume fut construit à côté. Le troisième jour, l'installation était complète, et Marc dut songer à retourner à l'île Rancocus. Cette séparation, toute courte qu'elle dût être, fit verser bien des larmes à Brigitte; et elle lui recommanda surtout de se méfier des insulaires, s'ils avaient reparu depuis son départ.

La traversée entre les deux îles devenait chaque fois plus facile. A chaque voyage, Marc était plus au fait de la direction des courants et de la hauteur des lames. Il mit cette fois trois heures de moins à franchir la distance, et, parti au point du jour, il arrivait à midi à l'île Rancocus. Rien n'était survenu pendant son absence, et l'on s'occupa sans retard de charger la pinasse. Une des vaches y trouva place avec son veau; et les instants étaient si précieux que *la Neshamony* repartait le soir même du jour où elle était arrivée.

Brigitte était au pied du ravin quand la pinasse fit son entrée dans l'Anse Mignonne, et, l'instant d'après, Marc la pressait contre son cœur. Que ce retour était différent des autres, lorsque le pauvre solitaire n'avait personne dont la main pût serrer la sienne à l'arrivée! Aujourd'hui la vue de son amie lui avait fait oublier à l'instant sa fatigue, et ce fut avec une émotion profonde qu'il lui fit remarquer ce délicieux contraste.

Ce ne fut pas chose facile de décider la vache à gravir la montagne. Elle avait eu beaucoup de plaisir à se désaltérer à la source; mais l'aridité du roc ne l'engageait guère à monter plus haut. Enfin on eut l'idée de porter le veau pendant quelque temps, et ses cris décidèrent sa mère à le suivre. Au bout d'une heure on arrivait à l'Éden, et la vache prouva que ce nom n'était pas usurpé, car à la vue de l'herbe appétissante qui lui rappelait qu'elle n'avait pas déjeuné, elle poussa des ruades de plaisir, et la queue en l'air et la tête en avant elle se mit à cara-

coler comme un jeune poulain. Mais elle interrompit bientôt
ses gambades pour passer à une occupation plus sérieuse, et elle
se mit à brouter avec une ardeur infatigable. Jamais elle ne
s'était trouvée à pareille fête. Au milieu du plus épais tapis de
verdure, serpentaient d'innombrables filets de l'eau la plus
pure, qui brillaient comme des perles au soleil. Pour elle le
festin était complet.

Marc ne fut pas du voyage suivant. Anne reprenait des
forces de jour en jour, et elle était assez bien pour que son
mari pût s'éloigner à son tour. Heaton avait laissé derrière lui
quelques caisses qui contenaient des objets assez précieux, et il
n'était pas fâché d'en surveiller lui-même l'embarquement. Il
offrit donc de partir avec Socrate, pour ne point séparer encore
une fois le jeune ménage, si récemment réuni. Il reçut de son
beau-frère les instructions nécessaires, et comme il n'était pas
sans quelques connaissances en navigation, il sortit à son honneur de cette grande entreprise. Dirigée par son nouveau capitaine, *la Neshamony* rentrait dans le port le quatrième jour
après son départ, ramenant la dernière vache et son veau et
une partie des chèvres.

Voyant qu'il pouvait maintenant compter sur le jeune docteur pour commander la pinasse, et que les voyages qu'il fallait
encore faire à l'île Rancocus n'en souffriraient pas d'interruption, Marc résolut de ne pas différer plus longtemps de contenter le plus cher désir de sa bien-aimée, et d'aller visiter le Cratère avec les deux *Brigitte*. Il n'était pas fâché de jeter un coup
d'œil sur ses domaines, qu'il avait dû négliger depuis longtemps, et Brigitte brûlait de voir les lieux où son mari avait
passé tant de jours dans la solitude. Il n'était pas un seul détail
qui ne lui fût déjà familier, et qui n'eût été rappelé vingt fois
dans ses conversations avec Marc; mais il lui semblait qu'elle
aurait du plaisir à reconnaître maintenant chaque objet, si présent à son imagination, et à le toucher du doigt. Kitty était
déjà pour elle l'objet d'une prédilection toute particulière, et il
n'était pas jusqu'aux porcs eux-mêmes qui, pour avoir été

les compagnons de Marc, n'eussent une certaine valeur romanesque à ses yeux.

Anne se montra très-disposée à rester au Pic avec Thérèse et Didon. Elle avait dans son enfant une société qui ne lui laisserait pas un moment d'ennui, et personne n'était plus entendue que Didon pour les soins que pouvait réclamer son petit trésor.

Le matin fut choisi pour le départ, et au moment où la petite chaloupe, sortant de son abri sous le Pic, commençait à sentir la brise, le soleil se levait glorieusement du sein de la mer, qu'il colorait de ses rayons. Jamais le Pic de Vulcain n'avait déployé à un plus haut degré ce caractère de douce et sublime majesté qui fait le plus grand charme de la nature sous le ciel des Tropiques. Brigitte était dans l'enchantement, et les yeux fixés sur ce beau spectacle, elle ne put s'empêcher de dire en souriant :

— Le Récif peut être bien attrayant, mon cher Marc, et pour moi je n'oublierai jamais quelles ressources vous y avez trouvées dans votre détresse. Mais regardez donc notre Éden! aurions-nous bien le courage de ne pas y fixer notre séjour?

— Tout peut se concilier, ma bonne amie. Sans doute le Pic a de grands avantages à faire valoir ; mais si nous pensons sérieusement à fonder une colonie, nous n'aurons pas de trop de nos deux domaines. Il n'est pas jusqu'à l'île Rancocus qui pourra nous être utile, pour servir au besoin de pâturage à nos bestiaux. Quant au Récif, c'est lui qui nous fournira du poisson, et notre provision de légumes.

— Oh! ce Récif, Marc, ce Récif! ne le verrai-je donc jamais?

Marc lui ferma la bouche par un baiser et lui dit de modérer son impatience. Il fallait plusieurs heures encore avant qu'ils pussent même découvrir les rochers, mais ces heures se passèrent, et sans incidents remarquables. Le Cratère se montra d'abord, puis les mâts du navire. Marc doubla le promontoire peu élevé dont nous avons eu déjà occasion de parler, et qu'il appela le cap Sud. Brigitte fut vivement frappée du contraste que présentaient ces rocs bas, sombres, et presque partout dénudés, avec son Eden si riant et si frais. Ses yeux se remplissaient de larmes en pensant que son mari avait été confiné dans ces solitudes arides, en n'ayant d'autre eau que celle qui pouvait tomber du ciel, ou qu'il trouvait dans les futailles du bâtiment. Mais Marc lui dit de prendre patience, et que quand elle serait arrivée au pied du Cratère, elle verrait s'il pourrait jamais assez remercier Dieu de tous les biens qu'il lui avait prodigués.

En passant devant la prairie, Marc fut surpris d'y voir tous les porcs, grands et petits, et ils étaient alors une vingtaine. Tout le troupeau était venu jusque-là en suivant le long des rochers, et ils étaient à plus de quinze milles de leur habitation ordinaire. Ils paraissaient gras et bien portants. L'eau qui avait couvert les herbes marines s'était évaporée en grande partie, et les porcs, dans un endroit surtout, avaient si bien fouillé et retourné le sol, enfonçant les herbes sous une couche de vase, que Marc ne douta pas que, les pluies aidant, il n'eût là dans quelques mois un terrain des plus productifs.

Vers le milieu de la journée, Marc aborda au lieu de débarquement ordinaire, et embrassa Brigitte pour lui souhaiter la bienvenue dans son nouveau domaine. Chaque chose était à sa place, et il lui suffit d'un coup d'œil pour se convaincre que nul être humain n'avait mis le pied sur le Récif pendant son absence. Kitty était à brouter sur le Sommet, et un épagneul n'eût pas fait plus de gambades à l'aspect de son maître. Marc avait eu un moment la pensée de transporter la jolie petite bête au Pic pour la réunir au troupeau qui y était rassemblé ; mais il avait réfléchi que ce serait priver le Sommet d'un de ses principaux ornements, en même temps que Kitly mettait ordre à ce que l'herbe ne devînt ni trop longue ni trop épaisse. Il lui avait donc amené une compagne qui, dès qu'elle fut à terre, se mit à courir jusqu'à ce qu'elle eût rejoint l'étrangère qui ne parut faire nulle difficulté de partager son pâturage avec elle.

La visite au bâtiment fut pour Brigitte un moment rempli des émotions les plus diverses. Il était impossible de voir ce pont désert, ces mâts dégarnis, cette solitude qui régnait partout, sans se sentir le cœur serré, et Brigitte s'étonnait que son ami eût pu y vivre si longtemps seul, sans être soutenu même par l'espoir de la délivrance. C'était dans la cabine de ce bâtiment qu'elle avait engagé sa foi à Marc, et de quels souvenirs délicieux elle se trouva assaillie en y entrant! Il lui fallut s'asseoir un instant et se soulager par des larmes que Marc essuya tendrement. Mais Brigitte ne tarda pas à se rendre maîtresse de son émotion ; et, pendant que Marc allait faire une première visite à son jardin, Brigitte mettait tout en ordre, et donnait à la cabine cet aspect de bien-être et d'élégance que la présence seule d'une femme peut communiquer. Elle s'occupa aussi de l'apprêt du dîner, et elle était initiée à tous les secrets de l'art culinaire. Aussi Marc trouvait-il délicieux les mets qu'elle avait préparés, comme il trouvait charmant tout ce qu'elle disait; et s'il est agréable d'avoir une femme d'esprit, il n'est pas indifférent qu'elle joigne en même temps l'utile à l'agréable. Brigitte Woolston était accomplie sous tous les rapports. Quoiqu'un peu romanesque, elle avait le sens le plus droit. Son caractère était la douceur même, et c'est une des bases principales du bonheur domestique. Elle y joignait le cœur le plus aimant, et ce cœur s'était donné à Marc avec abandon. Il n'était pas de sacrifices qu'elle n'eût été heureuse de lui faire. Marc le savait, et sa tendresse pour elle s'en accroissait encore.

Nous laissons à juger si le repas qu'il trouva tout prêt à son retour, fut jugé délicieux. Ce ne fut que lorsque le soleil eut perdu de sa force que le jeune ménage visita ensemble le Cratère et le Sommet. Marc introduisit sa femme dans son jardin, et Brigitte, à chaque pas, ne pouvait retenir des exclamations de joie. Jamais elle n'eût pu s'attendre à une pareille richesse de végétation, et le soleil des Tropiques avait fait des merveilles dans lesquelles la pluie bienfaisante entrait pour une bonne part. Les radis étaient presque aussi gros que le poignet de Brigitte et aussi tendres que son cœur. Les laitues étaient déjà pommées; tout le potager en plein rapport. Sur le Sommet, Marc coupa deux melons qui étaient d'une saveur comme il n'en avait jamais mangé. Brigitte trouva cet endroit charmant; ce serait, disait-elle, sa promenade favorite. La verdure y était d'une fraîcheur ravissante; aussi Kitty s'y trouvait-elle si bien qu'elle avait été rarement tentée de descendre au jardin. On voyait bien çà et là sur quelques couches l'empreinte d'une petite patte qu'on ne pouvait méconnaître; mais elle n'avait commis aucun dégât appréciable, et il était évident qu'elle était venue plutôt en amateur, et dans un but de promenade, que pour satisfaire son appétit.

Du Sommet, Marc montra à sa femme les poules qui s'étaient considérablement multipliées. Deux ou trois couvées étaient écloses depuis un mois, et, très-heureusement, tout cela avait trouvé sa vie sur les rochers extérieurs sans venir fourrager dans le jardin. En retournant au navire, il eut l'idée d'aller regarder dans une petite tonne défoncée, dans laquelle il avait mis de la paille, et où il trouva, comme il s'y attendait, quelques œufs frais. Il les donna à Brigitte, et il fut convenu que ce serait la base de leur déjeuner du lendemain.

Comme tout s'animait maintenant de la présence de sa chère compagne! Il faudrait avoir été longtemps soi-même privé de toutes les joies de la famille, sans espoir de les retrouver jamais, pour comprendre les délices qui inondaient son âme en la sentant s'appuyer sur son bras; et lorsqu'ils rentrèrent dans la cabine, et qu'ils tombèrent tous deux à genoux, jamais deux âmes plus pieuses ni plus reconnaissantes ne s'étaient réunies dans une même prière!

CHAPITRE XV.

> Mon Dieu, donnez-moi la santé,
> Sans superflu le nécessaire,
> Et, loin du bruit de la cité,
> Près d'une source un coin de terre;
> Puis, un ami sûr et discret,
> Une compagne bonne et sage;
> Surtout un esprit satisfait,
> Et je n'en veux pas davantage.
> *Anonyme.*

Marc et Brigitte passèrent, entièrement seuls, au Récif une semaine qui ne leur parut qu'un jour, et ils se trouvaient si heureux que c'était avec une sorte d'effroi qu'ils voyaient arriver l'instant du départ. Les moindres points de l'île furent visités successivement; on fit même plusieurs excursions en mer; le lieu de la catastrophe ne pouvait être oublié, et Brigitte ne pouvait se lasser d'entendre le récit de tant d'infortunes. Mais c'était toujours avec une joie infinie qu'elle remontait à bord du *Rancocus*. Le vieux navire s'associait dans sa pensée avec ses plus doux souvenirs. Et n'était-ce point là qu'elle avait contracté les nœuds qui devaient assurer à jamais son bonheur! Aussi quand il fut question de départ, elle se récria et dit que, malgré son affection pour Anne, elle aurait voulu passer ainsi un grand mois. Mais le gouverneur — c'était le titre qu'Heaton avait donné à Marc, et dont Brigitte s'amusait à le saluer quelquefois — déclara que, malgré sa prédilection pour le Récif, et le charme qu'il trouverait à y passer toute sa vie auprès de celle qui était pour lui l'univers, il ne pouvait abandonner ses amis, et qu'il était prudent de retourner au Pic; car il ne pouvait se défendre de quelques inquiétudes depuis qu'il savait qu'il y avait à peu de distance des îles habitées.

La traversée fut heureuse, et comme l'arrivée de *la Brigitte* se trouva coïncider avec celle de *la Neshamony*, il y avait dans l'Anse-Mignonne un mouvement inaccoutumé, et quelque chose en miniature de la vie d'un port de mer. La pinasse revenait de l'île Rancocus, chargée du reste de la cargaison. Il ne restait en arrière que deux chèvres qu'on avait laissées sur les montagnes. Bigelow était au nombre des passagers, de sorte que la petite colonie du Pic se trouvait alors au grand complet.

Mais Bob avait une nouvelle à communiquer qui fit faire de sérieuses réflexions au gouverneur. Lorsque la pinasse était chargée, et qu'on n'attendait plus que le moment favorable pour appareiller, on s'était aperçu qu'une flottille de canots et de catamarans s'avançait vers l'île Rancocus. Elle venait évidemment des îles de Betto. Bob, à l'aide d'une lunette, avait reconnu un certain Waally à bord du canot principal, ce qui n'était pas d'un bon augure ; car ce Waally était l'antagoniste le plus redoutable d'Ooroony ; et pour qu'il fût à la tête d'une pareille escadre, il fallait qu'il eût eu le dessus sur l'honnête Betto, et qu'il méditât quelque sinistre entreprise.

Assuré de ce fait, Bob avait aussitôt pris le large et mis à la voile. Il n'avait pas à craindre qu'au plus près surtout, aucune embarcation des naturels pût gagner la pinasse de vitesse, et il manœuvra pendant une heure autour de la flottille, pour faire ses observations avant de s'éloigner. C'était évidemment une expédition de guerre, et Bob crut remarquer que deux hommes blancs en faisaient partie ; ils avaient une partie de l'accoutrement des sauvages, et étaient dans le même canot que le terrible Waally. Il n'était pas rare que des matelots fussent jetés sur les îles disséminées dans l'océan Pacifique, et c'était de ces rencontres auxquelles on était habitué. La présence de ces hommes n'annonçait rien de bon, et il sentit qu'il était urgent de les dérouter à tout prix. Au lieu donc de mettre dehors au vent de l'île, ce qui était sa route, il gouverna dans la direction presque contraire, ayant soin seulement de se tenir éloigné de la côte, afin de n'être point pris de calme sous les rochers ; car il savait bien que les canots avec leurs pagaies l'auraient vite rejoint, s'il venait à perdre le vent.

C'était l'habitude de nos colons de quitter l'île Rancocus au moment où le soleil allait se coucher, et Bob s'était conformé à l'usage. Aussi n'avait-il pas eu le temps de faire beaucoup de chemin quand la nuit fut tout à fait close, et lui permit de suivre la direction qu'il lui plairait, sans craindre les observations, d'autant plus que la lune ne s'était pas levée. Il revint alors sur ses pas, et comme il avait à lutter contre le vent, il lui fallut deux ou trois heures pour regagner le terrain perdu. Enfin, vers onze heures, *la Neshamony* avait doublé la pointe septentrionale de l'île, et elle rangeait la côte. Il n'y avait point de feux allumés qui pussent indiquer où était le camp des sauvages, mais Bob était intrépide, et il voulut à tout prix obtenir les renseignements qu'il cherchait. Il amena les voiles et vint aborder au lieu de débarquement ordinaire. Il savait que les canots avaient choisi une autre rade moins sûre. Alors il mit pied à terre, et se glissa le long des rochers dans la direction où devaient être les naturels.

Mais Bob était surveillé lui-même à son insu, et au moment où il rampait sous des buissons pour approcher davantage, il sentit une main sur son épaule. Bob s'apprêtait à faire un mauvais parti à celui qui l'arrêtait, quand ces paroles lui furent adressées en très-bon anglais :

— Où allez-vous, camarade ?

Cette question était faite à voix basse, ce qui fut pour Bob un nouveau motif de sécurité. C'étaient les deux hommes qu'il avait pris, assez justement, pour des matelots, qui s'étaient cachés dans ces broussailles, sans doute pour surveiller les mouvements de la pinasse. Ils dirent à Bob de ne rien craindre, que les sauvages étaient endormis à quelque distance, et ils l'accompagnèrent à bord de *la Neshamony*.

Leur arrivée amena une scène de reconnaissance qui causa une joie générale. Ces deux matelots avaient servi sur le même bord que Bigelow, et de plus ils étaient du même village. Leur histoire offrait de grands points de ressemblance. Tous trois étaient venus sur un baleinier, dont le capitaine était un ivrogne, et tous trois avaient quitté successivement le bord. Bigelow avait pris la route de Panama, où les beaux yeux de Thérèse l'avaient fixé, ainsi que nous l'avons raconté. Peters avait retrouvé Jones dans ses courses vagabondes, et il y avait deux ans qu'ils erraient au milieu des Iles-aux-Perles, ne sachant que faire de leurs personnes, lorsque Waally leur avait offert de les accompagner dans l'expédition qu'il méditait. Tout ce qu'ils avaient pu comprendre, c'était qu'il s'agissait de piller, et de massacrer au besoin, une troupe de chrétiens, et ils avaient accepté, dans l'espoir de trouver quelque moyen de venir en aide aux gens menacés d'une telle agression.

Peters en était là de son récit, quand des cris se firent entendre au milieu du camp des naturels. Il n'eût pas été prudent de rester un moment de plus. Jones s'élança à bord ; Peters eut un moment d'hésitation : on sut plus tard qu'il avait épousé une Indienne à laquelle il était très-attaché, et dont il lui coûtait de se séparer. Mais au moment où la pinasse allait mettre à la voile pour gagner le large, il suivit Jones, sans presque se rendre compte de ce qu'il faisait, et ce ne fut que lorsqu'il se trouvait déjà à un demi-mille en mer, qu'il exprima des regrets de ce qu'il appelait sa mauvaise action. Son compagnon le consola en lui disant qu'il se présenterait quelque occasion d'envoyer un message à Petrina — c'était le nom qu'ils avaient donné à la jeune sauvage — et que tôt ou tard elle trouverait moyen de le rejoindre.

Avec un renfort si important, Bob n'hésita pas à se mettre en mer, laissant Waally faire les découvertes qu'il pourrait. Si les naturels gravissaient les points les plus élevés de la montagne, ils ne pouvaient guère manquer d'apercevoir la fumée du volcan et le Pic-de-Vulcain, quoique le Récif fût heureusement hors de la portée de leurs observations. Peut-être tenteraient-ils la traversée d'une montagne à l'autre ; c'était une entreprise hasardeuse que de naviguer en droite ligne contre le vent. Si les deux matelots avaient été encore avec eux, ils auraient pu leur apprendre à triompher du vent et de la lame ; mais abandonnés à leurs propres ressources, ils n'auraient ni l'adresse ni la persévérance de manœuvrer leurs canots pendant cent milles dans de pareilles conditions.

Les colons firent le meilleur accueil aux nouvelles recrues. Brigitte ne put retenir un sourire quand Marc fit entendre que Jones, qui était un garçon d'assez bonne mine, serait un mari très-convenable pour Jeanne, et qu'il ne doutait pas qu'il ne fût un jour appelé à les unir, en sa qualité de magistrat. Mais pour le moment ce n'était pas de noces qu'il s'agissait ; il fallait penser à une agression possible de la part des naturels, et un conseil fut tenu pour délibérer sur les mesures à prendre. Marc étant considéré comme le chef de la colonie, et ayant le plus d'expérience, son avis ne pouvait manquer d'être prépondérant, et ses propositions furent adoptées à l'unanimité.

Il y avait à bord du *Rancocus* huit caronades de douze, montées sur des affûts, et d'un maniement facile. La soute aux poudres était bien garnie : on ne s'aventurait pas pour trafiquer dans ces parages sans avoir de quoi montrer les dents au besoin. Marc proposa d'aller dès le lendemain au Récif sur *la Neshamony*, pour rapporter deux des pièces, avec les munitions nécessaires. Nous avons déjà parlé du ravin que Marc avait nommé l'Escalier; c'était le seul passage praticable, et celui qu'il importait de défendre. Deux caronades, placées sur les rochers qui le dominaient des deux côtés, suffiraient pour empêcher d'en approcher, en même temps qu'elles commanderaient l'entrée de l'Anse-Mignonne, où aucune embarcation ne pourrait pénétrer sans être foudroyée à l'instant.

Bob approuva fort cet arrangement, comme il eût approuvé au surplus tout ce qu'aurait proposé son capitaine. Il était le seul qui eût fait le tour du Pic, et il était convaincu qu'il était impossible d'arriver à l'Éden par un autre chemin que l'Escalier. Fortifier ce passage unique, c'était donc faire de l'île un second Gibraltar. Restait le Récif qui serait exposé aux incursions des ennemis ; mais en mettant quelques hommes à bord du bâtiment avec deux ou trois caronades, Marc se faisait fort de tenir en respect cinq cents naturels. Quant au Cratère, il serait facile de le rendre inexpugnable.

Dans ce conseil, Heaton proposa d'établir une sorte de gouvernement, auquel ils jureraient tous d'obéir. L'idée fut accueillie favorablement, et Marc fut nommé gouverneur par acclamation. Heaton et Betts furent nommés ses conseillers à vie. On établit comme loi première et souveraine le droit, tout en laissant au conseil le soin de faire les règlements particuliers qu'il jugerait convenables. Il est facile à toute société de se constituer d'après des principes justes, lorsque les intérêts sont les mêmes et les besoins peu nombreux; c'est lorsque ces intérêts se compliquent, que les idées se faussent et que les principes se pervertissent. Dans notre petite communauté, il semblait tout naturel que l'éducation et l'expérience fussent des titres à la direction des affaires, et le poison démagogique ne s'y était pas encore infiltré.

Investi du commandement, Marc donna ses ordres à ses subordonnés. Le point capital à ses yeux était de pourvoir à la défense du Pic. Les armes à feu ne manquaient point, Heaton en avait apporté une provision complète. Il y avait aussi des munitions en quantité suffisante, mais il fallait les placer en lieu sûr. Peters et Jones furent chargés de disposer à cet effet une sorte de caverne qui se trouvait à peu de distance de l'entrée de l'Escalier, et où les eaux ne pouvaient jamais pénétrer.

Il fit ensuite porter sur le point le plus élevé du Pic un grand nombre de fagots. On devait y mettre le feu la nuit, si par hasard les canots venaient à se montrer pendant son absence, et il ne doutait pas qu'il ne vît la flamme du Récif où il allait se rendre. Après avoir pris ces dispositions, le gouverneur mit à la voile avec Betts, Bigelow et Socrate. Il emmena aussi Didon et Junon, qui, indépendamment de la cuisine, devaient faire une lessive générale de tout le linge sale du bâtiment; comme c'était la partie de ses fonctions, comme solitaire, pour laquelle Marc avait eu le moins de goût, il avait laissé le tas où on le jetait prendre des proportions formidables. Les autres femmes restèrent au Pic, confiées aux soins d'Heaton et des deux matelots.

Bob Betts ne revenait pas des changements qui s'étaient opérés au Récif. Il marchait à pied sec là où il passait naguère en radeau. Le Cratère était aussi presque méconnaissable. C'était à présent une colline couverte du plus beau tapis de verdure, et Kitty avec sa nouvelle compagne mettaient bon ordre à ce que l'herbe ne devînt pas trop longue. Quand il en visita l'intérieur, sa surprise ne fut pas moins grande. Sans parler du jardin qui était en plein rapport, quoiqu'il eût besoin de quelques coups de bêche, il y avait alors un grand pré qui ne demandait qu'à être fauché. Marc l'avait remarqué dans sa dernière visite, aussi Socrate avait-il apporté sa faux.

Le lendemain matin, tout le monde se mit sérieusement à l'ouvrage. Les deux blanchisseuses établirent leurs baquets près de la source, et furent bientôt dans l'eau de savon jusqu'aux coudes. Pendant que la faux commençait son service, — et Socrate y allait de tout cœur, — les autres marins transportaient les caronades du *Rancocus* à bord de la pinasse. Les munitions suivirent, et quelques barils de bœuf et de porc salé furent mis aussi sur *la Neshamony*. Ce n'était pas une nourriture dont Marc fût très-friand, maintenant qu'il avait des œufs, du poisson et de la volaille en abondance; mais les matelots n'en disaient pas autant, et c'était une fantaisie qu'il était facile de satisfaire.

La journée se passa à charger la pinasse et à prendre divers arrangements. Les porcs étaient venus tous rendre leur visite. Marc en tua un pour les besoins de la cuisine. Il envoya Bob pêcher à son endroit favori, près du Rocher du Limon, et Bob revint avec près de cent poissons. Vers dix heures du soir, *la Neshamony* appareilla. Marc tint le gouvernail jusqu'à ce qu'il fût en pleine mer, et alors il le remit à Bob. Bigelow était resté à bord du *Rancocus* pour passer une inspection générale des bois de construction dont il restait encore de grandes piles entre les ponts et à fond de cale, ainsi que la famille Socrate qui, à la buanderie comme dans le pré, avait encore de l'ouvrage pour plusieurs jours.

Avant de prendre un instant de repos, Marc regarda attentivement dans la direction du sud, pour s'assurer si l'on n'avait pas allumé de feux. Il n'en vit pas, et certain, dès lors, que les naturels n'avaient point paru de la journée, il s'endormit tranquillement. Il fut réveillé le matin par Bob, qui l'avertit que la pinasse était sous les rochers du Pic ; mais il ne pouvait parvenir à trouver l'entrée de l'Anse-Mignonne. Nous avons déjà vu qu'elle n'était pas facile à découvrir. Elle était masquée en grande partie par des quartiers de rocs qui s'avançaient en saillie et semblaient se rejoindre ; et sans l'heureux hasard qui l'avait fait apercevoir à Marc, dans son premier voyage, de la seule direction où elle fût visible, il n'aurait jamais pu arriver sur les hauteurs, puisqu'il avait reconnu plus tard que sur toute la circonférence du Pic de Vulcain, il n'y avait qu'un seul point par lequel on pût monter à l'Éden.

Marc avait voulu armer *la Neshamony*, et il y avait placé un des deux pierriers du bâtiment. Il y mit le feu pour donner le signal de son retour. Tous les hommes de la colonie accoururent aussitôt, et tout le monde s'attela aux caronades pour les monter par l'Escalier, et les mettre en place. Pour les souffler, le gouverneur les fit charger à mitraille. Il pointa lui-même la pièce qui était au-dessus du ravin, sur l'entrée de l'anse, et tous les projectiles s'y enfoncèrent dans l'eau en faisant jaillir des torrents d'écume. L'autre caronade fut inclinée de manière à balayer l'Escalier, et les traces qu'on trouva partout de la mitraille, prouvèrent que le but avait été complètement atteint. Auprès de chaque pièce, on établit dans les rochers un petit magasin, et l'on borna là, pour le moment, les préparatifs de défense.

Il fallut alors songer au transport des provisions. Rouler les barils le long du ravin par un escarpement aussi raide, c'eût été une entreprise interminable et des plus fatigantes. Marc, qui n'était jamais à bout de ressources, avisa une roche qui surplombait le lieu de débarquement à une hauteur de trois cents pieds, et qui se terminait par une plate-forme assez vaste pour qu'on eût pu y passer la revue d'un régiment. Il résolut d'y établir une chèvre, et tous les fardeaux furent ainsi montés sans difficulté. Cette plate-forme pouvait aussi, au besoin, servir d'embuscade excellente pour des fusiliers, dans un engagement; et, en l'examinant, il se décida à y placer une de ses pièces; c'était une excellente position pour commander la pleine mer. Cependant quatre jours s'étaient écoulés, et l'on ne voyait pas paraître de canots. Il était temps de retourner au Récif. Le gouverneur partit avec Bob; Brigitte l'accompagna cette fois. C'était pour elle une vraie partie de plaisir. La cabine du bâtiment, sans parler de tous les souvenirs qui la lui avaient fait prendre en affection, lui offrait une habitation beaucoup plus agréable que les tentes.

En arrivant, le gouverneur vit à sa grande surprise que Bigelow avait construit la carcasse d'une embarcation, plus grande encore que la pinasse; elle pouvait porter quatorze tonneaux, mais elle était plutôt disposée pour la charge que pour la marche. En fouillant partout, Bigelow avait trouvé ces matériaux tout préparés, et même ceux d'un autre canot, un peu plus grand que *la Brigitte*. On voit que les armateurs avaient été hommes de précaution, et qu'ils avaient prévu tous les accidents qui pouvaient arriver aux autres embarcations, en fournissant les moyens d'y suppléer. C'étaient des trésors pour nos colons. Et pendant le mois qui suivit, il y eut toujours quelques hommes occupés dans le chantier, jusqu'à ce que les deux embarcations fussent prêtes à servir. Le plus grand canot, qui n'était pas ponté, même à l'avant, qui était d'une construction plus légère, et qui n'avait qu'une voile de civadière sur ses cargues, fut appelé *la Marie*, en l'honneur de la mère d'Heaton, tandis que le petit canot porta la joie dans le cœur de la famille de Socrate en recevant le nom de *la Didon*. Il est vrai que comme elle était peinte tout en noire, on n'aurait pu en trouver un qui lui convînt mieux.

Pendant ces travaux, *la Neshamony* ne restait pas oisive. Elle avait fait six fois la traversée entre le Pic et le Récif, dans le cours de ce mois, apportant au Pic, outre les provisions du navire, du poisson, des œufs, de la volaille, et quelques porcs vivants, et remportant en échange des becfigues en immense quantité, d'autres oiseaux de différentes espèces, des bananes, des noix de coco, des ignames, et un fruit qu'Heaton avait découvert, et qui était d'une saveur délicieuse; c'était un goût de crème et de fraise en même temps. Marc sut plus tard que c'était le *charramoya*, fruit qui, lorsqu'il est cueilli à point, surpasse tout ce qu'on peut imaginer. Brigitte avait cueilli sur le Sommet un panier de fraises sauvages d'une grosseur remarquable qu'elle envoya à sa chère Anne. Anne en retour lui envoya, non-seulement de la crème et du lait, mais même un peu de beurre frais, pétri de ses propres mains. Les veaux avaient été sevrés, et les vaches fournissaient alors amplement à la consommation journalière.

Au Cratère, Socrate avait terminé ses travaux. Le pré avait été fauché, ainsi que l'attestait une belle meule de foin qui s'élevait au milieu. Le potager avait reçu une toilette complète, et le nouveau jardinier fit même quelques dispositions pour l'agrandir, quoique la récolte fût plus que suffisante pour les besoins de la colonie; car une place ne restait jamais vide, et un légume n'était pas plus tôt récolté, qu'un autre lui succédait.

Sur le Pic, Peters se piquait d'honneur et ne déployait pas moins d'activité. Il était quelque peu fermier, et il voulut que l'Éden eût aussi son potager. Il s'était mis à défricher une ou deux acres, qu'il entoura de broussailles. Heaton l'aidait de ses conseils. Il avait quelques connaissances en horticulture, et il se mit dans la tête d'améliorer la culture du figuier sauvage. Il choisit quelques jeunes plants dont les fruits avaient une saveur un peu plus douce, arracha impitoyablement tous leurs voisins, pour leur donner de l'air et du soleil; puis il tailla leurs branches, et creusa la terre autour de leurs racines qu'il rafraîchit en les saupoudrant de guano, dont Marc n'avait pas manqué de lui faire connaître les remarquables propriétés.

Le gouverneur et sa dame, comme l'usage commençait à s'établir d'appeler M. et mistress Marc Woolston, allaient s'embarquer sur *la Neshamony* pour retourner au Pic de Vulcain, après plus d'un mois de résidence au Récif, quand l'ordre d'appareiller fut contremandé, par suite de quelques signes atmosphériques qui semblaient indiquer l'approche d'un ouragan. Ce n'était pas un présage trompeur. La tempête éclata, mais sans avoir les conséquences désastreuses de celle de l'année précédente. Il y eut des coups de vent furieux, et les îles, les isthmes, les péninsules, reçurent un bain complet, sans que l'inondation eût de suites. Au Récif, l'eau s'éleva d'une brasse, mais sans atteindre la surface de l'île, et la bourrasque n'eut d'autre résultat que de donner aux nouveaux colons un avant-goût du climat.

Ce fut alors que Marc constata pour la première fois un changement qui s'était graduellement opéré sur le Récif, en dehors de l'enceinte du Cratère. La plupart des cavités qui s'y trouvaient recevaient des dépôts qui provenaient de différentes sources : c'étaient des herbes marines, des squelettes de poissons, des débris de toute espèce, ces atômes indéfinissables qui contribuent à former le sol dans le voisinage de l'homme. Sur la côte il y avait des places où se creusaient comme des bassins dont la surface était de deux ou trois pouces plus basse que celle des rocs environnants, et c'était principalement là que semblait se former un commencement de matière terreuse. Comme ces cavités avaient la propriété de conserver une certaine humidité, d'une pluie à l'autre, Marc y jeta à tout hasard quelques poignées de la graine de gazon de l'Ami Abraham White, afin d'aider la nature dans ses intentions bienfaisantes. En moins d'un mois, le roc se couvrait çà et là de quelques touffes d'herbe ; et dans ce climat où l'humidité et la chaleur combinent leur influence pour opérer des prodiges de végétation, il était à espérer que d'ici à peu d'années, le Récif tout entier ne serait qu'un immense tapis de verdure.

La prévoyance de Marc ne s'arrêta pas là. Il y avait deux mois que les porcs étaient à fourrager dans la prairie, mêlant la vase et les herbes marines, d'une manière qui, si elle n'était pas très-agréable à l'œil, pouvait du moins avoir des résultats utiles. Socrate fut chargé d'aller l'ensemencer. Socrate était un garçon de tête qui avait un bon jugement et de bonnes jambes en même temps, et il avait fait une découverte qui était d'une grande importance pour les travaux ultérieurs des colons. La prairie était une péninsule qu'il était facile de mettre à l'abri des invasions du bétail au moyen d'une palissade. Quelle magnifique récolte on pouvait y faire, puisqu'elle n'avait pas moins de mille acres d'étendue! A l'entour, dans les endroits les plus favorables, Socrate avait planté des tiges qu'il avait rapportées du Pic, d'arbres de haute futaie; car jusqu'à présent le bois était le côté faible du Récif, et il était important d'en assurer la reproduction.

A son retour au Pic, Marc trouva les travaux du jardinage en pleine activité. Déjà le Pic cessait, sous plusieurs rapports, d'être tributaire du Récif; il avait maintenant ses melons à lui et presque tous ses légumes. Il fut même convenu qu'il céderait une des vaches à son voisin, afin que le lait se trouvât également réparti entre les deux établissements.

Cependant une grande idée avait été conçue par Bigelow, le charpentier, et elle recevait déjà un commencement d'exécution. Dans la petite forêt qui entourait la plaine du Pic, il se trouvait d'excellents bois de construction, et Bigelow avait entrepris de construire un schooner de quatre-vingts tonneaux. Une fois en possession d'un pareil bâtiment, il n'y aurait plus de parties de l'océan Pacifique qu'ils ne pussent visiter, ni d'approvisionnements qu'ils ne pussent faire. En même temps, en l'armant de deux caronades, ils s'assuraient la suprématie des mers, du moins en ce qui concernait les naturels. Marc avait des livres qui traitaient de la construction navale, et Bigelow avait même tracé autrefois le plan d'élévation d'un brick de plus de cent tonneaux. D'ailleurs les ferrures, le cuivre, les apparaux du *Rancocus* ne pouvaient jamais trouver de meilleur emploi. En souvenir de son ancien armateur, Marc décida que le nouveau schooner serait nommé *l'Ami Abraham White*, mais on ne l'appela généralement que *l'Abraham*.

Couper les bois n'était pas la grande affaire pour des charpentiers américains munis de ce glorieux instrument de la civilisation, la hache américaine ; mais les descendre jusqu'au bord de l'Anse Mignonne, c'était la partie difficile de l'opération. Homme de précaution par excellence, Heaton avait apporté des roues de voiture ; et avec ce commencement, une charrette fut vite construite : sans ce secours, le transport de la quille eût été à peu près impraticable dans l'état actuel de la colonie. La quille fut suspendue sous l'essieu au moyen de chaînes, et transportée ainsi, grâce au concours de tous les habitants, même des femmes, jusqu'à l'entrée de l'escalier. De la hauteur on la laissa glisser le long de la rampe, en se servant de la pince ou du levier toutes les fois qu'elle s'arrêtait en chemin. Comme une masse si pesante ne pouvait flotter sur l'eau, il fallut l'alléger en la faisant soulever par des barriques flottantes. *La Marie*, qui l'avait à la traîne, mit trois fois plus de temps qu'à l'ordinaire à faire la traversée, et la pose de la quille sur le chantier eut lieu avec quelque pompe en présence de presque toute la colonie.

Il fallut six semaines pour établir la carcasse de *l'Abraham*. C'était une entreprise au succès de laquelle on attachait une grande importance, et chacun se mit à l'œuvre avec ardeur. Il y eut un moment où l'on désespéra de trouver assez de matériaux pour la doubler, et il fut alors question de démolir le bon vieux *Rancocus*. Brigitte en était désolée, car c'était une véritable affection qu'elle éprouvait pour ce navire qu'elle appelait son vieil ami. Heureusement les planches de l'entrepont, dont une partie n'était pas chevillée, purent suffire, et la dernière heure du pauvre vétéran se trouva encore retardée.

Heaton avait une imagination singulièrement active, et il n'avait pas plus tôt réalisé une idée, qu'une autre lui succédait dans son esprit. Il avait remarqué qu'à l'endroit où l'eau de la source descendait le ravin pour aller se jeter dans la mer, il y avait un emplacement admirable pour un moulin. Avoir un pareil trésor sous la main et ne pas l'exploiter, c'était ce qu'il ne se serait pardonné jamais. Il s'adjoignit Peters, qui, comme lui, avait du goût pour la mécanique, et tous deux se mirent à construire un moulin propre à scier des planches. Ils avaient l'instrument principal, la scie, et au bout de trois mois, après bien des tâtonnements, après bien des essais, le succès était complet, et la scierie en pleine activité.

Ces travaux, quoique poursuivis avec ardeur, n'empêchaient pas les voyages ordinaires. Il fallut aussi songer à préparer des logements pour la saison des pluies qui approchait. Quoique le froid ne fût jamais rigoureux, il n'eût pas été agréable de rester renfermés des journées entières sous de simples huttes, exposés à l'humidité. Maintenant que le moulin était là pour fournir autant de planches de sapin qu'il en faudrait, la construction d'une maison n'offrait pas de grandes difficultés. Heaton y mit quelques prétentions ; il voulut qu'elle fût non-seulement commode, mais distribuée avec goût. Il ne la fit que d'un étage, mais de cent pieds de long sur cinquante de large. Des murs en planches sont bientôt construits : la maison s'éleva comme par enchantement. Les planchers furent l'objet d'un soin particulier; on se donna le luxe de fenêtres, et même de fenêtres vitrées, grâce à une petite provision de verres que les colons avaient apportée. Enfin il n'y eut pas jusqu'à la peinture qui ne fut mise à contribution pour l'embellissement de la demeure, et nous avons déjà vu que les magasins du *Rancocus* offraient sous ce rapport de précieuses ressources.

Une seule chose embarrassait Heaton, c'était la construction d'une cheminée ; il n'avait ni briques, ni chaux. Pour des briques, il dit qu'il parviendrait à en faire, et il en fit en effet quelques-unes ; mais de la chaux ? c'était plus embarrassant. Socrate vint à son secours en lui conseillant de brûler des écailles d'huîtres. Il ne s'agissait plus que de trouver les huîtres. A force de pêcher dans les divers canaux qui entouraient le Récif, il finit par en découvrir un banc considérable, et les bateaux n'eurent pas de peine à apporter des écailles en quantité suffisante pour faire la chaux dont on avait besoin.

Tout le monde travaillait, l'abondance régnait partout ; sous l'influence de ce climat délicieux, il y avait un charme réel rien qu'à se sentir vivre, et tous les membres de la colonie étaient heureux, à l'exception de Peters. Le pauvre garçon pensait toujours à la jolie petite païenne, sa femme, la jeune Petrina, qu'il avait abandonnée pour suivre ses compatriotes.

CHAPITRE XVI.

> Près de chaque canon veille une sentinelle;
> Des feux brillent sur la tourelle;
> Des barques de pêcheurs, se croisant sur les eaux,
> Gardent avec soin le rivage;
> Les éperons en sang, des cavaliers en nage,
> Loin dans la plaine ont lancé leurs chevaux.
> *L'Armada espagnole.* MACAULAY.

La maison était entièrement construite avant la saison des pluies ; mais les travaux du chantier n'allèrent pas aussi vite, et le beau temps était même revenu que le schooner n'avait pas encore été lancé à la mer. On est porté à s'endormir dans la prospérité, et la vie s'écoulait si doucement soit au Récif, soit au Pic de Vulcain, sans qu'on entendît parler des Indiens, que l'heureuse colonie, en jouissant des bienfaits qui lui avaient été répartis avec tant de profusion, n'aurait peut-être pas tardé à oublier la main qui les avait répandus, s'il n'était pas survenu des événements que notre devoir est maintenant de raconter, et qui la tirèrent de cette douce mais dangereuse sécurité.

Depuis un an, le nombre des habitants de la colonie s'était augmenté. L'Amie Marthe avait donné à l'Ami Betts un petit Robert, et presque en même temps Brigitte devenait mère d'une petite fille charmante. Ainsi que Marc l'avait prédit, Jones n'avait pas soupiré longtemps sans succès auprès de Jeanne Waters, et il fallut songer à les unir. Ce fut le gouverneur qui célébra la cérémonie : il lut les prières de l'Église avec la gravité convenable; et, pour apaiser les scrupules de la fiancée, Bob et Marthe tinrent une « assemblée » pour décider que, dans l'état actuel des choses, il ne pouvait rien se faire de plus régulier.

Cependant le pauvre Peters, voyant tout le monde heureux autour de lui, ne pouvait supporter l'absence de Petrina, ou Peggy comme il l'appelait, et il pria le gouverneur de lui confier une des embarcations, pour qu'il pût aller jusqu'aux îles de Waally, à la recherche de sa compagne. Marc avait trop souffert lui-même de son isolement, pour ne pas compatir à la douleur du pauvre garçon ; seulement, il ne voulut pas le laisser partir seul, et comme il y avait très-longtemps qu'il n'avait été à l'île Rancocus, il se décida à l'accompagner en personne, d'autant plus qu'il voulait y transporter quelques porcs, afin d'en propager l'espèce, dans l'état sauvage, sur les hauteurs de cette île inhabitée.

Quand on sut qu'il était question d'un voyage à l'île Rancocus, il se fit un grand mouvement dans la colonie, et ce fut à qui serait de la partie. Malgré son désir d'obliger ses compagnons, Marc fut obligé de modérer leur impatience; et ne pouvant les emmener tous, il soumit au conseil les choix à faire, et Bob, Bigelow et Socrate furent adjoints à Marc et à Peters : Bob, comme conseiller du gouverneur, Socrate pour les soins à donner à la cuisine, et le charpentier pour choisir des bois pour les coittes du schooner.

Brigitte avait fait ses couches dans la cabine du vieux navire, pour laquelle nous connaissons depuis longtemps sa prédilection. Marc la ramena au Pic avec son enfant pour y passer le temps de son absence auprès d'Anne dans le jardin de l'Éden.

Au jour fixé, *la Neshamony* appareilla, ayant trois porcs au nombre des passagers. Il avait été décidé qu'on commencerait par visiter le volcan qu'aucun des colons ne connaissait encore. Marc avait été jusqu'à une lieue de sa base, Bob s'en était approché encore plus lors de son premier voyage au Pic, mais personne n'avait mis pied à terre et n'avait examiné en détail un site qui avait tant d'intérêt pour ceux qui en étaient si proches voisins. Ce serait un détour d'une quinzaine de lieues, mais rien ne pressait nos voyageurs, et leur curiosité était trop légitime pour ne pas être enfin satisfaite.

La brise n'était pas forte, et la journée était déjà avancée lorsque *la Neshamony* se trouva à proximité du volcan. Marc ne s'en approcha qu'avec précaution. La sonde indiquait que l'eau devenait de moins en moins profonde, à mesure que la distance qui les séparait du cône diminuait. La montagne était circulaire, d'une grande régularité, et elle avait de six à huit cents pieds de hauteur. Ses fondations de roc sec et de lave occupaient un emplacement d'environ mille acres. Tout avait un caractère de solidité et de durée, et il ne paraissait pas probable que cette formation volcanique s'enfonçât jamais une seconde fois sous la mer.

Comme le volcan n'était pas encore éteint, il fallut n'aborder qu'avec prudence. Marc choisit une place où les rochers formaient une courbe, et, mettant pied à terre, il s'approcha du cône autant que le permettait la pluie de pierres, examinant avec une attention toute particulière la nature du terrain. Il se convainquit qu'à une époque quelconque, cette île aussi ne laisserait rien à désirer sous le rapport de la fertilité et de l'agrément ; mais cette époque était éloignée, et le grand avantage qu'elle présentait pour le moment, c'était d'offrir une issue à ces forces cachées et dangereuses qui s'accumulaient incessamment dans les entrailles de la terre.

Il y avait une heure que la petite troupe parcourait l'île, et elle s'apprêtait à la quitter, quand une découverte des plus émouvantes la fit tressaillir. Bob venait d'apercevoir un canot amarré au milieu des rochers sous le vent ; un homme était auprès. Le premier mouvement fut d'y voir le commencement des hostilités, mais un examen plus attentif convainquit Marc qu'il n'y avait point de danger sérieux à craindre, et il résolut de s'avancer vers l'étranger, pour savoir à quoi s'en tenir.

Mais Peters l'avait déjà précédé, et on l'entendit pousser un cri en se précipitant au-devant d'une seconde personne qui venait de sortir du canot, et qui accourait à lui en bondissant comme une gazelle. Il n'y eut qu'une voix pour s'écrier que ce ne pouvait être que Peggy, la femme indienne du pauvre Peters. C'était bien elle en effet, et après un temps convenable consacré aux larmes, aux transports de joie et aux caresses des deux époux, Peters, qui parlait assez bien la langue de sa femme, reproduisit ainsi les explications qu'elle lui avait données.

Il paraît qu'après l'évasion de Jones et de son mari, les hostilités entre Ooroony et Waally avaient recommencé avec plus d'ardeur que jamais. La fortune, comme cela lui arrive assez souvent, fut inconstante, et cette fois ce fut Waally qu'elle favorisa. Son ennemi, battu sur tous les points, fut refoulé dans une des plus petites îles du groupe, où ce qui lui restait de compagnons fidèles se réunirent autour de lui. Maître de ses actions, Waally revint à son projet de poursuivre les blancs qu'on avait vus se diriger vers le sud avec tant d'objets précieux, et en même temps d'étendre ses conquêtes en prenant possession de la montagne qu'il avait visitée l'année précédente. Il prépara donc une grande expédition, et cent canots venaient de mettre à la voile, montés par plus de mille guerriers.

Le frère de Peggy, Uncus, guerrier de quelque renom, avait dû se joindre à ses compagnons, et sa sœur avec une cinquantaine d'autres femmes avait trouvé moyen de les accompagner. Pour effectuer cette entreprise, la plus importante de celles qui avaient signalé sa turbulente carrière, Waally avait attendu la saison la plus favorable de l'année. Tous les étés, il y avait une période de quelques semaines pendant laquelle les vents alizés soufflaient avec moins de violence qu'à l'ordinaire, et où même il n'était pas rare d'avoir des changements de vent, ainsi que de légères brises. Les Indiens le savaient parfaitement, car c'étaient de hardis navigateurs, si l'on considère les dimensions et les qualités de leurs embarcations. Le voyage jusqu'à l'île Rancocus, distance d'au moins cent lieues, s'était effectué sans accident, et la flotte entière était venue débarquer à l'endroit même où Betts avait campé à son retour avec les nouveaux colons. Près d'un mois s'était passé à explorer la montagne, spectacle tout nouveau pour la plupart des Indiens, et à faire leurs préparatifs pour la suite de leurs opérations. Pendant ce temps un grand nombre d'entre eux avaient vu le Pic de Vulcain, ainsi que la fumée du volcan, bien que le Récif, avec toutes ses îles, ne s'élevât pas assez pour être aperçu d'une si grande distance. Le Pic devint alors le but de leur convoitise, car on ne doutait pas que ce ne fût là que Betts et les autres blancs s'étaient retirés avec leurs trésors. Certes l'île Rancocus avait son mérite, et Waally prenait déjà ses mesures pour y fonder un établissement ; mais la montagne qui se montrait au loin devait être une acquisition bien plus précieuse, puisque les blancs avaient amené leurs femmes de si loin pour l'habiter avec eux.

Uncus et Peggy avaient été instruits de ce qui se préparait, Peggy aurait pu attendre patiemment le départ de l'expédition, si elle n'eût appris que des menaces de châtiment exemplaire contre les deux déserteurs, dont l'un était son mari, s'étaient échappées des lèvres du terrible Waally lui-même. A cette nouvelle, la fidèle Indienne ne laissa pas de trêve à son frère qu'il n'eût consenti à partir avec elle sur une pirogue qui lui appartenait. Elle y réussit d'autant mieux qu'Uncus n'aimait pas Waally, et qu'il était en secret partisan d'Ooorony.

Le frère et la sœur partirent un soir de l'île Rancocus, et prirent ce qu'ils croyaient être la direction du Pic. On se rappelle que ce n'était qu'au milieu de la traversée qu'on pouvait l'apercevoir de l'Océan, bien qu'on le vît distinctement des hauteurs de l'île. Le lendemain matin, la fumée du volcan s'élevait devant eux, mais le Pic ne se montrait nulle part. Il est probable que la pirogue s'était trop avancée vers le sud, et qu'ils s'éloignaient en diagonale de l'endroit qu'ils voulaient atteindre, au lieu de s'en approcher. Uncus et sa sœur continuèrent à faire usage de leurs pagaies pour se diriger vers la fumée ; et, après trente-six heures de fatigues presque continues, ils réussirent à débarquer sur le volcan, stupéfaits et tremblants du spectacle qu'il leur offrait et qui était tout nouveau pour eux, mais forcés d'y chercher un refuge, comme l'oiseau de terre vient reposer ses ailes fatiguées sur les agrès d'un navire, quand une bourrasque inattendue le chasse du rivage. Au moment où ils avaient été vus, ils s'apprêtaient à repartir, sachant alors la direction qu'ils devaient prendre, puisque du volcan on voyait le Pic.

Marc les questionna avec beaucoup de soin sur les projets de Waally. Uncus était intelligent pour un sauvage, et il savait s'expliquer très-bien. Il pensait que les Indiens profiteraient du premier jour de calme, ou du moins de brise légère, pour effectuer la traversée. Suivant lui, la troupe était nombreuse et pleine d'ardeur. Ils n'avaient en leur possession qu'une douzaine de vieux fusils, avec un peu de balles et de poudre, mais, depuis la désertion des deux matelots, il ne restait personne qui pût en tirer grand parti. Néanmoins ils étaient en si grand nombre, ils avaient tant d'armes de leur invention qu'ils savaient manier avec une adresse fatale, et ils étaient si animés par l'espoir du butin qu'ils attendaient, que, suivant Uncus, il n'y avait pour les colons qu'un parti à prendre : c'était d'aller gagner à l'instant quelque autre île, s'ils savaient où il y en avait une, dussent-ils même abandonner la plupart de leurs effets à leurs ennemis.

Mais notre gouverneur ne partagea nullement cet avis. Il connaissait la force de sa position sur le Pic; et il n'était nullement d'humeur à l'abandonner. Sa grande préoccupation était pour le Récif, qu'il était bien plus difficile de défendre. Comment mettre à la fois le Cratère, le bâtiment, le schooner en construction et les troupeaux disséminés sur une si grande étendue de terrain, à l'abri des déprédations des sauvages, et quelles forces pouvait-il opposer à leurs cent canots? Même en comptant Uncus, qui s'enrôla avec empressement dans sa petite troupe, son effectif ne se composait que de huit hommes. Ajoutez deux ou trois femmes qui pourraient être employées au transport des munitions, ou être placées en sentinelles, tandis que les autres garderaient les enfants, veilleraient au troupeau, etc.

c'était tout ce qu'il était possible de réunir. Marc faisait tous ces calculs, pendant que Peters lui traduisait, phrase par phrase, les communications d'Uncus et de sa sœur.

Il était indispensable de prendre une prompte résolution. Il ne pouvait plus être question d'aller à l'île Rancocus, et d'ailleurs le but principal du voyage était atteint, puisque Peters avait retrouvé sa gentille petite Peggy. Les porcs qu'on devait transporter dans cette île, furent laissés sur la plage du volcan, où la mer leur jetterait quelque pâture ; et l'on décida qu'il fallait retourner au Pic au plus vite. Il ne restait qu'une heure de jour lorsque *la Neshamony* appareilla. Favorisée par les vents alizés qui soufflaient assez vivement dans ce détroit, l'embarcation, quoiqu'elle remorquât la pirogue, venait se ranger sous les rochers sourcilleux quelque temps avant la réapparition du jour. Au moment où le soleil se levait, elle était à la hauteur de l'Anse Mignonne, dans laquelle elle se hâta d'entrer. Le gouverneur tremblait qu'on ne vît ses voiles des canots de Waally, longtemps avant qu'il pût voir lui-même les canots, et il lui tardait de se trouver à l'abri des regards.

Le retour si prompt et si inattendu de la pinasse causa une grande surprise dans l'Éden. Personne ne l'avait vue entrer dans l'Anse, et Marc était à la porte de l'habitation avant que Brigitte soupçonnât son arrivée. Il n'eut rien de plus pressé que d'envoyer Bigelow sur le Pic avec une longue-vue pour regarder après les canots, tandis qu'au moyen d'une conque on rappelait en toute hâte Heaton qui était dans les bois. Au bout de vingt minutes le conseil était assemblé ; et, tout en délibérant, les hommes s'occupaient à réunir et à préparer leurs armes. Peters et Jones reçurent ordre de descendre au magasin pour y prendre des munitions, puis de courir aux batteries pour charger les caronades.

On ne fut pas longtemps sans nouvelles de Bigelow. Sa femme l'avait accompagné, et elle accourut, hors d'haleine, annoncer que l'Océan était couvert de canots et de catamarans, et que la flotte n'était plus qu'à trois lieues de l'île. Cette nouvelle, toute attendue qu'elle était, jeta la consternation dans la petite colonie. C'était toujours pour le Récif que Marc craignait le plus, et il ne s'y trouvait pour le moment que les négresses, sans personne même pour les diriger. Il est vrai que ces îles étaient si peu élevées que les Indiens ne pourraient les voir, tant qu'ils seraient sur leurs canots. Mais il y avait un autre sujet d'inquiétude.

Il ne se passait jamais une semaine sans que l'une ou l'autre de ces femmes vînt au Pic apporter du lait et du beurre qui était excellent quand il était frais, mais qui, dans un pays aussi chaud, ne se conservait pas longtemps. Personne ne s'entendait mieux que Junon à diriger un bateau à la voile, et, comme toutes les personnes qui connaissent leur mérite, elle cherchait toutes les occasions de le montrer. Or, il y avait près de huit jours qu'on ne l'avait vue, et il était à craindre qu'elle ne fût en route dans le moment même. L'embarcation dont se servaient les négresses était *la Didon*, bateau parfaitement sûr dans les temps calmes, mais voilier détestable ; ce qui ajoutait aux chances de capture, si l'on venait à lui donner la chasse.

Ne pouvant résister à son impatience, Marc transporta au Pic le lieu des délibérations, afin de pouvoir surveiller lui-même ce qui se passait en pleine mer. Il s'y rendit aussitôt, et tout le monde le suivit, même les femmes et leurs enfants, à l'exception de Bigelow, de Peters et de Jones, qui placés aux batteries pour défendre au besoin l'entrée de l'Anse Mignonne, ne pouvaient pas quitter leur poste.

Tant que les colons étaient restés dans la plaine, ils n'avaient pas à craindre d'être aperçus d'aucun des points de l'Océan. Les sentinelles qui gardaient les caronades avaient pour consigne de rester cachées sous les arbres, d'où elles pouvaient tout voir sans risquer d'être vues. Mais sur le Pic découvert et si élevé, on était en vue de tous les côtés. Bob le savait mieux que personne, lui qui avait distingué Marc lorsque son attention avait été appelée sur ce point par la décharge des coups de fusil. Et combien de fois Marc lui-même n'avait-il pas reconnu Brigitte qui, du haut de cet observatoire épiait son retour ! Sans doute sa robe flottante aidait à la reconnaissance ; mais c'en était assez pour justifier les plus grandes précautions.

Du moment où la petite troupe débouchait sur le Sommet, la flotte ennemie était en vue, et on la distinguait parfaitement à l'œil nu. Elle s'avançait sur trois lignes, en bon ordre, dans la direction de l'île, mais sans paraître avoir pour but un point déterminé.

Mais ce fut vers le nord, dans la direction du Récif, que Marc tourna les yeux avec la plus grande anxiété. Brigitte venait de lui dire qu'elle attendait Junon ce jour-là. C'était toujours avec une grande répugnance qu'elle la voyait affronter un pareil danger, et elle avait dit plusieurs fois qu'elle le lui défendrait positivement ; mais la défense n'avait pas été prononcée, et l'inquiétude du gouverneur s'accrut lorsque Bob signala au nord un point blanc, qu'il présumait être une voile. La longue-vue fut dirigée de ce côté : il n'y avait point de doute ; c'était bien *la Didon*, qui n'était plus qu'à une distance de dix milles, et l'on pouvait s'attendre à la voir arriver avant deux heures !

La position était critique, et jamais le conseil n'avait été appelé à prendre une décision plus grave ni plus urgente. Ce n'était pas seulement l'embarcation qui était compromise ; mais la découverte de l'Anse et du Récif pouvait amener les plus sérieuses conséquences, probablement la destruction de la colonie. Comme les canots des Indiens étaient encore à plus d'une lieue de l'île, Bob pensa qu'il avait encore le temps de se jeter dans *la Brigitte* et d'aller au-devant de *la Didon* ; qu'alors les deux embarcations pourraient courir des bordées au vent jusqu'à la nuit, puis aller au Récif, ou revenir à l'Anse Mignonne, suivant les circonstances. Faute de mieux, le gouverneur allait donner son assentiment à ce projet, quoiqu'il ne le goûtât pas beaucoup, lorsqu'il fut fait une nouvelle proposition, qui, au premier moment, parut si étrange que personne n'en croyait d'abord la réalisation possible, mais qui finit cependant par avoir l'assentiment général.

Uncus et Peggy étaient auprès du gouverneur. Celle-ci savait assez d'anglais pour suivre le fil de la discussion, et Bob, qui avait ramassé par-ci par là quelques mots de son jargon, lui avait expliqué, tant bien que mal, ce qu'elle aurait pu ne pas comprendre. Au beau milieu de la conférence, elle disparut tout à coup sans qu'on s'en aperçût, et courut à la batterie où son mari était de garde. Elle le ramena presque aussitôt, et ce fut par lui que fut faite la proposition qui causa d'abord tant d'étonnement. Peggy avait appris à Uncus ce qui se passait, en lui montrant l'embarcation de Junon, qui s'approchait alors sensiblement de l'île, et Uncus avait offert d'aller *à la nage* au-devant d'elle pour la prévenir à temps, et lui donner les instructions qu'on jugerait convenables.

Quoique Marc, Heaton et Brigitte, ainsi que tous ceux qui les entouraient, sussent parfaitement que les naturels des mers du Sud pouvaient passer, et passaient en effet des heures entières dans l'eau, ils commencèrent par s'écrier qu'une pareille proposition n'était pas acceptable. Puis la réflexion fit son office ordinaire, et les opinions se modifièrent peu à peu. Peters assura au gouverneur qu'il savait qu'Uncus allait souvent d'une île à l'autre à la nage ; et que si ce n'était que pour lui qu'on eût des craintes, on pouvait être complétement rassuré. Il ne doutait pas qu'en cas d'absolue nécessité, l'Indien ne fût capable de nager même jusqu'au Récif.

Cette difficulté surmontée, une autre se présentait. Uncus ne savait pas un mot d'anglais, et une fois arrivé auprès de Junon, comment se ferait-il entendre d'elle? Junon était une fille de résolution et d'énergie, comme le prouvait assez la traversée qu'elle entreprenait seule ; et, en voyant un sauvage chercher à entrer dans son bateau, elle pourrait très-bien le repousser à grands coups d'aviron. Mais Brigitte se hâta de repousser cette supposition. Junon avait le cœur excellent ; et, en voyant un homme dans l'eau, sa première pensée serait de le prendre à bord. Junon savait lire ; Brigitte avait pris la peine de lui donner elle-même des leçons, ainsi qu'à ses autres esclaves. Brigitte lui écrivit un billet pour la mettre sur ses gardes et lui dire d'avoir toute confiance en Uncus. Junon savait toute l'histoire de Peters et de Peggy, à laquelle elle avait pris beaucoup d'intérêt; et, en apprenant que l'Indien était le frère de Peggy, elle n'en serait que plus disposée à se laisser guider par lui.

Dès que cet important billet fut écrit, Uncus descendit au bord de la mer. Il était accompagné de Marc, de Peters et de Peggy; le premier, pour lui donner ses instructions, les deux autres pour servir d'interprètes. La sœur prenait un vif intérêt à l'entreprise de son frère, non pas qu'elle ressentît cette inquiétude qu'une Européenne aurait éprouvée à sa place; elle était fière au contraire qu'un individu de sa race pût, à peine arrivé, se rendre utile à ses compatriotes. Ses derniers mots à son frère furent pour lui recommander de bien se maintenir au vent, afin que, lorsqu'il approcherait de l'embarcation, il y fût naturellement porté par la lame.

Le jeune Indien fut bientôt prêt. Il plaça le billet dans ses cheveux, et on le vit bientôt glisser sur l'eau avec l'aisance, sinon avec la rapidité d'un poisson. Peggy frappa dans ses mains pour témoigner sa joie; puis elle courut avec Peters à la batterie, où il était urgent qu'il reprît son poste. Marc remonta au Pic par l'Escalier, qu'il gravit d'un pas rapide. Et, soit dit en passant, cette montée, autrefois si pénible, n'était plus qu'un jeu pour lui. L'exercice avait assoupli tous ses muscles; et, maintenant, ce chemin qu'il avait eu peine à faire en ayant les mains libres, il le franchissait en moitié moins de temps en portant de lourds fardeaux. Il en était de même de tous les colons, hommes et femmes, qui commençaient à courir sur les rochers comme autant de chamois.

A son retour sur le Pic, le gouverneur vit que le moment de la crise approchait. Les canots étaient à moins d'une lieue de l'île, et l'on voyait les pagaies frapper l'eau en mesure pendant qu'ils s'approchaient en lignes serrées. Jusqu'alors ils n'avaient pu voir la voile de *la Didon*, qui était à cinq milles de l'extrémité septentrionale de l'île, tandis que la flotte en était à la même distance au sud, ce qui portait la distance qui les séparait à dix milles; bien qu'à les voir du haut du Pic, on eût pu les croire à une portée de canon l'une de l'autre.

Uncus était pour le moment le grand point d'attraction. Il n'était plus masqué par l'île; et, grâce à la pureté de l'atmosphère, on voyait comme un point noir flotter sur la surface mobile de l'Océan. A l'aide de la lunette il était facile de suivre ses moindres mouvements. Jetant alternativement ses bras en avant avec autant de régularité que de vigueur, le jeune Indien poursuivait sa route, se maintenant au vent, suivant la recommandation de sa sœur, et passant à travers ces masses écumeuses qui semblaient devoir l'engloutir.

Le vent n'était pas très-fort, ni les lames très-hautes; mais l'Océan, même à l'état de repos, n'en est pas moins l'Océan. Une circonstance favorable pour nos colons c'était que, par suite de quelques circonstances accidentelles de position, il régnait autour de l'extrémité septentrionale de l'île un courant qui se faisait sentir sur la côte à l'ouest, en se dirigeant vers le sud. Ce courant, en éloignant les canots de la petite embarcation et de l'entrée de l'Anse, augmentait les chances de salut de *la Didon*.

Cependant Junon s'avançait avec confiance, se tenant plus près du vent que d'habitude, à cause de la faiblesse de la brise. Uncus, de son côté, manœuvrait avec beaucoup d'adresse, et il mesura si bien ses distances qu'il avait la main sur le plat-bord du bateau avant que Junon se fût aperçue de son approche. D'un bond il fut dans l'embarcation, et la pauvre fille ouvrait la bouche pour pousser un cri d'alarme, lorsque Uncus se hâta de lui présenter le billet, en prononçant de son mieux le mot « maîtresse. » Pendant que Peggy le lisait avidement, Uncus se mit tranquillement à serrer la voile, moyen le plus efficace de cacher la présence du bateau à ces milliers d'yeux perçants qui, des canots ennemis, pouvaient se diriger de leur côté. Dès que Marc eut vu s'effectuer cette manœuvre, il s'écria : « Tout va bien ! » et il descendit rapidement du Pic pour se porter sur un point d'où il lui importait de surveiller les mouvements de Waally et de sa flotte

CHAPITRE XVII.

>Beau chevalier, levez vos étendards,
>Jetez des fleurs, vous, jeune fille ;
>Que le canon ébranle les remparts ;
>Guerriers, montrez vos lances de Castille !
>MACAULAY.

MALGRÉ la rapidité avec laquelle Uncus avait conçu et exécuté son projet, il s'était écoulé tant de temps depuis la première apparition de la flotte, que les canots étaient sous les rochers au moment où le gouverneur atteignait le bois qui en bordait l'extrémité du côté du nord. Ce point était à un mille ou deux sous le vent de l'Anse-Mignonne, et toutes les embarcations dérivaient encore plus au sud, sous l'influence du courant. Tant que cet état de choses continuerait, les colons n'avaient rien à craindre, puisqu'ils savaient que l'Anse était le seul lieu de débarquement possible. L'ordre le plus strict avait été donné à tous les colons de se tenir cachés, ce qui était d'autant plus facile que la plaine, qui s'élevait de mille pieds au-dessus de la mer, était entourée d'arbres de tous côtés.

La flotte de Waally présentait un aspect imposant. Non-seulement ses canots étaient spacieux et remplis de guerriers, mais ils étaient ornés avec le luxe ordinaire des sauvages. Des plumes et des drapeaux, des symboles de guerre et de puissance flottaient sur presque toutes les proues, tandis que les Indiens étaient revêtus de leurs plus brillants accoutrements. Toutefois, il était évident qu'ils ne savaient trop que penser de la nature du lieu qu'ils s'apprêtaient à visiter. Ils voyaient, à n'en pouvoir douter, la fumée du volcan, et un mur de roc semblait leur barrer le passage. Il n'en était point du Pic de Vulcain comme de l'île Rancocus, où partout il y avait une plage d'un accès facile. Au Pic, au contraire, les vagues venaient se briser contre un mur de granit, ne laissant d'autre trace de leur passage que l'humidité qu'elles y imprimaient. Ces êtres ignorants et superstitieux devaient naturellement attribuer ces circonstances extraordinaires à quelque intervention surnaturelle ; et Heaton, pour sa part, était convaincu que Waally, qu'il avait eu occasion d'observer, hésitait sur la route qu'il devait suivre, par suite de cette impression. Quand cette opinion fut exprimée, le gouverneur ouvrit l'avis de tirer un coup de canon, dans l'espoir que le bruit de la détonation, et surtout les échos, — il y en avait un en particulier d'un effet vraiment terrible, — mettraient peut-être toute la troupe en fuite. Heaton avait quelques doutes à ce sujet, car Waally et ses compagnons n'étaient pas sans avoir entendu des décharges d'artillerie. Il est vrai que le renvoi des sons par des échos serait quelque chose de tout nouveau pour eux, leurs îles de corail étant trop basses pour que de pareils effets pussent s'y produire. Peut-être avaient-ils entendu quelque chose de semblable sur l'île Rancocus, mais certainement rien qui approchât du bruit redoutable que Marc et Heaton s'étaient amusés quelquefois à faire pour divertir leurs femmes, en déchargeant leurs fusils le long de la rampe de l'Escalier. Déjà, lorsqu'ils avaient mis le feu à une des caronades pour la souffler, ils avaient pu juger de la manière dont les rochers se renvoyaient les sons. Après quelque discussion, il fut arrêté que l'épreuve serait tentée ; et Betts, qui connaissait les endroits les plus favorables, fut envoyé à la batterie supérieure, avec la recommandation de pointer sa pièce de manière à produire le plus de fracas possible.

Ce plan fut mis à exécution juste au moment où Waally venait d'assembler ses chefs autour de son canot pour les consulter sur la manière dont il fallait s'y prendre pour explorer toute la côte, et trouver un lieu de débarquement. Le bruit de la caronade retentit tout à coup à leurs oreilles, sans que rien les y eût préparés, et il se répéta de rocher en rocher sur un espace de plusieurs milles, avec des roulements vraiment terribles ! Les naturels ne pouvaient voir la fumée, qui leur était masquée par les bois et par les murs de granit ; aussi leur stupeur fut-elle extrême, et ils ne pouvaient concevoir ces longs et retentissants coups de tonnerre qui semblaient partir de tous les coins de l'île à la fois. Un cri s'éleva que les rochers étrangers parlaient, et que les dieux du lieu étaient courroucés. Ce cri fut le signal d'une débâcle générale ; on eût dit que les canots luttaient à qui se mettrait le plus vite à l'abri des quartiers de roche qu'ils s'attendaient à voir pleuvoir sur leurs têtes. Pendant une demi-heure on n'entendit que le bruit des pagaies qui faisaient jaillir des flots d'écume par les mouvements furieux qui leur étaient imprimés.

Jusque-là le plan du gouverneur avait réussi même au delà de ses espérances. S'il pouvait se débarrasser de ces sauvages sans effusion de sang, ce serait pour lui une vive satisfaction, car il lui répugnait de balayer à coups de canon cette foule stupide. Comme il se félicitait avec Heaton de ce premier résultat, un messager accourut du Pic, où Brigitte était restée en observation, pour annoncer que *la Didon* se dirigeait vers l'île, et qu'elle approchait de la pointe septentrionale. On était convenu d'un signal qui devait faire connaître si l'on pouvait sans danger entrer dans l'Anse, et Brigitte envoyait demander si c'était le moment de le faire ; si on différait, l'embarcation serait bientôt trop près pour l'apercevoir. Le gouverneur jugea l'instant favorable : le mouvement de fuite était loin de se ralentir, et il avait lieu vers le sud-ouest, tandis que c'était par le nord-est que *la Didon* devait arriver. L'ordre fut donc donné d'arborer le signal.

Brigitte se hâta de le faire ; et, en réponse, le petit bateau déploya sa voile. Il était évident qu'Uncus en avait pris alors la direction. Sans doute, il ne s'était pas mépris sur l'effet que produiraient la détonation et surtout l'écho, qui était un mystère aussi grand et aussi imposant pour lui que pour aucun de ses compatriotes. Seulement il attribua ces voix retentissantes et terribles que semblaient prendre les rochers, au pouvoir que les blancs exerçaient sur ces masses gigantesques ; et, tout en tremblant lui-même, il se disait que c'était en leur faveur que ces phénomènes s'opéraient, et il n'en avançait qu'avec plus de confiance. Mais il savait bien qu'il n'en serait pas de même des autres naturels ; il n'en fallait pas plus pour les mettre en déroute complète ; et comme à l'instant même le signal avait été arboré, le jeune Indien n'eut pas un moment d'hésitation, et en moins de vingt minutes il était entré dans le port.

Le retour de Junon causa des transports de joie parmi les colons. La retraite de leurs ennemis ne leur avait pas même fait autant de plaisir. Du moment que le bateau n'avait pas été vu, Marc était persuadé que les Indiens se tiendraient longtemps, sinon toujours, à l'écart, puisqu'ils ne manqueraient pas d'attribuer la détonation, la fumée du volcan, et tous les mystères de ce lieu terrible, à des puissances surnaturelles.

Uncus reçut les félicitations générales, et il semblait le plus heureux des hommes. Il chargea Peggy d'expliquer les pensées qui l'animaient. Il détestait Waally : c'était, suivant lui, le plus farouche des tyrans, et il aimerait mieux mourir que de se soumettre de nouveau à ses exactions. Junon manifesta hautement les mêmes sentiments, et elle se prit bientôt d'une vive amitié pour Peggy. Cette haine de la tyrannie est innée dans l'homme ; mais il faut se garder de confondre l'oppression véritable avec ces restrictions salutaires sans lesquelles toute société est impossible.

Quant aux canots, ils avaient disparu au sud-ouest, dans l'horizon, fuyant à toutes voiles devant le vent. Waally avait l'esprit trop fortement trempé pour se laisser abattre aussi complétement que ses compagnons ; mais le découragement était si profond, la terreur si générale, qu'il vit bien qu'il n'y avait rien à faire pour le moment ; et se rendant au désir de tous ceux qui l'entouraient, il avait donné lui-même le signal de la retraite.

Ce ne fut pas sans un profond regret que le gouverneur renonça à son projet d'aller à l'île Roncocus. Si Waally y fondait un établissement, il était impossible que tôt ou tard une collision n'éclatât pas entre deux colonies si rapprochées. On ne tarderait pas à se rendre compte, au milieu des collines de l'île Rancocus, de ce que c'était qu'un écho ; et alors cette sorte de prestige mystérieux qui s'attachait au Récif s'évanouirait. Le premier vagabond qui déserterait de quelque bâtiment, pourrait se donner de l'importance en expliquant ce prétendu phénomène, et engager les Indiens à renouveler leur tentative. En un mot, il paraissait certain que les hostilités recommenceraient avant six mois, si Waally restait si proche d'eux ; aussi Marc posa-t-il sérieusement cette question : S'il valait mieux poursuivre l'avantage déjà obtenu, et profiter de la panique des naturels pour les refouler dans leurs îles, ou bien rester cachés derrière cette sorte de mystère qui, jusqu'à présent, les enveloppait ? Ces divers points furent gravement débattus, et furent l'objet de discussions tout aussi intéressantes pour les colons que jamais la question des banques, de *l'abolitionisme*, de l'anti-maçonnerie ou du libre échange, purent jamais l'être en Amérique. Bien des conseils furent tenus pour décider cette grande question politique qui, comme il arrive presque toujours, fut tranchée par la force des circonstances plutôt qu'élucidée par les déductions rigoureuses de la raison humaine. Dans l'état de faiblesse de la colonie, on ne pouvait songer à une guerre agressive. Waally avait des forces trop redoutables à sa disposition pour être attaqué par une douzaine d'ennemis. Il fallait du moins attendre que *l'Ami Abraham* pût faire entendre sa voix d'airain en leur faveur. Une fois en possession de ce bâtiment, Marc ne désespérait pas de forcer Waally à battre en retraite, peut-être même à le renverser pour replacer Ooroony à la tête des naturels. C'était donc à finir et à lancer le schooner qu'il fallait songer avant tout ; et après une semaine d'incertitudes et de délibérations, on résolut de s'y mettre avec ardeur.

Dans les circonstances actuelles, c'était une entreprise qui avait besoin d'être concertée avec autant de prudence que d'adresse. On ne pouvait envoyer des travailleurs au Récif sans priver la colonie de leur concours si une autre invasion venait à être tentée, puisque entre les deux établissements la distance ne s'élevait pas à moins de cinquante milles. D'un autre côté, on ne pouvait songer à risquer un combat sur mer avec *la Neshamony*, *la Didon*, *la Brigitte*, et *la Marie*. Le pierrier qu'on avait mis à bord de la pinasse ne pouvait suffire pour intimider les naturels, qui étaient familiarisés avec l'usage des armes à feu. Il fallait donc avant tout pouvoir disposer du schooner sans lequel le reste de la flotte serait frappée d'impuissance. Voici les mesures qui furent arrêtées en conseil : Heaton resterait au Pic avec Peters et Uncus pour garder ce poste important, pendant que Marc se rendrait au Récif avec tout le reste de la colonie. Bigelow partit un jour ou deux avant les autres, pour achever quelques travaux indispensables.

Ce fut dix jours après la retraite de Waally que Marc mit à la voile avec sa petite escadre, composée de la pinasse, de *la Brigitte* et de la yole. *La Didon* fut laissée au Pic pour le service de ses défenseurs. Comme la distance était trop grande pour qu'on pût communiquer d'une île à l'autre au moyen de signaux, voici l'expédient que Marc imagina pour y suppléer : un arbre isolé se détachait si près de la cime du Pic qu'on le voyait à une grande distance en mer ; Heaton devait l'abattre dès qu'il apprendrait que Waally méditerait une nouvelle attaque. Le gouverneur enverrait tous les matins une embarcation qui s'avancerait dans le détroit assez loin pour s'assurer si cet arbre était encore debout.

C'était une de ces journées magnifiques, où le climat exerce sa magique influence sur les esprits, et ne laisse place qu'au bonheur de respirer un air si pur et si délicieux. Brigitte avait banni toute inquiétude ; elle souriait à son mari et jouait avec son enfant avec le même abandon que s'il n'eût pas existé de sauvages. La petite troupe était pleine de résolution et d'ardeur : on eût dit que le schooner qu'elle allait lancer lui assurait à jamais la domination des mers.

Favorisée par une bonne brise, la traversée fut courte ; et

quatre heures après avoir appareillé, *la Neshamony* était sous le vent du Cap Sud et entrait dans le canal qui longeait les domaines du gouverneur. Marc ne pouvait se lasser d'admirer les changements qui s'opéraient de jour en jour sur ces rochers sortis si récemment du sein de l'Océan. La prairie avait pris un nouvel aspect ; les travaux de défrichement avaient été menés grand train par les porcs dont la reproduction avait pris des proportions vraiment formidables. Le sol avait été si bien remué, les herbes-marines et le limon si bien mêlés ensemble, que tout cela ne semblait plus former qu'une seule couche de terre végétale. Les plantations de Socrate ne prospéraient pas moins. Il avait eu l'idée de défaire quelques grands paniers qu'Heaton avait apportés du Groupe de Betto, et avec les branches de saule vert qui les formaient, il avait fait des boutures qu'il avait plantées en terre. Presque toutes avaient repris, et déjà plusieurs avaient la hauteur d'un homme. En quelques années elles promettaient de devenir des arbres, sinon très-utiles, du moins du plus bel aspect. Marc ne tarda pas à apercevoir des cocotiers qu'il avait plantés lui-même il y avait près de trois ans, et déjà ils s'élevaient à près de trente pieds de hauteur. C'était un arbre qu'on ne pouvait reproduire avec trop de soin, tant il offrait de ressources précieuses : un fruit sain et délicieux ; une coque facile à polir et qu'on pouvait creuser en coupes aussi gracieuses qu'utiles ; des filaments à tresser en cordages ; des feuilles propres à faire des nattes, des paniers, des hamacs, mille objets utiles, tandis que le tronc pouvait servir à tous les usages des bois de construction : canots, gouttières, etc. Il y avait encore un autre emploi qu'on pouvait faire de cet arbre, et qu'Heaton avait appris au gouverneur. Pendant que Brigitte gardait encore la chambre, à la suite de ses couches, Marc ne savait qu'imaginer pour varier ses repas ; et un jour il lui servit un plat de légumes verts que l'accouchée trouva délicieux, assurant qu'elle n'avait jamais mangé rien de plus délicat. C'étaient les feuilles les plus nouvelles et les plus tendres du cocotier qui avaient formé ce mets succulent, mais très-dispendieux ; car l'arbre ainsi dégarni mourait infailliblement. Dès que Brigitte l'apprit, elle supplia son mari de ne plus faire de ces folies, et renonça de grand cœur à un régal qui coûtait si cher.

Cependant notre petite frégate est entrée dans le port, et avec elle est revenue la vie et l'activité. Bigelow avait avancé l'ouvrage auquel les nouveaux arrivés se mirent aussi avec ardeur, et le lendemain l'*Abraham* était prêt à être lancé ; mais comme la journée était déjà avancée, l'opération fut remise au jour suivant.

Marc profita des dernières heures du jour pour aller faire avec sa femme sur *la Brigitte* une promenade en mer. Le but de l'excursion était de s'assurer si l'arbre, désigné pour servir de signal, était toujours debout. Arrivé à la distance d'où on pouvait le découvrir, Marc, après avoir reconnu qu'il était toujours à sa place, vira de bord et reprit la direction du Cratère. Le soleil se cachait au moment où l'embarcation entrait dans le canal qui conduisait au Récif, et Marc ne se lassait point de faire remarquer à son amie l'horizon tout diapré de feux, ses nouvelles prairies, ses nombreux troupeaux, tous les détails d'une scène qui pour eux avait tant d'intérêt. Les porcs dormaient en grand nombre sur la plage ; et, au bruit que fit *la Brigitte* en fendant l'eau, ils se levèrent tous ensemble, humèrent l'air bruyamment, et se mirent à courir lourdement dans toutes les directions.

— Voilà de pauvres bêtes bien effrayées, ma chère, dit Marc en riant, et nous avons jeté l'alarme dans tout le troupeau.

— Dans tout le troupeau ? oh ! non pas, mon cher gouverneur, — nous avons dit que Brigitte appelait parfois ainsi son mari avec enjouement ; — regardez donc là-bas, à l'autre extrémité de la prairie : il y en a encore bon nombre qui n'ont pas bougé. S'ils se mettaient en branle, le bal serait complet.

— Que voulez-vous dire, Brigitte ? Vous faites quelque méprise.

— Comment ? ne les voyez-vous pas comme moi, là-bas, à un mille de nous, sur le bord de l'eau, dans l'autre canal ?

— D'abord, il n'y a point d'autre canal ; ce que vous me montrez est une baie qui ne touche pas au Récif ; ensuite — mais, grand Dieu ! Brigitte, ce sont les sauvages !

Le doute n'était pas possible ; ce que Brigitte avait pris pour un troupeau, c'étaient les têtes et les épaules d'une vingtaine d'Indiens qui s'étaient accroupis pour observer les mouvements du bateau. Ils avaient deux canots, deux canots de guerre, qui plus est ; mais on n'en voyait pas d'autres, du moins sur ce point.

C'était une grave découverte ! Marc avait espéré que le Récif, qui de tous côtés était d'un abord si facile, continuerait longtemps encore à être pour les sauvages une terre inconnue. Il n'y avait de sûreté pour eux qu'à ce prix ; car leurs forces combinées pourraient à peine défendre la place contre les guerriers de Waally. Il n'y avait pas de temps à perdre en réflexions inutiles ; il fallait prendre de promptes et énergiques mesures.

Le premier point était d'apprendre à ses compagnons ce dangereux voisinage. Comme l'embarcation avait été vue par les Indiens, et d'autant mieux vue que ses voiles étaient déployées, il n'y avait aucun motif de changer de direction. Le Cratère était devant leurs yeux, mais le navire ainsi que le schooner devaient aussi s'offrir à leurs regards, quoique confusément et d'une manière indécise, puisqu'ils en étaient à près de deux lieues de distance. L'aspect du navire pouvait produire sur eux deux effets tout différents : il pouvait enflammer la cupidité de Waally, et le déterminer à hâter son attaque, dans l'espoir de s'emparer d'un pareil trésor ; ou bien, il pouvait l'intimider par les moyens de défense qu'il lui supposerait. Il était rare que des bâtiments se hasardassent au milieu des îles de l'océan Pacifique sans être bien armés. Les Indiens, loin de soupçonner le véritable état du *Rancocus*, lui croiraient un nombreux équipage, qu'il pourrait être dangereux d'attaquer. Ces pensées diverses se présentaient à l'esprit de Marc, pendant que la petite embarcation regagnait le port.

Brigitte se conduisit admirablement. Elle trembla un moment

un peu, et pressa son enfant contre son sein avec un redoublement de tendresse, mais elle recouvra bientôt toute sa présence d'esprit, et elle montra un courage et une résolution dignes de la femme d'un gouverneur.

Le jour tombait lorsqu'ils arrivaient au Récif; c'était une heure après avoir vu les sauvages. Les colons venaient de quitter leurs travaux; et, comme la soirée était d'une fraîcheur délicieuse après une brûlante journée d'été, ils soupaient sous une tente, à peu de distance du chantier, au moment où Marc arriva. Il ne troubla pas leur heureuse sécurité en leur révélant le danger qui les menaçait. Au contraire, il leur parla avec enjouement, les félicita d'avoir avancé la besogne, puis il prit un prétexte pour emmener Betts à l'écart, et il lui apprit alors la découverte si importante qu'il venait de faire. Betts en fut altéré : comme le gouverneur, il avait cru que le Récif était le point le plus secret de la terre, et il n'avait jamais pensé que ce fût de ce côté qu'une invasion était à craindre. Mais il se remit bientôt suffisamment pour pouvoir tenir une conférence avec son chef.

— Ainsi donc, nous devons nous attendre à voir arriver les reptiles cette nuit? dit-il, aussitôt qu'il eut recouvré l'usage de la parole.

— Je ne le crois pas, répondit Marc. Le canal dans lequel les canots se sont engagés ne peut les conduire ici, et il faudra qu'ils commencent par retourner à l'extrémité occidentale des rochers pour trouver un des passages. C'est ce qu'il leur sera impossible de faire cette nuit; ils ne se retrouveraient jamais au milieu de ce labyrinthe de canaux, et soyez sûr, Bob, qu'ils ne s'y hasarderont même pas. Nous n'avons rien à craindre jusqu'à demain matin.

— Quel malheur pourtant qu'ils aient découvert le Récif!

— Oui, c'est un grand malheur; et j'avoue que je n'y étais nullement préparé. Mais il faut prendre les choses comme elles sont, Bob, et faire notre devoir. La Providence ne nous a jamais abandonnés, mon ami, dans des circonstances bien plus critiques, et lorsque tant de nos compagnons étaient appelés brusquement à rendre leurs comptes, — pourquoi ne jetterait-elle pas encore sur nous un regard favorable ?

— A propos de nos compagnons, monsieur Marc, il faut que je vous dise ce que je viens d'apprendre de Jones, qui a vécu assez longtemps au milieu des sauvages depuis le mariage de son ami avec Peggy, et avant qu'il fût évadé pour se joindre à nous. Jones dit qu'il y a trois ans environ, autant qu'il peut se le rappeler, une chaloupe vint dans ce qu'ils appellent le Pays de Waally, — c'est une partie du Groupe que je n'ai jamais visitée par parenthèse, attendu que mon ami Ooroony était toujours à couteaux tirés avec Waally. — Enfin, comme je vous le disais, une chaloupe y vint, il y a de ça trois ans, et il y avait sept hommes à bord. Quels étaient ces hommes ? c'est ce que Jones n'a jamais su clairement, attendu qu'il ne les a point vus ; car Waally les faisait travailler fort et ferme, et ils étaient à la tâche du matin jusqu'au soir ; mais il a cependant recueilli quelques renseignements sur leur compte, ainsi que sur l'embarcation qui les avait amenés.

— A coup sûr, Bob, vous ne supposez pas que ces hommes étaient nos vieux camarades ? s'écria Marc avec une émotion presque égale à celle qu'il avait éprouvée en apprenant que Brigitte allait lui être rendue.

— Mais, au contraire, Monsieur, c'est que j'en suis convaincu. Les sauvages dirent à Jones que le bateau avait un oiseau peint sur l'arrière, et vous vous rappelez, monsieur Marc, que notre chaloupe était ornée, précisément à cette place, d'un aigle qui avait les ailes déployées. Autre chose ! on disait qu'un des hommes avait une marque rouge sur la figure, et vous n'avez pas oublié que Bill Brown avait une balafre de ce genre. Ce n'est que cette après-midi que Jones m'a donné ces détails, pendant que nous étions à travailler ensemble, et je me suis promis de vous en parler à la première occasion. N'en doutez pas, monsieur Woolston, quelques-uns de nos camarades sont encore vivants.

Cette nouvelle inattendue détourna momentanément les pensées du gouverneur des dangers de sa position actuelle. Il fit venir Jones, le questionna longuement, et tous les détails qu'il en tira ne servirent qu'à donner une nouvelle force aux suppositions de Betts. Jones n'avait jamais pu aller dans l'île où on les disait être ; mais on les lui avait dépeints plusieurs fois. On disait qu'une partie des matelots étaient morts de faim avant d'arriver au Groupe, et que tout au plus la moitié de ceux qui s'étaient réfugiés à bord de l'embarcation, et qui faisaient partie de l'équipage d'un bâtiment naufragé, avaient survécu. L'homme à la balafre était, disait-on, très-habile à se servir de toutes sortes d'outils, et Waally l'employait à lui construire un canot qui pût tenir tête à une bourrasque. Ce signalement se rapportait parfaitement à Brown, qui était le charpentier du *Rancocus*, et qu'on surnommait à juste titre le Balafré.

Ainsi donc tout tendait à confirmer ce fait qu'une partie de leurs malheureux compagnons étaient parvenus à sauver leur vie, et qu'ils étaient prisonniers du chef farouche qui menaçait la colonie d'une destruction complète. Mais ce n'était pas le moment de pousser plus loin cette enquête ou de chercher les moyens de les arracher à un sort si misérable : des intérêts plus pressants appelaient d'un autre côté toute l'attention du gouverneur.

CHAPITRE XVIII.

Dieu t'a créé pour moi, vallon délicieux !
Comme l'enfant au sein, vallon silencieux !
WILSON.

QUAND le gouverneur eut communiqué à ses compagnons la terrible nouvelle de l'arrivée des sauvages près de leur groupe d'îles, une sorte de terreur panique s'empara d'eux. Toutefois, quelques minutes suffirent pour leur rendre un certain degré de confiance, qui leur permit de prendre les arrangements nécessaires à leur sûreté immédiate. Comme le Cratère avait été fortifié avec soin, c'était, à bien dire, la citadelle du Récif. On émit bien l'avis que le navire serait le point le plus facile à défendre, à cause de l'étendue du Cratère, et parce qu'il était entouré d'un fossé naturel; mais sur le Cratère et dans ses environs, tant de richesses de tout genre étaient accumulées, qu'on ne pouvait songer à l'abandonner; jamais le gouverneur n'aurait pu s'y résoudre. L'entrée, sans doute, en était facile; mais une des caronades avait été braquée de façon à la défendre, et c'en était assez pour repousser toute attaque ordinaire. Nous avons déjà dit que la muraille extérieure du Cratère était perpendiculaire à sa base, probablement à cause des vagues de l'Océan, qui, dans ces parages, battaient le Récif par tous les vents. Il eût été impossible de l'escalader sans le secours d'échelles. Sans doute, des assaillants civilisés, habitués à de semblables obstacles, les auraient surmontés sans peine; mais des sauvages devaient y trouver une résistance autrement sérieuse. Le schooner, pour son berceau et ses coittes, avait absorbé tout le reste des charpentes; les ennemis ne pouvaient donc trouver aucun secours sur le chantier. Deux des caronades étaient sur le Sommet, disposées en batterie avec intelligence. Deux autres étaient à bord de *l'Abraham;* le reste des pièces (excepté les trois du rocher) était à bord du bâtiment.

Marc divisa ses forces pour la nuit. Comme Brigitte restait habituellement dans la cabine du *Rancocus*, il ne voulut point la déranger; seulement il renforça l'équipage, en plaçant à bord Bigelow et Socrate, ainsi que leurs familles; quant à Betts, il prit le commandement du Cratère, et eut Jones pour lieutenant. C'étaient, il faut en convenir, de faibles garnisons; mais les forteresses étaient solides, par leurs positions exceptionnelles; de plus, les ennemis étaient privés de toutes les ressources de la civilisation, et connaissaient à peine les armes à feu. A neuf heures, toutes les dispositions étaient prises, et les femmes et les enfants étaient couchés dans leurs lits, avec la précaution seulement de rester tout habillés.

Marc et Betts étaient convenus de se retrouver près du schooner toutes les fois que leurs fonctions ne les appelleraient pas sur un autre point. Comme le Récif était, à proprement parler, une île, ils savaient bien qu'aucun ennemi n'y pouvait parvenir que par mer ou par le pont dont nous avons déjà parlé, et qui traversait le petit détroit voisin de la source. Cette pensée leur donnait pour le moment quelque sécurité, et Marc avait assuré à son compagnon qu'il était impossible que les canots vinssent aborder au Récif avant plusieurs heures. Ni l'un ni l'autre cependant ne songeaient à dormir. Il leur eût été impossible de rester dans leurs hamacs. Ils préférèrent se tenir mutuellement compagnie, en ayant l'oreille au guet, et en se communiquant leurs réflexions.

— M'est avis, Monsieur, que nous sommes un peu à court de bras pour recevoir ces vauriens de sauvages, observa Betts, répondant à une remarque du gouverneur. J'ai compté, l'autre jour, lorsqu'ils sont venus près du Pic, cent trois pirogues, et chacune n'avait pas à bord moins de quatre hommes; sans parler des plus grandes qui devaient bien en porter cinquante. Je pense, sauf meilleur avis, monsieur Marc, qu'il pouvait bien y avoir en tout douze à quinze cents combattants.

— Telle est aussi mon idée sur leurs forces, Bob; mais, quand ils seraient quinze mille, il faut que nous les forcions à se battre, car c'est notre seule planche de salut.

— Oui, oui, Monsieur, battons-nous, et surtout battons-les, répondit Betts, crachant au loin à la manière des marins; si nous devons lâcher pied, que ce ne soit du moins qu'après leur avoir envoyé quelques bordées. Comme ce rocher est changé, Monsieur, et combien il était différent lorsque vous et moi nous y étendions du limon et des plantes marines pour faire des couches de melons et de concombres! Les temps sont changés, Monsieur! hier la paix, aujourd'hui la guerre; tout à l'heure la tranquillité, et maintenant le trouble et tout le baccanal.

— Nous avons maintenant nos femmes avec nous, et je pense que vous regardez cela comme quelque chose, Bob; si vous

vous rappelez toute la peine que vous vous êtes donnée pour amener cet heureux résultat.

— Certes oui, Monsieur, je regarde les femmes comme quelque chose ; et.....

— Ohé ! le bâtiment ! cria une voix en bon anglais, et avec l'intonation particulière aux marins.

Ce cri partait de la côte de l'île la plus voisine du Récif, de l'endroit où les deux terres étaient unies par le pont.

— Dieu sauveur ! s'écria Betts, qu'est-ce que cela signifie, gouverneur ?

— Je connais cette voix, dit aussitôt Marc : et vraiment, il me semble reconnaître..... Ohé ! qui hèle *le Rancocus* ?

— Ce bâtiment est-il donc *le Rancocus* ? demanda la voix.

— *Le Rancocus* en personne : mais vous, n'êtes-vous pas Bill Brown, le charpentier du bord ?

— Lui-même. Dieu vous assiste, monsieur Woolston, car je reconnais bien votre voix. Je suis Bill, enchanté de vous retrouver ici. J'ai soupçonné à moitié la vérité, lorsque j'ai aperçu les mâts du bâtiment, et pourtant hier j'avais bien peu d'espoir de jamais rien revoir du vieux *Rancocus*. Pouvez-vous me faire traverser ce détroit, Monsieur ?

— Êtes-vous seul, Bill, ou quels sont vos compagnons ?

— Nous sommes deux, Monsieur, seulement, Jim Wastles et moi. Neuf d'entre nous se sont sauvés sur la chaloupe ; Hillson et le subrécargue sont morts tous les deux avant de toucher terre, et nous sommes encore sept vivants, dont deux ici.

— N'avez-vous avec vous aucun de ces moricauds ?

— Aucun, Monsieur. Voilà deux heures que nous leur avons brûlé la politesse : aussitôt que nous avons aperçu les mâts du bâtiment, nous nous sommes décidés à décamper au plus vite. Encore une fois, monsieur Woolston, n'ayez aucune crainte pour cette nuit, ils sont à des milles et des milles d'ici, sous le vent, enchevêtrés dans les courants, dont ils ne parviendront pas à se tirer de la nuit. Par exemple, vous entendrez parler d'eux demain matin. Jim et moi, nous avons commencé par courir des bordées, en gouvernant vers cette terre, et aidés par un vent favorable; jusqu'à ce que les canots fussent hors de vue, nous nous tenions soigneusement cachés; puis nous avons fait force de rames, et nous voilà. Maintenant, reprenez-nous à bord du vieux bâtiment, monsieur Woolston, si vous avez quelque pitié pour un pauvre diable, pour un vieux camarade en détresse.

Tel fut le singulier dialogue qui suivit le cri inattendu du marin, et qui changea tout à fait la face des choses sur le Récif. Comme Brown n'était pas une recrue à dédaigner, et qu'on pouvait avoir foi à sa parole, Marc n'hésita pas à lui indiquer la direction du pont, où il le rejoignit avec Betts; Wattles passa aussi au même instant, et bientôt furent réunis des hommes qui s'étaient crus morts réciproquement, depuis bientôt trois années!

Les deux marins retrouvés du *Rancocus* étaient seuls; ils avaient agi avec une parfaite bonne foi vis-à-vis de leur ancien officier, qui les conduisit à la tente, leur donna des rafraîchissements et leur fit raconter leur histoire. Le récit fait par Jones le jour même, se trouva parfaitement exact. Quand la chaloupe avait quitté le bâtiment, elle avait dérivé sous le vent, et avait passé à peu de distance du Cratère; les hommes qui la montaient avaient aperçu le Récif, mais n'avaient pu en approcher. Hillson s'occupait uniquement à empêcher l'embarcation de s'emplir ou de capoter, et ne pouvait penser à autre chose. La chaloupe était entrée dans un des courants, et la direction en ayant été bien étudiée, elle avait réussi à sortir de cette passe dangereuse et à passer sous le vent des écueils. Tout le monde regardant le bâtiment comme perdu sans espoir, on ne fit aucun effort pour revenir où on l'avait laissé. Comme aucune île ne paraissait, Hillson se détermina à gouverner à l'ouest, espérant rencontrer une terre quelconque pour aborder. Les provisions et l'eau furent bientôt épuisées, et alors commencèrent les scènes horribles que l'on voit parfois se produire en mer. Hillson fut une des premières victimes, ses excès antérieurs lui laissant moins de force pour résister aux privations. Sept hommes survivaient quand la

15

chaloupe atteignit une des iles du Groupe de Waally dont nous avons souvent parlé. Les naufragés tombèrent entre les mains de ce chef aussi terrible que belliqueux. Waally les réduisit à l'esclavage, et les traita assez bien, mais il exigea d'eux une aveugle soumission à ses volontés. Brown, en sa qualité de charpentier, fut bientôt le favori du chef, qui l'employa à la construction d'une pirogue, avec laquelle il espérait pouvoir étendre plus loin ses conquêtes. Les marins furent gardés sur une petite île, et surveillés comme un trésor; on leur ôta tout moyen de communication avec les blancs qui se trouvaient dans des îles voisines. Ainsi, tandis que Bob restait pendant deux mois avec Ooroony, et Heaton et ses compagnons un temps presque aussi long, ces malheureux ne purent jamais communiquer avec eux. Cette rigueur provenait surtout de l'hostilité qui régnait entre les deux chefs; Ooroony avait alors le dessus, mais Waally espérait, avec l'aide de ses prisonniers, augmenter sa flotte et remporter un succès décisif contre son rival.

Enfin Waally entreprit l'expédition qui s'était montrée avec des forces si imposantes sous les rochers du Pic. Dans les derniers temps Brown avait si bien gagné la faveur du chef, que celui-ci lui permit de l'accompagner, et Wattles fut pris à bord comme compagnon du charpentier. Les cinq autres restèrent à terre pour achever un canot auquel on travaillait depuis longtemps, et qui devait être le canot de guerre invincible des sauvages. Brown et Wattles étaient à bord du canot de Waally, lorsque retentirent les terribles échos qui jetèrent l'alarme au milieu des naturels. Ils les peignirent à leur maître comme les plus effrayants qu'ils eussent jamais entendus, et eux-mêmes, de prime abord, ne savaient trop à quelle cause les attribuer. Ce fut en y réfléchissant, après avoir quitté l'île Rancocus, que Brown, se rappelant l'effet de cette détonation, en conclut que les blancs, possesseurs de la place, avaient tiré un coup de canon qui avait été répété si bruyamment par les rochers. Comme toutes les sympathies de Brown étaient pour ce peuple inconnu de la même couleur que lui, il garda pour lui ses conjectures, et résolut de conduire Waally dans une direction opposée, ayant quelques idées à lui propres relativement à la position du récif où *le Rancocus* s'était perdu.

Bill Brown était un homme intelligent pour la classe à laquelle il appartenait. Il connaissait la route tenue par la chaloupe, et avait des notions assez exactes sur les distances. Suivant ses calculs, le Récif ne pouvait être bien loin du Pic au nord, et en gravissant les montagnes de l'île Rancocus, il vit ou crut voir une terre dans cette partie de l'Océan. Il lui vint alors à l'idée qu'il devait y avoir sur le Récif quelques débris au moyen desquels il pourrait échapper aux mains de ses tyrans. Waally écouta avec une grande attention les conjectures et les réflexions que lui confia Brown, et toute la flotte prit la mer le lendemain, en quête de son trésor. Ayant trouvé aussitôt de la brise, ils furent bientôt en vue du Pic. Brown alors mit la barre au nord-est, manœuvre qui le porta, après vingt-quatre heures de fatigues, sous le vent du Récif. Cette découverte inattendue remplit Waally de joie et d'orgueil. Il n'y avait en ce lieu ni rochers à escalader, ni montagnes mystérieuses à redouter, ni aucun obstacle visible qui s'opposât à la conquête. Il était vrai aussi que le territoire qu'ils venaient de découvrir ne paraissait pas d'une grande valeur : un roc nu, beaucoup de vase et quelques herbes marines, tel était le fruit de leurs recherches; mais ils espéraient mieux. C'était quelque chose pour des hommes dont les anciens domaines étaient tellement circonscrits et bordés par l'Océan, que de trouver un lieu propre à la fondation d'un nouvel empire. Brown fut consulté sur le parti à prendre, et ses conseils furent exactement suivis. Colomb était certainement un grand homme dans son temps, quand il était à la cour de Ferdinand et d'Isabelle; mais Bill Brown ne lui cédait guère en crédit à la cour du sauvage Waally. Ses paroles étaient reçues comme autant de prophéties, son opinion était respectée comme un oracle.

Le brave Bill, qui n'ambitionnait de ses découvertes que l'acquisition de quelques pièces de bois, de fer, de cuivre, et peut-être de quelques agrès avec une ancre ou deux, parut agir d'abord dans l'intérêt de son maître. Il conduisit la flotte sur les bords des îles jusqu'à ce qu'il eût trouvé un port favorable pour aborder. Tous les canots y entrèrent, et comme on trouva un banc de sable avec de l'eau douce en abondance, on y établit le camp pour passer la nuit. Il restait quelques heures de jour, et les premières dispositions étant prises, Brown proposa à Waally de pousser une reconnaissance avec les deux canots les plus rapides. Les hommes qui furent employés à cette expédition étaient ceux dont l'approche avait donné l'alarme au gouverneur. Ce ne fut pas seulement l'embarcation qui fut aperçue des explorateurs, ils étaient assez près du Récif pour distinguer le Cratère, et même les mâts du bâtiment. C'était là une découverte bien autrement importante que celle des îles mêmes ! Waally, en y réfléchissant, conclut que c'étaient là, après tout, les terres que Heaton et ses compagnons étaient venus chercher, et qu'il devait y trouver les vaches qu'il avait déjà vues une fois, et dont la possession valait pour lui tous les trésors du monde. Ooroony avait eu la faiblesse de permettre à des étrangers, possesseurs d'objets si précieux, de traverser ses îles; mais lui, Waally, n'était pas homme à imiter une pareille folie. Brown, dès lors, commença à penser que les blancs qu'il cherchait étaient là ; ce qui semblait l'indiquer, c'était la présence du bâtiment. Il supposa que c'étaient des pêcheurs de perles qui en approvisionnaient les marchés de Canton. Il était possible qu'une colonie se fût établie dans ce lieu inhabité, et que les colons dont ils avaient entendu parler si souvent fussent venus s'y installer avec leurs provisions et leurs troupeaux. Il ne vint pas un seul instant à l'esprit de Brown que ces mâts qu'il apercevait pussent être ceux du *Rancocus;* mais c'était assez pour lui et pour Wattles que ces colons fussent des chrétiens, et, suivant toute probabilité, des hommes de race anglo-saxonne. Les deux marins n'eurent pas plus tôt acquis la certitude que les canots d'exploration faisaient fausse route, et ne pourraient pénétrer plus avant, qu'ils se déterminèrent à fuir, et à s'attacher aux étrangers du Cratère. Ils croyaient naturellement trouver un bâtiment armé, équipé, et prêt à prendre la mer aussitôt que les officiers auraient appris le danger qui les menaçait : aussi n'hésitaient-ils point à unir leur fortune à celle des blancs inconnus, plutôt que de rester davantage avec Waally. La liberté a des charmes que rien ne saurait compenser, et les deux loups de mer, qui avaient passé toute leur vie sous le joug d'un travail pénible, aimaient mieux retourner à leur ancien esclavage que de vivre plus longtemps avec Waally dans la sauvage abondance de sa cour. La fuite était assez facile à la faveur de l'obscurité, et Brown et Wattles étaient restés sur le rivage sous prétexte de s'assurer du caractère des colons inconnus à des signes auxquels, eux, ils ne pouvaient se tromper.

Telles furent les explications que les deux marins retrouvés donnèrent à leur ancien officier. En retour, le gouverneur leur raconta brièvement la manière dont le bâtiment avait été sauvé, ainsi que l'histoire de la colonie jusqu'à ce moment. Lorsque les deux récits furent terminés, on tint conseil sur les dispositions à prendre. Brown et son compagnon, quoique enchantés de revoir leurs anciens camarades, étaient grandement désappointés de ne point trouver, comme ils s'y attendaient, un bâtiment prêt à partir et à les emmener. Ils ne se firent pas scrupule d'exprimer leurs regrets tout haut, car, ajoutaient-ils, maintenant qu'ils voyaient l'état du Récif, ils auraient pu, en restant avec Waally, rendre plus de services à leurs amis qu'en prenant le parti de la fuite. Mais ces remords ou ces regrets venaient un peu tard; et, quant au service où ils venaient d'entrer, ils l'acceptèrent franchement, sinon aussi joyeusement qu'ils l'avaient prévu.

Le gouverneur et Bob virent bien que Brown et Wattles avaient une haute idée des talents militaires du chef indien. Ils le proclamaient non-seulement un brave mais un habile guerrier, plein d'adresse et de ruses. Brown dit à Marc que le nombre d'hommes qui accompagnaient Waally n'était pas de neuf cents, au lieu de dépasser mille, suivant l'évaluation qui avait été faite sur les rochers. Cette méprise, comme on le sut plus tard, venait de la quantité de femmes qui étaient dans les canots. Waally, de plus, n'était pas sans armes à feu : il avait en sa possession une douzaine de vieux mousquets, et même une pièce de quatre. Les munitions, par exemple, étaient très-rares, et il n'avait que trois boulets pour son canon. Chacun avait déjà servi plusieurs fois dans les guerres contre Ooroony ; et, lorsqu'on les avait tirés, on courait des jours entiers pour les retrouver et les replacer dans le magasin du chef. Brown ne pouvait pas dire que ces boulets eussent jamais fait beaucoup de mal, étant tirés fort au hasard, et à des distances énormes. Il y a un demi-siècle, les chrétiens connaissaient très-imparfaitement l'art de pointer un canon ; qu'y a-t-il d'étonnant à ce que des sauvages ne sachent que fort mal, ou point du tout, se servir de ces terribles armes? Ce qu'il fallait redouter, disait Brown, c'étaient les lances et les massues, dont les insulaires faisaient usage avec une adresse merveilleuse ; et, par-dessus tout, c'était cette effrayante disproportion de forces.

Quand Brown apprit que le schooner était bientôt prêt à être lancé, il pria instamment le gouverneur de lui permettre d'y travailler avec Bigelow, afin qu'on pût le mettre à flot immédiatement. Il y avait à bord du schooner tout ce qui peut être nécessaire à une croisière, jusqu'à la provision d'eau douce. Les arrangements étaient pris de façon à le lancer avec ses voiles enverguées, une fois à l'eau, il devenait un puissant auxiliaire de la défense. En mettant les choses au pire, ils pouvaient se réfugier tous à bord du schooner ; et, en louvoyant à travers les passages laissés libres par les canots, gagner le large. Une fois là, Waally ne pouvait plus les atteindre, et ils agiraient suivant les circonstances.

Woolston avait une autre manière de voir. Il aimait le Récif : ce lieu, où il avait souffert, où il avait retrouvé des amis, lui était devenu cher ; il ne pouvait se faire à l'idée de l'abandonner. Le bâtiment était une propriété précieuse que le feu des sauvages n'épargnerait pas pour en tirer le métal ; c'était sur ce bâtiment qu'il s'était embarqué ; c'était sur son bord qu'il avait été marié, que sa fille était née ; Brigitte préférait cette habitation à toutes les beautés de l'Éden du Pic. Il ne fallait pas que *le Rancocus* tombât au pouvoir des sauvages sans combat. Marc pensa qu'il ne gagnerait rien à priver ses hommes de leur sommeil ; dès le matin, au point du jour, Bigelow irait travailler au schooner, mais Marc ne voyait pas la nécessité de continuer les opérations pendant l'obscurité. Le lancement était une entreprise délicate, et la nuit eût pu amener quelque accident. Après avoir pris toutes leurs précautions, les hommes allèrent se reposer, laissant une femme au Cratère, et une autre à bord, en vigie ; ce poste était confié aux femmes de préférence, les hommes ayant besoin de réserver leurs forces pour le combat.

Tous étaient debout au Récif au point du jour. Aucun accident n'était survenu pendant la nuit, et, chose assez remarquable, les sentinelles-féminines n'avaient pas donné de fausse alarme. Aussitôt que, du Sommet, le gouverneur se fut assuré que Waally ne pouvait être encore près, il donna ses ordres pour lancer le schooner *l'Abraham*. Une couple d'heures suffirent pour achever les travaux, et chacun s'acquitta de sa tâche avec autant de zèle que de promptitude. Des femmes préparaient le déjeuner ; d'autres charriaient les munitions aux différentes pièces, tandis que Bob les disposait et les chargeait l'une après l'autre, d'autres transportaient, à tout événement, quelques objets de valeur dans le Cratère ou à bord.

En examinant ses fortifications au jour, le gouverneur résolut de les augmenter d'une porte qui fermât plus efficacement l'entrée du Cratère. Il appela aussi deux ou trois hommes, et leur fit établir les filets de bastingage, dont le bâtiment était bien pourvu, pour tenir à distance les insulaires de Fejee. Ces travaux furent rapidement exécutés, et lorsque toute la colonie vint déjeuner, le schooner n'était pas encore à flot, mais tout prêt à être lancé. Marc annonça alors qu'il n'y avait pas lieu de se hâter, que les canots n'étaient pas en vue, et qu'on pouvait agir avec ordre et réflexion.

Cette sécurité faillit devenir fatale à toute la colonie. Les hommes déjeunaient sous la tente, près du chantier ; les femmes en faisaient autant dans leurs quartiers ; quelques-uns se trouvaient encore sur le Cratère et sur le bâtiment. On se souviendra que la tente était dressée près de la source, non loin du pont, et que le pont joignait le Récif à une île, d'une vaste étendue ; après les changements que l'éruption y avait apportés, c'était là que les porcs prenaient leurs ébats. Quant au pont, il était formé de deux longues planches du bâtiment, le passage n'ayant que cinquante à soixante pieds de largeur.

Le gouverneur prenait rarement son repas avec tout son monde. Il connaissait trop bien la nature humaine pour ignorer que l'autorité interdit une trop grande familiarité. Ainsi, il n'est rien de plus déplaisant que de se trouver à table avec des gens de manières grossières. Brigitte, par exemple, ne pouvait guère manger avec les femmes des matelots, et Marc, naturellement, aimait à prendre ses repas en famille. Ce jour-là il avait déjeuné, comme d'ordinaire, dans la cabine du *Rancocus* ; il descendait à la tente afin de veiller à ce que ses compagnons, le déjeuner fini, reprissent leur travail. A peine venait-il de donner ses ordres, que l'air fut rempli de cris effrayants, et qu'une bande de sauvages, débouchant par un creux du rocher, sur le Parc aux Porcs, accourut vers le Cratère. Ils avaient suivi le canal et s'étaient glissés le long des rochers, se trouvant à deux cents verges environ de l'endroit qu'ils voulaient attaquer.

Le gouverneur conserva un sang-froid admirable dans cette circonstance. Il donna ses ordres avec calme, clarté et rapidité. Appelant Bigelow et Jones par leur nom, il leur ordonna de retirer le pont, ce qui était facile, à cause de roues qui avaient été disposées dans ce but. Le pont une fois tiré, les colons avaient le canal entre eux et les insulaires, bien que les naturels de la mer du Sud eussent pu facilement traverser l'eau à la nage. Les guerriers de Waally ne soupçonnaient l'existence ni du pont, ni du canal ; ils coururent vers le chantier, et leur désappointement se traduisit par de nouveaux cris, lorsqu'ils se trouvèrent séparés des blancs par un bras de mer. Naturellement, ils cherchèrent le point de jonction entre l'île et le Récif ; mais déjà les planches étaient tirées, et la communication interrompue. Alors Waally fit une décharge de toute son artillerie, et un coup de canon fut tiré de la pirogue où il était monté. Cette décharge ne fit aucun mal, mais un grand bruit ; or, le bruit était pour beaucoup dans les guerres de sauvages.

C'était le tour des colons. A la première alarme, tout le monde courut aux armes, et en un instant, hommes et femmes furent à leur poste. Sur la poupe du bâtiment fut placé un des canons, chargé à mitraille, et pointé de façon à balayer les abords du pont. La distance était, il est vrai, de près d'un mille ; mais Bob avait élevé la pièce de manière à faire porter les projectiles aussi loin qu'il le faudrait. Les autres caronades du Sommet furent pointées de façon à balayer la partie la plus rapprochée du Parc aux Porcs, où il se trouvait des essaims d'ennemis. Waally lui-même était sur le front de ses troupes, et il était évident qu'il désignait un détachement qui devrait traverser le détroit à la nage, dernier espoir qui lui restait. Il n'y avait pas de temps à perdre. Junon, en femme vraiment héroïque, se tenait près du canon de la poupe, et Didon était à ceux du Sommet, chacune brandissant une mèche enflammée. Le gouverneur donna à cette dernière le signal convenu, la mèche s'abaissa, et la mitraille vomie par la caronade abattit une douzaine d'Indiens. Trois furent tués, les autres avaient reçu des blessures graves. A l'instant, un jeune chef s'élança à la nage avec des cris féroces, et fut suivi d'une centaine de sauvages. Marc fit un signe à Junon, et au même moment la mèche de l'impassible négresse toucha la lumière du canon. Une nouvelle décharge à mitraille partit, et rebondissant sur le Récif, vint fondre sur les rangs les plus serrés des assaillants, dont une douzaine encore restèrent sur la place. Waally vit bien que la crise était imminente, et ses efforts pour regagner le terrain perdu furent dignes de sa réputation. A un signe qu'il fit, une foule de nageurs se précipitèrent dans l'eau en même temps, et il les animait du geste et de la voix.

Le gouverneur avait donné ordre à chacun de retourner à

son poste. Jones et Bigelow se trouvaient donc à bord de *l'Abraham*, où deux caronades furent pointées à travers les sabords d'arrière, formant une batterie destinée à balayer le Parc aux Porcs : c'était là, suivant toute probabilité, que serait le champ de bataille si l'ennemi venait par terre, attendu que cette île était la seule assez voisine du Récif. Quant à Marc, il se fit accompagner de Brown et de Wattles, tous deux bien armés, et il forma ainsi un corps de réserve prêt à se porter là où il serait nécessaire. En ce moment critique, une idée lumineuse vint à l'esprit du jeune gouverneur. Le schooner était tout prêt à être lancé. La réserve était sous la quille, attendant ses ordres, et Marc, ainsi que Brown, armés jusqu'aux dents, se trouvèrent chacun à l'un des accores.

— Laissez là vos armes, Brown, s'écria le gouverneur, et jetez bas votre accore. Attention sur le pont, car nous allons vous lancer à l'eau !

A peine avait-il dit : le schooner commença à s'ébranler. Tous les colons poussèrent de grands cris, et *l'Abraham* vint, comme un bélier immense, fondre sur les nageurs épouvantés. Pendant ce temps, Bigelow et Jones firent feu des deux caronades, et tout le bassin se couvrit d'écume sous la mitraille. Après tout, ces moyens combinés d'attaque étaient plus qu'il n'en fallait contre des sauvages. La déroute de Waally fut complète. Ses hommes se précipitèrent dans les anses où leurs canots étaient amarrés, tandis que les nageurs se sauvaient de leur mieux.

Il n'y avait pas un moment à perdre pour les colons. *L'Abraham* fut amené avec un câble, comme c'est l'usage, et, immédiatement, Marc, Brown et Wattles montèrent à bord. Cela lui donnait un équipage de cinq hommes bien capables de le manœuvrer. Bob fut laissé au commandement du Récif avec le reste des forces. Établir les voiles demanda deux minutes, et Marc fut bientôt en route, doublant l'île du Limon, ou du moins ce qui avait été une île, cette partie se trouvant réunie au Parc aux Porcs depuis le tremblement de terre. Il voulait arriver au point où Waally avait rassemblé ses forces ; c'était une passe d'un quart de mille de large où la manœuvre était facile. Quoique le schooner s'avançât au combat d'un air déterminé, ce n'était pas l'intention de Marc d'en venir à une attaque. Ayant bien pris le vent, il commença à louvoyer, à courir des bordées, enfin à exécuter toutes sortes de manœuvres dilatoires, tandis que ses hommes chargeaient et tiraient les pièces aussi vite que possible. Ils faisaient, il est vrai, plus de fumée et de bruit que de mal, comme il arrive souvent en pareille occasion ; mais la victoire leur était définitivement assurée. Les sauvages furent saisis d'une terreur panique, et l'autorité de Waally ne put les arrêter dans leur fuite. A peine furent-ils sous le vent, qu'ils firent force de rames pour échapper à des ennemis qu'ils supposaient vouloir les égorger jusqu'au dernier. Jamais combat n'eut une issue moins douteuse.

Le gouverneur était ardent dans l'action, mais il s'en fallait de beaucoup qu'il fût aussi altéré de sang que l'imaginaient les Indiens. La prudence lui disait de ne pas serrer l'ennemi avant d'être en pleine mer. Il lui fallait pour cela deux ou trois heures ; Marc se détermina à suivre les sauvages à une certaine distance, se contentant de tirer de temps en temps une de ses pièces pour accélérer leur fuite. De cette façon, l'équipage de *l'Abraham* avait tout le temps de manœuvrer à son aise ; le schooner s'avançait à l'aide de ses voiles, tandis que les sauvages étaient obligés de frapper sans relâche les flots de leurs pagaies. Ils avaient aussi des voiles, mais ces voiles, tissées en fils de coco, n'imprimaient pas à leurs canots une marche assez rapide pour les éloigner de *l'Abraham*, qui prouvait que, s'il était facile à manœuvrer, il était en même temps fin voilier.

Waally, arrivé en pleine mer, crut la chasse terminée ; mais il se flattait d'un espoir bien trompeur. Ce ne fut qu'alors, au contraire, que la chasse commença tout de bon. Fondant sur trois des canots, Marc en aborda un, et fit l'équipage prisonnier. Parmi ces sauvages se trouvait un jeune guerrier que Bill, Brown et Wattles reconnurent pour un fils favori du chef. La prise était bonne, et Marc résolut d'en profiter. Il choisit un homme parmi les prisonniers, et l'envoya porteur d'une branche de palmier vers Waally, avec des propositions d'échange. Il ne lui était pas difficile de se faire comprendre des Indiens, puisque Brown et Wattles, pendant leurs trois ans de captivité, avaient appris la langue, qu'ils parlaient avec une grande facilité.

Il se passa quelque temps avant que Waally consentît à se fier à l'honneur de ses ennemis. Enfin, l'amour paternel l'emporta, et bientôt Marc vit venir à bord de son schooner le chef, sans armes, et il se trouva face à face avec son terrible adversaire. Il avait affaire à un sauvage aussi rusé qu'intelligent. Néanmoins Waally ne put cacher son amour pour son fils, et Marc Woolston tira parti de cette affection. Le sauvage offrit pour la rançon de son fils des canots, des robes de plumes, des dents de baleine, toutes choses fort estimées de ces peuplades; mais ce n'était pas là l'échange que voulait Marc. Il offrit de rendre le jeune homme aussitôt que les cinq matelots, encore prisonniers des Indiens, seraient à bord du schooner; sinon, il recommençait les hostilités.

Waally sentit dans son cœur un violent combat entre l'affection paternelle et le désir de garder ses prisonniers. Au bout de deux heures de subterfuges, de ruses et de détours, l'amour l'emporta, et un traité fut conclu suivant ces conditions: le schooner devait piloter la flotte indienne jusqu'au Groupe des îles Betto, ce qui était d'autant plus facile que Marc connaissait non-seulement leur position, mais même leur latitude et leur longitude. Aussitôt arrivé aux îles, Waally s'engageait à envoyer un messager aux cinq marins, et à rester lui-même à bord de l'*Abraham* jusqu'après l'échange consommé. Le chef voulait introduire dans le traité une clause par laquelle les colons se fussent engagés à l'aider à renverser définitivement Ooroony, qui était plutôt tenu en bride que soumis; mais Marc refusa de souscrire à de telles propositions. Il était plus disposé à seconder qu'à attaquer le bon Ooroony, et il résolut même de chercher à avoir une entrevue avec lui avant de retourner au Récif.

Marc n'aurait pu de quelque temps prévenir Brigitte de l'absence qu'il méditait de faire, sans la sollicitude de Bob. Celui-ci voyant les voiles du schooner disparaître à l'horizon, sous le vent, arma *la Neshamony*, et suivit de loin, pouvant, en cas de naufrage, être fort utile à Marc. Il accosta *l'Abraham* juste au moment où le traité venait d'être conclu, et à temps pour pouvoir rapporter les nouvelles au Cratère avant la nuit. Tout étant bien convenu, on se sépara : Bob rebroussa chemin, et le gouverneur, sous peu de voilure, mit la barre au nord-ouest, et fut suivi par tous les canots, catamarans, etc., de Waally, à un mille de distance.

CHAPITRE XIX.

<blockquote>
Adieu ! — Pourquoi ce mot cause-t-il tes alarmes ?
Ainsi qu'un glas de mort, il fait couler tes larmes !
Malheur comme bonheur ici-bas n'a qu'un jour !
L'espérance, au départ, nous promet le retour.
BERNARD BARTON.
</blockquote>

L'ABRAHAM vogua sous peu de voilure, et pendant près de trois jours, avant d'être en vue des îles de Waally. Il mit en panne au vent des îles, et les canots passèrent dans leurs ports respectifs, laissant le schooner au large, avec les otages à bord, jusqu'à l'accomplissement du traité. Le lendemain, Waally reparut lui-même, amenant avec lui Dickinson, Harris, Johnson, Edwards et Bright, les cinq matelots du *Rancocus* qu'il avait si longtemps retenus prisonniers. Le sauvage relâchait sa proie avec peine ; mais l'ambition le céda à l'amour paternel. Quant aux matelots, aucune expression ne saurait peindre leur joie. Ils étaient heureux, non-seulement de recouvrer leur liberté, mais encore de tomber dans les mains de pareils sauveurs. Ce surcroît d'équipage faisait de *l'Abraham* une puissance dans cette partie du monde. Avec douze hommes, tous robustes, courageux et pleins de santé, pour manœuvrer le schooner, avec deux caronades et une pièce de six, le gouverneur pensa pouvoir entamer avec succès quelques relations politiques avec les États voisins. Waally avait bien la même pensée, car il fit encore de nouveaux efforts pour obtenir dans le traité une clause qui lui donnât l'appui des colons contre Ooroony, afin de conserver avec eux seuls la suprématie dans le pays. Woolston demanda à Waally quel avantage lui, Woolston, pouvait retirer d'une telle politique? Le rusé sauvage, avec un sang-froid incroyable, lui répondit qu'il pourrait ajouter à ses possessions du Récif l'île Rancocus. Le gouverneur remercia son puissant ami de son cadeau, et lui signifia que l'île Rancocus lui appartenait; qu'il eût soin de n'en jamais approcher avec ses canots; que sinon, il viendrait l'en punir jusque dans ses habitations. Cette injonction amena une discussion fort vive, dans laquelle Waally, une ou deux fois, s'oublia un peu; et, quand il prit congé de Woolston, il n'était pas de très-bonne humeur.

Marc délibéra sur l'état présent des choses. Jones connaissait bien Ooroony, près duquel il avait vécu jusqu'à sa défaite par Waally; le gouverneur le choisit donc pour aller le trouver, et il l'embarqua dans un des canots pris aux sauvages, et dont il avait eu soin de conserver deux ou trois à bord. Jones, qui avait une amitié véritable pour l'infortuné chef, accepta avec joie le rôle de négociateur. La batterie de *l'Abraham* couvrit l'embarcation jusqu'à ce qu'elle eût touché terre, et, six heures après, Marc eut le plaisir de recevoir le bon, l'honnête, le généreux Ooroony, et de l'amener par la main sur la dunette de son bâtiment. Le chef sauvage avait tant souffert, il avait fait pendant ces deux années des pertes si cruelles, qu'il éprouva un bonheur indicible en posant le pied sur le pont du schooner. Sa réception par le gouverneur fut à la fois honorable et touchante. Marc le remercia de ses bontés pour sa femme, pour sa sœur, pour Heaton et pour son ami Bob. Sans lui, le pauvre Woolston eût été un ermite, éloigné pour le reste de ses jours de ses semblables. Les remerciements de Marc furent exprimés avec chaleur, et Ooroony versa des larmes de joie en voyant que ses bonnes actions étaient appréciées et récompensées.

C'est une question qui a longtemps occupé les moralistes, de savoir si le bien et le mal reçoivent dès ce monde leur récompense ou leur châtiment. Il serait aussi dangereux de se prononcer dans un sens que dans l'autre sur cette question si controversée. Au lieu de renvoyer toute espérance et toute crainte à l'autre vie, ou de les concentrer dans celle-ci, ne vaut-il pas mieux régler notre conduite comme si elle devait influer sur le présent comme sur l'avenir ?

S'il est vrai que — les fautes des parents retombent sur les enfants, jusqu'à la troisième et la quatrième générations, — s'il est vrai que — la postérité de l'homme de bien n'a jamais été vue quêtant son pain — il y a donc lieu de penser qu'une partie de nos fautes reçoit sa punition sur la terre. Et nous n'en avons pas de meilleure preuve que ce qui arrive chaque jour sous nos yeux : une vie droite et basée sur des principes sévères apporte avec elle plus de bonheur qu'une vie différente; et si, malgré toutes les ruses et tous les expédients de la cupidité, l'honnêteté, comme on dit, est après tout la meilleure politique, de même c'est la vertu qui assure le plus infailliblement notre bonheur ici-bas, en même temps qu'elle nous met sur la route de la félicité future.

Tout l'équipage de *l'Abraham* avait entendu parler d'Ooroony et de ses précieuses qualités. C'était en effet sa bonté qui avait été la cause de sa chute ; car s'il avait châtié Waally, comme celui-ci le méritait, alors que le pouvoir était dans ses mains, ce chef turbulent, qui était né son tributaire, n'aurait jamais pu s'élever assez haut pour lui faire craindre de devenir bientôt son maître. Tous les hommes du bord se pressaient contre le vieux chef, qui entendait autour de lui leurs assurances de respect et d'attachement, et leurs promesses de le soutenir contre son ennemi. Après cette scène touchante, Marc tint conseil sur la dunette : on discuta sur les relations des îles entre elles, ainsi que sur les besoins et les dangers d'Ooroony.

Dans les nations civilisées et les gouvernements populaires, aussi bien que dans ces îles éloignées et sauvages, l'ascendant du mal est dû plus à l'audacieuse activité de quelques meneurs, qu'aux dispositions des masses. Les Indiens préféraient le caractère de leur chef loyal et généreux, à la violence et aux exagérations du turbulent guerrier qui avait triomphé de son maître; et, si une partie de la population avait aidé aux desseins de Waally, poussée peut-être par l'attrait du changement, les infortunés se repentaient bien maintenant de leur erreur, et appelaient de leurs vœux le retour de l'ancien ordre de choses. Il y avait une île, entre autres, qui pouvait être regardée comme le siége de l'autorité sur tout le Groupe. Ooroony y était né, il y avait longtemps vécu avec sa famille; mais Waally avait réussi à l'en chasser, et il avait cherché à intimider un peuple qui le recevait pour chef avec répugnance. Si Ooroony pouvait rentrer en possession de cette île, c'en était assez pour rétablir l'équilibre entre les deux chefs, et la guerre pourrait alors recommencer avec des chances égales. Cette tentative pouvait se faire avec l'aide du schooner, et l'effet moral d'une pareille alliance serait sans doute d'assurer la suprématie d'Ooroony tant qu'il serait protégé par les colons du Récif.

S'il est un cas qui puisse nous montrer toute la vérité de cet axiôme : — l'habileté fait l'autorité, — c'est bien celui que nous avons devant les yeux. Un petit bâtiment de moins de cent tonneaux, avec un équipage de douze hommes, armé de trois pièces, était plus que suffisant pour replacer une dynastie à la tête d'un peuple, et pour en renverser une dont les partisans se comptaient par milliers. C'étaient les ressources de la civilisation qui donnaient au gouverneur cet ascendant, dont il était décidé à profiter avec modération. Il voulait avant tout éviter l'effusion du sang; et, lorsqu'il connut bien la situation des choses, il poursuivit sa tâche avec calme et prudence.

La première chose qu'il fit, fut de conduire le bâtiment à une portée de canon de la principale forteresse de Waally : c'était là que les chefs résidaient, ainsi qu'une centaine de ses partisans, drôles qui, par la terreur, asservissaient l'île à tous les caprices de leur maître. Cette forteresse, cette citadelle, comme on voudra l'appeler, fut sommée de se rendre, et son commandant reçut ordre non-seulement de la quitter, mais de sortir de l'île. La réponse fut un refus. Avant de la recevoir, tout était prêt à bord pour soutenir vigoureusement la sommation. Ooroony débarqua en personne, et fut reçu dans l'île par ses amis, qui, assurés de l'appui du schooner, saisirent leurs armes comme un seul homme, et formèrent une force capable de jeter à la mer toute la bande de Waally. Néanmoins, les assiégés opposèrent une vive résistance jusqu'à ce que Marc eût pointé contre eux sa pièce de six. La mitraille traversa les palissades, et, sans avoir blessé personne, fit un tel bruit, que le commandant en chef envoya une branche de palmier en signe de soumission. Cette conquête, faite sans effusion de sang, amena une révolution dans la plupart des petites îles, et, en quarante-huit heures, Ooroony se retrouva dans la position qu'il occupait lorsque Bob Betts était venu sur *la Neshamony*. Waally tâcha de donner aux événements la meilleure tournure possible; il vint donc, reconnut ses crimes, obtint son pardon, et paya tribut. L'effet de cette soumission fut d'établir Ooroony plus puissant que jamais, et de lui donner une chance de régner paisiblement le reste de ses jours. Tout cela s'était accompli en moins d'une semaine depuis l'invasion du Récif, qui avait commencé la guerre!

Le gouverneur désirait trop vivement faire cesser l'inquiétude de ceux qu'il avait laissés derrière lui, pour accepter l'invitation d'un plus long séjour aux îles. Il fit quelques échanges avec les habitants, et en obtint divers objets qui devaient lui être utiles, en échange de vieilles ferrailles et d'autres choses sans valeur. Depuis, il eut la certitude que le bois de sandal, rare dans l'île Rancocus, se trouvait dans le Groupe en grande abondance. En conséquence, un traité fut conclu, par lequel les sauvages devaient couper et disposer une quantité considérable de ce bois, que le schooner viendrait chercher à trois mois de là. Ces arrangements terminés, *l'Abraham* mit à la voile.

Au lieu de s'engager dans les courants sous le vent, Marc

largua les écoutes, et gouverna au nord, par un passage qui le conduisit droit au Récif : tel était le nom qu'on donnait alors à toute l'île. Le schooner fut aperçu une heure avant son arrivée, et tout le monde était sur le Récif, pour acclamer le retour des aventuriers. Quelques craintes vinrent se mêler à la joie générale lorsqu'on apprit le résultat de cette grande entreprise. Ce fut un moment de bonheur délicieux pour Marc, que celui où il serra sur son cœur Brigitte, qui sanglotait, et l'Amie Marthe ne put contenir son émotion.

La colonie, heureuse de ses succès, conçut l'espoir d'un avenir tranquille.

Les derniers événements causèrent, sous d'autres rapports, quelques soucis au gouverneur. Le nombre des colons s'était accru, les nouveaux venus étaient des marins, et des marins de l'équipage du *Rancocus* : quels étaient les devoirs de Marc envers les armateurs du bâtiment? Tant qu'il s'était regardé comme un homme perdu au milieu de ces mers, il avait usé de cette propriété sans scrupules ; mais les circonstances avaient changé, et c'était sérieusement qu'il réfléchissait à la possibilité de donner leur part sur les bénéfices de la colonie, à ceux qui, à leur insu, il est vrai, avaient tant contribué, par leur prévoyance, à sa prospérité. Le lendemain matin, pour occuper à la fois et distraire ses compagnons, Marc fit monter à bord de *l'Abraham* la plupart des hommes, et Brigitte qui désirait aller voir Anne ; et il mit à la voile pour le Pic. Bob, à son retour sur *la Neshamony*, avait bien poussé jusqu'à l'Anse Mignonne pour annoncer la défaite de Waally et le départ de *l'Abraham*; mais les colons ne connaissaient pas le résultat de cette dernière expédition.

La traversée dura six heures. *L'Abraham* entra dans l'Anse et y jeta l'ancre, aussi facilement que la plus petite embarcation eût pu le faire. Il y avait assez d'eau pour toute espèce de bâtiments ; si quelque chose faisait défaut, c'était l'emplacement ; pourtant l'Anse eût pu contenir une douzaine de grands bâtiments. C'était, à proprement parler, moins un port, qu'un joli bassin naturel, que l'art n'aurait pu rendre, ni plus sûr, ni surtout plus commode. Il n'était pas à supposer que les productions de l'île vinssent à s'accroître dans une proportion supérieure aux moyens de transport qu'avaient les habitants.

Le gouverneur convoqua alors un conseil général de la colonie. Les sept marins y furent admis, comme tous les autres, à l'exception d'un ou deux hommes restés au Cratère, et la discussion s'engagea non-seulement avec calme, mais encore avec une certaine solennité. Tout d'abord, la constitution de la colonie et ses projets furent soumis aux sept nouveaux venus, qui furent engagés à exposer leurs intentions. Quatre d'entre eux, y compris Brown, signèrent la constitution, et furent reçus citoyens du Récif. C'était leur désir de passer le reste de leur vie dans ce délicieux climat, au milieu de ces îles riches et fertiles. Les trois autres s'engagèrent au service de Marc pour un temps limité ; ils désiraient retourner ensuite en Amérique. La colonie manquait de femmes ; et le gouverneur vit bien que cette privation serait cruelle pour ses compagnons. Entre nous soit dit : lorsque la femme entre dans la maison de son mari, c'est peut-être aussi souvent le malheur que le bonheur qui y entre à sa suite. Mais, en pareille matière, chacun veut en faire une expérience personnelle, plutôt que de s'en rapporter à l'expérience d'autrui.

Lorsque les nouveaux colons eurent été proclamés citoyens du Récif, et que leur engagement fut bien en règle, le gouverneur exposa au conseil ses scrupules. On avait cru longtemps que *le Rancocus* ne pourrait être tiré du bassin où Marc et Bob l'avaient amené. L'éruption l'avait enfermé dans un trou, où il y avait juste assez d'eau pour le maintenir à flot, la plus grande profondeur étant de douze pieds. Lorsqu'on avait lancé *le Rancocus*, il tirait treize pieds d'eau, et Bob le savait bien, puisqu'il était à bord à cette époque. Mais Brown suggéra le moyen de donner au bâtiment dix-huit ou vingt pouces d'eau, afin de le sortir des rochers où il était retenu prisonnier. Une fois libre, rien de plus aisé que de le conduire en pleine mer, attendu que dans un des courants ou canaux, au nord, la sonde donnait partout au moins cinq brasses. Ce canal avait été sondé avec grand soin par le gouverneur lui-même, qui le connaissait donc parfaitement : il avait du reste fait la même opération dans la plupart des vrais canaux qui entouraient le Récif. Nous appelons vrais canaux, ces passages qui conduisaient du Cratère à la pleine mer, et par lesquels pouvaient venir aborder les bâtiments et les embarcations ; il y avait aussi de faux canaux, ou culs-de-sac, qui n'offraient aucun issue possible.

Du moment qu'il y avait possiblité de remettre *le Rancocus* à la mer, il devait s'élever une grave question de conscience. Ce bâtiment, qui était la propriété de certains armateurs de Philadelphie, ne devait-il pas y être reconduit ? L'Ami Abraham White et ses associés avaient, il est vrai, été indemnisés par les assureurs : Brigitte se rappelait l'avoir entendu dire ; mais ces assureurs eux-mêmes avaient leurs droits incontestables. *Le Rancocus* était un excellent bâtiment, qui pouvait tenir encore longtemps la mer, après quelques réparations à sa mâture et à ses agrès. Le gouverneur se disait que, s'il pouvait remplir sa cale de bois de sandal, qu'il échangerait à Canton contre du thé, il ferait des bénéfices qui rendraient le voyage aussi profitable que son début avait été désastreux. Bientôt Brigitte serait majeure, et aurait une fortune qui, sagement administrée, pourrait contribuer à la prospérité de la colonie.

Au milieu de tous ses plans, Marc n'avait pas la moindre idée d'abandonner son projet de colonisation, projet qui lui était devenu plus cher que jamais, bien qu'il vît quelques obstacles à son exécution. Personne autre que lui ne pouvait manœuvrer le bâtiment ; c'était donc à lui de le ramener aux armateurs d'Amérique, quels qu'ils fussent, et il ne devait céder ce droit à aucun autre ; mais quelle conséquence aurait pour la colonie une absence de son gouverneur pendant douze mois ? car il lui fallait bien ce temps pour faire ce qu'il avait à faire. Et Brigitte, l'emmènerait-il, ou pourrait-il se résigner à la laisser derrière lui ? La présence de Brigitte maintiendrait l'ordre dans la colonie ; son départ ne serait-il pas le signal d'une dispersion générale, sous cette impression que les deux personnes qui y avaient le plus d'intérêts n'y reviendraient jamais?

La décision à prendre sur une telle matière était extrêmement délicate. Heaton et Betts d'abord, puis, après, tous les autres, émirent l'avis que *le Rancocus* fût conduit en Amérique, pour le profit de ses propriétaires légitimes. Si l'on emportait une cargaison de bois de sandal, et qu'on l'échangeât contre une de thés à Canton, le produit de ces thés couvrirait largement les frais du voyage, et compenserait la part de propriété que s'étaient adjugée les colons sur le bâtiment. L'usage de cette propriété ne devait plus être le même qu'alors que Marc et Bob se regardaient comme de malheureux naufragés. Dans ce dernier cas, il n'y avait pas seulement nécessité, mais la nécessité constituait un droit; maintenant tout ce qu'on pouvait dire, c'est que l'exercice de ce droit était fort commode. Les principes des colons étaient trop solides pour qu'un seul instant ils se fissent illusion là-dessus. Pour la plupart, ils s'étaient engagés à prendre soin de la propriété des armateurs, et la question était de savoir si un pareil naufrage pouvait décharger leur conscience. Voici, suivant nous, quelle doit être la règle en pareil cas : comme tout marin a un droit de nantissement sur le bâtiment jusqu'à concurrence de sa paie, quand ce nantissement cesse d'avoir de la valeur, ses devoirs envers le navire cessent en même temps. S'il y avait la moindre chance de pouvoir conduire *le Rancocus* en Amérique, aucun des marins n'était, jusque-là, légalement relevé de ses engagements.

Il fut donc sérieusement et solennellement déclaré qu'un effort serait d'abord tenté pour sortir le bâtiment du bassin, et qu'après cette opération, la conduite à tenir serait discutée dans un autre conseil. En même temps, on envoya à Ooroony et à Waally de nouveaux présents, d'un peu plus de valeur, tels que des colliers de verroterie, des couteaux, des haches, etc., qui se trouvaient sur le bâtiment : on leur demandait, en retour, de couper autant de bois de sandal qu'il leur serait posssible, et de le faire transporter sur la côte. Bob, porteur des présents, partit sur *la Neshamony*, accompagné de Jones, qui parlait la langue des sauvages ; ils devaient, aussitôt leur mission terminée, revenir pour aider aux travaux du *Roncocus*.

Ces travaux furent commencés sans retard. Heaton et Uncus restèrent, comme toujours, au Pic, afin de veiller sur cette partie de la colonie, et de faire aller le moulin. Le reste des hommes retourna au Récif, et se mit à l'œuvre sur le bâtiment. Le premier soin fut de débarrasser le pont de tout ce qui restait d'espars et d'agrès, et de vider la cale ; après quoi chaque objet fut roulé ou porté à terre. La cargaison du *Rancocus* n'était pas d'un grand poids ; mais il y avait un grand nombre de futailles, au moins deux ou trois fois plus qu'il n'en faut pour un voyage ordinaire. Elles avaient toutes été remplies d'eau douce, dans le double but d'en fournir abondamment à l'équipage, et de lester le bâtiment. Lorsqu'on eut hissé toutes ces caisses sur le pont, et qu'on les eut vidées, on s'aperçut que le navire tirait quelques pouces d'eau de moins qu'auparavant. L'enlèvement des espars, voiles, agrès, provisions, ustensiles, etc., produisit un effet encore plus sensible ; et en comparant les anciens sondages au tirant actuel du bâtiment, le gouverneur vit qu'il suffirait que celui-ci se soulevât encore de huit pouces pour sortir de son bassin naturel. Ce résultat encouragea fortement les travailleurs, qui se remirent avec plus d'ardeur à l'ouvrage. Chacun travaillait en vue de faire sortir au plus tôt le bâtiment de prison ; il serait temps ensuite de songer à réparer les agrès, à compléter le calfatage, etc.

Au bout d'une semaine, à force d'être allégé, le bâtiment s'était relevé encore de quelques pouces. A la marée haute, une forte brise étant survenue, le gouverneur se décida à essayer de franchir la barrière derrière laquelle il était enfermé. Cet ordre surprit quelque peu les travailleurs, qui pensaient attendre que le navire fût encore un pouce ou deux plus haut. Mais Marc voulait profiter de la brise, et ne perdit pas un instant. Le bâtiment s'ébranla alors, et s'élança sur la barrière c'étaient les premiers mouvements qu'eût faits *le Rancocus* depuis l'éruption.

Au moment où le gouverneur pensait que *le Rancocus* était enfin sorti de sa prison, le bâtiment toucha de l'arrière. En examinant sa position, il vit que le talon de la quille était sur la pointe d'un roc, et qu'à une brasse de distance, à droite et à gauche, la mer était libre. Heureusement la tenue était légère, et avec deux ancres dans les bossoirs, *le Rancocus* put effectuer son passage. De grandes acclamations célébrèrent le succès de l'entreprise, et l'air retentit du cri de : « Laisse aller. »

Le même jour le navire fut halé le long du Récif, puis amarré aussi sûrement que s'il eût été devant les quais du port de Philadelphie.

Ce fut alors le tour des calfats. Lorsque le bâtiment fut calfaté et regratté, on lui donna une couche de peinture, puis ses agrès réparés furent remis en place, ses mâts et ses vergues dressés, et toutes ses voiles soigneusement examinées. Un tiers des futailles, remplies d'eau douce, fut descendu dans la cale, comme lest, et tous les ustensiles nécessaires au voyage furent portés à bord. On songea aussi aux provisions. Quelques bœufs et quelques porcs furent immolés et embarqués, les soutes au pain abondamment garnies ; enfin on mit à bord de quoi nourrir l'équipage jusqu'à un port civilisé. Le gouverneur était si embarrassé sur la question de savoir comment il composerait l'équipage, qu'il envergua même les voiles avant de réunir de nouveau le conseil. Mais il n'y avait plus de remise possible. Bob était revenu depuis longtemps avec la nouvelle qu'une grande quantité de bois de sandal avait été apportée à la côte, les deux camps des Indiens ayant travaillé avec une ardeur incontestable. En moins d'un mois, *le Rancocus* pouvait avoir reçu sa cargaison, et mettre à la voile pour l'Amérique.

Le conseil était assemblé, lorsque, à l'étonnement général, Brigitte y parut, et annonça sa détermination de demeurer au Récif, tandis que son mari conduirait *le Rancocus* à ses armateurs : elle savait, disait-elle, quel était son devoir, et l'accomplirait jusqu'au bout. Marc resta saisi de surprise, en voyant l'héroïque dévouement de sa jeune épouse, et il s'éleva dans son cœur un violent combat. Toutefois, une pensée le rassurait un peu : Heaton était rempli de prudence, et ils étaient dans des termes si pacifiques avec leurs voisins, — voisins, il est vrai, séparés par quatre cents milles, — et puis le devoir était si impérieux, qu'enfin il consentit, sans laisser paraître son hésitation.

Il s'agit ensuite de choisir les hommes d'équipage. Les trois marins qui avaient manifesté le désir de rentrer dans leur pays, Johnson, Edwards et Bright, tous gens expérimentés, furent désignés d'abord ; Bob était naturellement sur les rangs pour la place de second, à laquelle Bigelow ne convenait pas moins. Bob ne connaissait pas la navigation, comme Bigelow, qui, dans les cas les plus difficiles, était sûr de retrouver sa route; mais Bob était un vieux loup de mer qui compensait par la pratique ce qui lui manquait en théorie. Pour tout concilier, le gouverneur nomma Bob son lieutenant en premier, et Bigelow lieutenant en second. Brown restait au Récif, et devait y remplir, pendant l'absence de Marc, les fonctions de gouverneur. Il eut avec celui-ci une conférence particulière, dans laquelle il supplia instamment le gouverneur d'avoir la bonté de lui choisir une bonne femme, bien conditionnée, capable de faire le bonheur d'un honnête homme, et de la lui ramener. Marc promit de faire tout son possible pour s'acquitter d'une commission si délicate, et Brown le quitta enchanté.

Marc crut prudent d'avoir à bord au moins huit hommes blancs, ayant l'intention de demander à Ooroony quelques naturels pour l'aider dans la manœuvre et dans les autres travaux : il était convaincu qu'avec un pareil équipage il se tirerait parfaitement d'affaire. Wattles préféra rester avec son ami Brown; mais Dickinson et Harris, quoique disposés à revenir plus tard à la colonie, aimaient mieux partir sur le bâtiment. Comme Brown, ils aspiraient après des compagnes, mais ils tenaient à les choisir eux-mêmes. Wattles fut le seul qui ne s'expliqua pas à ce sujet. Nous devons ajouter qu'avant l'appareillage du navire un nouveau mariage avait été célébré, celui d'Uncus et de Junon. Il avaient élu domicile au Pic, où Uncus s'était bâti une cabane fort commode : Brigitte avait installé le jeune couple, et avait pris plaisir à monter leur ménage; elle leur avait donné un porc, quelques poules, enfin tout ce qui pouvait leur être nécessaire.

Le jour du départ arriva enfin. Marc avait conduit *le Rancocus*, à travers les courants, dans une bonne rade. L'équipage monta à bord. Brigitte pleura longtemps dans les bras de son mari, mais elle finit par commander à son émotion, et elle prit même un air assez résigné pour inspirer les mêmes sentiments aux autres femmes. Chacun en était venu à regarder la présence de Marc à Philadelphie comme si indispensable, que son départ ne pouvait donner lieu à aucune observation ; mais une séparation d'une année n'en est pas moins pénible, et les derniers adieux ne furent point exempts de toute inquiétude. L'Amie Marthe quitta l'Ami Bob avec une apparence de calme qui n'était pas en harmonie avec l'état de son cœur. Douée d'une nature calme mais aimante, elle avait rendu son mari très-heureux, et Bob savait bien apprécier toute la valeur de sa femme ; mais Bob était marin avant tout ; la mer était son élément, et il ne se préoccupait pas plus d'un voyage autour du monde, qu'un campagnard d'une course au marché. Il voyait toujours sa femme dans la perspective créée par son imagination ; mais cette perspective n'était qu'au terme du voyage.

Au point du jour, *le Rancocus* mit à la voile; Brown et Wattles le suivirent sur *la Neshamony* jusqu'au Groupe de Betto, afin de rapporter au Récif les dernières nouvelles des voyageurs. Marc fit dire à Ooroony d'assembler ses chefs et ses prêtres, et d'interdire toutes relations avec les blancs pendant une année : au bout de ce temps il leur promettait de revenir avec des présents qui ne leur seraient pas désagréables. Waally ne fut pas exclu de ces arrangements, et, en quittant les îles, Marc, confiant dans la vertu d'une interdiction revêtue d'un caractère religieux, dans la puissance d'Ooroony, et dans la vigilance de son rival, fut tout à fait rassuré sur le sort de la colonie pendant son absence. Le lecteur remarquera que, sans le schooner, le Pic et le Récif eussent été dans des conditions de défense très-insuffisantes. Avec ce bâtiment, et Brown, Wattles, Socrate et Uncus pour le manœuvrer, une flotte entière de canots pouvait être dispersée; mais dans une invasion, le moindre accident à *l'Abraham* eût été fatal à la colonie. Heaton avait reçu pour instruction de tenir constamment le schooner à la mer, et de faire, au moins tous les deux mois, une excursion aux États d'Oorony, afin de surveiller ce qui s'y passait. Le prétexte était d'échanger des colliers, des haches et du vieux fer, contre du bois de sandal; mais l'objet principal était d'avoir l'œil sur les mouvements des sauvages et d'examiner leurs dispositions.

Après avoir pris à bord une quantité considérable de bois de sandal, et avoir reçu d'Ooroony huit hommes actifs, *le Rancocus* se dirigea vers Canton. Dès qu'il fut en pleine mer, le gouverneur, brassant carré, s'éloigna du Récif, et *la Neshamony* mit à la voile à son tour pour porter à la colonie les lettres des voyageurs. Au bout de cinquante jours, le navire entra dans le port de Canton, où il se débarrassa facilement et avantageusement de sa cargaison. Marc fit même une opération tellement lucrative qu'après avoir rempli son bâtiment de thés, il se trouva en possession d'un actif assez considérable, et crut pouvoir modifier ses projets. Un petit brick américain était à vendre: on ne le regardait pas comme assez solide pour doubler le Cap, ou pour supporter de gros temps; cependant il pouvait naviguer plusieurs années sur une mer aussi calme que l'océan Pacifique: Marc en fit l'acquisition pour un prix modique. Il mit à bord du brick tout ce qu'il put trouver de denrées utiles, entre autres, quelques vaches, etc. Les vaches d'Angleterre n'étaient pas rares; les bâtiments venant d'Europe en apportaient souvent, et les abandonnaient dans ces parages. Marc put s'en procurer six, pensant, avec raison, que cette acquisition serait bien précieuse pour la colonie. Il prit aussi une ample provision de fer, de munitions, d'armes et de fusils. La dépense totale, y compris le brick lui-même, ne dépassa pas sept mille dollars, somme que Marc pensait recevoir à Philadelphie, sur la fortune personnelle de Brigitte; avec cette somme il comptait payer le prix du bois de sandal, si les intéressés l'exigeaient. Quant au brick, il était fin voilier, et doublé en cuivre un peu vieux il est vrai, mais encore assez solide. Il était armé de dix pièces de six. Il était du port de deux cents tonneaux, et s'appelait *la Sirène*. Les papiers étaient tous américains et parfaitement en règle.

Le gouverneur n'aurait pas fait cette acquisition sans la rencontre qu'il fit à Canton d'un ancien ami, qui, ayant épousé à Calcutta une jeune et jolie Anglaise, de manières fort distinguées, avait dû résigner ses fonctions dans la marine. Saunders avait deux ou trois ans de plus que Marc, et était d'un excellent caractère. Lorsqu'il apprit l'histoire de la colonie, il brûla du désir de s'y adjoindre, s'engageant à lever un équipage d'Américains, tous, comme lui, sans occupation, et à conduire le brick au Récif. L'arrangement fut conclu; *la Sirène* mit à la voile pour le Cratère la veille du jour où *le Rancocus* partit pour Philadelphie : Bigelow passa sur *la Sirène* comme pilote et premier lieutenant; Woolston avait engagé un autre officier pour le remplacer. Les deux bâtiments se rencontrèrent dans les mers de la Chine, et marchèrent de conserve pendant une semaine, au bout de laquelle chacun cingla de son côté. Le gouverneur était heureux de penser que ce qu'il avait fait était pour le bien de la colonie. Le jour de l'arrivée de *la Sirène* au Récif serait un grand événement; et comme les instructions de Saunders lui interdisaient de quitter les îles avant la fin de l'année, sa présence serait un gage certain de tranquillité.

Il est inutile de nous appesantir sur le passage du *Rancocus*. Au temps voulu, il entra dans la Delaware, surprenant tous les intéressés par sa subite apparition. L'Ami Abraham White était mort, et la société dissoute; mais la propriété avait été transmise aux assureurs par suite du paiement de la somme convenue. Marc fit un rapport détaillé de tous les événements, vendit les thés fort avantageusement, et eut la satisfaction de voir sa conduite approuvée de tous. Déduction faite de la somme payée aux assureurs, capital et intérêts, la compagnie résolut de donner le bâtiment, et le surplus des produits de la vente, au capitaine Woolston, pour reconnaître ses services et sa loyauté. Marc n'avait rien caché dans son récit, mais il avait raconté son histoire avec simplicité et sans chercher à se faire valoir. Le jeune marin, outre le navire, qui lui fut concédé légalement, reçut environ onze mille dollars, argent comptant. Encore une fois, l'honnêteté est la meilleure politique !

Est-il besoin de dire qu'après ce succès, Marc Woolston fut regardé comme un grand homme ? Non-seulement il fut reçu à bras ouverts par sa famille, mais le docteur Yardley revint sur son compte, et daigna lui prendre la main. On lui rendit de fidèles comptes de tutelle ; de sorte qu'il se trouva en possession de plus de vingt mille dollars. Il se mit dès lors à prendre tous ses arrangements pour retourner au Cratère, près de Brigitte ; c'était au Cratère qu'il désirait se fixer, de préférence au Pic ; et ce goût était partagé par sa charmante compagne. Tous deux avaient un secret penchant pour l'endroit où le mari, loin de sa femme, si aimante et si alarmée, avait passé tant d'heures solitaires !

CHAPITRE XX.

> Tu te plains de ton sort, mortel ! — Mais tes chagrins
> Sont enchâssés au ciel dans de riches écrins.
> Plus tard, ta moindre peine aura sa récompense.
> Chante l'hymne sans fin de la reconnaissance !
> *Alchimie morale.*

MARC WOOLSTON dut procéder avec une grande prudence. Il aurait pu profiter de la facilité qu'il avait de quitter les îles ; il lui suffisait de faire encore un voyage, de remplir le bâtiment de bois de sandal, et d'emmener ceux qui auraient voulu le suivre ; mais il était comme ensorcelé par ce climat, qui avait tout le charme d'une latitude aussi basse, sans en avoir les inconvénients. Les brises de mer conservaient une fraîcheur qui tempérait l'air même au Récif; au Pic, dans les mois les plus chauds, rarement on devait cesser le travail en plein midi. Le climat, en somme, ne différait pas beaucoup de celui de la Pensylvanie ; seulement, dans ces îles nouvelles, il n'y avait pas d'hiver. Rien n'exerce plus d'influence sur les hommes qu'un délicieux climat. Tant qu'ils en jouissent, ils n'y sont point aussi sensibles; mais c'est lorsque cet air pur vient à leur manquer, qu'ils sentent la privation. Tous les voyageurs reconnaissent ce charme du climat, charme bien supérieur aux beautés ordinaires de la nature ; de même qu'un caractère doux et modeste embellit plus une femme qu'une peau fine, ou des yeux noirs. Les Alpes et les Apennins en fournissent une preuve. Sous le rapport de la hauteur, de la magnificence, de tout ce qui captive, de prime abord, la raison et le goût, les Alpes l'emportent de beaucoup; mais les Apennins seront toujours préférés par l'homme sensible. Nous sommes frappés d'admiration à la vue de la Suisse, mais nous aimons l'Italie. La différence tient au climat ; transportez les Alpes dans une latitude plus basse, et ces montagnes seront sans pareilles.

Marc Woolston n'avait pas la moindre envie d'abandonner le Cratère et le Pic. Il ne voulait pas non plus les peupler au hasard, et, en formant une société politique, y jeter des germes de dissensions, qui la feraient périr en peu de temps. Au contraire, son désir était de chercher à y maintenir la tranquillité et la bonne harmonie, qui, plus que la force et le nombre, pouvaient lui donner les avantages de la civilisation, et de laisser à la nature le soin d'accroître sa population. C'était cette pensée qui dictait toute la conduite de Woolston. Le lecteur remarquera que le gouverneur n'était pas dominé par cet esprit de commerce, si actif de nos jours, et qu'il préférait le bonheur à la fortune, comme la morale à la puissance.

Parmi les connaissances de Marc se trouvait un jeune homme,

à peu près de son âge, nommé Pennock, qui lui parut être l'homme qu'il lui fallait pour l'accomplissement de son dessein. Pennock s'était marié très-jeune, et était père de trois enfants. Il commençait à sentir les charges d'une famille, et sa situation était des plus précaires. C'était un excellent fermier, élevé dans l'amour du travail, et qu'on avait destiné à une profession libérale. Marc lui raconta son histoire, lui exposa, sous le secret, ses projets tout au long, et lui offrit de l'emmener, lui, sa femme, ses enfants, et deux de ses sœurs qui n'étaient pas mariées. Après avoir pris quelque temps pour y réfléchir, Pennock accepta l'offre aussi cordialement qu'elle lui était faite. A partir de ce moment, le gouverneur remit à John Pennock le soin de choisir le reste des émigrants, ce qui lui permit de terminer ses achats et de disposer tout pour un prochain appareillage. Deux de ses frères, Charles et Abraham Woolston, ayant exprimé le désir de se joindre à la colonie, furent portés sur la liste. Cinq ou six autres postulants furent encore admis directement par le gouverneur, sans l'intervention de Pennock. Tout cela fut fait dans le plus profond secret, Marc désirant, pour plusieurs raisons, ne pas attirer l'attention publique sur sa colonie.

Ces raisons étaient sérieuses. En premier lieu, retenir le monopole d'un commerce qui pouvait être si profitable, était un motif trop évident pour qu'il soit besoin de l'appuyer d'aucun argument. Aussi longtemps que le bois de sandal serait abondant, la colonie battrait monnaie en toute liberté. Mais il était certain que de nombreux compétiteurs se rueraient sur les îles, du moment que l'existence d'une pareille mine de richesses viendrait à être révélée. Alors Marc redoutait la cupidité des gouvernements établis, et leur ambition d'acquérir de nouveaux territoires. Il était impossible de posséder à un meilleur titre que celui auquel Marc occupait ses domaines. Mais que peut le droit contre la force? Quant à son pays natal, dont en notre temps on proclame si haut la rapacité et l'ambition, Marc n'avait nulle crainte de ce côté. De toutes les grandes nations, l'Amérique, sans être absolument à l'abri de tout reproche, était probablement celle qui en avait le moins à se faire sous le rapport des acquisitions illégales. Ses conquêtes à main armée étaient peu nombreuses et n'avaient même pas de caractère bien déterminé. Et puis on verra qu'après tout l'Amérique n'aura enlevé au Mexique que les possessions qu'il ne pouvait garder ; et si cette dernière nation avait toujours observé la foi des traités, jamais elle n'aurait eu à essuyer les attaques de ses voisins.

Les sociétés qui vivent sous un système ont l'habitude de décrier tous ceux qui ne les imitent pas ; mais les hommes ne sont pas si aveugles qu'ils ne voient pas le soleil en plein midi. Une nation déclare la guerre pour un coup d'éventail reçu par son consul, et voilà toute une contrée d'origine, de religion et de mœurs différentes, qui passe sous sa domination. Une autre nation brûle des villes et massacre les habitants par milliers, parce que les gouvernants ont refusé d'admettre sur leur territoire une drogue empoisonnée, offense envers les lois du commerce qui ne peut être expiée que par une invasion terrible. Les hommes d'État de ces deux sociétés affectent cependant une grande sensibilité, lorsque, après un long sommeil, le jeune lion de l'Occident se dresse dans sa tanière, et, après vingt années de patience, allonge ses griffes pour punir des outrages qu'aucune autre nation, ayant la conscience de sa force, n'eût endurés même quelques mois ; mais c'est le jeune lion de l'Occident ! Qu'importe : tandis que la Nouvelle-Zélande et Taïti sont mis sous le joug, la Californie peut être admise à partager les droits des citoyens de l'Amérique.

Le gouverneur ne se dissimulait pas que, s'il révélait l'existence des îles, il lui arriverait de toutes parts des demandes d'admission dans la colonie ; aussi prit-il les plus grandes peines pour cacher sa découverte. L'arrivée du *Rancocus* fut insérée dans les journaux sans réflexions ; on donnait seulement à entendre au lecteur que le bâtiment avait touché sur des brisants et avait perdu la presque totalité de son équipage ; que plus tard il avait recueilli ceux qui survivaient, réparé ses avaries et achevé le voyage. Alors on n'avait pas encore fait cette grande découverte que les hommes ne sont autre chose que matière à articles de journaux, et le monde avait la folie de croire que les journaux, au contraire, n'étaient qu'un incident dans la société, et qu'ils étaient soumis à ses règles et à ses intérêts. On accordait encore quelques égards aux droits des particuliers, et le règne du cancan n'était pas commencé.

Marc et ses îles échappèrent donc aux commentaires. Il n'avait eu, par exemple, aucun besoin de parler du Pic aux assureurs; et, sous ce rapport, il garda un silence prudent, ainsi que sur ses commencements de colonisation. La manière dont le bâtiment avait été en dérive sous le vent, et dont l'équipage avait été recueilli, fut racontée exactement, ainsi que les procédés de sauvetage qu'on avait employés. Marc ajouta seulement qu'une partie de la cargaison avait été appropriée à ses besoins, sans entrer dans aucun détail, et comme les résultats étaient satisfaisants, les assureurs n'en demandèrent pas davantage.

Aussitôt les caps doublés, le gouverneur fit l'inventaire de sa cargaison. Il emportait un grand nombre d'articles dont l'expérience lui avait appris l'utilité, entre autres une collection d'instruments et de grains qui ne faisaient pas partie de l'assortiment réuni par feu l'Ami Abraham White en faveur des naturels de Fejee. Il emmenait encore une demi-douzaine de vaches, et une espèce améliorée de porcs, ainsi qu'une couple de juments, car s'il ne fallait pas à la colonie une grande quantité de chevaux, il était utile d'en conserver toujours quelques-uns. On avait aussi besoin de bœufs, mais un des nouveaux colons amenait son attelage qui pouvait suffire provisoirement. Des voitures et des chariots avaient été embarqués en nombre suffisant. Une bonne provision de fer en barres fut faite, outre les clous et les autres menus articles du même métal. Enfin Marc emportait quelques milliers de dollars, particulièrement en petites pièces et en monnaie de cuivre; mais, en outre, tous les émigrants avaient avec eux des espèces en plus ou moins grande quantité.

On avait mis au fond de la cale une certaine quantité de bois de construction, quoique le moulin à scier les planches fût alors en pleine activité. Le magasin était bien pourvu de munitions, et le gouverneur avait fait l'acquisition de quatre petites pièces de campagne, de deux pièces de trois et de deux obusiers de douze, avec leurs affûts. Il avait aussi acheté six canons de bord ; ces pièces convenaient mieux aux batteries que les caronades, trop légères pour résister à un feu soutenu, et éparpillant trop la mitraille, pour porter loin. Le *Rancocus* avait aussi un armement entièrement nouveau, ayant laissé au Récif ses anciennes pièces. Marc emportait encore deux cents mousquets et cinquante paires de pistolets. On voit que rien n'avait été négligé pour la défense matérielle de la colonie.

Toutefois c'était à la partie humaine, si l'on peut s'exprimer ainsi, de la cargaison, que le gouverneur attachait le plus d'importance. Aussi le choix des émigrants avait-il été fait avec le plus grand soin, et la première condition d'admission était la moralité. Il fallait ensuite chercher à ce que les différents corps de métiers y fussent représentés. Ainsi, il y avait parmi les nouveaux venus des charpentiers, des maçons, des forgerons, des tailleurs, des cordonniers, etc., au moins un homme, et quelquefois plus, de chaque profession. Tous étaient mariés, à l'exception de quelques jeunes frères et sœurs, dont une douzaine furent admis avec leurs parents. Tout l'entrepont fut disposé pour recevoir les colons, au nombre de deux cent sept, sans compter les enfants.

Marc Woolston était trop sensé pour tomber dans aucune de ces absurdités modernes, au sujet de l'égalité et de la communauté des biens. Un ou deux individus avaient voulu l'accompagner, avec l'intention de former une association, dans laquelle la propriété serait en commun, et où l'on n'agirait que conformément au droit naturel. A cette dernière proposition, Marc n'avait aucune objection à faire ; mais quant à l'application, quant aux moyens d'arriver à ce résultat, il n'y eut aucun moyen de s'entendre. Son opinion était que la civilisation ne peut pas exister sans la propriété, et que la propriété elle-même ne peut exister sans un intérêt direct et personnel, qui veille à son accumulation et à sa conservation. D'un autre côté, ces utopistes prétendaient que le travail en commun était préférable au travail individuel, et que cent hommes dont les individualités seraient comprimées en une seule, auraient plus de chances de bonheur et de moralité que s'ils restaient isolés comme ils le sont naturellement. Ils auraient pu avoir raison, s'il leur avait été possible de faire que ces cent individus n'en fissent qu'un; mais comme la chose était impossible malgré tous leurs efforts, il y aurait toujours eu cent individus, liés ensemble plus étroitement, peut-être, mais jouissant de bien moins de liberté que leurs semblables.

De tous les sophismes, le plus absurde est celui qui prétend que la liberté de l'individu s'accroît en raison de la puissance donnée à la masse. L'individualité, au contraire, est détruite en mille occasions par cette puissance telle qu'elle existe dans ce pays, où souvent un homme est persécuté parce qu'il n'agit ni ne pense comme ses voisins, en dépit de la protection que lui doivent les lois; puissance terrible, vexatoire et tyrannique. Et la raison en est bien simple. Dans les pays où l'autorité est entre les mains de quelques hommes, si un individu résiste à leur injustice, la sympathie publique lui est acquise; mais on est sans pitié pour l'homme qui se révolte contre la sentence d'une majorité. Son droit fût-il aussi clair que le jour, cette oppression résulte souvent moins de l'expression que du silence de la loi. La responsabilité trop divisée entraîne les plus graves abus, qui se commettent sans réflexion et sans remords.

Marc Woolston avait trop souvent médité sur ce sujet pour être la dupe de pareilles théories. Loin de s'imaginer que l'on ne savait rien avant les dix dernières années du dix-huitième siècle, il était de l'avis du sage « qu'il n'y a rien de nouveau sous le soleil, » et, comme « il faut faire la part des circonstances, » il n'avait pas l'intention de gouverner le Cratère comme il eût gouverné la Pensylvanie ou le Japon. Mais il n'oubliait pas qu'il existe de grandes vérités morales, qui sont la règle de la famille humaine, et qui ne peuvent être mises impunément de côté par les visionnaires.

Tout ce qui concernait la colonie devait être essentiellement pratique. Le gouverneur, qui avait trop bien examiné toutes les questions, pour être arrêté par aucune difficulté, avait son plan bien tracé. Aussi lorsque deux jeunes gens, versés dans la science du droit, lui témoignèrent le désir de l'accompagner, il n'hésita pas à les refuser. Le droit, en tant que science, est une étude dont l'utilité est incontestable, mais le gouverneur pensait avec raison que ses compagnons pouvaient vivre heureux longtemps encore sans être aussi savants. Un médecin vint aussi offrir ses services : Marc, qui se rappelait les querelles de son père et de son beau-père, pensa que c'était assez d'Heaton, et qu'il valait autant mourir par un système que par deux. La plus grande difficulté fut sous le rapport de la religion. La question de secte n'était pas aussi sérieusement débattue il y a un demi-siècle qu'à présent, pourtant elle était déjà sur le tapis. Il y avait à Bristol beaucoup de membres de l'église anglicane, et la famille de Marc en faisait partie. Brigitte, elle, était presbytérienne, et la plus grande partie des nouveaux colons étaient ce qu'on appelle des quakers tièdes : c'est-à-dire des hommes peu attachés à leurs opinions, et peu rigides dans la pratique. Voici donc quel était l'embarras de Marc : un seul prêtre était bien suffisant pour toute la colonie ; mais un même prêtre ne serait point écouté de toutes les sectes; de quelle secte fallait-il le choisir? Le gouverneur désespérait de résoudre cette question, lorsqu'elle fut en quelque sorte tranchée naturellement. Parmi les parents de Heaton se trouvait un jeune homme, nommé Hornblower, qui avait été ordonné prêtre par le directeur White, et dont la santé réclamait un climat plus doux que celui sous lequel il vivait. Ce motif, mis en avant, ne trouva point d'opposition parmi les colons, et le prêtre fut reçu à bord, avec sa femme, sa sœur et ses deux enfants. Combien de fois nous voyons la réflexion dissiper les préjugés les plus enracinés !

Nous n'avons pas l'intention de suivre *le Rancocus*, jour par jour, dans son voyage. Le bâtiment toucha à Rio, et remit à la voile au bout de quarante-huit heures. La traversée offrit peu d'incidents dignes d'être mentionnés : en sortant des eaux du Cap, une des vaches fut renversée par un coup de vent, et on ne put la sauver. Quelques jours après, un enfant mourait à la suite de convulsions; mais, d'un autre côté, trois enfants étaient nés dans la même semaine.

Il y avait cent soixante jours que le bâtiment était en mer, en comptant la station à Rio, et tous les voyageurs étaient impatients d'arriver. A dire vrai, quelques-uns des émigrants doutaient de l'habileté du gouverneur à retrouver les îles, dont personne, du reste, ne contestait l'existence. Cependant les naturels déclarèrent qu'ils commençaient à flairer la terre, et cette assurance donnée par des hommes ignorants, qui la puisaient peut-être dans leur seule imagination, eut plus de poids sur les émigrants que toutes les observations et que tous les instruments du gouverneur.

Un jour, un peu avant-midi, Marc parut sur le pont avec son quart de cercle, et, tout en essayant les verres de l'instrument, il annonça que, suivant sa conviction, le bâtiment entrerait sous peu dans les eaux du Cratère. Un courant l'avait porté plus au nord qu'il ne pensait, mais ayant gouverné au sud-ouest, il attendait midi pour pouvoir calculer la latitude, et s'assurer de la position où il se trouvait. Comme le gouverneur observait toujours une certaine réserve, et avait l'habitude de ne faire que les communications absolument nécessaires, cette annonce fut accueillie avec transports par l'équipage et les émigrants. Tous les yeux se tournèrent vers le point où l'on espérait apercevoir bientôt la terre. A midi, le gouverneur avait fait ses observations, et il trouva qu'il était à trente milles environ au nord des îles qu'il cherchait. Son calcul lui indiquant qu'il était encore trop à l'est, il gouverna dans la direction où il pensait trouver la terre. Au bout de trois heures, les hommes en vigie dans les barres de perroquet dirent qu'ils n'apercevaient rien de l'avant. Un affreux soupçon traversa alors l'esprit de Marc : une nouvelle convulsion de la nature aurait-elle englouti les îles ? Mais cette crainte ne dura qu'un instant, car bientôt le cri : « Une voile ! » se fit entendre, et fut répété par tout l'équipage.

C'était le premier navire que voyait *le Rancocus* depuis son départ de Rio. Au bout d'une heure, les deux bâtiments furent assez rapprochés pour qu'on pût, à l'aide de la lunette, distinguer réciproquement les objets ; et la dunette du *Rancocus* fut bientôt érigée en un observatoire, d'où le nouveau venu était attentivement examiné.

— C'est *la Sirène !* dit Marc à Bob. Rien n'est plus certain. Mais que vient-elle faire ici, au vent des îles ? je ne sais qu'imaginer ?

— Peut-être, Monsieur, est-ce une croisière qu'on fait en notre honneur, répondit Bob. Oui, c'est à peu près le temps où ils doivent nous attendre ; je gagerais que mistress Woolston et l'Amie Marthe ont mis dans leur tête de venir à notre rencontre pour voir plus tôt leurs fidèles époux !

Ces mots firent sourire le gouverneur, qui continua ses observations en silence.

— Sa marche est bien étrange, Bob, dit-il enfin. Regardez-la donc. Elle embarde comme une galiote battue par le vent, et court des bordées comme un homme ivre. Il ne doit y avoir personne à la barre.

— Et comme sa voile, sauf votre respect, est mal établie ! Voyez donc le grand hunier ! une des écoutes n'est pas roidie ; la vergue est brassée à coeffer.

Le gouverneur, fort préoccupé, se promena sur le pont pendant cinq minutes, s'arrêtant de temps à autre pour considérer le bâtiment qui n'était plus qu'à une lieue du *Rancocus*. Soudain, il appela Bob.

— Ordonne le branle-bas ! cria-t-il. Tout le monde à son poste !

Cet ordre mit tout en mouvement à bord. Les femmes et les

enfants descendirent, et les hommes qui, pendant ces cinq mois, avaient été constamment exercés, coururent à leur poste, avec l'assurance de vieux marins. Les canons furent détachés, des gargousses et des boulets furent placés à côté, en un mot, tout fut disposé pour le combat. Les deux bâtiments n'étaient plus qu'à une portée de canon. Mais personne à bord du *Rancocus* ne pouvait comprendre les évolutions de *la Sirène*. La plupart de ses voiles carrées étaient en place, mais sans qu'aucune fut bordée à toucher, ou même hissée convenablement. Une tentative avait été faite pour brasser les vergues, mais les bras étaient mal placés; aucun ordre n'avait présidé au gréement.

Mais ce qu'il y avait de plus remarquable, c'était la marche du brick. Son intention semblait être d'amortir son aile devant le vent; mais il faisait à tous moments des embardées telles, que quelques-unes de ses voiles légères étaient presque constamment coeffées.

Marc observait ces mouvements avec la plus grande attention, ainsi que l'aspect des gens de l'équipage qui se montraient dans les agrès.

— Mettez un canon de chasse en batterie ! cria-t-il à Betts; il doit être arrivé quelque affreuse catastrophe! Le brick est au pouvoir des sauvages, qui ne savent point le diriger!

On peut se figurer l'effet que produisit une pareille nouvelle. Si les sauvages étaient maîtres du brick, ils l'étaient donc aussi du Pic et du Récif; et alors, quel était le sort des colons? Il se passa un quart-d'heure d'attente horrible pour tout l'équipage, et d'angoisses inexprimables pour Marc. Bob n'était pas le moins agité; et si dans ce moment un des hommes de Waally se fût trouvé sous sa main, il ne l'eût pas ménagé. Était-il possible qu'Ooroony les eût trahis? Marc ne pouvait le croire, et comme Bob, il disait qu'une pareille trahison était impossible.

— Cette pièce est-elle prête? demanda le gouverneur.

— Oui, oui, commandant; toute prête.

— Eh bien! Feu; et pointe haut; effrayons-les d'abord; mais s'ils résistent, malheur à eux!

Bob fit feu, et au grand étonnement de tout l'équipage, le brick répondit immédiatement par une bordée! Mais cette énergique démonstration fut la seule marque de résistance du bâtiment ennemi; bien que le brick eût tiré cinq pièces, presque à la fois, la décharge n'avait causé aucun dommage au *Rancocus*, les Indiens ayant tiré presque au hasard. Il n'en fut pas de même des sauvages, dont trois ou quatre avaient été renversés par le recul. Aussitôt il n'y eut plus aucune apparence d'ordre à bord du brick. Le bâtiment fit chapelle, et les voiles se trouvèrent coeffées. Cependant le *Rancocus* s'avançait de plus en plus, avec l'intention d'en venir à l'abordage; mais le gouverneur, ne voulant pas exposer ses hommes à un combat corps à corps, dont ils n'avaient pas l'habitude, ordonna de tirer à mitraille sur le brick. Il n'en fallut pas davantage pour décider l'affaire. Une demi-douzaine de sauvages furent tués ou blessés; d'autres coururent se cacher à fond de cale, ou montèrent dans les hunes; la plupart, sans hésiter, sautèrent par dessus le bord. A la grande surprise des spectateurs, les hommes qui s'étaient jetés à la mer, se mirent à nager dans la direction du vent, ce qui annonçait évidemment qu'ils savaient trouver une terre ou des canots de ce côté. En présence d'un tel état de choses, Marc loffa sous l'arcasse du brick, et jeta le grappin d'abordage. Au même instant il s'élança sur le pont à la tête de vingt de ses hommes, et en une minute il était maître du bâtiment.

Aussitôt que le gouverneur eut fini de donner ses ordres comme marin, il descendit dans l'intérieur du brick. Dans la cabine il trouva M. Saunders (ou le capitaine Saunders, comme l'appelaient les colons), les pieds et les mains liés. Le cambusier avait eu le même sort, ainsi que Bigelow, qu'on trouva aussi prisonnier dans le logement des matelots. C'étaient là tous les colons qui se trouvaient à bord, et l'équipage ne comptait même que deux hommes de plus au moment où le brick avait été capturé.

Le capitaine Saunders ne put guère en apprendre au gouverneur plus que celui-ci n'en voyait de ses propres yeux. Toutefois un fait important qu'il s'empressa de lui communiquer, c'est que Marc, au lieu d'être au vent du Cratère en était alors sous le vent, les courants ayant porté *le Rancocus* plus à l'ouest qu'on ne croyait. Le bâtiment eût abordé à l'île Rancocus au lever du soleil, s'il eût persisté dans la direction qu'il suivait lorsqu'il aperçut *la Sirène*.

Marc fut bientôt rassuré sur ce qui lui importait le plus, sur le sort des femmes de la colonie. Elles étaient toutes au Pic, qu'elles n'avaient point quitté depuis six mois, alors que la mort du bon Ooroony avait rendu à Waally toute sa puissance. Aussitôt après la mort de son père, le fils d'Ooroony avait été renversé, et Waally n'avait tenu aucun compte de l'espèce d'anathème religieux prononcé contre quiconque approcherait du brick, assurant à son peuple qu'il ne pouvait avoir aucune importance, lorsqu'il s'agissait de blancs. Ce fut en promettant le pillage de tout ce que les colons possédaient, ainsi que des trésors de fer et de cuivre qu'on trouverait sur leurs navires, que Waally parvint à reprendre son autorité. Toutefois la guerre ne s'alluma point aussitôt que Waally eut révolutionné les îles en sa faveur. Au contraire, en politique habile, il combla les colons de protestations d'amitié, leur peignant ses actes comme nécessaires au bien de ces îles ; il avait fait d'immenses provisions de bois de sandal, qu'il permettait de transporter au Cratère, où une cargaison entière était déjà arrivée ; en un mot, il n'était pas de démonstrations amicales qu'il ne fît pour tromper la vigilance des colons. Personne au Cratère ne s'attendait à une invasion ; mais on s'apprêtait à la réception de Marc, dont le retour était attendu d'heure en heure, depuis une quinzaine de jours.

La Sirène avait pris aux îles de Betto une grande quantité de bois qu'elle avait déchargée au Cratère ; puis elle avait mis à la voile dans l'intention d'aller au-devant du *Rancocus*, pour porter des nouvelles de la colonie, qui étaient toutes favorables, sauf la mort d'Ooroony et les derniers événements. C'était le matin même du jour où la rencontre venait d'avoir lieu. L'équipage de *la Sirène* se composait du capitaine Saunders, de Bigelow, du cuisinier et du cambusier, ainsi que de deux hommes qu'on avait engagés à Canton, et dont l'un, Chinois de naissance, n'était bon à rien. C'étaient ces deux malheureux, qui, étant de vigie, et s'étant enivrés, avaient laissé approcher une flotte de canots ennemis dans l'obscurité ; ils avaient payé de leur vie leur défaut de vigilance, car, premières victimes de la fureur des sauvages, ils avaient été massacrés et jetés par-dessus le bord. Le reste de l'équipage dut la vie au sommeil dans lequel il était plongé, et les ennemis les épargnèrent, n'ayant pas à redouter leur résistance. Au jour, le câble du brick fut coupé, les voiles établies à leur manière, et les sauvages se mirent en devoir de conduire leur proie au Groupe de Betto. Dieu sait quel eût été le sort du malheureux équipage, sans l'apparition fortuite du *Rancocus!*

Saunders ne pouvait rien dire de plus sur les projets des sauvages. Il avait été garrotté et tenu tout le temps à fond de cale ; il ne pouvait donc évaluer le nombre des canots ennemis. Cependant il pensait que *la Sirène* avait été attaquée par une très petite portion des forces de Waally, commandée par ce chef en personne. Par quelques mots recueillis durant sa captivité, le capitaine Saunders avait cru comprendre que le reste des sauvages s'était engagé dans le canal, guidés par l'intention de pénétrer jusqu'au Cratère. Socrate, Uncus et Wattles y résidaient avec leurs femmes et leurs familles ; et *la Sirène*, en partant, n'y avait pas laissé d'autres défenseurs. Lorsque *le Rancocus* avait quitté le Récif, quelques habitations y avaient été construites, et même, au Sommet, on avait élevé une maison d'assez belle dimension. Ces constructions, il est vrai, n'étaient pas tout à fait terminées, mais elles avaient une valeur inestimable pour des hommes dans la situation des colons. De plus, dans la prairie aux mille acres d'étendue, les porcs labourant par-ci, fouillant par-là, erraient à l'abandon. Socrate, de temps à autre, leur menait du Cratère un canot de vivres, afin d'entretenir avec eux des relations amicales ; ces porcs n'avaient pas encore changé entièrement de nature, cependant ils commençaient à se rapprocher sensiblement de l'état sauvage. Il y en avait alors près de deux cents, leur reproduction étant fort rapide. Il se trouvait aussi en ce moment au Cratère de grandes provisions, surtout de fer, venant de Canton, qui étaient livrées, sans résistance possible, à la merci des hordes de Waally.

Aussitôt que le gouverneur eut entendu ces détails, son parti fut pris. Il fit serrer le vent, pour passer le plus près possible de l'endroit où nageaient les Indiens : c'étaient des ennemis, c'étaient des sauvages, mais, avant cela, c'étaient des créatures humaines, et Marc ne pouvait se résigner à les abandonner au milieu de la mer. Après avoir couru quelques bordées, et louvoyé deux ou trois fois, les colons se trouvèrent au milieu des nageurs ; il n'était pas probable qu'il s'en fût échappé un sur dix, sans l'humanité de leurs ennemis. *La Sirène* mit à la mer trois ou quatre canots, et les laissa aller à la dérive ; les Indiens, malgré la terreur que leur inspirait la vue du bâtiment, nagèrent de tous côtés vers ces canots de salut et n'hésitèrent pas à s'y réfugier.

Il y avait trois canaux par lesquels *le Rancocus* pouvait arriver au Cratère ; Marc choisit celui du nord, parce qu'il était le plus rapproché, et parce qu'on pouvait le suivre sans avoir besoin de louvoyer continuellement ; comme il connaissait maintenant sa position, il n'eut pas de peine à trouver le canal. Le gouverneur donna à *la Sirène* un équipage de douze hommes, et l'envoya vers les rades de l'ouest pour couper la retraite à Waally s'il tentait de s'échapper avec le butin fait au Cratère. Quant au *Rancocus*, au bout d'une heure, il fut en vue de la terre, et, au coucher du soleil, il jeta l'ancre dans les rades du nord, où il trouvait à l'abri du vent une profondeur suffisante. Le bâtiment y passa la nuit, le gouverneur ne se souciant pas de s'engager dans d'étroits passages pendant l'obscurité.

CHAPITRE XXII.

*Le chez soi, quelle douce chose!
Qu'on le retrouve avec plaisir!*
PERCEVAL.

MARC WOOLSTON, en jetant l'ancre pour cette nuit, ne négligea pas de pousser une reconnaissance. Ce fut Bob qui en fut chargé : il monta dans un canot bien équipé et armé et se dirigea vers le Récif pour s'assurer de ce qui s'y passait. D'après les instructions du gouverneur, il devait s'avancer le plus loin qu'il serait possible, et tâcher même de communiquer avec Socrate, qui, sur le point attaqué, pouvait être considéré comme le commandant.

Bien prit au gouverneur de s'être avisé de cette mesure. Bob, ayant la chaloupe du bâtiment, qui portait deux voiles de fortune, marcha rapidement, et fut avant minuit en vue du Récif. A son grand étonnement, tout lui parut tranquille; et sa première pensée fut que les sauvages avaient accompli leur dessein et étaient repartis. Mais Bob n'était pas un homme d'un courage ordinaire, et une reconnaissance faite de loin ne le satisfaisait pas; il conduisit son embarcation jusqu'au quai naturel formé le long du Récif. Aussitôt il débarqua et prit le chemin du Cratère. La porte était négligemment entr'ouverte, et en entrant dans l'enceinte, les marins trouvèrent partout le calme, sans trace d'aucune violence récente. Bob, se souvenant que l'on préférait généralement le Sommet pour dormir, monta à l'une des cabanes qui y étaient élevées. Quelles furent sa surprise et sa joie de trouver toute la petite garnison plongée dans un profond sommeil, et sans aucune idée du danger qui la menaçait ! Dès lors il était évident que les sauvages ne s'étaient pas encore montrés, et que Socrate ignorait qu'il fût arrivé malheur au brick.

Il serait difficile de peindre la joie du nègre lorsqu'il serra la main de Bob, et qu'il apprit que son maître Marc était si près de lui avec un nombreux renfort. Du reste, comme le gouverneur avait donné à son premier lieutenant pour cette exploration vingt-cinq hommes bien armés, Bob regarda le Cratère comme en sûreté avec une telle garnison. Il renvoya la chaloupe, montée de quatre hommes, pour rendre compte au gouverneur de l'état dans lequel il avait trouvé les choses, puis il songea à organiser la défense.

Au dire de Socrate, il n'y avait pas trop à s'inquiéter, le Récif pouvant être facilement mis à l'abri d'une invasion. *L'Abraham* était mouillé devant le Pic, dans l'Anse Mignonne; il en était de même de *la Neshamony* et de la plupart des embarcations. Les porcs et les vaches étaient les plus exposés : bien qu'une partie du bétail fût habituellement gardée au Pic, il y avait encore environ deux cents porcs et huit bêtes à cornes, y compris les jeunes veaux, sur la prairie. Bob, toutefois, craignait moins pour les bêtes à cornes que pour les porcs, et voici pourquoi : c'est que les derniers seraient tués par les flèches des sauvages, tandis que Waally ferait tous ses efforts pour prendre les autres vivantes.

Socrate se plut à raconter à Bob tous les progrès de la végétation dans les îles. Partout où des semailles avaient été faites, et recouvertes d'engrais, le gazon avait poussé vert et touffu ; la prairie immense était presque tout entière verte, et assez forte pour recevoir les troupeaux. Les arbres, de toutes sortes, étaient dans l'état le plus florissant, et Socrate assurait à Bob qu'il ne reconnaîtrait pas l'île lorsqu'il la verrait au jour. De pareils discours avaient un charme tout particulier pour les nouveaux colons, qui y prêtaient une oreille avide ; pour ces hommes qui venaient de rester si longtemps à bord d'un bâtiment, la terre ferme et la verdure étaient le paradis. Mais Bob avait à songer à trop de choses pour donner une longue attention aux récits de Socrate, et il s'occupa sérieusement des moyens de défense.

Il n'y avait, à moins de venir par mer, qu'un seul chemin qui conduisît au Cratère ; ce chemin longeait le Parc aux Porcs, et traversait le pont de planches. Bob crut prudent de prendre immédiatement possession de ce passage. Il ordonna à Socrate de veiller sur la porte où il établit un poste ; quant à lui, il vint avec dix hommes prendre position tout près du pont. Les troupes de Waally pouvaient, il est vrai, se jeter à la nage, et n'attendraient sans doute pas longtemps devant le bassin ; mais il y aurait grand avantage à les combattre ainsi dans l'eau. Toutes les caronades furent chargées, puis, ces précautions prises, toutes les sentinelles à leur poste, Bob permit à ses hommes de sommeiller sans quitter leurs armes. La position était trop nouvelle pour qu'aucun fût tenté d'user de la permission, bien que le commandant lui-même donnât l'exemple, en faisant entendre ses ronflements sur tous les tons de la gamme.

Comme on s'y attendait, Waally commença l'attaque au point du jour. La chaloupe avait eu le temps de rejoindre le brick, et celui-ci faisait force de voiles vers le Cratère. *La Sirène*, suivant les instructions de Marc, était entrée dans les rades de l'ouest, et s'avançait à toutes voiles pour prendre la flotte de Waally par derrière. Telle était la situation, lorsque retentit le cri de guerre des Indiens.

Waally dirigea sa première attaque contre le pont, qu'il pensait emporter sans résistance. Sachant que le bâtiment était parti, il n'en craignait plus le feu ; mais il savait aussi que des canons étaient placés au Sommet, et il espérait s'emparer de ces pièces dans l'ardeur du premier engagement. Ces terribles instruments de destruction étaient pour les sauvages l'objet d'une profonde terreur, et Waally sentait toute l'importance d'une telle prise. Il fallait pour cela une grande rapidité dans les mouvements. Ayant pris des informations sur l'état du Récif, il pensait n'y trouver aucune résistance, supposant que, depuis qu'il avait capturé *la Sirène*, ses ennemis étaient réduits à une demi-douzaine. Ce calcul n'était pas dépourvu de raison, et, sans contredit, Socrate et les siens, seuls au Récif, et par conséquent dans toute l'île, seraient infailliblement tombés entre les mains des sauvages, sans l'arrivée fortuite d'un renfort. Les Indiens poussèrent leurs cris, lorsqu'ils virent que le pont était retiré, et aussitôt le poste placé sur le Récif leur envoya une terrible décharge. Ainsi commença le combat, qui s'engagea avec une furie et des clameurs prodigieuses. Waally ne savait de quel côté viser, car il n'apercevait pas les hommes dont il essuyait le feu; il ne pouvait les voir sur le Récif que par intervalles, ceux-ci se cachant derrière les anfractuosités des rochers. Waally, après avoir fait feu de sa mousqueterie, se décida à livrer l'assaut; plusieurs centaines d'hommes se jetèrent à la nage, et, traversant le bassin, se dirigèrent vers le Cratère. Averti par ce mouvement, Bob se retira avec calme et en bon ordre vers la porte, laissant les sauvages gagner le Récif, sans les inquiéter. Ceux-ci prirent terre en foule, et se ruèrent de tous côtés, avides de pillage et altérés de sang. Bob passa immédiatement la porte avec ses hommes, la referma, sachant bien que ses efforts pour arrêter le torrent à l'extérieur seraient inutiles, et il ne songea plus qu'à la défense du Cratère.

Le plateau qui servait de citadelle n'avait pas, on s'en souvient, moins de cent acres de superficie, et cette étendue rendait la garnison insuffisante pour soutenir un siége. Il n'eût pas été possible de songer à s'y défendre sans la certitude d'être soutenu par des forces qui ne pouvaient être éloignées. Cette pensée encourageait la garnison, et la confiance triplait ses forces. Bob divisa ses hommes en petits détachements de deux, et les échelonna autour du plateau, avec ordre de veiller sans cesse, et de se soutenir mutuellement. Il savait bien qu'il n'était pas d'autre moyen de pénétrer au Cratère qu'en passant par la porte, à moins d'apporter des échelles, ou quelque machine de siége. Or, pendant les préparatifs de l'assaut, le jour serait complétement venu, et les colons auraient tout le temps de se porter en force suffisante sur le point menacé. La porte, en outre, était commandée par une caronade et gardée par un poste.

Waally fut cruellement désappointé, en s'apercevant que le Sommet ne pouvait être escaladé sans recourir à des moyens artificiels quelconques. Il eut, au moins, la prudence de faire retirer ses hommes derrière les rochers, muraille naturelle qui les tenait à l'abri du feu des caronades, mais qui les réduisait en même temps à une complète inaction. A quelque distance, derrière une cabane, Waally apercevait une masse de fer assez considérable, et d'autres objets d'une valeur moindre peut-être, mais qui ne tentaient pas moins sa cupidité; détacher un de ses hommes pour s'en emparer, c'était l'envoyer à une mort certaine; et le pouvoir magique des balles et des boulets gardait mieux la propriété des colons que tous les anathèmes du monde. Pendant cette mémorable matinée, il y avait, comme on le sut par la suite, onze cents guerriers sur le Récif, sous les remparts naturels du Cratère. Il y avait en outre une centaine d'hommes dans les canots, soit dans les rades de l'Ouest, soit en pleine mer, attendant l'issue de l'entreprise. Enfin Waally tenta un effort; il ordonna à une troupe de se hisser sur le plateau, en montant sur les épaules les uns des autres. Ce plan paraissait d'abord avoir réussi, mais le premier Indien qui montra sa tête au-dessus du roc, reçut une balle qui lui fendit le crâne, et tomba, entraînant avec lui plusieurs de ses compagnons qui se brisèrent les os dans leur chute. Le coup avait été ajusté par Socrate. La position complétement isolée du Cratère, ajoutait singulièrement à sa force, en tant que poste militaire, et Waally se sentait arrêté par des difficultés qui, certes, eussent embarrassé un de nos généraux. Pour la première fois de sa vie, ce guerrier rencontrait une forteresse, qui ne pouvait céder qu'à un siége régulier ou à un coup de main. Le coup de main ayant échoué, les Indiens se trouvaient à bout de ressources et n'étaient plus à la hauteur de l'entreprise.

Fatigué d'une trop longue inaction, Waally se décida à tenter un effort désespéré. Le chantier servait encore à réparer les canots, etc., et il y restait toujours quelques matériaux. Waally prit une centaine d'hommes résolus, et les envoya, sous la conduite d'un de ses plus braves chefs, avec ordre de prendre autant de bois, de planches, de solives, etc., qu'ils pourraient, et de les apporter au pied du Cratère. Bob soupçonna cette sortie ; aussitôt il chargea une caronade à mitraille, et la pointa sur la principale pile de bois. A peine les sauvages parurent-ils, qu'il alluma sa mèche, et lorsqu'ils furent tous réunis autour de la pile, il fit feu. Une douzaine d'Indiens tombèrent, et le reste disparut, comme la poussière balayée par le vent.

En ce moment, un cri, répété par les sentinelles du Sommet, signala l'arrivée du *Rancocus*. Sans aucun doute, le gouverneur avait entendu le coup tiré du Cratère, car il y répondit aussitôt, encourageant les assiégés par ce signal. Une minute après, un troisième coup se fit entendre du côté de l'ouest, et Bob aperçut les voiles de *la Sirène* au-dessus des pointes des rochers. Il est presque inutile d'ajouter que le bruit de l'artillerie et la vue des deux bâtiments détruisirent tous les plans de Waally, qui commença une seconde retraite, refoulant sa rage au fond de son cœur.

La retraite de Waally fut, sinon digne, du moins heureuse. A un signal donné, les sauvages se jetèrent à la mer et traversèrent de nouveau le bassin. Bob pouvait mitrailler les fuyards, et en détruire un grand nombre, mais il avait horreur de répandre le sang inutilement. Cinquante hommes de plus ou de moins n'eussent rien changé au résultat, leur retraite étant chose décidée. Les Indiens purent donc quitter le Récif, emportant leurs morts et leurs blessés, au moyen du pont qu'ils trouvèrent moyen de rétablir.

Toutefois, il avait été facile à Waally de regagner ses canots, mais par quelle route sortir des eaux du Récif ? A l'ouest *la Sirène* lui coupait la retraite, au nord *le Rancocus* venait toutes voiles dehors. Pour sortir à l'est ou au sud, il fallait passer sous le feu du Récif, et de plus, courir la bouline entre le Cratère et *le Rancocus*. A la présence d'un pareil danger, Waally eut la pensée de se rendre, ne voyant aucun moyen de tirer sa flotte de cette mauvaise passe. Cependant, en prenant le vent, et nageant vivement de leurs pagaies, ils pouvaient parvenir à éviter les deux bâtiments qui ne sauraient les poursuivre dans d'aussi étroits canaux. Les sauvages entrevirent ce moyen de salut, et firent un violent effort pour gagner l'est. Bob les laissa passer sans les inquiéter, bien qu'ils fussent à une demi-portée de la batterie. Heureusement encore pour eux, lorsque *le Rancocus* arriva, ils étaient parvenus à l'endroit d'où ce bâtiment avait été pour la première fois conduit au Récif par les moyens ingénieux imaginés par Marc et par Bob.

Ce dernier vint à la rencontre du gouverneur pour lui exposer ses opérations. Le danger était éloigné, et Woolston n'était pas fâché de n'avoir pas eu besoin d'avoir recours à ses batteries pour que le succès fût complet. Le bâtiment fut amarré à l'un des quais naturels, et tous les passagers se précipitèrent en foule à terre, dès qu'une planche put être placée pour leur faciliter la descente. En une heure les vaches furent débarquées et prirent possession de leurs pâturages au Cratère, où l'herbe venait jusqu'au genou ; tout ce qui avait vie fut bientôt à terre, à l'exception des rats et des vers qui avaient élu domicile dans les flancs du bâtiment. Quant aux ennemis, on n'y pensait plus. Un homme, monté dans les vergues, annonça qu'on les voyait s'éloigner rapidement, et qu'ils étaient déjà trop loin pour qu'on pût conserver quelque inquiétude. Il eût été facile cependant aux deux bâtiments de leur donner la chasse ; mais tout le monde était trop content d'en être débarrassé pour songer à aller les rejoindre.

Ce fut une grande joie pour les colons de mettre le pied sur la terre ferme. Dans des circonstances ordinaires, le Récif, le Cratère, le Parc aux Porcs, n'auraient pas eu des charmes excessifs pour les émigrants ; mais il n'y a rien de comparable à une traversée de cinq mois pour embellir les sites les plus stériles. Le reproche de stérilité ne pouvait plus s'appliquer aux îles dont nous parlons, et surtout aux parties déjà livrées à la culture par les colons. Les arbres commençaient à être en grand nombre, on en avait planté des milliers, les uns pour leurs fruits, les autres pour leur bois, quelques-uns pour leur ombrage seulement. Socrate, pour sa part, avait planté de sa main plus de cinq mille saules, l'opération consistant tout simplement à enfoncer un bout de branche dans la terre. Pour la rapidité de la végétation, nous ne pourrions en donner une idée, même en la comparant à celle des parties les plus fertiles de l'Amérique.

Enfin, après un si long voyage, Marc revenait au domicile qu'il s'était choisi. Son bâtiment était là, rempli de mille objets qui devaient ajouter au bien-être de toute la colonie. Il y eut un moment où le cœur de Marc fut inondé de bonheur; la coupe était pleine, et elle aurait débordé s'il eût pressé sa femme et ses enfants dans ses bras; mais Brigitte ne fut pas oubliée. A peine une demi-heure s'était-elle écoulée depuis l'arrivée du bâtiment, que Bob s'élançait dans *la Neshamony*, et faisait voile vers le Pic pour y porter l'heureuse nouvelle, et pour ramener au Récif la femme de son gouverneur. Il devait être de retour vers le coucher du soleil, grâce à la marche rapide du petit navire; mais il n'eut pas besoin d'aller jusqu'au Pic. A peine avait-il doublé le Cap-Sud, et était-il entré dans le détroit, qu'il rencontra *l'Abraham* faisant voile vers le Récif. Il paraît que l'on avait remarqué du Pic, à quelques signes, les intentions hostiles de Waally, ainsi que le départ de sa flotte de l'île Rancocus; on avait tenu conseil, et il avait été décidé que *l'Abraham* irait avertir les habitants du Récif de l'imminence du danger, et les aider à repousser les Indiens. Brigitte, voulant veiller sur quelques objets de valeur déposés dans la « maison du gouverneur », au Sommet, était montée à bord du schooner, accompagnée de Marthe.

Nous laissons au lecteur le soin de s'imaginer la joie qui éclata à bord de *l'Abraham* à la nouvelle du retour du *Rancocus !* Pour Brigitte, sa joie tenait du délire; plus que jamais elle persista dans sa détermination d'aller au Récif et d'y mener ses enfants avec elle. Après les premiers transports et les explications nécessaires, on s'entendit sur ce qu'il y avait à faire. Brown commandait *l'Abraham*, dont l'équipage était suffisant : Bob l'envoya au large observer l'ennemi dans la direction du vent. Il fallait obliger Waally à passer au nord et l'empêcher de se rapprocher du Récif, non-seulement pour que sa retraite fût immédiate et complète, mais pour qu'il ne lui prît pas fantaisie de recommencer pareille expédition. Pour une telle course, le schooner était le meilleur bâtiment de la colonie, parce qu'il fallait peu de bras pour la manœuvre, et qu'il avait un armement convenable. Brown était bien capable de le diriger, et il orienta au plus près, tandis que Bob, ayant pris les femmes sur son bord, retournait au Récif.

Cette journée avait commencé de si bonne heure qu'ils y arrivèrent à midi. Le gouverneur, en voyant revenir *la Neshamony*, fut rempli d'inquiétude. Elle ne pouvait avoir été jusqu'au Pic ; Waally lui avait donc barré le passage avec sa flotte, et Bob venait demander du renfort. Mais bientôt le bâtiment approchant davantage, Marc aperçut des vêtements de femme sur le pont, et braquant sa lunette, il put distinguer les traits charmants de sa jeune épouse. Dès cet instant, le gouverneur ne fut plus capable de donner un ordre à propos ; revoir Brigitte était sa seule pensée. Les bâtiments venant du sud étaient obligés de passer à travers un détroit resserré entre le Récif et le Parc aux Porcs, du côté du pont mobile, dont nous avons si souvent parlé. Il y avait en cet endroit assez d'eau pour une frégate, et assez d'espace aussi, la largeur étant de cinquante pieds ; l'épreuve, du reste, en avait été faite avec *l'Abraham*. Woolston s'y établit, attendant l'arrivée de *la Neshamony* avec une impatience qu'il avait peine à contenir.

Bob vit le gouverneur, et le montra du doigt à Brigitte, offrant à celle-ci de la faire descendre dans un canot pour arriver plus vite ; mais la tendre affection des deux jeunes époux eut bientôt rapproché la distance, et Marc, sautant à bord de *la Neshamony*, dès qu'elle parut dans le détroit, put serrer Brigitte contre son cœur.

Les étrangers prétendent que nous autres, enfants du continent occidental, nous ne nous laissons pas aller aux émotions tendres avec le même abandon que les habitants des pays de l'Est ; que nos cœurs sont aussi égoïstes et aussi froids que nos manières, et que nous vivons plus pour les passions basses et vulgaires que pour les sentiments affectueux. Nous faisons des vœux sincères pour que la jalousie des Européens ne leur inspire jamais que des reproches aussi faux que celui-là. Que les Américains soient plus réservés dans l'expression de leurs émotions que les autres, nous le croyons ; mais que les Européens aient seuls la sensibilité en partage, voilà ce dont nous ne pouvons convenir. Nous contestons surtout que nulle part on puisse trouver chez les femmes des cœurs plus vrais dans leurs affections, des âmes plus dévouées aux intérêts de leur famille, en un mot une existence plus égale et plus parfaite que chez l'épouse américaine. C'est elle qui est vraiment pour son mari « les os de ses os, et la chair de sa chair. » Rarement ses désirs s'étendent au delà du cercle de sa famille qui renferme tout ce qu'elle peut souhaiter de plus doux. Son époux, ses enfants, voilà son univers, et, concentrées sur eux, il est rare que ses affections viennent à s'égarer. Cette vie, toute d'intérieur, est sans doute due en partie à la simplicité de l'éducation et à l'absence de toute tentation. Mais en même temps il y a tant de dévouement dans son cœur, tant d'empressement à en suivre les inspirations, et à se livrer exclusivement aux devoirs de la famille, que le reproche auquel nous faisons allusion est de tous celui qui peut le moins s'appliquer à la femme américaine.

Il faisait presque nuit lorsque le gouverneur se retrouva au milieu des colons. Déjà ceux-ci avaient jeté un coup d'œil sur le Récif et les îles voisines, et les plus difficiles d'entre eux furent trompés en bien sur les avantages du pays qu'ils allaient habiter. L'impression favorable que tous éprouvèrent était due peut-être à l'abondance des fruits des Tropiques. Peu à peu, plus de mille orangers avaient été plantés sur le Cratère et dans les alentours, et ils étaient en plein rapport. On en voyait aussi s'élever sur les îles adjacentes. Quelques-uns de ces arbres étaient encore, il est vrai, un peu jeunes, mais enfin ils portaient des fruits, et pour ces hommes arrivés de la Pensylvanie, quel délice de se promener dans des allées embaumées d'orangers, et de savourer à discrétion des fruits exquis !

Quant aux figues, aux melons, aux citrons, aux noix de cocos, il y en avait en quantité suffisante pour la population. La nouveauté séduisit pendant quelque temps les nouveaux venus, mais bientôt ils soupirèrent après les pommes et les pêches de leur pays : c'est que la pomme et la pêche, comme la pomme de terre, sont les dons de la nature qui fatiguent le moins notre goût. La pomme est dans les fruits ce que la pomme de terre est dans les légumes, et parmi les meilleurs produits de l'horticulture, la pêche (une bonne pêche, s'entend) occupe le premier rang ; son exquise saveur est sans rivale et ne produit jamais la moindre satiété. La pêche et le raisin, en tant que fruits, sont les deux dons les plus précieux que la Providence ait faits à l'homme.

Cette nuit-là, beaucoup d'émigrants retournèrent coucher à bord, la plupart pour la dernière fois. Vers dix heures du matin, Brown, venant de l'est, aborda au Récif : il rapportait que Waally était parti, et bien parti, sans être tenté de regarder derrière lui. La question était de savoir si ce chef, après une course de quatre cents milles, pourrait retrouver la route de ses domaines ; car la moindre déviation pourrait avoir pour lui des conséquences funestes. Du reste, qu'importait aux colons ? Plus Waally trouverait d'obstacles, moins il serait tenté de renouveler sa visite, et la perte de quelques hommes dans cette retraite serait peut-être une leçon profitable pour les sauvages. Le gouverneur, après avoir entendu le rapport de Brown, décida qu'il n'y avait pas lieu de poursuivre la flotte ennemie, la leçon étant déjà suffisante, d'autant plus qu'il était peu probable que la colonie fût inquiétée de nouveau de ce côté.

Ce jour-là et le suivant, les colons s'occupèrent à débarquer leurs effets, consistant en meubles, outils et provisions de toutes sortes. Comme le gouverneur avait l'intention d'envoyer quarante familles au Pic, *l'Abraham* fut halé au quai, et les effets de ces familles, aussitôt descendus à terre, furent chargés sur le schooner. Hommes et femmes furent employés à cette tâche, et ce point du Récif ressemblait à une vraie ruche. Bill Brown, qui commandait encore *l'Abraham*, était naturellement présent, et il saisit cette occasion de rester auprès du gouverneur, avec lequel il entama le court dialogue qui suit :

— Fameuse société, monsieur Marc, que vous nous amenez sur le brick; ah! vous avez fait là de bien bons choix! Pardon, excuse si je vous demande si vous m'avez oublié?

— Je vous entends, Bill, répondit Marc en souriant. Votre commission a été faite; et Phœbé est ici, toute prête à appareiller au premier signal.

— Rien de plus facile, dit Bill, quand les gens sont de bonne volonté. Mais de grâce, monsieur Marc, montrez moi cette jeune femme, que je commence déjà à aimer.

— Jeune femme? Ah çà, Bill, nous n'avions pas parlé d'âge, il me semble? Vous avez voulu qu'on vous procurât une femme, bien conditionnée, voilà tout, vos instructions ont été suivies. Considérez donc l'état du marché : plus l'article est jeune, et plus il est demandé.

— Bien, bien, Monsieur, ne craignez rien; je ne vous la laisserai pas sur les bras, fût-elle d'âge à être ma mère; mais je suis sûr, monsieur Woolston, que, dans votre voyage, vous avez eu pitié d'un ancien marin, et que la femme que vous lui avez choisie est en rapport d'âge avec un garçon de trente-deux ans.

— Vous allez en juger vous-même, Bill. Voici Phœbé; elle porte un miroir et semble considérer son joli visage. Si elle a un aussi bon caractère qu'elle paraît charmante, vous ne serez pas mécontent. De plus, Bill, votre femme n'arrive pas ici les mains vides, elle a une quantité d'objets qui vous seront de grande utilité pour monter votre ménage.

Brown fut ravi du choix du gouverneur, choix judicieux et en tout conforme aux goûts du marin absent. Phœbé, de son côté, parut enchantée du mari que le sort lui donnait, et l'heureux couple fut uni le jour même dans la cabine de *l'Abraham*. Par la même occasion, l'union d'Uncus avec Junon, ainsi que celle de Peters avec la femme indienne, furent régularisées par une cérémonie. Le gouverneur jugeait important d'observer toutes les convenances, autant que le comportait la situation.

Trois jours après l'arrivée du *Rancocus*, au coucher du soleil, *l'Abraham* mit à la voile pour le Pic, ayant à bord un peu moins de cent colons, y compris les femmes et les enfants. *La Neshamony* le précédait de quelques heures, portant le gouverneur et sa famille. Marc brûlait du désir de voir sa sœur, et ce désir était peut-être partagé encore plus vivement par ses deux frères.

La rencontre de tous ces membres d'une même famille fut des plus touchantes. Les deux jeunes Woolston trouvèrent leur sœur installée beaucoup mieux qu'ils n'auraient jamais pensé qu'on pût l'être dans une colonie si jeune encore. Heaton s'était élevé une habitation, dans un site ravissant, où il avait sous la main l'eau, des fruits, enfin toutes les commodités de la vie, et il y vivait avec sa famille, entièrement séparé du reste des colons. Cette distinction lui avait été accordée d'un commun consentement, en raison des liens qui l'unissaient au gouverneur, dont il était le mandataire au Pic, et, en outre, à cause de la supériorité que lui donnaient sa naissance et son éducation. Les marins sont habitués à respecter l'autorité ; ensuite ils sont plus accommodants, peut-être, que d'autres, de sorte que les priviléges de Marc et de Heaton, et de leurs familles, n'excitaient point de jalousie dans l'île.

Vers minuit, *l'Abraham* entra dans l'Anse Mignonne. Vu l'heure avancée, chaque colon, homme ou femme, prit une charge proportionnée à sa force, et gravit la pente. Il faisait un magnifique clair de lune. La plupart des nouveaux venus passèrent la nuit en plein air, sous des tentes ou sous un abri de feuillage qui leur avait été préparé, et bientôt un doux sommeil leur apporta, dans des rêves embaumés, le bonheur et la tranquillité qu'ils venaient chercher sous ce beau climat.

Dès le matin, tous étaient debout, et chacun, en sortant de sa demeure improvisée, ne pouvait croire à la réalité du spectacle qui s'offrait à ses yeux ! L'art, il est vrai, n'avait point apporté là ses ressources ingénieuses et variées, mais les dons de la Providence et les beautés de la nature s'étalaient avec une richesse qui confondait l'imagination ! Ce mélange admirable de douceur dans le ciel, et de magnificence sur la terre, formait un ensemble qu'ils n'avaient trouvé dans aucune partie du globe; chacun se crut soudain transporté au milieu du paradis terrestre.

CHAPITRE XXII

> Ce sont des hommes, dites-vous ?
> Ils ont donc un cœur comme nous.
> BYRON.

Au point où était arrivée alors la colonie, il s'agissait de procéder avec méthode et avec prudence. Il y avait à établir certains grands principes sur lesquels le gouverneur avait longtemps médité, et qu'il était décidé à appliquer, quoiqu'il s'attendît à quelque résistance. Il redoutait, du reste, plutôt des tracasseries qu'une opposition sérieuse. Les hommes aiment le changement, la moitié du temps sans savoir pourquoi, et souvent, cette mobilité leur fait perdre des avantages qui ne sont tels, précisément, que par la durée.

Jusqu'alors, à l'exception de quelques priviléges accordés au gouverneur par égard pour sa position plus encore que pour son droit, tout ce qui tenait à l'agriculture dans la colonie avait été possédé en commun. Mais le bon sens de Marc lui montra qu'un tel état de choses ne pouvait ni ne devait exister plus longtemps. Les théories, si à la mode de nos jours, sur les bienfaits de l'association, étaient alors peu connues et ne trouvaient guère de crédit. La société, telle qu'elle est légalement constituée, est tout ce qu'il faut, en fait d'association, pour tout ce qui est utile, et le gouverneur ne voyait pas la nécessité d'ajouter une roue à une autre roue. Il voulait bien que l'on s'aidât mutuellement à l'occasion et pour un objet déterminé, mais il n'entendait pas qu'il y eût dans l'île plus d'une autorité; et le caractère de cette autorité serait d'encourager les efforts et non de les étouffer. Tant qu'un homme travaille pour lui ou pour ses proches, la société est sûre qu'il travaille avec beaucoup plus d'ardeur que s'il devait mettre en commun le fruit de son travail. Ce fut dans cette vérité si simple que notre jeune législateur trouva la théorie de son gouvernement. Protection égale pour tous, mais liberté pour chacun de choisir pour arriver au bonheur telle route qui lui plairait; respect du droit naturel autant que le comporte le maintien de la paix et de la tranquillité publique et la loi; voilà quelle était toute sa politique.

Le premier acte du gouverneur fut de nommer son frère, Abraham Woolston, secrétaire de la colonie. En Amérique, le respect pour l'autorité était encore en grand honneur, et M. le secrétaire Woolston devint bientôt un personnage important, comme les autres fonctionnaires nommés par le gouverneur.

En entrant en fonctions, Abraham Woolston commença par faire le recensement de la population. La colonie se composait de trois cent vingt personnes. L'intention du gouverneur n'était pas d'augmenter ce nombre en provoquant une émigration nouvelle, sauf des cas imprévus, et encore, après une mûre délibération. On avait choisi avec le plus grand soin les colons actuels, et admettre maintenant à la légère de nouveaux venus, c'eût été détruire tout le bien qu'on avait fait. Ces raisons furent portées devant le nouveau conseil, et l'opinion du gouverneur fut admise à l'unanimité.

Il n'est pas inutile de dire un mot de ce conseil. Le nombre des membres fut élevé à neuf, au moyen d'une nouvelle élection, et ils furent nommés à vie; cette précaution était prise pour prévenir toute tentative de corruption électorale. Le nouveau conseil était composé ainsi qu'il suit :

Messieurs HEATON,
    PENNOCK,
    BOB BETTS,

C. et A. Woolston, frères du gouverneur,
Charlton,
Saunders,
Wilmot, et
Warrington.

Ces noms étaient ceux des hommes les plus capables de la colonie, à l'exception peut-être de Betts; mais ses droits à faire partie du conseil étaient trop évidents pour être contestés; et puis, Bob avait beaucoup de bon sens, et surtout une grande modestie. Il savait ce qu'il valait, et n'était pas assez ridicule pour se faire passer pour plus qu'il n'était réellement; en outre, ses connaissances pratiques le rendaient fort utile au conseil, où son opinion était toujours écoutée avec attention et même avec respect. Charlton et Wilmot étaient des commerçants qui venaient avec l'intention de trafiquer des denrées indigènes; Warrington, le plus riche des colons, après le gouverneur, se donnait à lui-même le nom de fermier, malgré ses connaissances élevées et ses études libérales.

Warrington fut nommé juge, avec un faible traitement, qu'il abandonna en entier au pasteur, le révérend M. Hornblower : il n'avait pas besoin de ce traitement pour lui-même, et contribuait ainsi aux dépenses du culte, pour lesquelles il n'existait pas de fonds à la colonie. Charles Woolston, qui avait étudié les lois, fut nommé avocat général, ou, comme on l'appela moins pompeusement, avocat de la colonie, fonctions auxquelles il ajouta celles d'inspecteur général. Charles, qui n'avait pas de fortune, reçut deux cent cinquante dollars d'appointements. Le traitement du gouverneur fut ensuite discuté; mais Marc trancha la question en déclarant qu'il n'en recevrait pas. Sa fortune personnelle était plus que suffisante. Par exemple, il établit sur une base inébranlable le droit de propriété, dans l'acception la plus étendue du mot. Et voici un exemple qui pourra montrer comment il l'entendait :

Deux des colons, Warner et Harris, étaient en querelle :

Warner avait installé sa famille dans un endroit planté d'arbres, où il avait construit une petite habitation. Pour le vexer, Harris venait devant la porte de la cabane, et se promenait en long et en large, en se pavanant et se rengorgeant comme les dindons; son intention évidente était de molester Warner. Celui-ci porta plainte au gouverneur. Harris alléguait que, comme aucun tort n'avait été fait à la propriété, on ne pouvait lui demander des dommages et intérêts. Le gouverneur Woolston décida que les droits à la protection légale ne sont pas proportionnels à la valeur de la propriété; et que, quoique Harris dans sa promenade devant la maison, n'eût détruit ni gazon, ni légumes, il avait troublé la tranquillité de Warner dans son habitation, ce qui, aux termes de la loi, est une véritable violation du droit de propriété. En conséquence Harris dut payer à Warner des dommages et intérêts. En rendant ce jugement, le gouverneur saisit l'occasion d'établir, une fois pour toutes, que dans l'application de la loi, chaque homme a droit à la protection la plus étendue, non-seulement en ce qui touche aux considérations pécuniaires, mais encore dans tout ce qui a rapport à l'honneur ou à la moralité. Cette décision, d'une justice incontestable, fut vivement approuvée. La plupart des colons n'avaient pas appris à confondre la liberté avec la licence; ils comprenaient que la liberté n'est autre chose que la pleine jouissance, sous la protection des lois, des droits naturels, sauf les restrictions indispensables pour la conservation du gouvernement. Tous les peuples de la terre ne seraient-ils pas trois fois plus heureux, qu'ils soient constitués en république ou en monarchie, s'ils comprenaient la justesse de cette définition, et s'ils la mettaient en pratique?

Le conseil fut convoqué le lendemain de sa nomination. Après quelques préliminaires, on discuta la grande question de la division des propriétés. Warrington et Charles Woolston posèrent en principe que la Providence avait placé toutes ces terres entre les mains du gouverneur, et que lui seul pouvait transférer à d'autres des titres de propriété. Cette théorie avait quelque affinité avec celle du droit commun, d'après lequel le prince est suzerain, et hérite de toutes les propriétés en déshérence. L'humilité, disons mieux, la justice de Marc, lui fit repousser tout d'abord cette doctrine. Il admit la souveraineté et les droits qui y sont attachés, mais ce ne fut pas en lui qu'il voulut qu'elle résidât, mais dans l'universalité des citoyens de la colonie. Du moment que la partie la plus intéressée envisageait la question sous ce point de vue, les autres n'avaient qu'à se soumettre. Les terres, dès lors, furent déclarées propriété de l'État. Cependant des concessions importantes furent faites à Marc et à Bob Betts, qui avaient été, en quelque sorte, les pionniers et les premiers possesseurs, et un vote unanime confirma leurs droits. Le gouverneur Woolston reçut, pour sa part, un millier d'acres de terre au Pic, dont la contenance était d'environ trente mille acres ; il eut en outre une île d'une étendue à peu près égale, admirablement située au centre du groupe, et à une lieue à peine du Cratère. Bob Betts reçut cent acres, dans le voisinage aussi du Cratère, mais il refusa toute autre propriété, considérant son droit de premier possesseur comme suffisamment rétribué. Son raisonnement, du reste, n'était pas dépourvu de justesse. Lorsque, monté sur *la Neshamony*, il avait été malheureusement entraîné en pleine mer, le Récif, le rocher du Limon, l'île de Guano, et vingt ou trente autres rochers, voilà tout ce qu'il connaissait de terres au milieu de l'immensité de cet océan ; il n'avait jamais vu le Pic, avant que Marc en eût pris possession : il ne revendiquait donc aucun droit sur ces dernières terres. Lorsque le conseil en fut à faire la part de chaque colon, il reçut la sienne, mais rien au delà. Heaton se vit donner deux cents acres au Pic, et autant dans les îles, en récompense de ses importants services. Un état de ces diverses cessions de terres fut aussitôt dressé et scellé du grand sceau de la colonie ; car, dans sa prévoyance, le gouverneur avait apporté du parchemin, de la cire, et un sceau à l'usage de ces nouveaux États. Le partage du reste des terres fut fait d'après un principe général : chaque citoyen mâle âgé de vingt et un ans, reçut cinquante acres au Pic, et cent acres au Récif ; ceux qui n'avaient pas atteint cet âge, devaient attendre. On fit alors l'arpentage du terrain, et les différents lots furent numérotés et enregistrés par ordre. Puis on procéda au tirage en mettant dans une boîte les noms des ayants droit, et dans une autre un nombre de numéros correspondant. Le chiffre et le nom sortis furent inscrits, et les formules imprimées des titres de propriété furent remplies, signées, scellées, et remises aux titulaires. Nous disons imprimées, parce qu'on avait amené un imprimeur à bord du *Rancocus*, avec une presse et des caractères.

Comme une loterie n'a point à s'occuper des intérêts particuliers, il se fit, avant la délivrance des titres, des échanges, dans le but de rapprocher les uns des autres les amis et les parents. On vendit des terres au Pic, pour n'en posséder que dans le Récif et réciproquement. Il y avait, il faut le dire, des lots d'une valeur plus ou moins grande, suivant la convenance des colons. Comme tout avait été réglé d'après un même principe, et que le tirage avait eu lieu en public, il n'y avait pas lieu à réclamation. La plus grande différence dans la valeur provenait de ce que certains lots, moins mauvais pourtant qu'ils ne semblaient au premier abord, manquaient souvent d'eau douce et d'engrais. Ici la terre était trop forte ; là, couverte par les sables, elle ne pouvait produire : Heaton suggéra un expédient qu'il avait employé avec le plus grand succès, pendant l'absence du gouverneur ; c'était de mélanger les deux espèces de terre, et la fertilité des parties déjà travaillées de la sorte était remarquable.

Le transport du sable fut plus facile qu'on ne l'avait imaginé ; comme il était naturellement près de l'eau, on put le porter dans des bateaux par les nombreux canaux qui sillonnaient les îlots du Récif. Chacun put ainsi améliorer son lot sans grande peine, et les travaux furent poussés avec activité.

Il fallut un mois pour mettre tous les propriétaires en possession de leurs lots ; mais, au bout de ce temps, chacun put se convaincre, par sa propre expérience, des résultats du système de Marc, concernant la propriété. Un individu n'était pas plus tôt en possession de sa terre, il n'avait pas plus tôt l'assurance que cette terre était son bien propre, qu'il en pouvait faire ce que bon lui semblait, qu'aussitôt il se mettait à l'œuvre avec un courage que soutenait l'espérance et que couronnait toujours le succès.

Au travail individuel se joignait le travail en commun. On se réunissait, on s'aidait l'un l'autre.

Tous les colons se mirent donc à l'œuvre comme un seul homme : comme, d'après les avis d'Heaton, on commença par charrier le sable, le besoin de chevaux et de gros bétail se faisait vivement sentir ; mais, faute de tombereaux, on construisit des brouettes, et l'on s'aperçut bientôt qu'avec ces ustensiles douze bonnes paires de bras avançaient bien l'ouvrage en un jour. On s'ingénia de toutes manières pour le transport de ce sable, et le gouverneur établit un système d'après lequel chaque ferme en reçut une charge à son tour. La besogne était très-avancée au bout d'un mois, les distances ayant été rapprochées par la construction de quelques bateaux de supplément.

Les habitations furent l'objet d'une attention spéciale. Le bois, par malheur, était fort rare dans le Groupe, et il devenait indispensable de s'en procurer. L'île Rancocus étant fort bien boisée dans quelques parties, et renfermait, entre autres espèces, un très-grand nombre de pins élevés. Bigelow y fut envoyé avec *l'Abraham* pour y établir un moulin à eau, et scier les bois qu'il expédierait ensuite à la colonie. Le moulin fournit bientôt abondamment des planches, que le schooner transporta au Cratère. On coupa aussi beaucoup de cèdres qui n'étaient pas en moins grand nombre que les pins. Le transport de ces bois était le point difficile.

Bigelow creusa dans l'île Rancocus un canal fort ingénieux, par lequel les bois étaient amenés jusqu'au moulin. Au moyen de digues, l'eau resserrée traversait, pendant deux ou trois milles, une gorge de montagnes, et, se précipitant ensuite avec force, entraînait les arbres qu'on y lançait des pentes voisines. On s'aperçut, en outre, qu'en aval du moulin le torrent pouvait porter les trains de bois jusqu'à la mer.

L'exécution de tous ces projets ne fit pas oublier au gouverneur les graves intérêts qui se rattachaient à ses relations avec ses voisins : il s'agissait de surveiller Waally et de protéger les droits du fils d'Ooroony. Le conseil déclara à l'unanimité qu'une démonstration était nécessaire, de la part de la colonie, pour faire impression sur leurs turbulents voisins. En conséquence, on prépara une expédition, à laquelle devaient prendre part *la Sirène*, *l'Abraham* et un nouveau bateau-pilote, de cinquante tonneaux. Ce schooner était tout prêt à être lancé lors du retour du *Rancocus*, et il fut mis à flot à cette occasion. Il avait été construit dans une baie où Bigelow avait trouvé un chantier convenable, et où le bois était plus à portée qu'au Récif. Comme l'île Rancocus fournissait facilement d'excellents matériaux, le conseil se détermina à y établir un chantier permanent pour la réparation et la construction des navires. Cette île, du reste, offrait des avantages de tous genres : on y trouvait de très-bonne terre à briques et une quantité de pierres à chaux. Sous le rapport de l'agriculture, l'île n'était pas aussi avantageuse, comprenant à peine un millier d'acres de terre labourable, mais les montagnes renfermaient des trésors inépuisables.

On construisit immédiatement un four à briques et un four à chaux : il se trouvait heureusement parmi les colons des hommes habitués à ces travaux: L'Américain, presque toujours, a plusieurs cordes à son arc ; et, s'il n'excelle pas dans une partie, il en est du moins plusieurs qui lui sont familières. Avant le départ de l'expédition contre Waally, deux fours étaient terminés, et une quantité considérable de briques et de chaux avait été portée au Récif. Comme, pendant les douze mois d'absence du gouverneur, on avait amassé une provision énorme de bois de sandal, *le Rancocus* en reçut une cargaison pour Canton. Marc n'avait pas le projet de commander en personne le bâtiment pour ce voyage, mais il remit le commandement à Saunders, qu'il regardait comme tout à fait compétent. Aussitôt que tout fut prêt, *le Rancocus, la Sirène, l'Abraham* et *l'Anna*, — c'était le nom du nouveau bateau-pilote, — firent voile vers l groupe de Betto. Marc avait son plan, et en faisant passer sa flotte vis-à-vis des îles, il voulait intimider ses ennemis. Depuis la dernière révolution accomplie par Waally, les naturels qui, lors du précédent voyage, étaient à bord du *Rancocus*, n'avaient aucune envie de retourner au service de Waally. Ils s'engagèrent tous avec empressement pour une nouvelle traversée commerciale. Les services de ces hommes étaient fort précieux, et le gouverneur avait l'intention d'en attirer quelques-uns encore, si l'occasion s'en présentait.

L'arrivée d'une force aussi redoutable décida Waally à des arrangements tout pacifiques. Dans sa retraite du Récif, sa flotte avait essuyé un grain, pendant lequel une vingtaine de canots avaient été séparés des autres, et l'on n'en avait plus entendu parler; sauf quelques vagues rumeurs, que trois ou quatre de ces canots avaient été jetés sur une plage lointaine, avec une poignée de sauvages à demi morts de faim, tout le reste avait dû être englouti par les flots. Ce désastre avait rendu Waally très-impopulaire : les amis des malheureuses victimes étaient animés contre lui, et, de plus, il avait échoué dans son expédition. Le succès, voilà la première condition de la popularité; et chaque jour nous voyons le vulgaire porter aux nues celui auquel on jetait la pierre un instant auparavant. Est-il étonnant que Dieu soit oublié par des hommes dont l'existence se passe à courtiser le peuple? Il viendra un temps, cependant, où tous ces ambitieux déçus s'écrieront, comme Wolsey, dans Shakspeare :

> Si pour servir le Seigneur
> J'avais jamais montré la moitié de l'ardeur
> Dont j'ai servi mon roi, serais-je sans défense
> A tous mes ennemis livré pour récompense?

La puissance de Waally, déjà ébranlée par un premier revers, s'écroula entièrement devant les forces que le gouverneur

Woolston amena contre lui. Bien que celui-ci n'eût sur ses bâtiments qu'une quarantaine de blancs, lorsque les chefs indiens aperçurent les canons, pas un n'eut la pensée de prendre l'offensive. Waally comprit aussitôt sa situation, et eut la sagesse de se soumettre à sa fortune. Il envoya au gouverneur un messager, porteur d'une branche de palmier, offrant de restituer au jeune Ooroony l'autorité de son père, et, quant à lui, de se retirer dans ses domaines privés. Telles étaient les bases du traité qui fut conclu, et dont l'accomplissement fut garanti par la remise de plusieurs otages. Waally consentit à tout ce que le gouverneur exigea, et les clauses furent faites à l'entière satisfaction des blancs et du jeune Ooroony. Voici quelles étaient les principales :

En premier lieu, une centaine de jeunes Indiens furent choisis et donnés à Marc comme apprentis marins. C'étaient autant d'otages pour assurer la soumission de leurs parents; de même que ces parents, sous la domination de la colonie, serviraient d'otages pour leurs enfants. Le gouverneur commençait à concevoir l'espérance de pouvoir établir entre la colonie et les Indiens des rapports de bonne amitié. En plaçant les jeunes sauvages à bord des différents bâtiments, Marc donna aux officiers des instructions très-positives, et leur recommanda beaucoup de bonté pour leurs jeunes élèves; on devait leur apprendre en même temps à lire et les instruire dans la religion chrétienne. Le révérend M. Hornblower et la majeure partie des femmes de la colonie prirent un intérêt très-vif à ces nouvelles occupations. La justice et les bons traitements produisirent sur ces cent jeunes gens leur effet ordinaire; tous, au bout d'un certain temps, étaient bien plus attachés au Récif et à ses usages qu'à leurs îles et à leurs premières habitudes. La mer, il n'en faut pas douter, était pour beaucoup dans ce progrès en civilisation; car tout homme qui a pris goût à la vie de bord, ne peut plus s'accoutumer à la terre ferme.

Le gouverneur, en outre, embarqua au Groupe de Betto une centaine de recrues, non pas comme otages, ceux-là, mais comme ouvriers à gages : c'étaient, du reste, tous hommes robustes. Leur paie devait consister en grains, en vieilles ferrailles, en hameçons, et autres bagatelles d'une immense valeur à leurs yeux ; leur engagement n'était que de deux mois. Une partie des colons eût volontiers fait travailler gratuitement ces hommes comme esclaves, et eût laissé labourer les terres par ces machines vivantes ; mais le conseil ne voulut pas entendre parler d'un semblable projet. Le gouverneur savait trop bien qu'une des conditions essentielles de la prospérité de sa colonie était le travail de tous ses membres, pour commettre la faute de les en affranchir.

Toutefois, un surcroît de bras habilement dirigés, devait être d'un secours puissant pour la jeune colonie. Les Indiens furent donc pris comme auxiliaires ; mais ce fut le gouvernement qui les engagea, se réservant le contrôle de leur travail et le soin de leur paie. Il y avait encore un autre avantage dans cet arrangement. Sans doute, tant que régnerait le jeune Ooroony, il n'était pas à croire que les relations amicales des deux peuples dussent être rompues ; mais il était à espérer que les nouveaux rapports résultant de cette convention, aidés par le commerce du bois de sandal, auraient pour effet de resserrer par l'intérêt les liens d'amitié entre les blancs et les naturels.

Les bâtiments restèrent au Groupe de Betto une quinzaine de jours jusqu'à la conclusion de tous les arrangements. *Le Rancocus* mit alors à la voile pour son grand voyage, et *l'Anna* fut envoyée au Récif pour y annoncer que la guerre était terminée. Quant à Waally, il dut remettre son fils entre les mains du jeune Ooroony, qui eut ainsi un gage des bonnes intentions de son ancien rival.

CHAPITRE XXIII.

Si ton esprit est droit, et que pur soit ton cœur,
Va sans crainte au combat; tu sortiras vainqueur.
DRAKE.

Un an se passa après, le retour de l'expédition contre les îles de Betto, sans qu'il arrivât aucun événement mémorable. Pendant ce temps Brigitte donna à Marc un beau garçon, et Anne mit au monde son quatrième enfant. Les naissances, dans le cours de cette seule année, avaient atteint le chiffre de soixante-dix-huit. Il y avait eu peu de décès : un seul dans les adultes, résultat d'un accident; la santé de la colonie était excellente. La statistique, établie vers la fin de l'année, donnait un total de trois cent soixante-dix-neuf âmes, sans compter les Kannakas, — c'était le nom donné aux naturels.

Quant aux travaux de ces Indiens, ils dépassèrent toutes les prévisions du gouverneur. Ils ne travaillaient pas, il est vrai, comme des hommes civilisés, et il n'était pas très-aisé de les employer utilement; mais ils étaient bien précieux pour porter des fardeaux. Le premier soin du gouverneur avait été de donner à tous une habitation convenable, bien close et ne craignant point les pluies. Par bonheur, il n'y avait pas au Récif de ces amas de substances végétales qui produisent tant de fièvres; et, tant que les colons pourraient éviter l'humidité, leur santé ne courait aucun risque.

Quatre sortes, quatre classes, si l'on veut, de maisons furent élevées, et chaque colon put en choisir une, moyennant, bien entendu, une certaine contribution envers l'État, soit en travail, soit en espèces.

Dans le principe, on ne put songer à construire des habitations complètes, et l'on se contenta de faire de petites cabanes dont la dimension et les matériaux variaient suivant la fortune des propriétaires. Les unes étaient en bois, les autres en pierre, d'autres en briques cuites, d'autres en terre, toutes élevées avec beaucoup d'adresse. On préférait de beaucoup la pierre, dont l'île Rancocus fournissait une inépuisable quantité, et qui avait tous les caractères du tuf. Les plus grosses de ces pierres étaient amenées au Récif par des canots servis par les Kannakas, tandis que les plus petites étaient déposées sur les différents points du rivage, suivant les demandes des colons. Quelques mois après l'arrivée des émigrants, plus de cent habitations s'élevaient déjà, moitié au Pic, moitié au Cratère; habitations fort exiguës à la vérité, mais commodes, et offrant un sûr abri contre la pluie.

Les plus grandes maisons avaient trente pieds carrés, les plus petites n'en avaient que quinze. Ces dernières avaient leur cuisine détachée, tout auprès, sous un hangar attenant à l'habitation. On avait fait aussi un certain nombre de fours; et les cheminées étaient presque toutes extérieures. Il n'y avait qu'une seule maison à deux étages, c'était celle de John Pennock, qui était un des plus riches habitants. Quant au gouverneur, ce ne fut que lorsque chacun fut casé, qu'il posa à son tour la première pierre de deux habitations, l'une au Pic, qui était sa propriété personnelle, l'autre au Récif, destinée à être la Maison du gouvernement, ou de la colonie. La première était en briques, la seconde en pierre, de toute solidité, et bâtie comme une sorte de forteresse. La maison particulière de Marc n'avait qu'une élévation médiocre, mais une assez grande superficie : elle avait soixante pieds carrés. La Maison du gouvernement était bien plus grande; elle avait deux cents pieds de long sur soixante de large. Cet édifice, du reste, était disposé, moins pour servir de logement au gouverneur, que pour contenir au rez-de-chaussée le mobilier du gouvernement, et pour recevoir au premier étage, tous les services publics. Il y avait de plus un étage supérieur, mais il resta inachevé pendant longtemps, quoique déjà pourvu de moyens de défense.

La Maison du gouvernement avait été placée dans un but de

défense en face du pont-levis ; et, dans cette position, elle était située à proximité de la source, avantage d'autant plus grand que l'eau manquait au Récif. Lorsque le gouverneur chargea son frère, l'inspecteur général, de tracer le plan d'une ville celui-ci regarda comme de la première nécessité de remédier à cet inconvénient. Il choisit un endroit propice, et fit pratiquer dans le roc une citerne, destinée à recevoir les eaux pluviales provenant du toit de la Maison du gouvernement. Ce réservoir contenait plusieurs milliers de gallons, et, une fois plein, il devait être suffisamment alimenté par les pluies.

Dès que le gouverneur se fut décidé à bâtir, et à faire du Récif sa capitale, il voulut procéder méthodiquement et ne rien négliger pour l'embellir.

Décidé à pousser activement les travaux, il envoya *l'Abraham* au jeune Ooroony pour lui demander encore son assistance. Le jeune chef fut enchanté d'accorder ce qu'on réclamait de lui, et il vint en personne avec cinq cents de ses sujets, pour aider son allié à accomplir sa tâche. Cette masse d'ouvriers travailla deux mois entiers, au bout desquels le gouverneur annonça que tout était terminé, et congédia ses voisins, qui emportèrent tous des gages de sa reconnaissance. On avait craint pendant quelque temps qu'il n'y eût danger à attirer tant de sauvages au Récif ; mais le gouverneur n'eut pas lieu de se repentir de sa confiance. Au contraire, ces rapports produisirent un excellent effet, et les liens des deux peuples s'en resserrèrent davantage. Le gouverneur était, du reste, fort habile dans ces sortes de relations ; non-seulement il avait adouci ces caractères farouches, mais, ce qui était bien plus difficile, il les avait fait travailler. Un blanc faisait, il est vrai, autant de besogne que trois Kannakas, mais ceux-ci étaient si nombreux que pendant leur séjour, ils furent pour les colons de puissants auxiliaires.

Mais si les Kannakas étaient admis au Récif, il n'en était pas de même au Pic, dont le gouverneur ne souffrait jamais qu'aucun d'eux approchât. La sorte de mystère qui planait sur cette île redoutable pouvait contribuer à les tenir en respect, et le jeune Ooroony lui-même était toujours resté dans l'ignorance de ce qui pouvait s'y trouver. Il voyait les bâtiments aller et venir; il savait que le gouverneur y débarquait souvent; il voyait parfois sur le Récif apparaître des figures étrangères qu'il supposait habiter l'île mystérieuse; il pensait donc, naturellement, qu'il existait là un peuple bien plus puissant que celui avec lequel il était en relation.

Le gouverneur avait un moyen aussi simple qu'ingénieux d'intéresser les Kannakas au travail, c'était de faire jouer la mine devant eux. La vue de ces blocs de pierre sortant avec fracas de leur lit, et bondissant sous l'action d'une force inconnue, avait un attrait singulier pour ces sauvages. Ils travaillaient toute la journée à percer le roc, puis, après l'explosion, ils charriaient les débris, qui devaient servir à la construction des murs. C'était un jeu plus qu'un travail, et, certes, ils n'eussent pas mis la moitié de ce zèle à toute autre besogne.

Les plus grands soins furent donnés à la culture du jardin colonial. Dans certains endroits la terre n'avait qu'un pied de profondeur; dans d'autres, où des fissures naturelles avaient facilité le jeu de la mine, il avait fallu quatre ou cinq pieds de remblai. Ces places profondes furent marquées, afin de recevoir plus tard des arbres. On ne se contenta point d'étendre sur la terre une couche de sable et de limon, mais on commença par y mettre des herbes marines, qui furent recouvertes ensuite par l'engrais. De cette façon, on forma un sol capable de porter les plus riches produits de la nature. Mais le gouverneur ne voulait faire cette fois qu'un jardin d'agrément. Des arbustes, des fleurs, du gazon, voilà tout ce qu'il mit dans le jardin colonial; quant aux fruits et aux légumes, les plaines du Cratère en fournissaient suffisamment pour les besoins de toute la colonie. Le danger que redoutait le plus le gouverneur, c'était que cette grande abondance de produits ne rendît son peuple indolent et paresseux; car la paresse entraîne infailliblement à sa suite l'ignorance et le vice. C'était donc pour tenir toujours en haleine la colonie, et pour lui donner le goût des améliorations, qu'il lui faisait entreprendre des travaux qui pouvaient paraître d'une utilité secondaire ; il voulait lui créer de nouveaux besoins, pour qu'elle fût obligée de chercher les moyens de les satisfaire.

Le gouverneur avait raison : les goûts nous viennent par imitation, et alors ils nous dominent et nous maîtrisent. Le jardin colonial prit bientôt un aspect ravissant, qui dédommagea au centuple des peines qu'il avait données. Tous les colons, hommes et femmes, se piquèrent d'honneur, et il ne s'éleva pas une maison, qu'on ne fît auparavant sauter le roc avec la mine, et qu'on ne traçât alentour un jardin. Le gouverneur ne s'en tint pas à ces essais d'horticulture. Avant de congédier les cinq cents travailleurs d'Ooroony, il avait, en plus de cent endroits au Récif, fait creuser de larges excavations, qu'on avait remplies d'engrais. Puis dans ces trous, devenus fertiles, on avait planté des arbres, principalement des cocotiers, qui pouvaient y trouver une nourriture suffisante.

Toute cette industrie avait métamorphosé complétement le Récif. Sans parler des maisons construites, des jardins dessinés et plantés dans l'intérieur de la ville, la surface entière de l'île n'était plus reconnaissable. Là où naguère on ne voyait que rocs nus et dépouillés, on trouvait maintenant une verdure fraîche, et des arbres montrant leur tête fleurie au milieu de prairies délicieuses. Quant à la ville elle-même, elle contenait environ vingt maisons, toutes fort modestes, et habitées principalement par des hommes dont l'industrie réclamait une position centrale. Ainsi, les commerçants durent nécessairement fixer leur résidence au Récif; leurs magasins furent établis à proximité du rivage, et pourvus de grues et de tous les ustensiles ordinaires, pour décharger et embarquer leurs colis. Chaque habitation était peu éloignée du magasin. Comme ces colons étaient venus bien approvisionnés pour trafiquer avec les Indiens, ils faisaient des affaires considérables, et recevaient, en échange de leurs produits, des quantités considérables de bois de sandal.

Il est un fait que nous ne devons pas oublier de mentionner. Le gouverneur et le conseil promulguèrent un acte concernant la navigation, lequel avait pour but de réserver à la colonie le transport des produits. Le véritable motif de cet acte était bien plutôt de tenir les Indiens dans de certaines limites, que de vouloir s'assurer les bénéfices qui en résulteraient. Aux termes de la loi, aucun canot ne pouvait se rendre du Groupe de Betto aux îles de la Colonie, sans une permission expresse du gouverneur. A certains jours désignés, les deux parties se rencontraient dans un village d'Ooroony, pour y faire leurs échanges, et les bâtiments de la colonie ramenaient au Récif le bois de sandal. Dans le but de pouvoir transporter ensuite ces bois jusqu'à un marché, Saunders avait, dans ses instructions, l'ordre d'acheter un bâtiment convenable, qu'il ramènerait avec *le Rancocus*, et sur lequel il embarquerait les articles les plus nécessaires à la colonie, entre autres des vaches et des juments. Saunders se dirigea vers la côte occidentale du Cap Horn, afin de faire ses achats dans l'Amérique du Sud. Le bétail n'y était pas aussi beau, mais on évitait ainsi de doubler le Cap.

Après avoir parlé de tous les travaux, de toutes les améliorations apportées au Récif, il est nécessaire de dire un mot de l'île Rancocus. L'établissement des moulins, des fours à chaux et à briques, des carrières de pierres, conduisirent naturellement le gouverneur à élever une petite forteresse où toute la colonie pût trouver un refuge en cas de besoin. Cet ouvrage fut élevé rapidement, et l'on y monta deux pièces d'artillerie. Nulle part on ne négligeait les moyens de défense. Le Pic seul se défendait assez par sa position, et ses habitans étaient assez nombreux pour repousser les ennemis qui oseraient y aborder dans le cas où l'Anse Mignonne viendrait à être découverte. Il n'en était pas de même du Récif, qui offrait partout un libre accès. Sans doute la construction de maisons en pierre contribuait efficacement à la défense de la ville ; mais le gouverneur comprit la nécessité de songer aux moyens de défense du côté de la mer. Quatre passages distincts correspondant à chacun des quatre points cardinaux, conduisaient du Cratère à la mer. Le passage du sud, qui se terminait au pont-levis, était suffisamment commandé par la Maison coloniale ; tous les autres étaient d'un accès facile. Mais de quelques points du Sommet l'on pouvait, au moyen de batteries convenablement disposées, balayer les passages. On construisit donc des batteries, dont chacune se composait de deux pièces de douze ; et pour plus de sûreté, Marc défendit l'entrée et même l'approche du Cratère à tous les Kannakas.

Les travaux de défense, de constructions, de terrassements, n'occupèrent pas exclusivement l'attention des colons pendant cette importante année. Les deux frères du gouverneur s'étaient mariés, l'aîné avec la sœur aînée de John Pennock, et le plus jeune avec une sœur du révérend M. Hornblower. Dans les mariages conclus à la colonie, comme cela s'est toujours fait, comme cela se fera toujours chez les peuples civilisés, les positions égales se rapprochaient. Il n'y avait pas une famille au Récif que l'on pût dire appartenir à la classe la plus élevée d'Amérique ; mais encore y avait-il parmi les colons des distinctions nécessaires et qui devaient subsister. Y a-t-il rien de plus faux, de plus injuste, que cette supériorité que donne l'argent, que ces divisions en castes établies d'après la fortune ? Et pourtant la société est ainsi faite, que, tant qu'elle durera, ces notions vivront avec elle. Cela vient de la difficulté d'apprécier des goûts et des qualités que nous ne possédons pas, et qui nous semblent des mystères impénétrables. En épousant Sarah Pennock, Charles Woolston savait bien que le sacrifice pécuniaire était de son côté ; mais Sarah était belle, modeste, jeune, et puis le choix n'était pas grand à la colonie. En Amérique, cette union eût été impossible ; mais au Cratère, elle ne rencontra point d'obstacles, et elle fut des plus heureuses.

On pensait que *le Rancocus* n'amènerait que fort peu d'émigrants, quoique le capitaine Saunders fût porteur de lettres écrites par les colons à certains de leurs amis, afin de les engager à venir s'établir au Récif. L'incertitude sur ce point ne fut pas de longue durée ; car, juste un an et huit jours après le départ du *Rancocus* du Groupe de Betto, le bon navire fut signalé ; les vigies du Pic annonçaient qu'il était à l'entrée de la Rade du Nord, et qu'il se préparait à jeter l'ancre. Aussitôt le gouverneur partit sur *l'Anna*, accompagné de Bob, et se dirigea vers *le Rancocus*, pour le conduire jusqu'au Récif. Marc et Bob étaient regardés comme les deux seuls hommes qui connussent assez les profondeurs données par la sonde pour piloter, sans danger, un si grand navire à travers les passes.

Lorsque *le Rancocus* héla *l'Anna*, le capitaine Saunders parut sur la poupe, et en réponse, cria : « Tout va bien ! » Ces mots rassurants soulagèrent d'un poids énorme le cœur de Marc ; car l'absence engendre l'inquiétude et une foule de noirs pressentiments. Cependant tout à bord paraissait en bon état, et, à leur grande surprise, les deux pilotes aperçurent, outre l'équipage, un grand nombre de têtes par-dessus les lisses du navire. Un peu plus loin, une autre embarcation était en vue ; c'était, dit le capitaine Saunders, le brick *la Jeune Poule*, qu'il avait acheté pour le compte de la colonie, et qu'il avait chargé de tout ce qui pouvait être le plus utile.

Il y avait à bord du *Rancocus* cent onze nouveaux émigrants. Toutes les relations d'amitié avaient été mises en œuvre, chacun avait cherché à faire des prosélytes, et n'avait que trop bien réussi, et il n'y avait pas eu moyen de diminuer le nombre. Marc fit contre fortune bon cœur, et son désappointement cessa en partie lorsqu'il apprit que les nouveaux venus étaient des gens précieux pour la colonie, tous jeunes, bien portants, d'une moralité incontestable, et de plus, possédant plus ou moins de fortune. Ces recrues portèrent le chiffre de la population à plus de cinq cents hommes, parmi lesquels se trouvaient près de cent cinquante enfants, au-dessous de quatorze ans.

Les passagers furent charmés de pouvoir mettre pied à terre dans une petite île située près de la rade, et où les bâtiments trouvèrent un excellent mouillage. Un des colons, homme d'un grand sens, nommé Dunks, avait entrevu l'importance future de cette île, située à l'extrémité de la rade, et il avait traité avec le conseil pour obtenir l'échange de ce terrain contre sa part de terres au Récif. L'arrangement avait été conclu; et depuis quelques mois, il y était établi avec trois ou quatre de ses parents ou amis, formant, si l'on peut s'exprimer ainsi, une *sous-colonie*, dépendante de la colonie du Récif. Comme cette position était exposée de toutes parts, on construisit une sorte de forteresse en pierre, capable, en cas d'invasion, de recevoir tous les habitants, et on l'entoura, en outre, d'une palissade destinée à la protéger contre un assaut. Le gouverneur avait envoyé une pièce de campagne : en sorte que la petite colonie pensait pouvoir résister à une attaque, défendue comme elle l'était par onze combattants.

Les nouveaux venus, comme de juste, trouvèrent tout charmant. Les récoltes leur parurent magnifiques, car, grâce au mélange du limon et du sable, la végétation tenait du prodige. Il n'y avait pas encore d'arbres, il est vrai, mais les piquets ou les palissades, étant des branches de saule, avaient pris racine, et promettaient de former bientôt autour de la maison une ceinture de feuillage. Une cinquantaine d'acres avaient été mises en culture, et les récoltes avaient déjà une belle apparence.

Le gouverneur envoya *l'Anna* avec ordre de faire préparer aux émigrants des logements à la Maison coloniale, assez grande pour les recevoir tous. Quant à lui il attendit, avec le *Rancocus*, que *la Jeune Poule* fût arrivée. Alors il monta à bord du brick et jeta un coup d'œil sur la cargaison. Saunders, en homme sage et sensé, avait bien compris que le plus important pour la colonie était d'augmenter son bétail; aussi avait-il embarqué le plus de vaches et de juments qu'il avait été possible. Il amenait vingt-cinq de ces dernières et vingt vaches; toutes achetées à Valparaiso. Les vents avaient été favorables, et les animaux n'avaient point eu à souffrir de la traversée; seulement, la longueur du voyage ayant dépassé toutes prévisions, le fourrage était venu à manquer, et les pauvres bêtes, lorsqu'on arriva, attendaient depuis vingt-quatre heures leur nourriture. En outre, l'eau était rare, et ce qu'il en restait était corrompu. Depuis un mois les malheureux animaux étaient à la demi-ration ; aussi avec quel bonheur ils sentirent la terre ! Et certainement leur odorat leur annonçait qu'ils en étaient proches; car, lorsque le gouverneur monta à bord du brick, leurs beuglements, leurs hennissements, leur agitation lui causèrent tant de pitié qu'il déclara qu'il fallait d'abord songer à eux.

Le brick était à l'ancre près d'un banc du sable le plus fin, traversé par plusieurs cours d'eau, et communiquant directement avec une prairie où l'herbe était fort épaisse. On fit aussitôt marché avec Dunks; et les deux équipages, celui du *Rancocus* et celui du brick, se mirent à l'œuvre pour débarquer tous les passagers à quatre pattes de *la Jeune Poule*. Comme les élingues étaient toutes prêtes, l'opération put commencer tout de suite; une jument fut hissée à travers l'écoutille, et, après être restée un instant suspendue en l'air, conduite par-dessus le bord et descendue dans la mer. La pauvre bête, qui, par un mécanisme ingénieux, se trouva tout à coup dégagée des élingues, se mit à nager, et, bien qu'épuisée par le manque de nourriture, aborda en quelques minutes. La première chose qu'elle fit fut de courir à l'eau douce; mais Dunks se trouvait là, et parvint à l'empêcher de trop boire, et à la diriger vers la prairie, où elle commença joyeusement son repas. Le reste du bétail fut débarqué de la même manière, et au bout de deux heures, le brick cessait d'être une étable. Immédiatement l'eau et les balais furent mis en jeu, mais il fallut un grand mois pour chasser de *la Jeune Poule* l'odeur de ses passagers.

Les hommes ne furent pas moins aises que les animaux de descendre à terre. Dunks leur fit le plus cordial accueil, et, à défaut de beaucoup de fruits, il leur offrit des légumes en abondance. Par exemple, il leur servit des melons, dont ils étaient privés depuis longtemps, et dont ils se firent un vrai régal. Les juments et les vaches furent laissées à l'île de Dunks, et y restèrent jusqu'à ce qu'on eût prévenu le gouverneur qu'elles avaient tout mangé, et que, à moins de les mettre encore à demi-ration, il fallait les changer de pâturages. Il ne fut pas difficile d'en débarrasser Dunks; du reste, les prairies, dans ce climat, étaient si rarement fauchées que c'était un bien véritable pour elles que la présence des bestiaux. Ceux-ci furent répartis entre les différentes fermes; les poules et les porcs furent distribués de la même façon, de sorte que chaque colon pût avoir une truie et des poulets dans sa basse-cour. Ces espèces se reproduisaient si rapidement qu'on était sûr d'avoir toujours du porc et des œufs au delà des besoins. Le maïs venait à merveille et presque sans culture.

Lorsqu'on eut fait tous les préparatifs nécessaires, les bâtiments mirent à la voile pour le Récif. On juge si les amis et les parents qui se retrouvaient dans ces lointains parages furent charmés de se revoir. Ceux qui arrivaient avaient beaucoup de choses à dire à ceux qui les avaient précédés de dix-huit mois; et ceux-ci, qui se considéraient comme de vieux colons, ne pouvaient se lasser d'entretenir les nouveaux venus des merveilles de leur colonie.

CHAPITRE XXIV.

Tes replis enlaçant les vagues écumantes,
Tu glisses, en sifflant, sur les eaux blanchissantes;
Le dard prêt, l'œil en feu, tu te dresses : d'un bond
Tu plonges, disputant aux monstres invisibles
Les abîmes sans fond!

BRAINARD. *Le Serpent de mer.*

Les cargaisons des bâtiments qui arrivaient au Récif étaient partagées entre le gouverneur et l'État. Le gouverneur en recevait la moitié pour lui-même, en sa qualité de propriétaire du *Rancocus*, cause première de l'existence de la colonie; l'État avait l'autre moitié, en retour du travail des colons et du droit qu'il avait d'imposer l'importation comme l'exportation. De cette seconde moitié, une partie était immédiatement divisée entre les colons, et le reste était emmagasiné.

Les produits du bois de sandal, du thé, etc., jusqu'à ce jour, avaient été très-avantageux, et avaient beaucoup contribué à l'aisance de la colonie. Une cargaison d'articles de peu de valeur, il est vrai, mais d'une grande utilité, avait pu être acquise à un prix bien inférieur au produit des thés achetés à Canton en échange du bois de sandal; de telle sorte que Saunders, outre les deux cargaisons de ses bâtiments, apportait une somme considérable en espèces, qui fut versée moitié dans les coffres de l'État, moitié dans la caisse du gouverneur Woolston. Il y avait douze mois que l'argent circulait dans la colonie; mais il ne fallut rien moins que cet arrivage de numéraire pour activer les transactions et arrêter le penchant à thésauriser, qui se manifestait déjà.

Nous pourrions à peine énumérer tous les articles qui furent apportés au Récif par les bâtiments; ils comprenaient tout ce qui sert aux hommes dans les pays civilisés, depuis une meule jusqu'à des charrettes. Les épiceries étaient aussi en grande quantité, telles que thés, sucre,, etc.; objets bien moins répandus en Amérique il y a cinquante ans qu'à présent. Ces denrées furent mises entre les mains des marchands, qui les débitèrent en détail. Il y avait alors des boutiques régulières, trois au Récif et une au Pic, où l'on pouvait, à bas prix, se procurer tous les objets nécessaires. Le prix des marchandises était peu élevé, parce que l'État n'usait pas de son droit d'imposer les importations.

Que n'a-t-on pas dit et écrit de notre temps sur cette grande duperie appelée le libre échange? Ce véritable mythe, objet des discussions de nos ancêtres de la Grande-Bretagne, et qui n'a jamais été expliqué par personne, ne trouble point les esprits en Amérique, où le commerce pourtant est libre dans la véritable acception du mot. Dieu merci, il n'y avait guère lieu au

Récif de discuter ces théories : le commerce qui se faisait était véritablement libre, et, de plus, le principe du gouvernement avait des bases solides. Loin de monopoliser le commerce de la colonie, ce que sa position et sa fortune personnelle lui eussent rendu facile, le gouverneur Woolston agissait de la manière la plus libérale. A l'exception de *l'Anna*, bâtiment construit par la colonie, le conseil avait décidé, suivant le droit le plus strict, que tous les bâtiments étaient la propriété particulière du gouverneur. Cette décision n'eut pas plus tôt été rendue que Marc Woolston transféra la propriété de *la Sirène* et de *l'Abraham* à l'État ; la première pour servir de croiseur, le second pour être employé au transport des passagers et des marchandises d'une île à l'autre. *La Neshamony* fut concédée en toute propriété à Bob Betts, qui sut en tirer un excellent parti, en organisant un service de cabotage qui ne tarda pas à lui rapporter d'immenses bénéfices. Pour donner encore plus de facilités à son vieux camarade, Marc résolut de lui faire construire un sloop, qui servirait en même temps de paquebot et de bâtiment marchand. On se mit donc à l'œuvre ; et, au bout de six mois, un bâtiment de quarante-cinq tonneaux fut mis à flot. Dans l'intervalle, l'honnête garçon, qui se rendait justice, avait renoncé de lui-même à sa place dans le conseil, composé d'hommes plus instruits et d'une classe plus élevée que lui. Marc comprit ses scrupules et ne chercha pas à retenir son ami dans des fonctions qui étaient si antipathiques à sa nature.

La nouvelle embarcation reçut le nom de *Marthe*, hommage rendu à la tendre et active compagne de Bob. Elle était légère à la course (elle, l'embarcation, et non mistress Betts), et avec un mousse et un Kannaka Bob pouvait parfaitement manœuvrer son petit bâtiment. Il allait souvent avec elle au Pic et à l'île Rancocus, ayant toujours à bord quelques articles utiles aux colons ; il fit même, dans les premiers mois, quelques excursions jusqu'au Groupe de Betto. Dans ces petits voyages, il emmenait des naturels comme passagers, et portait aux sauvages différents articles, tels que des hameçons, du vieux fer, des haches, et de temps en temps un peu de tabac. Il prenait en échange des noix de coco, fruit encore rare à la colonie, eu égard au nombre des habitants, des corbeilles, des tissus indigènes, des pagaies, et diverses plantes plus abondantes au Groupe de Betto qu'au Récif, et même au Pic.

Le plus grand voyage de Bob de la saison fut celui où il chargea son sloop d'une cargaison de melons. Ce fruit était si abondant à la colonie, qu'on en donnait aux porcs ; les naturels au contraire ne le connaissaient pas. Aussi en furent-ils très-friands, et Bob put remplir la cabine de *la Marthe* d'articles obtenus en échange de ses fruits. Entre autres choses, il reçut une quantité de bois de sandal dont le produit lui suffit pour acheter assez d'épices pour la consommation de sa famille pendant plus d'un an.

Bob se plaisait à répéter que c'était de ce voyage que datait le commencement de sa fortune. Il l'avait entrepris sans se mettre en peine des intrigues incessantes de Waally, et il avait eu d'autant plus de raison que ce fut avec ce chef astucieux qu'il fit ses meilleures affaires, et qu'il n'eut qu'à se louer de ses procédés.

Cependant *le Rancocus* avait été disposé pour le départ, le gouverneur pensant l'envoyer chercher une cargaison où cela serait possible, lorsque tout à coup une observation d'un matelot, nommé Walker, changea les idées de Marc et lui fit donner une destination qui devait exercer une influence décisive sur l'avenir de la colonie.

L'équipage du *Rancocus*, non-seulement lors de son premier voyage sur ces mers, mais dans les deux traversées subséquentes, avait remarqué la présence d'une certaine quantité de baleines, au vent du Cratère. Walker, qui avait été second à bord d'un baleinier de Nantucket, et qui, ainsi qu'une demi-douzaine d'autres colons, connaissait la pêche de la baleine, avait conseillé au capitaine Saunders, dont il était le premier lieutenant à bord du *Rancocus*, de faire provision de tout l'attirail nécessaire pour cette pêche : attirail consistant en cordages, harpons, piqués, lances et barriques. La cale de *la Jeune-Poule* avait donc été remplie de tous ces articles.

Le bois de sandal commençant à devenir rare, il n'était plus question d'envoyer de bâtiment à Canton cette année. Au premier abord, il semblait devoir en résulter une grande perte pour la colonie, mais quand le gouverneur vint à y réfléchir sérieusement, non-seulement lui, mais tout le conseil durent reconnaître qu'ils étaient singulièrement favorisés de la Providence, puisqu'elle leur ouvrait une nouvelle source de prospérité. Quel que fût le produit du bois de sandal, c'était une valeur nécessairement transitoire, qui s'épuiserait bientôt, tandis que la pêche de la baleine ne serait pas moins productive et offrait une mine inépuisable. Seulement une pareille entreprise demandait de l'industrie, du courage, de la persévérance et des capitaux. Les bâtiments, la colonie n'en manquerait pas; les moyens d'exécution, Saunders et Walker y avaient songé; les provisions, elles étaient abondantes au Récif.

Il ne pouvait rien arriver de plus heureux dans ce moment que cet aliment offert à l'esprit d'entreprise des colons. L'homme a besoin d'être tenu en haleine par une préoccupation constante, par un travail soutenu, sous peine de voir son ardeur s'émousser et ses progrès s'arrêter. Dès que le mot de pêche eut été prononcé, tous les esprits se tournèrent de ce côté, et le gouverneur profita de cette bonne disposition pour annoncer que chaque colon aurait dans la pêche un intérêt, et que le capital à fournir serait payable en provisions. La colonie, en son nom collectif, devait avoir aussi une part dans les bénéfices, en raison des articles fournis par les magasins de l'État; quant au gouverneur, il aurait droit à un cinquième, comme propriétaire des bâtiments; et certes, on trouva généralement qu'il était loin d'être indemnisé par là des sacrifices qu'il faisait pour l'entreprise.

Le Rancocus ne fut pas disposé pour la pêche, mais comme magasin destiné à recevoir l'huile jusqu'à la fin des opérations, puis à la porter en Amérique. En conséquence, le navire fut dégréé et mis en état pour son nouveau service. Il fut placé le long d'un des quais naturels, devant lequel on établit des hangars pour protéger le magasin contre les chaleurs du climat.

La Jeune Poule, brick solide, avec un vaste pont, une mâture forte et de bons agrès, fut équipée en baleinier ; *l'Anna* devait marcher de conserve. Cinq chaloupes baleinières furent munies des équipages nécessaires, deux restèrent avec *l'Anna*, et les trois autres furent placées à bord du brick. On embarqua bon nombre de Kannakas, qui étaient d'infatigables rameurs, et une vingtaine d'enfants de la colonie de huit à seize ans, pour les habituer à la mer ; on n'était pas en peine de les utiliser.

L'intérêt de toute la colonie était excité par le départ de *la Jeune Poule* et de *l'Anna*. Presque toutes les femmes, sœurs, filles ou fiancées des pêcheurs, auraient bien voulu les accompagner ; l'élan était si spontané que le gouverneur se décida à emmener à bord de *la Sirène* autant de passagers des deux sexes qu'il pourrait en embarquer pour faire une excursion de quelques jours, et assister aux succès de leurs amis dans leur nouvelle entreprise. Bob suivit sur *la Marthe*, et *l'Abraham* aussi fut de la partie ; quant à *la Neshamony*, elle fut envoyée sous le vent pour servir d'éclaireur de ce côté et avoir l'œil sur les naturels dans le cas où ceux-ci profiteraient de l'absence d'une centaine des défenseurs du Cratère. Il est vrai que ceux qui restaient à la colonie étaient bien en état de repousser Waally et sa bande ; mais l'homme est ainsi fait : lorsqu'il n'y avait que vingt hommes à la colonie, on se croyait bien forts, et maintenant que les colons étaient dix fois plus nombreux, ils prenaient des précautions inusitées.

Tout étant prêt, l'expédition mit à la voile ; le gouverneur montait *la Sirène*, ayant à bord une quarantaine de femmes, parmi lesquelles se trouvaient Brigitte et Anne. Les bâtiments sortirent par les passages du sud. Cette marche avait pour but de prendre plus facilement le vent en gagnant la pleine mer entre le Cap Sud et le Pic, au lieu de passer par les étroits canaux entre les îlots du Récif. En voyant la légèreté avec laquelle le nouveau brick glissait sur l'eau, les femmes tremblaient et ne pouvaient croire qu'une si frêle embarcation pût attaquer une baleine.

La flotte passa sous le côté du vent du Pic, dont le sommet était couvert d'une population avide de contempler ce nouveau spectacle. *La Marthe*, qui portait plus de voiles que *la Sirène* à cause de ses dimensions plus considérables, était en avant. Par un de ces hasards qui déjouent tous les calculs, tout à coup l'eau jaillit au vent des brisants, de manière à annoncer la présence d'une baleine dans un moment où le sloop en était d'une lieue plus près que tous les autres bâtiments. Chaque chaloupe baleinière avait son équipage; mais, à l'exception des hommes de *la Jeune Poule*, la presque totalité des autres colons était tout à fait inexpérimentée. Ils avaient étudié la théorie de la pêche, mais ils manquaient de la pratique. Bob n'était cependant pas homme à voir une partie engagée sans faire un effort pour la gagner. Son bateau fut prêt dans un instant, et il s'y élança avec Socrate pour attaquer un énorme animal qui se roulait sur les eaux. Il arrive souvent que de jeunes soldats, animés par l'esprit de corps, se lancent dans des hasards que n'affronteraient pas des troupes plus exercées. C'est ce que fit l'équipage de la chaloupe de *la Marthe*. Bob poussa droit au monstre; Socrate, pâlissant sous l'empire de l'émotion que lui causait une attaque d'un genre si nouveau pour lui, saisit son harpon, et, au moment où l'avant se trouva au-dessus de l'immense animal, il lança le fer. Le nègre avait mis dans ce coup toute sa force, sentant que c'était une question pour lui de vie ou de mort; la baleine blessée lança un long jet de sang. Les pêcheurs regardent comme un grand exploit de donner un coup mortel avec le harpon; d'ordinaire on ne fait que retenir la baleine avec le harpon, et c'est avec la lance qu'on l'achève. C'était donc avec un harpon que Socrate avait donné la mort à la première baleine qu'il eût jamais attaquée, et de ce moment le nègre devint un personnage important parmi les pêcheurs de ces mers. C'était un heureux coup de fortune, précurseur de plus grands succès ; on pouvait dire désormais, qu'avec Bob à la barre, et Socrate au harpon, une baleine passait un mauvais quart d'heure. Plusieurs chaloupes, il est vrai, furent endommagées, et deux Indiens furent noyés pendant le cours de l'été, mais on s'empara des baleines, et Bob et le nègre échappèrent à tout danger.

Pour en revenir à la première baleine qui fut harponnée, l'animal faisait jaillir l'eau et avait déjà à moitié rempli la chaloupe qui eût été bientôt submergée sans le bras vigoureux du nègre et son terrible coup de harpon qui fit tourner l'animal sur lui-même et lui donna la mort presque instantanément. Le gouverneur arriva sur les lieux au moment où Bob venait d'amarrer une aussière à la baleine, et se disposait à regagner avec sa proie les passages du Cap Sud. Les bâtiments passèrent devant le corps de l'ennemi vaincu en poussant des cris de joie, et le gouverneur recommanda à Bob de ne point déposer la carcasse de la baleine trop près des habitations, dans la crainte des exhalaisons malsaines; mais Bob avait déjà son ancrage en vue, et, poussé par une brise favorable, il hala sa prise à raison de quatre ou cinq nœuds à l'heure. *La Marthe* entra dans le passage; et, dès que la baleine fut à flot dans des eaux peu profondes, Bob, avec une vingtaine de Kannakas, se mit à la dépecer d'une façon sinon scientifique, du moins bien suffisante. L'opération fut terminée pendant la nuit, et le lendemain matin l'animal était dépouillé de sa tunique de graisse, et *la Marthe* était couverte d'un assortiment de chaudières dans lesquelles la graisse bouillait à grands feux. Les barils étaient tout prêts, et l'on tira de cette seule baleine cent onze barils d'huile, dont trente-trois de première qualité. C'était un brillant début dans cette nouvelle branche de commerce, et Bob transporta la totalité de sa prise au Récif, où l'huile fut déposée dans le premier plan du *Rancocus*, dont les barriques avaient été réparées pour cet objet.

Une semaine après, le gouverneur croisait sur *la Syrène*, de conserve avec *la Jeune Poule* et *l'Abraham*, cherchant sans succès des baleines à cent milles au vent du Pic, lorsqu'il fut rejoint par Bob, qui était à bord de *la Marthe*. Marc témoigna à Betts combien il appréciait ses services, et, se rappelant la faculté qu'avait son vieux compagnon d'apercevoir plus loin que tout le monde, il le pria de monter dans les barres de hune du brick et de donner un coup d'œil sur la mer. Le claivoyant marin n'eut pas examiné dix minutes que le cri : — Une baleine! une baleine! — retentit dans tout le bâtiment. Des signaux furent faits à *la Jeune Poule* et à *l'Abraham*, et tous firent voile dans la direction indiquée. Au coucher du soleil on aperçut un grand nombre de baleines; mais, comme d'après les observations de Walker, ce devait être l'endroit où elles prenaient leur nourriture, on crut pouvoir attendre jusqu'au matin. Par exemple, au point du jour, six chaloupes furent mises à la mer, et se disposèrent à l'attaque.

En cette occasion, Walker prit la tête, comme il convenait à son rang et à son expérience. En moins d'une heure il était tout près d'une immense baleine, sœur de celle prise par Betts. Les femmes qui se trouvaient à bord eurent l'émouvant spectacle d'une chaloupe traînée à la remorque par un énorme poisson avec une vitesse d'au moins vingt nœuds à l'heure. C'est l'usage parmi les pêcheurs que les navires se maintiennent au vent, pendant l'attaque, afin de conserver la position la plus favorable pour rejoindre les chaloupes, lorsque la baleine est tuée. Toutefois, tant que l'animal a un reste de vie, il y aurait folie à s'occuper de toute autre chose que de gagner au vent, attendu qu'il peut, d'une bond, se porter à de très-grandes distances. Quelquefois, l'animal effrayé s'élance hors de la vue du bâtiment, nageant en droite ligne quelque quinze ou vingt milles, et alors l'alternative pour la chaloupe est de s'éloigner du navire ou d'abandonner la baleine. Dans ce dernier cas, c'est un harpon perdu, et souvent plusieurs centaines de brasses de ligne; et il n'est pas rare que des baleines soient tuées ayant des harpons sur le corps, provenant d'une première attaque, et traînant après elles cent ou deux cents brasses de ligne.

Il est utile d'expliquer au lecteur qui ne le saurait pas, ce que c'est qu'un harpon : c'est une sorte de lance barbelée, attachée au bout d'une corde mince mais solide. La chaloupe s'approche de la baleine, le bossoir par l'avant, mais l'embarcation est toujours pointue des deux bouts afin de pouvoir s'éloigner rapidement et à reculons, s'il est nécessaire ; car l'approche de l'animal est souvent dangereuse, surtout lorsqu'il vient d'être frappé. La baleine, harponnée, plonge immédiatement, et il faut alors lui lâcher de la ligne, sans quoi elle entraînerait la chaloupe avec elle. Mais l'animal, comme l'homme, a besoin de respirer, et plus son plongeon a été rapide, plus il revient vite à la surface. L'usage du harpon et de la ligne est seulement de retenir la baleine, à laquelle ce premier coup est quelquefois mortel. Dès que la baleine reparaît à la surface et s'arrête, ou du moins ralentit sa fuite, les pêcheurs commencent à retirer la ligne et à se rapprocher graduellement de leur victime. Il arrive parfois que le monstre plonge de nouveau, et ce mouvement de tirer et de lâcher la ligne doit se répéter souvent plusieurs fois pour prendre une seule baleine. Lorsque la chaloupe a pu être approchée assez près, l'officier qui la commande darde sa lance et vise une partie vitale. Si le sang jaillit, c'est bien ; mais si aucune partie vitale n'a été atteinte, la baleine s'échappe de nouveau, et il faut recommencer toute l'opération comme si l'on n'avait rien fait.

Dans ce moment, le timonier de Walker, qui tenait le harpon à bord de la chaloupe, l'avait lancé avec adresse, et attaché solidement à la baleine. L'animal fit un long circuit, autour de *la Sirène*, à une distance qui permit de voir du brick tout ce qui se passait. Lorsque le cétacé fut près du bâtiment, et qu'il fit jaillir l'eau autour de la chaloupe à deux pieds plus haut que le plat-bord, Brigitte se pressa contre son époux, et, pour la première fois de sa vie, remercia mentalement le ciel de ce que Marc était gouverneur, et, en cette qualité, ne pouvait prendre part à cette pêche dangereuse. En même temps, Marc brûlait du désir de se mêler à ces jeux terribles, bien qu'il doutât qu'une occupation semblable fût bien d'accord avec la dignité de son rang.

Bob ne s'en était pas tenu à sa première prise : l'honnête marin de *la Delaware* avait, avec l'aide de Socrate, pris deux autres baleines. Les chaloupes de *la Jeune Poule* en avaient pris deux aussi, et *l'Abraham* une. Bob avec *la Marthe*, et le gouverneur sur *la Sirène*, remorquèrent quatre de ces baleines dans le canal du sud, dans une baie qui reçut le nom de Baie des Baleiniers. C'était là que Bob avait amené sa première prise, et l'endroit était en tous points favorable. La Baie formait un havre parfaitement sûr : il n'y avait pas seulement un banc de sable sur lequel les baleines étaient à flot, mais un quai naturel tout proche, et où *le Rancocus* pouvait s'amarrer. L'eau douce était abondante, et l'île était d'une étendue capable de recevoir le plus immense établissement de pêche. Un inconvénient capital était l'absence totale d'engrais, et par suite de toute verdure ; mais la surface était unie comme celle du quai, et offrait toutes facilités pour rouler les barils d'huile. Aussitôt que le gouverneur se fut assuré des avantages de cette place, assez éloignée du passage ordinaire qui conduisait au Pic, pour être à l'abri de toute inquiétude, il se détermina à y établir le centre de la pêche.

L'Abraham fut envoyé à l'île Rancocus, pour chercher des matériaux, et des hangars furent élevés en même temps, pour recevoir *la Jeune Poule* qui allait arriver avec mille barils d'huile à bord, et, à la remorque, trois baleines qu'elle avait prises entre le Cap Sud et le Pic. Cependant *le Rancocus*, sous ses basses voiles, venait du Récif à l'île où Marc organisait ses nouveaux entrepôts. Ce mouvement des bâtiments au milieu des îles était devenu très-facile, depuis qu'un long usage avait appris aux mariniers à distinguer les divers canaux ; et, tant qu'il ne fallait pas aller au vent, ils savaient suivre une route qui leur permît de serrer le vent autant qu'il était nécessaire, sans approcher trop du rivage.

Tels furent les commencements d'un commerce destiné à

prendre de grandes proportions. Dans cette première croisière, qui n'avait pas duré deux mois, les chaloupes baleinières avaient recueilli ensemble deux mille barriques d'huile, qui remplissaient la cale du *Rancocus*. Aux prix courants des marchés d'Europe et d'Amérique, le produit des huiles pouvait être évalué à une somme de près de cent mille dollars : résultat immense que n'aurait pu surpasser aucune autre opération accomplie même dans les circonstances les plus favorables.

CHAPITRE XXV.

> Sous la hache du blanc, dépouillée et tremblante
> La forêt crie et tombe, — esclave obéissante,
> La terre, pour le blanc prodigue de faveurs,
> Lui livre ses moissons, et ses fruits et ses fleurs.
> PAULDING.

Un pareil succès ne pouvait qu'ajouter à l'ardeur des colons pour une pêche qui était tout à la fois une source intarissable de plaisir et de profit. Ce fut bientôt un engouement universel qui gagna même les paisibles habitants du Pic, et Brigitte avait peine à comprendre qu'on quittât les délicieux ombrages de l'Éden, et ces vergers, chargés des plus beaux fruits, pour aller sur l'Océan braver un soleil ardent, et risquer sa vie à la poursuite d'une baleine. Mais un colon se serait cru perdu d'honneur s'il n'avait pas pris part à cette chasse si pleine d'intérêt et d'émotion, et le gouverneur comprit qu'il risquait de déchoir dans l'opinion publique s'il ne se signalait pas à son tour par quelque coup d'éclat.

Il semblait tout naturel que les hauts fonctionnaires de la colonie, Heaton, le ministre, et les deux jeunes frères du gouverneur, qui exerçaient des fonctions purement civiles, fonctions qui les obligeaient à une vie sédentaire, ne prissent point part à ces dangereux divertissements : ils avaient la main trop délicate pour manier convenablement l'aviron. Mais le gouverneur était un marin du premier ordre ; et, sans le dire, on s'attendait à le voir un jour ou l'autre frapper une baleine. Cette attente ne fut pas trompée. Avant la fin de la saison, le gouverneur était sorti quatre fois sur une des chaloupes de l'État, et chaque fois un monstrueux cétacé était tombé sous sa lance. Il n'en fallut pas davantage pour porter au plus haut degré l'enthousiasme des esprits ; ce fut à qui marcherait de plus près sur ses traces glorieuses ; de simples enfants demandaient à grands cris à être emmenés. Les Kannakas, qui faisaient partie des équipages, gagnèrent sensiblement dans l'opinion publique. Enfin, ce fut dans cette colonie, et non pas à Nantucket, comme on l'a supposé par erreur, que prit naissance la coutume qui ne permettait pas à un jeune homme de conduire la danse s'il n'avait pas tué sa baleine.

Les bâtiments ordinaires se trouvèrent bientôt insuffisants. *La Jeune Poule* venait de partir pour Hambourg avec un chargement de dix-sept cents barils d'huile. On s'arrachait les embarcations, et il fut décidé qu'on construirait deux bricks de cent quatre-vingts tonneaux. Six mois après, *le Dragon* et *le Jonas* étaient mis à l'eau ; mais dans l'intervalle l'ouvrage ne chômait pas, et Betts, en particulier, avait réalisé des profits si considérables qu'un jour il vint trouver son ami le gouverneur qui était à son bureau dans la salle d'audience de la Maison Coloniale. Il est bon de dire que le premier magistrat occupait alors une suite d'appartements dont l'ameublement et la décoration auraient été remarqués même à Philadelphie. L'île Rancocus fournissait un bois très-facile à travailler, et qui avait des veines admirables, et l'on en avait fait des meubles ravissants. Jamais un bâtiment n'était revenu de Chine sans rapporter au gouverneur des tables et des chaises en laque, des nattes du tissu le plus fin, ainsi que des porcelaines de tout genre. Brigitte avait disposé tout cela avec le goût qui la caractérisait, et le gouverneur avait le faible de tous ceux qui viennent de s'enrichir : il aimait à s'entourer de toutes ces inventions délicates de la civilisation. C'était en même temps relever l'importance de ses fonctions aux yeux de ses administrés.

— Entrez, capitaine Betts, entrez, Monsieur, et veuillez vous asseoir, dit le gouverneur en présentant un siége à son vieil ami. Vous êtes toujours le bienvenu ici, car je n'ai pas oublié le temps passé, mon camarade !

— Merci, gouverneur, merci. Tout est diablement changé ici, depuis quelque temps; il n'y a que vous qui soyez toujours le même. Pour moi, vous êtes toujours monsieur Marc et monsieur Woolston, comme au temps où je vous apprenais à distinguer un « nœud de vache » d'une « gueule de raie. »

— Et Marthe n'est pas changée non plus, je suppose; un peu plus d'embonpoint peut-être que lorsque vous l'avez connue pour la première fois, mais toujours le cœur aussi jeune qu'à seize ans, n'est-ce pas?

— Oui, gouverneur. Voyez-vous? Marthe a beau avoir quatre enfants à l'heure qu'il est, c'est toujours la Marthe d'autrefois, comme mistress Woolston est toujours la belle et fraîche miss Brigitte. Savez-vous que cela fait honneur au climat, gouverneur?

— Il est vrai, ma femme se porte à merveille, mais au surplus, comme toutes les femmes de la colonie. L'air est excellent, et tout prospère ici. Savez-vous que, d'après le rapport de M. le secrétaire, il est né ici près de deux cents enfants, sans compter ceux qui sont venus avec leurs parents, deux cents enfants du Cratère?

— C'est un joli début, gouverneur, et qui promet pour l'avenir de la colonie, lorsque nous autres nous ne serons plus que de vieilles carcasses reléguées au chantier.

— Où est le temps où nous aurions été bien heureux d'avoir un toit pour nous couvrir, et où quelques herbes marines et un peu de limon étaient des trésors pour nous ! Il y a de quoi être reconnaissants envers qui de droit, et j'espère que vous ne l'oubliez pas plus que moi, Betts?

— C'est ce que je m'efforce de faire, gouverneur, quoique

nous soyons toujours tentés de croire que nous méritons ce qui nous arrive, pourvu que ce ne soient pas des revers. Marthe, surtout, y pense pour nous deux, et suit les préceptes des Amis. Pour moi, c'est plus difficile, parce que j'ai commencé tard, comme vous savez.

— Oui, vous avez raison, les semences qui viennent le mieux sont celles qui sont confiées de bonne heure à la terre. Mais nous avons payé trop cher les leçons de l'expérience pour ne pas en profiter.

— Soyez tranquille, gouverneur, je marcherai droit. Mais je m'aperçois que je vous fais perdre votre temps, qui est trop précieux pour que j'en abuse comme autrefois. Venons au but de ma visite. Je vous félicite des deux nouveaux bricks que vous venez de mettre à l'eau.

— Merci, mon ami; est-ce que votre visite a rapport à l'un de ces bricks?

— Précisément : je me suis pris d'amitié pour *le Dragon*, et m'est avis que je voudrais l'acheter.

— L'acheter, y pensez-vous! savez-vous qu'il est d'un prix considérable, huit mille dollars environ? Où trouveriez-vous cette somme?

— En espèces, ce serait difficile; mais, si de l'huile vaut de l'argent, j'ai trois cents barils tout prêts, et cent, entre autres, d'une qualité supérieure.

— Eh! bien, tope, capitaine Betts, j'achète votre huile, et vous aurez le brick. Je suis charmé qu'il passe entre les mains d'un vieux camarade.

— Entre nous, gouverneur, ne croyez-vous pas qu'à la course il est capable de battre *le Jonas* d'un demi-nœud? c'est mon impression à moi.

— C'est aussi la mienne, bien que je n'aie pas voulu la manifester, pour ne pas décourager les constructeurs du *Jonas*.

— Eh! bien me voilà sûr de ne pas m'être trompé; car vous avez un coup d'œil auquel on peut se fier, et *le Dragon* ne s'endormira pas entre mes mains, je vous en réponds!

Cette importante acquisition augmenta encore la considération dont Betts jouissait dans la colonie. Le brick justifia la bonne opinion qu'on avait conçue de lui. A ses qualités réelles vint se joindre bientôt une réputation de bonheur qui ne nuit jamais, et que chaque nouvelle croisière vint confirmer. Betts se voyait presque au moment de battre monnaie.

Le Jonas fut vendu à une société de négociants. *La Marthe*, reprise à Betts, commença à faire un service régulier, d'île en île. Deux fois par semaine, elle allait du Récif à l'Anse Mignonne, et, tous les quinze jours, à l'île Rancocus. Elle était chargée du transport des lettres.

Une loi relative au service de la poste fut rendue par le conseil et approuvée par le gouverneur. Ce n'était pas dans une société si simple et si pratique que les théories alambiquées sur les droits de l'homme pouvaient venir se jeter à la traverse de règlements qui étaient d'une utilité tout à fait incontestable pour le public.

Ce fut peu de temps après l'organisation de ce service, qui fut accueillie comme un bienfait, que le gouverneur, accompagné des principaux fonctionnaires, résolut de visiter tous les établissements de la colonie, afin de dresser une statistique générale, et surtout d'avoir des données sur les lois qu'il pourrait être utile d'établir. Comme c'était en même temps un voyage de plaisir, les femmes furent de la partie, et nous nous proposons de suivre aussi les voyageurs pas à pas, puisque ce sera un moyen de nous tenir nous-mêmes au courant des progrès qui avaient pu se réaliser.

La Marthe, qui appartenait au gouvernement, avait naturellement été choisie pour ce voyage. Elle partit de l'Anse Mignonne vers huit heures du matin, ayant à bord dix-sept passagers, sans compter deux ou trois colons qui allaient à l'île Rancocus pour affaires personnelles. Le sloop ne s'y rendit pourtant pas en ligne directe; il commença par gouverner vers le volcan qui semblait n'avoir plus la même activité, et que le gouverneur était bien aise d'examiner de près. C'était un fin voilier, et *la Marthe* eut bientôt jeté l'ancre dans une petite baie, sous le vent de l'île.

C'était la première fois depuis son existence qu'on faisait l'ascension du Cratère. Les cendres et les scories s'étaient accumulées à la base en bien plus grande quantité qu'à la première visite du gouverneur, et la lave commençait à couler en deux ou trois filets. L'île pouvait avoir alors deux milles de diamètre, et, comme elle était à peu près ronde, six milles environ de circonférence. Le Cratère lui-même avait un demi-mille de diamètre, et il s'élevait alors de mille pieds au-dessus de la mer. Au centre de cette vaste vallée, les feux souterrains s'étaient frayé trois issues plus petites. De temps en temps, à un murmure sourd et prolongé succédait un sifflement aigu, semblable au bruit que fait la vapeur comprimée en s'échappant, puis on entendait une détonation accompagnée de fumée, et des pierres étaient lancées à une grande hauteur, puis retombaient dans la vallée. Mais ces explosions devenaient de moins en moins fréquentes.

Le résultat de toutes ces observations fut d'amener la conviction que ces passages ouverts à la fermentation intérieure de la terre allaient bientôt se fermer, et qu'elle chercherait sans doute à se frayer une autre issue. Brigitte et Marthe n'avaient pas hésité à accompagner leurs maris dans cette ascension; elles se trouvèrent récompensées de leur peine, et elles déclarèrent l'une et l'autre que les beautés comme les terreurs de ce lieu mémorable resteraient à jamais gravées dans leur mémoire.

En quittant le volcan, *la Marthe* se dirigea vers l'île Rancocus, où elle arrivait au coucher du soleil. Elle jeta l'ancre dans le havre ordinaire, et tous les passagers mirent pied à terre. Le fort était toujours gardé, dans l'intérêt du petit nombre d'habitants qui demeuraient dans l'île, quoiqu'une visite des Indiens fût peu à craindre. A l'exception des Kannakas qui étaient employés sur les différents bâtiments de la colonie, aucun Indien ne s'était montré dans ces parages depuis le jour où le jeune Ooroony avait amené lui-même cinq cents travailleurs. Le nombre et la force des navires des blancs semblaient leur assurer pour jamais la domination de ces mers.

La population de l'île Rancocus n'était que de cinquante âmes, compris les femmes et les enfants. Veiller au moulin, tailler des planches de toutes sortes, faire des briques et de la chaux en quantité suffisante pour les besoins des deux autres îles, telles étaient leurs occupations régulières. Le sol eût été assez fertile, mais on ne songeait pas à le cultiver ; *la Marthe* apportait chaque semaine les fruits et les légumes dont on pouvait avoir besoin. Les visiteurs s'informèrent de la situation des troupeaux qu'on avait lâchés en liberté dans les pâturages. Tout croissait et prospérait à faire plaisir, et l'on prévoyait même un temps où il faudrait faire une chasse générale pour arrêter cette exubérance de population, surtout en ce qui concernait les porcs.

De l'île Rancocus *la Marthe* se rendit au Récif, qui fut inspecté dans toutes ses parties. Le système adopté par le gouvernement de la colonie, relativement à l'extension des établissements, était bien différent de celui qui se pratique en Amérique, où la population se dissémine sur une surface immense, ce qui rend les progrès de la civilisation rapides, mais très-imparfaits. Si les habitants des États-Unis étaient concentrés sur la moitié du territoire qu'ils occupent aujourd'hui, il est hors de doute qu'ils seraient plus heureux, plus puissants, plus civilisés et moins grossiers dans leurs manières et dans leurs sentiments, bien que ce soit un crime de haute trahison de laisser soupçonner qu'ils ne soient pas arrivés au plus haut point de la perfection dans tous les genres. Mais il y a un juste milieu à garder dans l'accumulation de la population ; Marc Woolston avait étudié avec profit ce qui se passe en Europe, et la pratique était d'accord avec la théorie pour lui démontrer ce que toute force gagne à être concentrée. Aussi avait-il décidé que les habitations seraient groupées les unes près des autres. Quelques exceptions avaient dû être faites sur trois ou quatre points, à cause surtout de la pêche de la baleine. Le plus considérable de ces établissements isolés était la baie des Baleiniers, où s'étaient formés des ateliers de construction, de cordages, de serrurerie, etc. Il y avait sur ce point une cinquantaine d'habitations, dont un tiers environ étaient des fermes. Tout y dénotait l'activité, et il s'y faisait un commerce d'huiles considérable.

Le Rancocus était de retour de Hambourg, où il s'était défait de sa cargaison aux prix les plus avantageux, et il était dans la rade s'occupant déjà de faire un nouveau chargement de l'huile qui avait été préparée pendant son absence. Saunders était d'une activité qui tenait du prodige; et mistress Saunders, qui était venue au-devant de lui, ne se lassait pas de montrer aux autres femmes de la Baie les charmants cadeaux que son mari lui avait rapportés.

Au Récif proprement dit, la petite ville, construite avec beaucoup de goût sur un plan uniforme, offrait un charmant aspect. Depuis que les opérations relatives au commerce de l'huile avaient été transportées à la Baie, l'ordre et la propreté avaient reparu dans ses rues et dans les promenades publiques. A voir la fraîcheur des jardins, on n'aurait jamais pu croire qu'ils avaient pour couche première de la lave solide. Ils étaient alors en si grand nombre, que la ville semblait reposer sur un lit de verdure. Les rues étaient étroites, comme elles doivent l'être dans les climats chauds, pour donner de l'ombre et pour augmenter le courant d'air; mais, par derrière, il y avait de l'espace pour aérer les bâtiments. Le nombre des habitations était alors de soixante-quatre, et, en comprenant les édifices publics, les magasins, boutiques, etc., de plus de cent. Toutes les maisons, sans exception, avaient des espèces de *verandas*, entourées de vigne-vierge et de plantes grimpantes, qui offraient des retraites délicieuses pendant les heures les plus chaudes de la journée.

La source la plus abondante avait été mise à contribution pour fournir de l'eau à toutes les maisons. On avait employé pour cela un procédé très-simple, en se servant de manches à vent, puis de conduits en bois qui traversaient les jardins.

En dehors de la ville, un système régulier avait été suivi pour développer la culture : dès qu'on avait besoin de pierres, on faisait sauter le roc, en ayant soin seulement de laisser un quai sur le bord de l'île. Quand il y avait une excavation suffisante, on la remplissait de toutes les substances qui pouvaient contribuer à former le sol; aussitôt on plantait, on ensemençait; et déjà la distance qui séparait la ville du Cratère, et qui était d'un quart de mille, était une riante promenade, entourée d'arbustes et de gazon.

Quant au Cratère même, c'était là que la végétation déployait surtout toutes ses richesses. Le Sommet était couvert, sur quelques points, de bouquets d'arbres à travers lesquels on avait ménagé des percées sur des tapis de verdure aussi frais, toute l'année, que si l'on eût été à vingt degrés plus loin de l'équateur. Kitty, suivie d'un nombreux troupeau de descendants, y avait alors ses grandes entrées, et semblait y régner en souveraine. La plaine était devenue le jardin commun de la colonie. Chaque habitant était taxé à tant de journées de travail, moyennant quoi il avait une quantité déterminée de fruits et de légumes ; et les produits étaient si abondants qu'ils suffisaient, et au delà, à la consommation générale.

Nous avons déjà mentionné l'établissement de Dunks. Il y en avait un semblable à la baie de l'Est. C'était là que Marc était parvenu à gagner la pleine mer en s'engageant dans une passe étroite, et à peine visible ; et cette passe était devenue la route habituelle des pêcheurs, qui trouvaient très-commode de remorquer les baleines dans ce grand bassin, et de les y dépecer. C'était ce qui avait donné naissance à cet établissement, qui commençait à prendre un air de civilisation.

A la baie de l'Ouest était une sorte de station navale pour observer les habitants des îles voisines. Sur ce point, il n'y avait qu'une ferme, une petite batterie qui commandait la rade, et une maison fortifiée qui était en même temps une taverne.

La population vraiment agricole s'était établie le long des différents canaux qui avoisinaient le Récif, à une lieue de distance.

Un sentier, praticable pour les chevaux, conduisait d'une ferme à l'autre, mais les canaux étaient le grand moyen de communication, et ils étaient sillonnés continuellement par des bateaux.

La tournée se termina au Pic. Il méritait si bien le nom d'Éden par les beautés pittoresques que la nature y avait rassemblées, qu'il restait peu de chose à faire à la main des hommes. Les maisons, toutes en pierres, étaient peu élevées et n'occupaient pas un grand emplacement. Celle du gouverneur, qui était sa propriété privée, faisait seule exception. C'était là le séjour habituel de Brigitte, parce qu'il semblait convenir le mieux pour les enfants. L'air y était si pur et si frais que deux écoles y avaient été fondées, mais le gouverneur eut grand soin qu'on n'y enseignât que ce qui était véritablement utile, et l'amour de Dieu avant toutes choses. Il savait trop bien quel fléau c'est partout que les demi-savants, et il ne voulait pas en infecter sa colonie naissante.

Tel était, en résumé, l'état de la colonie à l'époque où nous sommes parvenus maintenant. Tout semblait aller à merveille. *La Jeune Poule* était arrivée, avait déposé sa cargaison pour en prendre une nouvelle, et elle venait de repartir emportant jusqu'au dernier baril d'huile. Tous ceux qui étaient intéressés dans la pêche de la baleine étaient dans la jubilation ; ils faisaient d'excellentes affaires, et leur ardeur n'en était que plus vive. En un mot, la colonie semblait avoir atteint le plus haut degré de prospérité, position toujours critique pour les États comme pour les individus, puisque c'est souvent alors qu'ils sont le plus près de leur ruine.

CHAPITRE XXVI.

> Cruel de cœur et fort de bras,
> Il ne rêve que les combats;
> Après les combats, le pillage.
> C'est avec un rire sauvage
> Qu'il commande le branle-bas.
> *Le Boucanier.*

Après sa tournée, le gouverneur passa une semaine au Pic avec sa femme et ses enfants. C'était toujours avec un nouveau bonheur qu'il se retrouvait auprès de Brigitte; elle était si tendre et si dévouée! Si ses soins attentifs s'étendaient sur tous ceux qui l'entouraient, tout son bonheur se concentrait dans le sein de sa petite famille. Avec Marc et ses enfants, il n'était pas de solitude qui ne lui eût été chère.

Le Pic, proprement dit, était devenu la promenade de prédilection des habitants. C'était là que le gouverneur aimait à aller prendre le frais du matin, et, les yeux fixés sur l'Océan, à réfléchir à ses différents devoirs. Agréable dans tous les temps, à cause de l'étendue et de la beauté de la vue, cette promenade avait encore plus d'intérêt depuis qu'avait commencé la pêche de la baleine. C'était un spectacle qui amusait beaucoup Anne et Brigitte, et plus d'une fois un des petits garçons était accouru du Pic en criant : — Viens vite, maman, viens vite! Un poisson! un gros poisson!

Le matin même du jour où Marc se proposait d'aller au Récif, il monta au Pic avec sa femme, au moment où le soleil se levait. La matinée était charmante, et jamais les cœurs des deux époux ne s'étaient ouverts plus délicieusement au double sentiment de l'amour pour leurs semblables, et de la reconnaissance pour leur Dieu. Le petit Marc donnait la main à sa mère, et l'heureux père conduisait sa fille. C'était ainsi qu'ils se partageaient d'ordinaire leurs enfants, dans leurs excursions, sans doute parce que chacun sentait ainsi plus près de soi une image en miniature de ce qu'il avait de plus cher.

Le gouverneur et Brigitte s'entretenaient des faveurs dont la Providence ne se lassait pas de les combler. L'abondance régnait partout; la terre leur prodiguait ses richesses, et le commerce venait leur offrir d'autres ressources dans la proportion de leurs besoins. Le commerce ne mérite que des éloges tant qu'il se contente d'être un incident dans la vie, mais qu'il n'en devient pas le principe dominant. De même que l'homme qui ne vit que pour accumuler voit se tarir successivement dans son âme toutes les sources des passions nobles et généreuses, et perd de vue le grand objet de son existence; les sociétés ne sont plus qu'un assemblage de corruption et de vénalité, dès que cette idole a pris chez elles la place du vrai Dieu. Jusqu'à présent les opérations commerciales de la colonie étaient renfermées dans ces sages limites; elles n'avaient pour but que de lui procurer ce qui lui manquait, en échange d'une active et laborieuse industrie.

Le gouverneur n'avait pas de secrets pour son amie; il aimait à la consulter sur toutes les questions délicates qui pouvaient se présenter dans son administration, et Brigitte avait le jugement si droit qu'il n'aurait pu trouver de meilleur conseiller.

— Croiriez-vous bien, ma chère, dit-il en aidant sa petite fille à franchir un passage difficile de la montée, croiriez-vous bien que, dans ce moment, ce qui me préoccupe le plus, c'est la question religieuse? Pendant ma tournée, j'ai eu soin de sonder les dispositions des colons; et à mon grand étonnement, j'ai trouvé une bien plus grande variété d'opinions que je ne l'aurais cru possible au milieu du calme où nous vivons.

— Je sais depuis longtemps qu'un grand nombre d'entre eux ne sont pas très-contents de la manière dont M. Hornblower exerce son ministère. Vous qui êtes de la secte des Épiscopaux, Marc, vous avez pu ne pas le remarquer; mais comme on sait que ma famille est presbytérienne, on se cache moins avec moi.

— Et vous ne m'en avez rien dit, Brigitte? reprit le gouverneur d'un ton de reproche.

— Pourquoi aurais-je été ajouter à vos autres tracas, mon cher ami! vous en avez bien assez; et d'ailleurs le remède n'est pas loin du mal maintenant. S'il faut tout vous dire, *la Jeune Poule* est chargée de ramener deux ministres, l'un presbytérien, l'autre méthodiste, si l'on en trouve qui consentent à venir. Je crois même que les Amis ne sont pas sans espoir de voir arriver un de leurs prédicateurs.

— N'y a-t-il pas une loi formelle qui interdit l'entrée de tout émigrant sans le consentement du gouverneur et du conseil? demanda Marc d'un ton grave.

— Sans doute, mais il serait bien dur de signifier aux gens qu'ils ne peuvent pas adorer Dieu de la manière qui convient le mieux à leur conscience.

— De même qu'il n'y a qu'un Dieu, il me semble qu'il ne devrait y avoir qu'une manière de l'adorer.

— Est-ce qu'il est un seul sujet sur lequel les hommes soient tous de la même opinion, mon cher gouverneur? Et puis, M. Hornblower a un grand défaut, surtout pour un ministre qui a le champ libre, et qui ne peut trouver de contradicteurs: c'est de déblatérer contre toutes les autres sectes.

— Jamais on ne doit déguiser la vérité, Brigitte, surtout dans un sujet aussi grave que la religion.

— D'accord, Marc, s'il était obligé d'en parler. Mais pourquoi, sans nécessité, aller heurter des préjugés qui ont leur côté respectable? Il devrait réfléchir qu'il n'y a pas cinquante épiscopaux dans toute la colonie.

— C'est pour cela qu'il voudrait qu'ils le devinssent tous.

— Qu'il tâche d'en faire des chrétiens; n'est-ce pas assez?

La conversation roula encore quelque temps sur ce ton, puis on arriva sur la hauteur, où des incidents nouveaux et d'une toute autre nature ne tardèrent pas à absorber leur attention. A peine avaient-ils fait quelques pas que les yeux perçants de la petite fille aperçurent une voile, puis une seconde, puis une troisième. C'étaient bien trois bâtiments, les premiers qui se fussent montrés dans ces parages, sauf les embarcations régulières et bien connues de la colonie. C'étaient un trois mâts et deux bricks; ils allaient évidemment de conserve et avec plus d'ordre que n'en observent habituellement les bâtiments de commerce. Ils gouvernaient au plus près dans la direction du sud-est, et étaient à peu près à mi-chemin entre le Pic et le Cratère, par conséquent à une distance d'environ six lieues, et également en vue des deux côtés.

Heureusement il y avait sur le Pic quelques enfants qui s'amusaient à y cueillir des baies sauvages. Le gouverneur se hâta d'en envoyer un porter à Heaton un billet dans lequel il lui recommandait d'envoyer sur-le-champ un exprès sur les bords de l'Anse, pour empêcher qu'aucune barque de pêcheurs ne sortît, car il y avait bon nombre de jeunes gens qui allaient pêcher le matin à l'ombre des rochers, avant que le soleil fût plus avancé sur l'horizon. Jusqu'alors l'existence de l'Anse Mignonne était restée strictement cachée, même aux Karnakas, et pour eux, le Pic tout entier était toujours un lieu aussi mystérieux que le jour où Waally et ses compagnons avaient pris la fuite, frappés d'une terreur superstitieuse.

Après avoir pris cette précaution, et recommandé aux autres enfants de ne pas s'éloigner dans le cas où il aurait encore quelque message à envoyer, le gouverneur donna toute son attention aux bâtiments étrangers. Il y avait toujours quelques lunettes sur le Pic. Il en prit une et la dirigea sur le trois-mâts. Brigitte auprès de lui attendait avec angoisse qu'il lui apprît le résultat de ses observations : voyant que son mari ne disait rien, elle se décida enfin à l'interroger.

— Qu'est-ce donc, Marc? lui dit-elle, craignant presque d'entendre sa réponse; est-ce *le Rancocus?*

— Si c'était *le Rancocus*, ma bonne amie, il ne viendrait pas ici. C'est un assez grand navire, qui paraît armé, mais je ne puis découvrir sa nation.

— Il n'est pas étonnant qu'il soit armé, Marc. Vous savez que les journaux que le capitaine Saunders nous a rapportés sont remplis de récits de batailles livrées en Europe.

— Il est vrai que le monde entier est en guerre, mais cela n'explique pas l'apparition singulière de ces trois bâtiments sur ce coin éloigné du globe. Peut-être est-ce un voyage de découvertes qu'ils sont en train de faire ; car la guerre n'est pas toujours un obstacle à l'esprit d'entreprise. Ils paraissent se diriger vers le Pic, ce qui semblerait indiquer qu'ils ne soupçonnent pas l'existence d'établissements au Cratère ; car là-bas ils pourraient jeter l'ancre, ce qu'il leur est impossible de faire ici, sans connaître l'entrée de l'anse.

— Mais ne serait-il pas naturel qu'ils vinssent d'abord au Pic, qui est l'objet le plus frappant ?

— Votre réflexion est juste, Brigitte, mais comme le commodore a trois bâtiments, je crois qu'il en dirigerait un vers le Cratère, pendant qu'il se rendrait ici avec les deux autres. Il n'y a que l'Angleterre qui, dans ces temps de guerre, puisse envoyer si loin des vaisseaux, et ceux-ci n'ont nullement l'air anglais. Et puis, s'il se préparait quelque expédition de ce genre, les journaux nous en auraient parlé. Je crains bien qu'il ne s'agisse de toute autre chose que d'un voyage de découverte.

Le gouverneur envoya un nouveau message à Heaton pour recommander que personne ne se montrât, et que même on éteignît tous les feux, de peur que la fumée ne trahît leur présence. Ce message fut bientôt suivi d'un troisième, qui disait d'assembler sur-le-champ tous les hommes, et de faire les préparatifs ordinaires de défense. Il donnait l'ordre en même temps de tenir une chaloupe toute prête, qui pût partir pour le Récif au premier signal.

Pendant ce temps, les bâtiments étrangers ne restaient pas oisifs, mais ils s'approchaient du Pic à toutes voiles. Quand ils ne furent plus qu'à une lieue des rochers, Marc reconnut que le navire principal pouvait être de six cents tonneaux, et qu'il était fortement armé. Un examen plus attentif encore lui fit reconnaître les formes d'une frégate, qui avait une batterie régulière. Les deux bricks n'étaient guère que de deux cents tonneaux, mais ils avaient aussi un nombreux équipage. On ne pouvait plus en douter, car, à mesure qu'ils approchaient de l'île, les cordages se couvraient de monde pour diminuer de voiles.

Une remarque que fit le gouverneur lui causa beaucoup de satisfaction. A voir les manœuvres de la petite escadre, elle semblait se disposer à passer au vent des rochers, d'où il concluait que personne à bord ne connaissait la position de l'Anse. Ainsi toutes les peines qu'il avait prises pour en cacher l'existence, même aux Indiens, n'étaient pas perdues !

On redoubla de précautions pour que personne ne fût aperçu sur la cime du Pic. Nous avons déjà vu que de la pleine mer c'était le seul point qu'on pût découvrir. Marc n'en put pas moins continuer à son aise ses observations, des abris ayant été disposés depuis longtemps à cet effet.

Enfin l'escadre se trouva être à si peu de distance, qu'il devint possible de braquer la longue-vue sur le pont de la frégate. En examinant l'équipage pour tâcher de reconnaître à quelle nation il appartenait, le gouverneur s'imagina qu'il apercevait quelques Indiens à bord. C'étaient même des chefs, des chefs revêtus de leur costume de guerre. Redoublant d'attention, il en vint à croire que parmi eux il reconnaissait Waally, et même son fils à côté de lui. D'une pareille élévation et à une telle distance, il était possible de se tromper ; aussi le gouverneur ne voulut-il pas s'en fier au témoignage de ses sens ; il passa la longue-vue à un colon qui lui apportait un message de Heaton, et qui connaissait le redoutable chef. Celui-ci n'hésita pas à dire que le gouverneur ne se trompait pas. Brigitte consultée à son tour fut du même avis. Il n'y avait donc plus à en douter : Waally était à bord de la frégate !

C'était une découverte de la plus haute importance. Waally ne pouvait venir dans des intentions bienveillantes pour les colons. Si depuis cinq ans il avait rongé son frein en silence, il n'était pas douteux qu'une sourde haine n'eût toujours couvé au fond de son cœur. Les relations entre les deux groupes d'îles n'avaient pas été fréquentes depuis quelque temps ; il y avait plusieurs mois qu'aucune embarcation n'avait été du Récif aux îles d'Ooroony. C'était bien assez pour que de grands projets eussent pu être conçus et mis à exécution, sans que les colons en eussent entendu parler.

Mais il était impossible d'approfondir cet étrange mystère, tant que les étrangers se tenaient au large du Pic ; mais dès qu'ils eurent doublé la pointe septentrionale, et que, gouvernant au sud, ils longèrent les rochers en boulinant, le gouverneur fit aussitôt partir la chaloupe, avec ordre de se rendre au Récif à force de voiles. Il envoyait des instructions détaillées à Pennock et à ceux des membres du conseil qui seraient présents. Il leur rendait compte brièvement de ses craintes, et leur recommandait la plus grande vigilance. Toutes les forces de la colonie devaient être rassemblées immédiatement, et il promettait d'aller les rejoindre, dès que les bâtiments étrangers auraient quitté les environs du Pic.

Cependant Heaton était monté à cheval, et il suivait l'escadre qui faisait le tour de l'île. De temps en temps il envoyait des messages au gouverneur pour le tenir au courant des mouvements des étrangers. Pendant ce temps les hommes étaient rappelés de leurs diverses occupations, et la défense s'organisait. Comme il fallait plusieurs heures à l'escadre pour faire ce long circuit, les mesures purent être prises avec réflexion, et la chaloupe était déjà hors de vue, quand Heaton dépêcha un messager pour avertir que l'escadre avait atteint l'extrémité méridionale de l'île, et qu'elle gouvernait au sud-est, se dirigeant évidemment vers le volcan.

On commença à se demander si on la reverrait jamais. Il était naturel que des navigateurs examinassent des îles inconnues, du moins en passant ; mais il était peu probable, si c'étaient des bâtiments de commerce, qu'ils retardassent leur voyage pour pousser plus loin leurs investigations. Sans la présence, trop certaine, des Indiens à bord de la frégate, et la grave présomption que Waally était avec eux, le gouverneur n'aurait pas hésité à croire qu'il n'avait plus à craindre leur visite. Néanmoins, ils pouvaient se porter sur l'île Rancocus dont les moulins, la tuilerie, et même les principales maisons se voyaient de la pleine mer. C'était un danger qu'il fallait prévoir encore ; et, dès qu'on eut la certitude qu'ils s'éloignaient dans la direction du sud-est, une autre embarcation partit pour aller prévenir les meuniers, les tailleurs de pierres et tous les ouvriers, qu'ils verraient peut-être arriver bientôt des hôtes dont ils auraient grand besoin de se méfier.

On n'en continua pas moins à observer l'escadre sur la cime du Pic comme de tous les points de l'île. Lorsqu'elle approcha du volcan, on la perdit de vue, sans doute parce qu'elle avait serré les voiles. Le gouverneur présuma qu'elle avait jeté l'ancre ; opération impossible près du Pic de Vulcain, qui, sorti d'un bond du sein de l'Océan, ne se prolongeait pas sous l'eau de manière à en diminuer la profondeur ; mais elle pouvait s'exécuter sans peine près de la plupart des autres îles où il se trouvait un fonds excellent, composé presque toujours de vase et de sable.

Le reste de la journée et toute la nuit suivante se passèrent dans une grande anxiété. Le lendemain matin on vit venir la chaloupe envoyée au Récif. Elle rapportait que la côte était libre au nord ; des messages avaient été expédiés à tous les établissements, et *l'Anna* était partie pour rappeler tous les pêcheurs et pour apprendre l'état des affaires au capitaine Betts et à ses compagnons. Lors des dernières nouvelles, *le Dragon* et *le Jonas* étaient à croiser à cent milles au vent des îles, et il était important qu'ils fussent informés sans retard de l'approche des étrangers.

Le gouverneur approuva d'autant plus ces dispositions qu'elles lui permettaient de différer son départ. Le Pic était le point d'observation le plus favorable, et il désirait y rester jusqu'à ce que le moment de l'action fût arrivé. La surveillance la plus grande continua à s'exercer, mais on n'aperçut aucune voile de toute la journée. Le lendemain matin, un baleinier, monté par quatre robustes nageurs, arriva de l'île Rancocus. Ils étaient partis dans la soirée, et avaient eu à lutter toute la nuit contre les vents alizés. Les nouvelles qu'ils apportaient causèrent autant d'alarme que de surprise.

Les trois bâtiments étrangers s'étaient montrés tout à coup la veille au point du jour. Sans doute ils avaient pris cette direction dans l'obscurité, dès que, du Pic, on les avait perdus de vue. Bigelow qui se trouvait dans l'île, et qui jouissait d'une certaine considération parmi les colons, prit aussitôt la direction des affaires. Les femmes et les enfants se retirèrent dans les montagnes où deux ou trois cavernes avaient été préparées pour servir de refuge dans des cas extrêmes, comme celui qui se présentait, et les objets les plus précieux y furent transportés immédiatement, les scies du moulin, entre autres, qu'il eût été impossible de remplacer.

Après avoir donné ses instructions, Bigelow alla seul au-devant des étrangers qui venaient de jeter l'ancre, et qui étaient débarqués en grand nombre. Lorsqu'il arriva sur la plage, il trouva une centaine d'hommes, tous bien armés, et semblant placés sous un commandement militaire. Dès qu'on vit Bigelow, on le saisit pour le conduire au chef, dont l'extérieur annonçait un marin, et qui avait l'air rude et farouche. Cet homme ne savait pas un mot d'anglais. Bigelow essaya de lui adresser quelques mots en espagnol sans plus de succès. Enfin on amena quelqu'un qui parlait anglais, et même assez bien pour faire soupçonner à Bigelow qu'il pourrait bien être de cette nation, ou, tout au moins, Américain. Au moyen de cet interprète, un interrogatoire en forme commença.

On demanda à Bigelow quel était le nombre des habitants dans les différentes îles, la quantité de bâtiments qu'ils avaient à leur disposition, la nature de leurs chargements, les lieux qui servaient d'entrepôt; et à la nature de ces questions, Bigelow jugea sur-le-champ qu'il avait affaire à des pirates. La piraterie se faisait souvent sur une vaste échelle dans les mers de l'Est, où plusieurs bâtiments se réunissaient pour commettre plus sûrement leurs déprédations. Les hommes d'équipage que voyait Bigelow étaient évidemment de différentes races, bien que la plupart des officiers parussent Européens, du moins d'origine.

Bigelow mit une grande réserve dans ses réponses, si grande même que ceux qui l'interrogeaient en témoignèrent de l'humeur. Quand on lui parla du Pic, il prit un air de grand mystère, et dit qu'il n'y avait que les oiseaux du ciel qui pussent y pénétrer ; que quelquefois on entendait des coups de tonnerre qui semblaient sortir de ses flancs, mais que jamais on n'avait pu y aborder. Ces renseignements ne parurent pas exciter la méfiance à laquelle il s'était attendu ; on les lui fit répéter, et on parut ajouter foi à ses paroles. Encouragé par ce succès, le pauvre garçon voulut renchérir encore quand il fut question du Récif, et il allait s'embarquer dans des histoires sans fin, lorsqu'on l'arrêta tout court, en lui disant tout net qu'il mentait. Il fut aussitôt mené quelques pas plus loin, et il se trouva en présence de Waally !

Bigelow n'eut pas plus tôt reconnu les traits sombres du chef, qu'il sentit que toute feinte serait inutile, et il eut recours à un système tout opposé. Il se mit à tout exagérer, le nombre et la force des bâtiments, qu'il désignait par leurs noms, noms presque toujours véritables ; mais de simples chaloupes il faisait des vaisseaux ; et, à l'en croire, la colonie pouvait rassembler deux mille combattants. Le commandant, qu'on appelait l'amiral, ne parut pas ravi de cette communication ; et se tournant vers Waally, il lui demanda si c'était vrai. Waally ne sut trop que répondre. Il avait entendu dire que les colons étaient beaucoup plus nombreux qu'autrefois, mais sans qu'il sût précisément combien ils avaient de guerriers. Ce dont il était sûr, c'est qu'ils étaient immensément riches, et surtout qu'ils avaient assez de matériaux pour construire autant de bâtiments qu'ils en voudraient. C'était surtout cette dernière circonstance qui avait enflammé la cupidité des pirates.

L'amiral ne jugea pas nécessaire de pousser plus loin ses

questions, et il se mit, sans perdre de temps, à parcourir l'île Rancocus où, d'après les rapports de Waally, il savait sans doute qu'il n'avait pas grand butin à faire. Les habitations et les moulins furent pillés; quelques porcs et un jeune taureau furent tués; mais par bonheur, le reste du troupeau avait été conduit dans une vallée retirée. Les malheureux s'amusèrent, par pure méchanceté, à mettre le feu au moulin à scier les planches, qui ne fut bientôt qu'un monceau de cendres. Un moulin à farine échappa à la dévastation générale, parce qu'il se trouvait à l'écart. Ils firent sauter un four à chaux uniquement pour avoir le plaisir de voir les briques danser en l'air. Ils semblaient prendre un malin plaisir à tout détruire; mais, par exemple, Bigelow ne fut pas inquiété. Personne même ne s'occupa de lui; et, dès qu'il fit nuit, il réunit quelques hommes, s'embarqua dans sa chaloupe, et vint apprendre au gouverneur ce qui était arrivé.

CHAPITRE XXVIII.

Ils sont partis! à nous ce beau rivage!
Regarde autour de toi : tout est notre héritage.
SPRAGUE.

Lorsque Marc eut entendu le rapport de Bigelow, il ne put douter qu'il n'eût affaire à une de ces escadres de pirates qui jadis infestaient les mers de l'Est, et qui étaient en quelque sorte les successeurs des boucaniers. Les équipages étaient toujours composés de l'écume de toutes les nations, et c'étaient des gens déterminés et ne reculant devant aucun danger. Du moment que Waally était avec eux, il était inutile de chercher comment ils avaient entendu parler de la colonie. Nul doute que ce chef avide n'eût fait ses conventions avec eux pour avoir une part du butin. Leur projet primitif était probablement de piller les navires employés à la pêche des perles; et les renseignements qu'ils avaient pu obtenir de Waally, dans une relâche à son île, les avait mis sur la voie d'une proie plus sûre et peut-être plus avantageuse.

Marc ne craignait point pour le Pic. Fût-on parvenu à découvrir l'entrée de l'Anse, ce qu'il ne croyait pas probable, ses défenseurs, retranchés dans une position si admirable, ne pouvaient manquer de repousser les assaillants. Mais le Récif était bien plus exposé, et le gouverneur comprit qu'il ne pouvait pas différer plus longtemps de s'y rendre, et que sa place était là. Si le Récif tombait au pouvoir des pirates, il faudrait des années pour réparer une pareille perte; et, ce qui était plus triste encore à penser, il pourrait devenir leur rendez-vous général, dans leurs infâmes expéditions. Le gouverneur Woolston fit gréer une chaloupe, et s'embarqua dans l'après-midi. Sa femme voulait l'accompagner, mais il n'y voulut pas consentir; car il s'attendait à une rude besogne, et il songeait même à diriger toutes les femmes sur le Pic. Brigitte n'insista pas, et elle chercha même à dissimuler sa douleur, afin de donner le bon exemple aux autres épouses, qui étaient aussi obligées de se séparer de leurs maris.

A mi-chemin, la chaloupe aperçut une embarcation qui semblait suivre la même direction qu'elle. C'était *l'Anna* qui revenait, après avoir été donner l'alarme aux pêcheurs, et le capitaine Betts était à bord. C'était une double bonne fortune pour le gouverneur. L'*Anna* était l'embarcation la plus rapide de la colonie, et il était important d'y placer le quartier général. La plus légère après elle était *la Marthe*, et la chaloupe fut dépêchée au Récif pour lui dire de venir immédiatement rejoindre le gouverneur, qui allait se diriger vers la Baie des Baleiniers, afin de s'assurer de l'état des choses sur ce point.

Arrivé à la Baie, Marc vit que déjà les pêcheurs étaient sur leurs gardes, et qu'on prenait toutes les précautions commandées par les circonstances. Mais pourrait-on bien compter sur la fidélité des Kannakas? Il y en avait plus de quarante réunis sur ce point, qui avaient été engagés soit pour extraire l'huile, soit pour aider aux travaux généraux. Ils vivaient en assez bonne intelligence avec les colons ; mais cependant était-il bien certain qu'ils ne broncheraient pas, quand ils verraient leurs chefs dans le parti opposé ? Ils avaient bien d'ailleurs quelques sujets de mécontentement. Les colons cherchaient à obtenir d'eux le plus de travail possible, en ne leur donnant que des babioles, dont les Indiens commençaient à soupçonner la véritable valeur. Tant qu'il n'y a pas un juste équilibre entre le travail et le salaire, la bonne entente ne peut s'établir entre le maître et le serviteur ; et quand il y a d'un côté oppression et abus de la force, il y a nécessairement de l'autre irritation et méfiance. Marc ne se faisait pas illusion : les dispositions de cette partie importante de ses forces disponibles étaient au moins douteuses, et c'était pour lui un sujet de grave préoccupation.

Le nombre des Kannakas, employés dans les divers établissements, était au moins de deux cents. Or, la colonie ne pouvait mettre en tout sur pied que trois cent soixante-trois combattants. On pouvait se trouver dans la nécessité de diriger sur un point donné la plus grande partie de cette armée ; mais laisser derrière soi une masse de cent à cent cinquante Kannakas au Récif, pendant que les troupes régulières se battraient avec l'ennemi, c'était une perspective qui ne flattait nullement le gouverneur. Il vit la nécessité de les concentrer dans un même lieu, et de les employer activement au service de la colonie. Cette tâche importante fut confiée à Bigelow, qui partit aussitôt pour le Récif avec les Kannakas qui se trouvaient à la Baie. Arrivé au Récif, il devait réunir le plus d'Indiens qu'il pourrait, les mettre à bord des huit ou dix embarcations qui pouvaient s'y trouver, et gagner le large avec cette petite flottille. C'était les occuper pendant vingt-quatre heures, et leur ôter tout moyen de communiquer avec Waally, dans le cas où il se présenterait devant le Récif.

En même temps, et pour éloigner les soupçons de défiance que cette conduite pouvait inspirer, il excepta de la mesure ceux des Kannakas qui faisaient partie de l'équipage *de l'Anna*, et qui étaient par conséquent de service auprès du gouverneur. Celui-ci, en les ayant sous ses yeux, était sûr de les maintenir dans le devoir, et il aimait à leur prouver qu'il ne craignait pas de leur confier la garde de sa personne.

Ces dispositions une fois prises, Marc sortit à la Baie pour retourner au Cratère ; et, à la hauteur du cap sud, il rencontra Betts qui montait *la Marthe*. Les deux bâtiments, avec quatre petites chaloupes qui les accompagnaient, se mirent alors de conserve à courir des bordées pour exercer une active surveillance dans la direction de l'île Rancocus. L'angle sud-ouest des petites îles qui entouraient le Récif formait une longue pointe basse et étroite, sous le vent de laquelle était une assez bonne rade. Ce cap était connu parmi les colons sous le nom d'Aiguille de Rancocus, par suite de cette circonstance que cette pointe se dirigeait avec une précision mathématique vers l'île en question. Aussi toutes les embarcations étaient-elles dans l'usage de gouverner vers l'extrémité de ce cap, certaines que de là elles n'avaient qu'à se laisser dériver au sud-ouest pour arriver au Récif en quelques heures. C'était en quelque sorte un procédé mécanique pour ceux qui n'étaient pas encore bien familiarisés avec la navigation.

L'Aiguille de Rancocus était le rendez-vous général assigné par le gouverneur à sa petite flotte. En réunissant ces bâtiments en si petit nombre, il ne cherchait pas à organiser un système de résistance, mais uniquement de surveillance. Il était sûr que Waally conduisait ses nouveaux amis vers les Rades de l'Ouest, de tous les parages celui qu'il connaissait le mieux, et la position sous l'Aiguille de Rancocus était la meilleure pour observer leur approche.

L'Anna, montée par le gouverneur, arriva la première, puis les autres se succédèrent, et toutes faisaient le même rapport que nulle part on n'avait aperçu d'ennemis. Sur la recommandation de Marc, Betts avait poussé une reconnaissance jusqu'au Pic ; tout y était tranquille, et l'on n'avait plus entendu parler des étrangers. Toute la soirée, la flotte resta dans la même incertitude. Vers minuit, le gouverneur résolut d'établir une croisière ; chaque bâtiment devait prendre une direction spéciale, aller jusqu'à une distance de sept lieues, et alors attendre le jour. Au point du jour, la vigie, à bord de *l'Anna*, fit rapport que *la Marthe* était à deux lieues au nord, et *la Neshamony*, à peu près à la même distance au sud. On savait que les autres embarcations s'étaient échelonnées au nord de *la Marthe*, mais on ne pouvait les voir.

Quand le soleil eut complétement paru sur l'horizon, *la Neshamony* étant venue informer le gouverneur qu'elle n'avait aperçu aucune voile, reçut l'ordre de cingler en droite ligne vers l'île Rancocus. Si tout paraissait tranquille, le commandant devait aborder, chercher à prendre des renseignements, et à moins qu'ils ne fussent de nature à motiver une autre marche, se diriger vers le Pic d'où il reprendrait la route du Récif.

L'Anna se rapprocha alors de *la Marthe* qui n'avait pas été plus heureuse dans ses recherches. Les autres bâtiments vinrent faire le même rapport : personne n'avait vu les étrangers ; on eût dit qu'ils avaient disparu tout à coup.

Cette incertitude commença à jeter le gouverneur dans une grande perplexité. Si les pirates avaient eu l'idée de diriger leur attaque sur un autre point, et d'arriver au Récif par l'une des passes du vent ? Sans doute Waally ne les connaissait pas, et il n'avait pu naturellement indiquer d'autre route que celle qu'il avait toujours suivie lui-même ; mais ne pouvait-il pas se trouver à bord quelque marin expérimenté, qui suppléât au défaut de sagacité des sauvages ? Ce changement de direction eût été d'autant plus fatal que c'était le côté faible de la place, celui qui réunissait le moins de moyens de défense, précisément parce qu'il était d'un abord plus difficile ; et c'était là que se trouvaient leurs plus grandes richesses, parce qu'on les y avait crues plus en sûreté.

Sous l'impression de cette nouvelle idée, Marc eut bientôt fait de nouvelles dispositions. Une des chaloupes eut ordre d'aller par la rade du nord, à travers les îlots, jusqu'au Récif ;

une autre fut laissée en croisière devant l'Aiguille, et *l'Anne* et *la Marthe* commencèrent de conserve une course des plus rapides, toujours à la recherche des pirates. Si le gouverneur les voyait une fois, il était bien décidé à ne pas les quitter qu'il ne fût parvenu à s'assurer de leurs projets.

Il y avait sept heures que *l'Anna* et *la Marthe* couraient, à deux lieues de distance l'une de l'autre, dans la direction de l'île Rancocus, sans avoir fait de nouvelles découvertes. Le gouverneur, n'y comprenant rien, dit à Betts de poursuivre la même route encore quelque temps, et il lui donna rendez-vous pour le lendemain matin à la Pointe de l'Aiguille. Quant à lui, il se décida à aller en personne au Pic voir si l'on n'y saurait pas quelque chose de nouveau, et conférer avec Heaton. Vers quatre heures du matin, *l'Anna* entrait dans l'Anse Mignonne : tout y était tranquille. La *Neshamony* même n'avait pas encore paru. A peine arrivé, le gouverneur se vit entouré de la plupart des femmes qui accouraient impatiemment demander des nouvelles de leurs maris. Marc dit tout ce qu'il savait, et cette courte entrevue soulagea bien des inquiétudes. Brigitte, malgré son désir, ne fit aucun effort pour retenir son mari; et, vers huit heures, *l'Anna* remettait à la voile.

A dix heures, le gouverneur avait la pointe de l'Aiguille en vue. Trois chaloupes, échelonnées de distance en distance, faisaient bonne garde. Dès qu'il fut à proximité, on lui signala une voile, qu'on voyait venir de loin à travers les passes intérieures. Le gouverneur ne tarda pas à reconnaître *l'Abraham*, mais quand les deux schooners furent bord à bord, il n'obtint pas de renseignements plus précis. Bigelow, qui commandait *l'Abraham*, avait parcouru toute la côte du vent pour rallier les baleiniers, et les conduire à la Baie du Vent, et il venait prendre les ordres du gouverneur.

Comme *l'Abraham* n'était pas un des meilleurs voiliers, le gouverneur ne l'envoya pas en pleine mer à la recherche des pirates. Il dit à Bigelow de suivre la côte du vent, et de s'en tenir assez près pour qu'on ne pût lui couper la communication avec la terre. Aucune voile ne pouvait approcher de la côte sans être vue de loin, et Bigelow connaissait si bien tous les canaux qu'il pourrait non-seulement rentrer, dès qu'il le voudrait, mais encore répandre dans tout le groupe des îles les renseignements qu'il pourrait recueillir sur la marche et sur les intentions des pirates.

Au lieu du rendez-vous, le gouverneur trouva tous ses bâtiments réunis, à l'exception de *la Neshamony* qui n'avait pas encore reparu. Les rapports qui lui furent faits étaient toujours les mêmes : on n'avait pas vu les étrangers. Une chaloupe qui revenait du Cratère assura qu'on ne les avait signalés nulle part, et que les colons continuaient avec ardeur leurs préparatifs de défense. Marc ne savait qu'imaginer, et ce profond mystère qui enveloppait les opérations de ses ennemis l'inquiétait profondément. Il brûlait d'aller à leur rencontre, et maintenant ce n'était que du côté sous le vent qu'il pouvait attendre des nouvelles. *La Neshamony* ne pouvait pas tarder à rentrer, et *la Marthe* ne devait plus être loin. Si Marc était inquiet, c'était parce qu'il supposait que quelques-uns des Kannakas qui avaient été employés par les colons, pouvaient être avec Waally. Ils connaissaient tous les tours et détours des canaux, ainsi que la profondeur de l'eau dans chaque passe; et si ce n'étaient point de bien sûrs pilotes, ils pouvaient du moins donner des renseignements à l'aide desquels des mains habiles sauraient se diriger à travers les îlots. Alors les pirates pourraient fondre à l'improviste sur différents points, et tout balayer devant eux. Malgré les précautions que le gouverneur avait prises pour faire surveiller toutes les passes, il ne pouvait se défendre des plus vives appréhensions.

Enfin il se crut au moment de voir cesser ses incertitudes. On signala en même temps *la Marthe* et *la Neshamony*; et, au bout d'une demi-heure, les capitaines venaient faire leurs rapports, qui n'étaient guère plus concluants que les autres. *La Neshamony* arrivait de l'île Rancocus : les pirates n'étaient pas restés longtemps après le départ de Bigelow et de ses compagnons. Ayant accompli toutes les dévastations qu'ils avaient pu, ils avaient remis à la voile et s'étaient dirigés vers le sud en inclinant un peu vers l'ouest, comme s'ils voulaient aller au volcan. Mais, d'un autre côté, *la Marthe* venait de faire le tour du volcan sans rien apercevoir. Était-il possible que les étrangers fussent retournés au Groupe de Betto sans essayer même de pousser plus loin leurs déprédations? C'était une supposition inadmissible; mais, ne voulant rien négliger, le gouverneur dépêcha *la Marthe* dans cette direction, avec l'espoir qu'elle rencontrerait au moins quelques canots de pêche qui allaient souvent à une vaste ceinture de rochers situés à quelques lieues au vent des territoires de Waally et d'Ooroony. Betts venait de prendre congé du gouverneur pour s'acquitter de cette mission, lorsqu'une des chaloupes qui étaient en observation signala l'apparition de voiles étrangères du côté du vent. C'en fut assez pour décider le gouverneur à rappeler *la Marthe*, et à faire rentrer toutes les embarcations.

Une heure ne s'était pas écoulée que tous les doutes étaient dissipés : c'étaient bien les pirates; et, qui plus est, *l'Abraham* était devant eux, se dirigeant à toutes voiles vers le passage du cap sud. Les étrangers étaient sur ses talons, et la distance qui les séparait semblait diminuer à chaque instant. La position de *l'Abraham* était critique, et en même temps la direction qu'il suivait eût conduit les pirates droit au Récif. Le gouverneur n'hésita pas, et il lofa hardiment vers les pirates, dans l'espoir qu'ils se diviseraient pour lui donner aussi la chasse. Betts le seconda habilement en serrant le vent dans les eaux de *l'Anna*, et en déployant toute la toile qui pouvait accélérer la marche du bâtiment pour se maintenir dans cette position. Cette manœuvre eut un plein succès. Les deux bricks, qui étaient le plus au sud, modifièrent leur route pour se mettre à leur poursuite, laissant la frégate donner seule la chasse à *l'Abraham*. Le gouverneur en fut enchanté, car il était certain qu'un bâtiment d'un tirant d'eau aussi considérable hésiterait avant de s'engager dans des passes étroites où les Kannakas savaient eux-mêmes que jamais un navire aussi grand ne s'était aventuré. La frégate pouvait être du port de six à sept cents tonneaux ; elle paraissait avoir douze pièces de canon d'un côté dans les batteries, et huit ou dix sur les gaillards.

Les trois bâtiments étrangers semblaient avoir des ailes. Bien prit à *l'Abraham* d'être aussi près du port. Au moment où il doubla le cap, la frégate allait l'atteindre, et il n'eut que le temps d'enfiler la passe. Les pirates lui lâchèrent toute leur bordée de tribord, qui coupa le grand mât du schooner, et tua un Kannaka qui était dans les barres de perroquet. Cette dernière circonstance eut du moins cela de favorable que les autres Indiens furent convaincus que les pirates étaient leurs ennemis personnels, puisque, lorsqu'il y avait tant de colons à bord, c'était sur un des leurs qu'ils faisaient tomber leur rage.

Comme le gouverneur s'y attendait, la frégate n'osa pas suivre *l'Abraham*. Cette passe particulière n'était connue ni de Waally, ni d'aucun de ceux qui étaient avec lui, et l'amiral n'en put tirer aucun éclaircissement utile. Déterminé à ne pas perdre de temps, il vira aussitôt pour donner aussi la chasse à *l'Anna* et à *la Marthe* qui alors étaient à peu près au milieu du canal qui conduisait au Pic. Le gouverneur ne se souciait nullement de les attirer plus près de l'Anse Mignonne qu'il n'était rigoureusement nécessaire ; et, dès qu'il vit que *l'Abraham* s'était enfoncé dans les îlots, et que ses voiles disparaissaient derrière un massif d'arbres qui commençait à garnir cette partie de la côte, il changea de direction et gouverna vers l'île Rancocus, en ayant le vent à babord. Les trois bâtiments suivirent, et, au bout d'une demi-heure, ils s'étaient assez éloignés du cap sud pour qu'il n'y eût pour le moment rien à craindre sur ce point.

Jusque-là les prévisions du gouverneur s'étaient réalisées au delà de ses espérances. Ses ennemis étaient à une lieue de lui, en pleine vue, et ses deux embarcations n'avaient pas à redouter l'issue d'une course qui avait lieu sur une mer tranquille : mais tout à coup on eût pu croire qu'il renonçait volontairement à cet avantage. Quand il fut à une certaine distance, il changea brusquement de bord et gouverna au nord-ouest, en ayant le vent par le travers de tribord. Les pirates se trouvèrent alors sous la hanche du vent, et ils avaient gagné évidemment du terrain.

Mais le gouverneur avait devant lui la Pointe de l'Aiguille, et il savait qu'ils seraient obligés de se tenir au large pour la doubler, ce qui leur donnait près d'une lieue de plus à franchir, tandis que *l'Anna* et *la Marthe*, plus légères, frisaient les rochers. Elles essuyèrent de loin le feu de leurs ennemis, mais sans éprouver d'avaries ; bientôt elles se trouvèrent abritées par la terre. Cependant la chasse n'avait pas été abandonnée, et, vingt minutes après, les pirates, à leur tour, tournaient aussi court que possible, et continuaient la poursuite. C'était précisément là que Marc voulait les amener. Waally allait sans doute leur indiquer la seule passe qu'il connût, et dirigés par un pareil pilote, il leur faudrait vingt-quatre heures pour arriver au Récif, exposés au feu des batteries qui avaient été disposées contre Waally.

CHAPITRE XXVIII.

> Péché ! c'est là ton œuvre, et voilà la vengeance !
> Homme ! le monde entier pleure sur ta naissance !
> DANA.

Les colons avaient voulu amener à la rade de l'Ouest ceux qui les poursuivaient. A l'entrée de la petite île sous laquelle les bâtiments étaient accoutumés à mouiller l'ancre, étaient une ou deux maisons et une batterie de deux canons de neuf livres. Ce fut là que les équipages débarquèrent après avoir mis leurs embarcations à l'abri dans le bassin intérieur, et ils coururent à la batterie qu'ils trouvèrent prête à servir par suite des ordres qui avaient été donnés d'avance.

Là était donc probablement le point où les hostilités allaient commencer. Un canot fut envoyé à l'île la plus proche avec un messager porteur d'une lettre pour Pennock au Récif. En débarquant, ce messager aurait encore six milles à faire à pied ; mais alors il trouverait un cheval, tenu toujours préparé à cet effet, et le reste de la distance serait franchi rapidement.

Il y avait une heure que *l'Anna* était à l'ancre avec les autres bâtiments quand les navires étrangers parurent dans la rade, et mirent en panne à un demi-mille environ de la batterie. Ils hissèrent alors des pavillons blancs, comme s'ils voulaient entrer en pourparler. Le gouverneur ne sut trop ce qu'il devait faire. Il ne se souciait pas de se mettre à la discrétion de pareils hommes, encore moins de leur envoyer un de ses amis; et cependant la prudence ne permettait pas de repousser ces avances. Il se décida à monter sur une chaloupe, à s'avancer à quelque distance du rivage en arborant un pavillon blanc, et à attendre là, sous la protection de la batterie, la suite que les étrangers croiraient devoir donner à cette première manifestation.

A peine le gouverneur était-il arrivé à la station qu'il s'était assignée, qu'une embarcation se détacha de la frégate, en déployant toujours le même pavillon, et les deux chaloupes ne furent bientôt séparées que de la longueur d'un aviron.

A bord de la chaloupe ennemie, indépendamment des six nageurs, il y avait trois individus, dont l'un, ainsi qu'on le sut plus tard, était l'amiral lui-même ; le second, un interprète, qui parlait très-bien l'anglais, quoique avec un accent étranger ; et le troisième n'était autre que Waally! Le gouverneur crut voir une expression de satisfaction farouche sur les traits du sauvage, quand ils furent en présence, quoique celui-ci ne dît pas un mot. L'interprète ouvrit la conférence.

— Y a-t-il à bord quelqu'un qui soit autorisé à parler pour les autorités du pays ? demanda-t-il.

— Oui, répondit le gouverneur, qui ne jugea pas à propos de faire connaître son rang, j'ai leurs pleins pouvoirs, et vous pouvez parler.

— A quelle nation votre colonie appartient-elle ?

C'était une question embarrassante, que le gouverneur n'avait pas prévue, et à laquelle il n'était pas préparé à répondre.

— Avant d'aller plus loin, j'aimerais à savoir quels sont ceux qui m'interrogent, répondit M. Woolston. Quels sont les bâtiments qui viennent mouiller dans nos eaux, et sous quel pavillon naviguent-ils?

— Un vaisseau de guerre ne reconnaît qu'à un vaisseau de guerre le droit de le questionner, reprit l'interprète en souriant.

— Prétendez-vous donc être des bâtiments de guerre?

— Vous le verrez, si vous nous contraignez à employer la force. Du reste, nous ne sommes pas venus ici pour répondre à des questions, mais pour en faire. Votre colonie appartient-elle à quelque nation particulière, oui ou non?

— Nous sommes tous des États-Unis d'Amérique, dit le gouverneur avec hauteur, et c'est son pavillon qui flotte sur notre bord.

— Des États-Unis d'Amérique! répéta l'interprète avec une expression de mépris mal déguisée. Il y a de bonnes prises à faire parmi les bâtiments de cette nation, comme le savent bien les grandes nations belligérantes de l'Europe; et puisque tant d'autres en profitent, je ne vois pas pourquoi nous n'aurions pas aussi notre part.

Que nos lecteurs n'oublient pas que ce dialogue avait lieu il y a plus de quarante ans, et qu'alors la république, loin d'envoyer ses flottes et ses armées conquérir d'autres États, avait bien assez de peine à défendre les siens. On dit que le dernier empereur d'Autriche, le bon et simple François II, un jour qu'on lui montrait les ruines du petit château de Habsbourg, qui couronne encore une petite éminence dans le canton d'Aarau, en Suisse, fit cette observation : Je vois maintenant que nous n'avons pas *toujours* été une grande famille.

— Je ne sais pas quel serait aujourd'hui l'avis du gouverneur Woolston, mais cette épigramme lancée contre son pays natal fut loin de lui plaire. Cependant, il dissimula son mécontentement, et se contenta de demander froidement ce qu'on avait à lui proposer?

L'interprète le lui signifia en peu de mots. Il fallait, avant tout, livrer toute la flotte de la colonie, ainsi que les approvisionnements de tout genre. Cette condition admise, le reste irait tout seul. Il ne s'agissait que de donner une centaine de porcs, avec le sel et les barils nécessaires, et cela sous vingt-quatre heures. Ils n'en demandaient pas davantage, parce que c'était tout ce qu'ils pourraient arrimer avec les cinquante barils de farine qu'ils avaient pris à l'île Rancocus. Il allait sans dire que des otages seraient envoyés à bord de la frégate, avec de bons pilotes, l'amiral désirant aller visiter la capitale, qu'on lui disait être à vingt ou trente milles dans l'intérieur. Faute d'accéder à ces conditions, la guerre, et une guerre d'extermination, commencerait immédiatement.

Avant de faire connaître sa réponse, le gouverneur demanda encore froidement à qui il avait affaire? mais l'interprète se renferma dans un silence obstiné. Alors Marc Woolston signifia tranquillement son refus. Les étrangers en parurent très-surpris. La manière simple et calme du gouverneur les avait préparés à une tout autre réponse, et ils s'étaient attendus à obtenir sans difficulté ce qu'ils demandaient. Dans le premier moment, l'amiral laissa éclater des transports de rage qui pouvaient faire craindre une collision immédiate; mais il réfléchit sans doute que les équipages des deux embarcations étaient à peu près d'égale force, et il s'éloigna en proférant les menaces et les imprécations les plus énergiques, tandis que les colons restaient calmes et impassibles.

Le gouverneur était retourné à son mouillage. A peine l'amiral avait-il rejoint sa frégate, qu'un coup de canon se fit entendre. C'était le signal des hostilités; le boulet vint tomber dans la batterie et fracassa le bras d'un Kannaka, qui servait une des pièces. Ce n'était pas d'un favorable augure. Le gouverneur encouragea ses compagnons, et des deux côtés on se mit à l'œuvre pour chercher à se faire le plus de mal possible. La canonnade fut vive et bien soutenue. Aux trente bouches de la frégate Marc n'avait à opposer que ses deux pièces; mais elles étaient bien servies, derrière un bon rempart en terre, et l'on vit bientôt que la lutte n'était pas si inégale. C'était le gouverneur lui-même, ou le capitaine Retts, qui pointait chaque pièce, et il n'était pas un coup qui ne fît marque dans la membrure du bâtiment. Au contraire, les bordées de la frégate, ou s'enfonçaient dans la terre qui protégeait la batterie, ou passaient par-dessus les parapets. Bref, du côté des assiégés, après une heure de combat, il n'y avait qu'un seul blessé, le Kannaka dont nous avons déjà parlé, tandis que les pirates avaient déjà perdu sept hommes et comptaient plus de vingt blessés.

Si le combat avait continué de la même manière, il n'aurait pas tardé à amener le triomphe complet de la colonie. Mais le pirate reconnut qu'il s'y était mal pris, et qu'il fallait employer l'adresse avec des ennemis aussi indomptables. Aucun de ses bâtiments n'avait jeté l'ancre, mais ils venaient tour à tour lancer leur bordée contre la batterie en face. Sur ses ordres, un des bricks gouverna au nord en s'éloignant de la ligne du feu, puis il se rabattit sur l'extrémité nord de la batterie, de manière à l'enfiler. Or, cette batterie avait été construite de manière à envoyer son feu droit devant elle; il n'y avait point d'embrasure de côté pour commander la rade. Il est vrai que des abris en terre avaient été élevés sur les flancs pour protéger les hommes; mais cette sorte de résistance passive ne pouvait être d'aucune efficacité dans un combat prolongé.

Pendant qu'un des bricks prenait cette position favorable, l'autre brick se retirait sous le vent, ainsi que la frégate, hors de la portée du canon, ce qui paralysait entièrement la batterie. A peine le brick le plus proche eut-il commencé son feu, que la frégate se rapprocha en gouvernant sur le flanc sud de la batterie, et le second brick la précédait s'assurant avec la sonde si l'on pouvait avancer sans crainte.

Voyant qu'il n'y avait aucun avantage pour lui à rester dans cette position, et craignant qu'on ne lui coupât la retraite, le gouverneur se mit à regagner ses embarcations. Ce mouvement n'était pas sans danger : un des colons fut tué pendant la marche, deux Kannakas furent blessés ; mais enfin il réussit, et la petite troupe se retrouva à bord de *l'Anna* et de *la Marthe*.

La batterie se trouvait ainsi à la merci des pirates. Ils se précipitèrent à terre, mirent le feu aux bâtiments, firent sauter le magasin, enclouèrent les canons, en un mot, firent tout le mal qu'ils purent dans une si courte visite ; puis il remontèrent à bord, et se mirent à enfiler la Passe de l'Ouest, toujours à la poursuite des colons, mais à une portée de canon de distance.

La Passe de l'Ouest était très-sinueuse, et elle était coupée par une infinité de petits canaux, entre lesquels il n'était pas facile de se reconnaître, et une erreur pouvait être d'autant plus grave qu'il y en avait dans le nombre qui étaient de véritables impasses. Cette circonstance suggéra au gouverneur un expédient qui eut l'approbation complète du capitaine Betts. Il y avait, à une lieue distance, dans l'intérieur des îlots, un de ces canaux trompeurs, d'une apparence assez attrayante, mais qui s'éloignait ensuite vers le nord ; loin de tous les établissements, en se rétrécissant tellement, que c'était une question de savoir si *l'Anna* et *la Marthe* pourraient passer entre les rochers et gagner la baie qui était au delà, et qui n'était pas éloignée de l'Ile du Limon ; sinon, en prenant cette direction, ils tombaient infailliblement entre les mains des pirates. Le capitaine Betts affirma qu'on passerait, et que d'ailleurs il fallait à tout prix attirer l'ennemi dans cette passe pour lui faire perdre la piste du Récif. Quand on ne gagnerait que du temps, ce serait encore beaucoup dans leur position. Le gouverneur se rendit à ces raisons ; seulement il envoya *la Neshamony* directement au Récif avec une lettre pour Pennock, dans laquelle il lui exposait brièvement l'état des choses et le plan qu'il adoptait, et il lui recommandait d'embarquer sur-le-champ une pièce de douze avec son affût, et de la conduire le plus près possible de l'endroit où la passe se rétrécissait et où on la monterait à force de bras. Puis aussitôt il s'engagea lui-même dans le canal en question.

Le gouverneur eut soin que *l'Anna* et *la Marthe* se tinssent à une distance convenable des pirates. La chose n'était pas difficile ; des bâtiments aussi légers pouvaient défier à la course des navires gréés à trait carré. Partout l'eau était assez profonde, — partout, si ce n'était cependant sur un point où il y avait un bas-fond de quelque étendue, sur lequel il n'y avait guère que seize pieds d'eau ; — c'était assez pour les bâtiments de Marc, assez même peut-être pour les deux bricks des pirates ; mais quant à la frégate de l'amiral, s'il pouvait l'attirer de ce côté, il était bien sûr qu'elle ne s'en dépêtrerait jamais. Il s'avança donc hardiment, ayant le vent en poupe ; l'ennemi n'hésita pas à le suivre, et il établit même des bonnettes pour accélérer sa marche.

Les distances étaient loin d'être insignifiantes dans ces passages tortueux. S'il y avait vingt-sept milles par la route la plus courte pour arriver au Récif, il y en avait près du double par ce canal indirect, et le soleil se couchait lorsque le gouverneur atteignit le bas-fond dont nous avons parlé. Il se mit à louvoyer autour pendant quelque temps, espérant y attirer la frégate dans l'obscurité ; mais l'amiral était trop prudent pour donner dans le piége : dès que le jour tomba, il fit serrer toutes les voiles et jeta l'ancre. Il est probable qu'il se croyait sur la route du Récif, et qu'il ne voyait aucun avantage à s'aventurer dans les ténèbres, puisque sa proie ne pouvait lui échapper.

De part et d'autre, on se prépara donc à passer la nuit sur ses ancres. L'*Anna* et la *Marthe* étaient alors à moins d'un mille de ce point si étroit, à travers lequel il fallait passer de toute nécessité, puisqu'il n'y avait pas d'autre chance de salut. Mais la chose était-elle possible ? c'était ce qu'il était urgent de reconnaître, et le gouverneur monta sur *la Marthe*, qui avait plus de largeur que l'*Anna*, et se dirigea vers les rochers. Si le sloop pouvait franchir le défilé, il était évident que l'autre embarcation suivrait sans peine. D'abord, il réussit assez bien, mais il arriva bientôt à un endroit où les rochers se rapprochaient tellement qu'il était impossible de passer outre. Les circonstances n'admettaient point de retard. Chacun saisit le premier outil qui lui tomba sous la main ; et, à force de travail, on parvint à abattre le quartier de roche qui faisait obstacle. A minuit, le travail était terminé, et *la Marthe* franchissait victorieusement le défilé, et allait jeter l'ancre dans la baie, à peu de distance.

Le gouverneur retourna alors sur son propre bord, et conduisit *l'Anna* un mille plus loin, craignant qu'on n'envoyât contre elle quelques canots dans l'obscurité, si elle restait où elle était. Cette précaution n'était pas inutile ; car le lendemain, au point du jour, on voyait plus de sept embarcations qui regagnaient les bâtiments des pirates, après avoir cherché inutilement le sloop et le schooner. Cette manœuvre habile fit le plus grand honneur au gouverneur, les hommes se prenant aisément d'enthousiasme pour les actions rapides et brillantes, plus que pour celles qui sont le résultat de longues et savantes combinaisons.

Dès que le jour se fut complétement levé, les pirates recommencèrent leurs opérations ; mais ce répit avait donné aux colons un grand avantage. La pièce de campagne qu'ils avaient demandée au Récif était arrivée, et Pennock faisait dire que la nouvelle que les pirates s'étaient engagés dans une fausse direction avait produit un excellent effet, qu'il avait retiré la plupart des avant-postes pour concentrer ses forces autour de la capitale qui devait être le point d'attaque, et que tous ses compagnons étaient remplis d'ardeur.

Tous les bâtiments se furent bientôt remis en route. L'amiral, surpris de ne plus voir *la Marthe*, supposa avec assez de raison qu'elle avait pris les devants, et il semblait assez embarrassé de savoir où était le passage qu'il fallait suivre. Il détacha un brick de chaque côté du détroit, pour le chercher, tandis que la frégate continuait à se tenir au centre, observant *l'Anna* qui était toujours près de l'écueil. A la fin le gouverneur fut récompensé de sa témérité. L'amiral fit un bord qui le porta au delà du basfond, du côté sous le vent, et il chercha à se rapprocher de *l'Anna*, qui courait des bordées du côté opposé. Dans ce moment le gouverneur vira de bord, comme s'il voulait revenir sur ses pas, et l'amiral en fit autant, ne voulant pas le laisser échapper ;

mais comme le gouverneur l'avait prévu, en exécutant cette manœuvre, il vint donner en plein sur l'écueil, et il y resta cloué! Marc Woolston vira aussitôt de nouveau, et passa hardiment devant la frégate, dont l'équipage était trop occupé de sa propre position pour songer à l'inquiéter.

La frégate était échouée à moins d'un demi-mille de l'endroit où la pièce de campagne avait été disposée, et celle-ci ouvrit sur-le-champ son feu. L'ennemi lui offrait son travers, et dès qu'on eut pu se rendre compte de la distance, elle n'envoya pas un boulet qui ne portât. Le gouverneur sauta à terre, en donnant l'ordre de conduire *l'Anna* hors de la passe, afin qu'elle fût à l'abri des deux bricks, et il se mit activement à la besogne. Il y avait à bord une forge qui avait besoin de quelques réparations; il la fit porter à terre, et il essaya d'y faire chauffer des boulets.

Cependant un des bricks avait fait mine de se porter au secours de l'amiral, tandis que l'autre envoyait des bordées pour faire taire la batterie; mais un boulet qui fracassa sa coque l'obligea à s'éloigner, et de part et d'autre toute l'attention se concentra sur la frégate.

Il était certain que l'amiral se trouvait dans une position très-critique. Il avait, sous le vent, toute la largeur de l'écueil, et il ne pouvait chercher à se dégager que sous le feu de la batterie. Il était sur un fond de vase, et les colons savaient très-bien que ce n'était qu'en établissant des ancres au vent et en tirant fortement sur les câbles, pendant qu'on prendrait tous les moyens d'alléger le bâtiment, qu'il pourrait sortir de là. Les pirates ne tardèrent pas à partager cette conviction; car ils se mirent activement à faire jouer les pompes. Quant aux deux bricks, ils semblaient assez mal commandés: ils se tenaient à l'écart, sans même chercher à se rendre utiles. Les hommes couraient sur le pont en désordre; il n'y avait ni l'obéissance ni la discipline qui règnent ordinairement à bord; c'étaient des consciences inquiètes et timorées, par qui toute catastrophe était regardée comme un châtiment du ciel.

Après deux heures d'une canonnade qui fut désastreuse pour les pirates, sans faire le moindre mal aux colons, le gouverneur tira de la forge un boulet que le feu avait rougi; il chargea lui-même le canon, pointa avec la plus grande attention, et mit le feu à la mèche. Toute la charge pénétra dans la carcasse du navire, et il se fit une légère explosion qui mit le désordre parmi les pirates; un second boulet porta également. Voyant que ses ennemis étaient complétement démoralisés, Marc Woolston ne prit plus la peine de chercher des boulets rouges; il prit les premiers qui lui tombaient sous la main, et il chargeait et il tirait sans prendre un instant de relâche.

Il n'y avait pas un quart d'heure que le premier boulet avait été lancé, qu'on vit sortir, d'abord de la fumée, et bientôt des flammes par les sabords de l'amiral.

A partir de ce moment, l'issue du combat ne fut pas douteuse. Déjà très-turbulents avant ce désastre, les pirates perdirent toute subordination; chacun ne travailla plus que pour soi, cherchant à sauver sa part du butin. Le gouverneur n'était pas homme à leur laisser le temps de respirer. *La Martho* et *l'Anna* repassèrent le défilé; la pièce de campagne fut mise à bord du sloop, entre les mâts; et les deux bâtiments se mirent en devoir de donner à leur tour la chasse aux bricks, qui s'étaient retirés à une lieue sous le vent, pour éviter les effets de l'explosion, qui semblait imminente. L'amiral et son équipage se jetèrent dans les chaloupes, en abandonnant presque tout ce qu'ils possédaient; et, lorsque la dernière s'éloignait du bord, il restait encore dans l'entrepont de la frégate un certain nombre de pirates dans un tel état d'ivresse, qu'ils ne soupçonnaient même pas le danger qu'ils couraient. Ils furent abandonnés à leur sort, ainsi que tous les blessés, au nombre desquels était Waally, qui avait eu un bras emporté par un boulet.

Bien prit au gouverneur de s'être tenu en passant à une distance respectueuse du bâtiment qui était en feu. Il n'en était pas à un quart de mille lorsque la frégate sauta en l'air avec un fracas effroyable. *La Marthe* se trouvait alors la plus rapprochée du foyer de l'incendie; et, ce que les colons regardèrent toujours comme une marque évidente de la protection du ciel, parmi les débris qui retombèrent sur le pont, se trouva le corps du farouche Waally, que son bras de moins rendait reconnaissable. Ainsi périt l'ennemi le plus actif et le plus acharné de la colonie, celui qui par sa cupidité et par ses artifices, l'avait déjà mise plus d'une fois à deux doigts de sa ruine!

Les pirates ne songèrent plus qu'à effectuer leur retraite et à gagner la pleine mer. Le gouverneur ne leur laissa pas le temps de respirer. La pièce de campagne vomit décharge sur décharge contre le brick le plus rapproché, et même le pierrier de *la Marthe* se fit entendre, comme le jappement du roquet se mêle aux aboyements des chiens quand un étranger se montre au milieu d'eux. Les quelques colons qui étaient restés à terre coururent aux établissements pour annoncer que l'ennemi était en pleine retraite, et, aussitôt, ce fut à qui se mettrait à sa poursuite. Des femmes se montrèrent en armes. Il n'y a rien de tel pour exciter le patriotisme, que le cri que la bataille est gagnée. Les plus poltrons ont alors du cœur.

En perdant Waally, les étrangers perdaient le seul pilote qui pût les guider; quoique lui-même ne connût que très-imparfaitement les canaux qui entouraient le Récif. L'amiral, au lieu de poursuivre ses premiers projets de conquête, dut donc ne songer qu'à tirer ses deux bricks de ces passes étroites. Il ne lui était pas difficile de retrouver son chemin en prenant la route par laquelle il était venu, et ce fut le parti qu'il prit, s'éloignant avec toute la vitesse qu'une brise favorable pouvait imprimer à ses bâtiments. Mais d'autres obstacles se présentèrent que ce hardi flibustier n'avait pas prévus. Il paraît que la bonne intelligence était loin de régner entre l'amiral et les officiers du plus grand des deux bricks; à tel point qu'il avait pris sur son bord une somme d'argent considérable qui avait été leur part dans le butin lors d'une autre expédition, comme une sorte de nantissement et de garantie, qu'ils ne disparaîtraient pas avec le bâtiment. Ce procédé avait été loin de rétablir la bonne harmonie, et l'espoir du riche pillage qu'on s'attendait à faire dans la colonie, avait seul retardé une rupture complète. Cet espoir avait été déçu, et tout le temps de la retraite devant *la Marthe* et *l'Anna* n'avait été employé à bord de l'un des bricks qu'en préparatifs pour se faire rendre ce trésor mal acquis. Les autres, soupçonnant leurs intentions, n'étaient pas moins actifs dans leurs apprêts de défense ; et, au moment où ils sortirent presque de front du canal pour entrer en pleine mer, un des bricks passa au sud de l'île, et l'autre au nord, suivis de près par le sloop et le schooner.

Dès que les deux bâtiments eurent gagné le large, la lutte commença tout de bon, et le brick mécontent fit feu sur l'amiral. Celui-ci répondit, et les deux navires se rapprochèrent de plus en plus, à tel point que les nuages de fumée qui s'élevaient des deux bords, n'en formèrent bientôt plus qu'un seul. Le combat dura ainsi plusieurs heures avec une rage farouche. Enfin le feu cessa, et l'on s'occupa mutuellement de réparer ses avaries. Mais cette trêve ne fut pas de longue durée, et les bordées recommencèrent de plus belle. Le gouverneur, voyant qu'il n'avait plus rien à craindre de ce côté, reprit alors la route du Récif, et les deux bricks continuèrent à s'éloigner en se canonnant ; bientôt la fumée même qui indiquait leur sillage cessa d'être visible, et le gouverneur fut débarrassé pour toujours de ces dangereux ennemis.

CHAPITRE XXIX

Vox populi, vox Dei !
Sagesse des Nations.

Après cette fin inattendue de ce que les colons appelèrent la Guerre des Pirates, la colonie jouit d'une longue période de paix et de prospérité. La pêche de la baleine fut continuée avec un grand succès, et devint pour plusieurs de ceux qui s'y livrèrent une source de bénéfices considérables. De ce nombre fut naturellement le gouverneur qui, n'ayant pas besoin de sommes aussi importantes, en plaça la plus grande partie en rentes six pour cent, aux États-Unis, en chargeant ses amis de toucher les intérêts, et de les porter à son crédit.

Si l'industrie de l'homme était pour beaucoup dans la prospérité de la colonie, la nature avait fait plus encore, et Dieu semblait avoir entouré cette heureuse terre d'une prédilection toute particulière. Mais il est de notre triste devoir de dire que les colons ne tardèrent pas à l'oublier. Après ces succès éclatants, il se fit un changement notable dans leurs sentiments, et ils s'exagérèrent outre mesure leur importance et leur pouvoir. On eût dit, à les entendre, que c'étaient eux qui avaient fait ces îles charmantes, qui les avaient douées de fertilité, et les avaient tranformées en de riches greniers d'abondance. Les palmiers s'étendaient alors sur une grande partie des îles; les orangers et les citronniers embaumaient l'air du parfum de leurs fleurs; les campagnes étaient vertes et riantes, et l'abondance régnait jusque dans la plus modeste habitation.

C'est dans des conditions semblables que cette humilité salutaire, qui est la sauvegarde de l'humanité, court de grands dangers. De l'oisiveté qui résulte de ce bien-être naît bientôt la sensualité; la créature s'oublie; elle se met à la place de Dieu, et ne tarde pas à croire que ces biens dont elle jouit, c'est elle qui les a créés.

Sans doute cette oisiveté, si dangereuse, n'avait pas encore étendu sur nos colons sa morbide influence; l'appât du gain les stimulait encore à des efforts peut-être plus énergiques; mais la présomption commençait à s'emparer d'eux, et trois causes qui, dans l'opinion de la plupart des hommes, auraient dû produire des effets tout contraires, contribuèrent à accélérer ce résultat : la religion, — on va voir quelle religion ! — la loi et la presse.

Au nombre des émigrants que *le Rancocus* ramena quelques mois après la dispersion des pirates, et que le conseil se vit dans

23

la nécessité d'admettre par considération pour des familles déjà établies dans la colonie, se trouvaient un imprimeur, un homme de loi, et ni plus ni moins que quatre ministres, savoir : un presbytérien, un méthodiste, un anabaptiste et un quaker. Peu de temps après l'arrivée de cette importation, on ne tarda pas à en récolter les fruits. Ce furent d'abord de la part des quatre missionnaires de grandes protestations de dévouement fraternel, et un grand étalage de charité chrétienne. On n'était venu que dans l'intérêt de la religion, et pour être utile à ses frères ; et quelques semaines s'étaient à peine écoulées que ces bons apôtres se déchiraient l'un l'autre à belles dents, et cherchaient à s'arracher leurs ouailles. Celles-ci embrassèrent les querelles de leurs ministres, et voilà la guerre allumée ! En un mot, dans ces îles fortunées, où aurait dû retentir l'hymne sans fin de la reconnaissance envers leur Auteur, on n'entendait plus que discussions amères, dégénérant le plus souvent en invectives. Le démon, sous la forme de ministres, s'était glissé de nouveau dans l'Éden. Les oiseaux continuaient à chanter aussi harmonieusement que jamais, et matin et soir leurs joyeux gazouillements rendaient hommage à leur créateur ; mais l'homme avait désappris la prière, et ce n'était plus son prochain, mais un sectaire qu'il voyait dans son semblable.

L'arrivée de l'homme de loi n'eut pas des effets beaucoup plus heureux. Les colons ne tardèrent pas à découvrir qu'ils étaient lésés par leurs voisins de mille manières, qu'ils n'avaient pas même soupçonnées auparavant. La loi, qui n'avait jamais été employée jusque là que dans l'intérêt de la justice, fut enrôlée au service de la spéculation et de la vengeance. Ce fut alors que s'éleva une classe entièrement nouvelle de philanthropes, toujours disposés à prêter de l'argent à ceux qui en avaient besoin, mais toujours à gros intérêts, et surtout sur d'excellentes hypothèques, parce que leur conscience leur en faisait un devoir, ou bien parce qu'ils l'avaient promis à leurs femmes. Le gouverneur s'aperçut bientôt qu'il n'était pas un de leurs débiteurs qui ne sortît de leurs mains complétement plumé ; et, la loi à la main, le charitable créancier se faisait mettre en possession de tous les biens hypothéqués.

Enfin, la presse vint achever ce que la prétendue religion et la science du droit avaient si bien commencé. Elle n'eut pas de cesse que la puissance n'eût passé, des autorités légalement constituées, dans ses bureaux. Le peuple fut bientôt convaincu qu'il avait vécu jusqu'alors sous une tyrannie insupportable, qu'il était temps qu'il sortît de son assoupissement, et qu'il se montrât digne de ses hautes destinées. Puis suivait une longue kyrielle de griefs, plus criants les uns que les autres. D'abord, qui avait été consulté sur les institutions? un dixième de la population tout au plus; les autres avaient été obligés de les accepter telles quelles. Ensuite les autorités actuelles n'avaient pas été nommées par la majorité; ceux qui étaient arrivés dans l'île en dernier lieu avaient dû les reconnaître, sans avoir contribué à leur nomination. Il y avait là un thème incessant de déclamations et de plaintes. Pourtant le peuple n'aurait jamais soupçonné l'oppression sous laquelle il gémissait, sans l'arrivée si opportune de ce monsieur, qui savait faire un si merveilleux usage de la publicité. Quoiqu'il n'y eût aucune sorte d'impôt dans la colonie, et que pas un schelling n'y fût perçu sous aucune espèce de forme, il n'en déclarait pas moins que les habitants des îles étaient le peuple le plus pressuré de toute la chrétienté. Les taxes n'étaient rien, en Angleterre, auprès de cela, et il annonçait d'un ton d'oracle, que la banqueroute était à leurs portes, avec toutes ses conséquences désastreuses, si l'on ne s'empressait d'adopter les expédients qu'il proposait pour arrêter le mal. Nous n'essaierons pas de reproduire les arguments qu'il employait, ce qui nous entraînerait trop loin; mais ceux de nos lecteurs qui font leur pâture ordinaire de la lecture des journaux, suppléeront facilement à notre silence.

A cette époque, un fait imprimé acquérait une toute autre autorité que s'il avait été attesté de vive voix par la personne la plus digne de foi, bien qu'il parût sous le voile de l'anonyme, et sans que le caractère même de l'écrivain pût en garantir l'authenticité. De nos jours ce prestige s'est bien évanoui; la presse, par ses excès mêmes, a trouvé le moyen de détruire cette crédulité, par trop naïve, et, au lieu de dire : « C'est vrai, car je l'ai lu dans un journal, » — on dit généralement aujourd'hui : « Ce n'est qu'un bruit de gazette. »

Le *Véridique du Cratère* avait donc toute carrière, et il en usait largement. Tout en s'occupant des affaires de la colonie, il ne négligeait pas les siennes. Ainsi, il insérait de temps en temps de petits articles dans le genre de celui-ci :

« Notre estimable ami, Peter Snooks, vient de nous apporter un échantillon de ses noix de coco, que nous n'hésitons pas à déclarer d'une qualité supérieure; aussi est-ce avec une entière confiance que nous les recommandons aux ménagères du Cratère. »

Et les échantillons de tout genre pleuvaient chez le journaliste. S'il avait quelques démêlés avec la justice, il avait grand soin de ne présenter qu'un côté de la question, et c'était toujours le sien. Il y avait bien des moments où, par suite d'allégations faites impudemment et contre toute évidence, son crédit semblait baisser; mais alors il avait recours aux grands mots : il ne parlait plus que du peuple et de ses droits. Le moyen était infaillible : les colons donnaient tête baissée dans le panneau; le journaliste remontait sur son piédestal, et ses doctrines étaient une sorte de don du ciel pour former le palladium de leurs précoces libertés !

La grande théorie mise en avant par ce politique de bas étage c'était que, dans toute société, la majorité avait le droit de faire ce qui lui plaisait. Le gouverneur vit, dès le principe, non-seulement la fausseté, mais le danger de cette doctrine, et il ne dédaigna pas de descendre lui-même dans l'arène pour la combattre :

« Mais si cette théorie est foncièrement vraie, disait-il, si la majorité a ce droit, et qu'elle puisse en user arbitrairement, elle a donc le droit de mettre sa volonté au-dessus des commandements divins, et de sanctionner le meurtre, l'inceste, le parjure, tous les crimes stigmatisés dans le xx.ᵉ chapitre de l'Exode? »

Le démagogue, un peu déconcerté par cette botte inattendue qui lui était portée, crut s'en tirer en exceptant les lois de Dieu, que, disait-il, les majorités elles-mêmes étaient tenues de respecter. — A quoi le gouverneur répondit que les lois de Dieu n'étaient autre chose que les grands principes qui devaient diriger les actions humaines, et que par conséquent cette concession équivalait à l'aveu qu'il y avait une puissance devant laquelle la majorité elle-même devait s'incliner. Les constitutions, ou lois fondamentales, étaient précisément destinées à être l'expression de ces principes éternels, en même temps qu'à garantir les droits imprescriptibles de la minorité.

Il y avait beaucoup de sens et de raison dans ce que le gouverneur écrivit à cette occasion ; mais parlez donc raison à des insensés, et essayez de montrer la lumière à des aveugles! Une phrase emmiellée du journaliste sur les droits de l'homme faisait plus d'effet que tous les arguments du gouverneur. De la discussion générale, le journaliste passa aux attaques privées. Ameutés par lui, quelques brouillons se mirent à contrôler la conduite de Marc Woolston, à contester ses droits, assurés néanmoins par le pacte fondamental. On essaya de tous les moyens pour le miner dans l'opinion, même de l'arme du ridicule. On l'accusait de fierté, parce qu'il se nettoyait les dents, ce que la majorité ne faisait pas; parce qu'il ne mangeait pas aux mêmes heures, qu'il crachait dans son mouchoir, et qu'il ne se mouchait pas avec ses doigts.

Le moment vint enfin où les démagogues se crurent assez forts pour faire jouer la mine. Quoique tous les colons eussent voté la Constitution, soit eux-mêmes, soit dans la personne de leurs parents, il était temps de la renverser pour mettre quelque chose de nouveau à la place. Il était bon que, de temps en temps, il y eût un temps d'arrêt dans la société, et qu'on fît alors table rase, pour qu'on pût pratiquer tout à son aise le grand principe de : « ôte-toi de là que je m'y mette ! »

Le journal proposa un beau matin de convoquer une Convention pour améliorer et changer la loi fondamentale. La loi contenait une clause spéciale pour indiquer le mode d'après lequel des changements pourraient être faits à la Constitution : il fallait le consentement du gouverneur, du conseil, et, finalement, du peuple. C'était une marche lente et solennelle, pour donner à chacun le temps de réfléchir à ce qu'il faisait, pour éviter que, sous prétexte d'améliorations, on n'en vînt à une révolution complète. Mais c'était précisément une révolution que les mécontents voulaient, puisque c'était pour eux le seul moyen d'avoir des places. Il ne s'agissait que de s'assurer la majorité. Or ils savaient très-bien comment la minorité-clique parvient à l'emporter sur la majorité-principe, et voici comment ils s'y prirent pour assurer leur succès.

Toute la colonie était divisée en paroisses qui exerçaient quelques-unes des attributions secondaires du gouvernement, et qui avaient un pouvoir législatif restreint. Ces sections furent appelées à voter, par oui ou par non, s'il y avait lieu de convoquer une Convention pour amender la Constitution. Un quart des électeurs se rendit à ces assemblées primaires ; tous les autres s'abstinrent, regardant la mesure non-seulment comme illégale, mais comme dangereuse. Sur les dix sections, il y en eut six où il y eut deux voix de plus en faveur de la proposition. Il n'en fallut pas davantage pour décider que la majorité voulait la révision. Aussitôt ces premiers élus se mirent à élire les membres de la Convention. Il ne se présenta qu'un tiers des électeurs, difficulté qui n'arrêta pas plus que la première fois les fougueux démagogues. La majorité avait prononcé ! A l'abri de ces principes tutélaires, les représentants d'une minorité évidente se réunirent en Convention, et établirent une loi fondamentale entièrement nouvelle, qui renversait de fond en comble la précédente. Pour se débarrasser sûrement du gouverneur, qui eût encore réuni plus de suffrages qu'aucun autre, on fit un article spécial pour établir que personne ne pourrait remplir ces fonctions plus de cinq ans de suite. C'était mettre

M. Marc Woolston en dehors de l'élection nouvelle. Deux corps législatifs furent formés; l'ancien conseil fut dissous; enfin toutes les mesures que la ruse la plus fine put suggérer furent mises en avant pour faire passer le pouvoir dans de nouvelles mains. C'était là l'unique but de toutes les menées des démagogues.

Quand la nouvelle Constitution fut achevée, elle fut soumise à l'approbation du peuple. A ce troisième appel, un peu moins de la moitié de tous les électeurs votèrent, les autres s'abstenant toujours par le même principe, et la Constitution fut adoptée par une majorité d'un tiers environ. Par ce simple et charmant procédé républicain, le principe du règne des majorités fut établi, un nouveau pacte fondamental fut donné à la colonie, et tous ceux qui étaient en place furent mis à la porte. C'est toujours là le dernier mot comme la clef de toutes les révolutions.

Des élections générales suivirent l'adoption de la nouvelle Constitution. Pennock fut nommé gouverneur pour deux ans; l'homme de loi fut nommé juge; l'éditeur, secrétaire d'État et trésorier. Toute la famille Woolston fut complétement mise de côté. Ce fut moins le fait des électeurs, auprès desquels elle était encore populaire, que celui des comités dirigeants. Ces comités sont encore une des inventions les plus merveilleuses pour diriger ou plutôt pour déplacer les majorités. Mais c'est un procédé trop connu pour que nous croyions nécessaire d'en expliquer le mécanisme.

Ce fut de cette manière qu'une grande révolution s'accomplit dans la colonie du Cratère. Si le gouverneur eût voulu employer la force, il lui eût été facile de faire taire toute cette meute criarde. Les Kannakas lui étaient tous dévoués, et même, à bien dire, la majorité des électeurs. Mais il se soumit à tous ces changements par amour de la paix, et il consentit à n'être qu'un simple citoyen là où il avait tant de droits à occuper le premier rang. Certes, jamais souverain sur son trône ne put, à plus juste raison que Marc Woolston, écrire devant son titre

Gratiá Dei ; mais son bon droit ne le mit pas à l'abri des griffes de la démagogie. Ce qui l'affligea, ce fut de voir Pennock accepter sa place avec aussi peu d'hésitation et tout aussi naturellement que l'héritier légitime succède à la couronne de son père.

Si Marc fut sensible à ce changement, et nous ne serions pas historien fidèle si nous le contestions, ce fut bien plus dans l'intérêt de la colonie que dans le sien propre ou celui de ses enfants. Il avait appris cette grande vérité politique que : « plus un peuple cherche à exercer une autorité DIRECTE dans les affaires de l'État, moins, par le fait, il les contrôle ; que pour lui tout se borne à nommer des législateurs pour le représenter, et qu'ensuite ce sont quelques intrigants habiles qui exercent l'influence qu'il s'imagine follement s'être réservée. » Cette vérité devrait être écrite en lettres d'or à tous les coins de rue et sur toutes les grand'routes des états républicains.

Marc Woolston, — car nous n'avons plus le droit de l'appeler le gouverneur, — regretta un moment de n'avoir pas fondé un journal de son côté, afin d'opposer l'antidote au poison ; mais la réflexion le convainquit qu'il aurait perdu ses peines. Les choses humaines doivent suivre leur cours, jusqu'à ce que se dresse la résistance qui les arrête ou qui les brise. Cela est vrai du monarque qui abuse de son pouvoir jusqu'à la tyrannie ; des nobles qui cherchent à tenir le monarque en lisière, jusqu'à ce que le pays reconnaisse qu'il n'a fait qu'augmenter le nombre de ses tyrans ; du peuple, qui regimbe, dès qu'il se croit fort. Il n'est rien ici bas qui ne dégénère en abus ; et l'on serait tenté de croire qu'il n'y a de période tolérable pour une société que l'état de transition, lorsque le pouvoir nouveau a encore son prestige, et avant que l'orage ait eu le temps d'éclater. Pendant ce temps la terre tourne, les hommes naissent, vivent leur temps et meurent ; des sociétés se forment et tombent en dissolution ; les dynasties paraissent et disparaissent ; le bien lutte contre le mal ; et le mal n'en a pas moins son tour. Cependant tout marche d'un pas lent et sûr vers cette grande consommation, annoncée depuis le commencement des siècles, et qui finira par arriver, aussi infailliblement que le soleil se lève le matin et se couche le soir. La suprême folie de notre époque est de s'imaginer que la perfection s'établira avant l'heure qui lui est assignée.

CHAPITRE XXX.

> L'homme dit, l'insensé! — « La terre est mon domaine,
> A moi les épis d'or, à moi la verte plaine! »
> Sur le plus haut des rocs il se pose en vainqueur,
> Et semble défier l'ange exterminateur.
> C'est toi, puissante mer, qui sauras lui répondre;
> Tes mille voix d'airain ont de quoi le confondre.
> Tu dévores d'un bond ce qu'il disait son bien,
> Et montres que Dieu seul est tout, et l'homme rien!
>
> LUNT.

Les premiers mois qui suivirent le changement de gouvernement furent employés par Marc Woolston à mettre en ordre ses affaires particulières, avant une assez longue absence qu'il se proposait de faire. Brigitte avait exprimé le desir de revoir encore une fois l'Amérique; les deux aînés de ses garçons étaient d'âge à commencer sérieusement leur éducation. L'intention de leur père avait toujours été de les envoyer en Pensylvanie quand le moment serait arrivé; et de les placer sous la tutelle de quelques amis qui comprendraient toute l'importance d'un pareil dépôt; mais le dégoût que les derniers événements n'avait pu manquer de lui inspirer, le décida sans doute à les conduire lui-même.

Les affaires de la colonie étaient loin d'aller bien depuis qu'elle était devenue radicalement libre. Les sectes religieuses profitaient des bienfaits de cette liberté illimitée pour se faire une guerre plus acharnée que jamais, et si leurs voix ne montaient pas jusqu'au ciel, certes ce n'était pas faute de cris et de vociférations.

La moralité était dans la même période décroissante que la religion, et, ce qui en est presque toujours la conséquence, la prospérité matérielle de la colonie commença à décliner. La classe marchande s'était, comme toujours, conduite d'une manière déplorable dans la lutte politique. Dans son égoïsme étroit et intéressé, elle n'avait pas voulu faire trêve un seul instant à ses opérations mercantiles, pour jeter dans la balance sa part légitime d'influence; et, après que le mal fut fait, et qu'ils commencèrent à en ressentir les conséquences, ou, ce qui pour eux était la même chose, à s'imaginer que le bas prix de l'huile en Europe tenait au changement de Constitution qui avait eu lieu au Cratère, ces braves gens s'agitèrent dans tous les sens pour trouver quelque palliatif, en s'appuyant sur l'argent, et nullement sur les principes. Mais comme les têtes sensées de la minorité, qui par le fait, était la majorité numérique, virent qu'il n'y avait rien de bon à attendre de ces efforts spasmodiques, ils ne trouvèrent aucun écho dans la population, et en secouant leurs chaînes, ils n'arrivèrent qu'à ce résultat, de prouver qu'ils en portaient.

Enfin *le Rancocus* arriva d'Amérique où il avait été porter une cargaison d'huile, et son propriétaire annonça l'intention d'être lui-même du prochain voyage. Ses frères, Heaton et sa femme, le capitaine Betts et l'Amie Marthe témoignèrent le désir de l'accompagner, tous n'étant pas fâchés de revoir les bords de la Delaware encore une fois, et d'exhaler un peu librement l'humeur qu'ils éprouvaient des derniers changements. Woolston acheta tout ce qui restait d'huile dans la colonie à des prix favorables, les derniers cours annonçant une baisse considérable. Il se procura aussi un assortiment complet de magnifiques coquillages. Quand il eut réuni tout ce qu'il voulait emporter, il reconnut qu'un second bâtiment serait absolument nécessaire, et Betts se détermina à reprendre son brick occupé à la pêche de la baleine, et à l'équiper pour le voyage. Il est vrai que cette pêche n'allait plus que d'une aile. On eût dit que les cétacés s'étaient donné le mot pour déserter leurs anciens parages, comme s'ils avaient voulu manifester leur mécontentement du renversement de l'ancien ordre de choses.

Au bout d'un mois, les deux bâtiments étaient prêts. Avant de quitter des lieux qui lui étaient chers à tant de titres, Marc Woolston voulut leur rendre une dernière visite, non plus comme fonctionnaire, mais comme simple particulier. L'*Anna* lui fut prêtée à cet effet par le nouveau gouverneur, qui n'oublia pas de stipuler une indemnité convenable en faveur de l'État. Marc commença par l'île Rancocus. Le dommage causé par les pirates avait été réparé depuis longtemps, et les moulins, les fours à chaux, etc., étaient en pleine activité.

Une semaine fut consacrée à visiter le groupe d'îles. Ceux des habitants qui se reprochaient de n'avoir pas pris la défense de leur bienfaiteur, éprouvaient une gêne maladroite, ou se confondaient en excuses plus maladroites encore. En somme, Marc n'eut pas beaucoup à se louer de son excursion, sous le rapport de ses relations avec les personnes; mais la nature se chargea de le dédommager amplement. Partout les canaux étaient bordés d'arbres vigoureux; les progrès de l'agriculture annonçaient un état de civilisation déjà avancés; des haies toutes parsemées de fleurs divisaient les champs, et ce n'étaient partout que plaines labourées ou que riches pâturages.

C'était au Récif que s'étaient opérés les plus grands changements. La ville ne comptait pas alors moins de deux cents maisons, et la population dépassait cinq cents âmes. C'était peu en proportion des habitations, mais il faut remarquer que les enfants étaient encore en petit nombre.

Si l'on ne savait pas jusqu'où l'égoïsme et l'intérêt peuvent pousser les hommes, on ne croirait jamais que la propriété du Cratère fut sérieusement contestée à Marc Woolston, le Cratère qui n'était qu'un amas de cendres à son arrivée, et qu'il avait eu tant de peine à fertiliser. Ce fut cependant ce qui arriva. On prétendit que c'était une propriété publique, et l'on ne rougit pas d'intenter à Marc un procès en revendication, sans doute parce qu'il en avait abandonné la jouissance à l'État pendant un certain temps, pour qu'il servît de lieu de refuge en cas d'invasion. Aucun des anciens habitants ne contestait ses droits. C'étaient les nouveaux venus qui, ne pouvant prétendre à des priviléges semblables, ne pouvaient les supporter dans les autres.

Marc était bien décidé à ne pas se laisser exproprier ainsi. Le Cratère était pour lui un don spécial de la Providence qui le lui avait départi dans ses mauvais jours, et il s'en était réservé expressément la possession, quand il avait admis des étrangers à venir s'établir au Récif. L'affaire fut soumise au jury. L'avocat général fit de belles phrases sur l'aristocratie et les classes privilégiées, ainsi que sur les droits imprescriptibles du peuple. A l'entendre, on aurait pu croire que les Woolston étaient des princes en pleine possession de leurs États héréditaires, et disposés à attenter aux libertés publiques, tandis que, par le fait, ils n'avaient pas un seul droit de plus que le dernier des citoyens, en même temps qu'ils avaient de plus à lutter contre les préjugés et la jalousie. Woolston, qui avait différé son départ de quelques jours pour être présent au procès, se défendit par quelques paroles pleines de noblesse. Il ne concevait pas même qu'il eût pu venir dans la pensée d'une seule personne d'élever une réclamation semblable, et il s'en rapportait avec confiance à la décision du jury. Dix jurés se prononcèrent contre lui, mais deux tinrent bon et défendirent le bon droit, et, comme il fallait l'unanimité, l'affaire fut renvoyée à une autre session, c'est-à-dire à six mois.

Marc ne pouvait différer plus longtemps son départ, et le lendemain du jugement, il s'embarqua sur *le Rancocus*, en même temps que Betts sur son brick. Sa dernière visite, en passant, fut pour le Pic, et les passagers montèrent tous jusqu'à la plaine, pour prendre congé de ce Paradis terrestre. Le Pic était vraiment la résidence privilégiée; c'était là que demeurait l'aristocratie de la colonie. Aussi était-il grandement question d'y procéder à une nouvelle répartition des terres, les nouveaux arrivés ayant grande envie d'avoir leur part du gâteau.

Mais Marc et Brigitte tâchèrent de ne pas faire attention à ces tracasseries pour admirer une dernière fois la nature dans une de ses productions les plus belles et les plus sublimes. C'était bien, ainsi que Marc l'avait appelé, le Paradis au milieu des eaux. Est-ce donc une loi inflexible qu'il ne puisse pas y avoir de Paradis sur la terre, sans que l'affreux serpent y distille bientôt son venin ?

Cependant les deux bâtiments sortent de l'Anse Mignonne, toutes voiles déployées. Ne les retardons pas dans leur traversée ; disons seulement qu'après s'être séparés au Cap Horn, s'être rejoints à la Baie de Rio, puis s'être perdus de nouveau, ils entraient à Philadelphie à une heure de distance l'un de l'autre.

Ce fut un grand événement dans la petite ville de Bristol que le retour de tous les Woolston qui étaient allés on ne savait guère où : les uns disaient à la Nouvelle-Hollande, quelques-uns en Chine, d'autres même au Japon. La nouvelle s'en répandit aussitôt jusqu'à la petite ville de Burlington, et il y eut un moment de crainte que toute l'histoire de la colonie ne parût dans les journaux. Mais les colons se montrèrent discrets, et il en fut de cet événement, comme de toutes les choses de ce monde : une semaine après, un autre était survenu qui avait absorbé l'attention de la multitude, et le premier était oublié.

Mais ce fut dans les familles d'Anne et de Brigitte qu'éclata la joie de leur retour. Grâce au climat délicieux dans lequel elles avaient vécu, on les retrouvait aussi fraîches qu'au départ, et les heureuses mères étaient à peine changées depuis qu'elles avaient cessé d'être de jeunes et alertes jeunes filles. On s'arrachait leurs enfants, on leur faisait fête de tous côtés. Les voyageurs, qui rapportaient une fortune assez ronde, n'en étaient pas plus mal reçus pour cela. Les deux frères de Woolston avaient alors une honnête aisance, et ils ne tardèrent pas à annoncer qu'ils ne retourneraient pas aux îles. Quant à l'ex-gouverneur, il pouvait passer pour riche, mais ses affections étaient toujours pour la colonie, malgré l'ingratitude des habitants. Il avait pour elle l'indulgente faiblesse d'un père pour les défauts de ses enfants. Néanmoins Brigitte se décida à rester encore un an auprès de son père, qui était alors infirme, et qui ne pouvait se résoudre à voir repartir sa fille unique, lorsqu'il avait eu à peine le temps de la serrer dans ses bras. L'Amie Marthe aimait beaucoup à régler sa conduite sur celle de Brigitte Woolston ; il fut donc convenu que Betts vendrait son brick, et qu'il s'embarquerait comme passager à bord du *Rancocus*, sous la condition que cette fois il consentirait à coucher dans une des chambres de la cabine, et à prendre place à la table du commandant.

Les Heaton se déterminèrent à rester, du moins momentanément, en Amérique. M. Heaton était plus révolté que son beau-frère des procédés indignes des colons. Il savait mieux que personne tout ce que Marc avait fait pour eux, et il ne pouvait leur pardonner de l'avoir oublié. Anne regretta un moment le Pic et son air si pur et si salubre ; mais elle était dans sa famille, avec son mari et ses enfants, et elle ne pouvait que se trouver heureuse.

Quand *le Rancocus* mit à la voile, il n'y avait donc à bord, outre les gens de l'équipage, que Marc Woolston et Betts. Sa cargaison avait été composée des objets qui pouvaient être utiles à la colonie. Marc eût trouvé à s'en défaire avantageusement à Valparaiso ; mais il repoussa les offres qui lui furent faites ; la manière la plus noble à ses yeux de se venger des colons était de chercher à les servir.

Entre Valparaiso et le Cratère la traversée était ordinairement de cinq semaines, quoique cela dépendît un peu de l'état des vents alizés. Cette fois elle fut plus longue, parce que M. Woolston voulut essayer un nouveau chemin. Au lieu d'aller au Groupe de Betto, il chercha s'il ne pourrait pas, en gouvernant plus au sud, arriver directement au Pic de Vulcain.

Ce fut dans la matinée d'un des jours les plus purs de ce beau climat, que le capitaine Saunders se trouva sur le pont avec l'ex-gouverneur au moment où celui-ci sortait de la cabine pour la première fois, et il lui annonça qu'il venait d'envoyer quelques matelots en haut pour chercher la terre. D'après ses calculs, ils devaient être au plus à vingt lieues du Pic, et il s'étonnait qu'on ne le vît pas encore. Au surplus, cela ne pouvait tarder, car il était tout à fait sûr de sa latitude, et quant à la longitude, il ne croyait pas qu'il pût s'être trompé de beaucoup. Les matelots en vigie furent hélés alors pour savoir s'ils découvraient le Pic à l'avant; la réponse fut qu'aucune terre n'était en vue sur aucun point de l'Océan.

Le bâtiment continua pendant plusieurs heures à courir vent arrière, et ce même vide extraordinaire régnait au-dessus des eaux. Enfin une île fut aperçue, et la nouvelle en fut envoyée sur le pont. *Le Rancocus* gouverna vers cette île; et dès qu'on en fut près, à la surprise entière de tout l'équipage, on vit qu'elle était entièrement inconnue. Marc et le capitaine avaient la conviction qu'ils ne pouvaient être qu'à quelques lieues du Pic et du volcan, et ils ne voyaient ni Pic ni volcan; à la place était une île nouvelle. Cette terre ignorée, de peu d'étendue, sortait de l'eau de trois cents pieds environ. On mit un canot à la mer pour aller considérer de plus près cet étrange phénomène.

Marc, en approchant, découvrit quelques contours qui lui semblaient familiers. L'embarcation se porta un peu plus vers le nord, et il aperçut un arbre solitaire. A cette vue, un cri s'échappa de ses lèvres, et la terrible vérité lui fut révélée tout à coup dans toute son horreur. Il voyait la cime du Pic, et cet arbre était celui qu'il avait désigné lui-même pour servir de signal. Le reste de son paradis s'était abîmé sous les eaux.

On mit pied à terre, et un examen plus attentif confirma entièrement cette effrayante catastrophe. De tout ce séjour enchanteur que Marc avait appelé le Pic de Vulcain, il ne restait debout que le sommet rocailleux couvert d'une couche vénérable de guano. Tout le reste avait été submergé, et lorsqu'on interrogea la sonde, la plaine, ce lieu de délices, qui semblait tenir du ciel plus que de la terre, se trouva être à près de cent brasses au fond de l'Océan.

Il serait impossible de décrire l'horreur dont Marc et ses compagnons se trouvèrent saisis à cet affreux spectacle. Il n'y avait pas à en douter : les feux intérieurs avaient produit une nouvelle convulsion ; le fruit de tant de travaux était à jamais perdu ! La croûte de la terre s'était brisée de nouveau ; et cette fois c'était pour détruire au lieu de créer. La sonde ne confirma que trop ce désastre : c'était bien tout autour de la montagne les mêmes configurations de terrain qui avaient été reconnues tant de fois ; c'étaient aussi, à ne pas s'y méprendre, les contours du Pic dont la cime était toujours là, dépouillée, battue des flots, mais non plus entourée de cette riante nature qui en faisait tout le charme.

Les navigateurs retournèrent à bord le cœur navré. Ils passèrent la nuit près de la petite île ; le lendemain, ils gouvernèrent dans la direction de la place où le volcan avait surgi un jour du sein des eaux. Arrivés sur le lieu, après avoir couru des bordées, dans tous les sens, ils mirent en panne, et on fila la ligne de sonde, sans trouver de fond à deux cents brasses. *Le Rancocus* se dirigea alors vers l'île qui avait porté son nom ; on trouva la place, mais la montagne s'était enfoncée dans l'Océan. Sur un point, la sonde indiqua dix brasses d'eau, et le bâtiment y jeta l'ancre. A la pointe du jour, en appareillant, l'ancre ramena une portion du squelette d'une chèvre, qui, sans doute, était à brouter sur la pointe extrême de la montagne, au moment où était survenu le tremblement de terre qui avait tout englouti.

Le Rancocus prit alors la route du Récif. Dès qu'il fut arrivé à la rade de l'Ouest, on n'avança plus que la sonde à la main et avec une grande prudence, dans la crainte de rencontrer des écueils ; car M. Woolston ne tarda pas à se convaincre que, comme dans la première convulsion, c'était au Pic que la plus grande commotion avait eu lieu, et que les îles du Récif étaient loin de s'être enfoncées à la même profondeur. Vers le soir, lorsqu'on était arrivé, suivant son estime, au centre du groupe, les vigies annoncèrent qu'on voyait la pointe de quelques brisants, à un demi-mille de distance, par le travers de bâbord. *Le*

Rancocus mit en panne, et Marc monta sur un canot avec son ami Betts pour aller faire une reconnaissance.

Cet écueil n'était autre chose que le Sommet du Cratère, et les brisants signalés sur un ou deux points étaient formés par les saillies des rocs les plus élevés. Le canot passa néanmoins sans peine, en ayant soin, toutefois, d'éviter les endroits où l'eau était blanche. En plein milieu du Cratère, le plomb de sonde atteignit le fond à vingt brasses. Ainsi donc c'était à vingt brasses sous la surface de la mer que le Cratère, avec sa ville et ses habitants, s'était enfoncé ! Si quelque objet avait flotté quelques instants sur l'eau, comme il était probable, il y avait longtemps que les courants l'avaient emporté, ne laissant après eux aucune trace qui pût désigner l'emplacement habité si récemment encore par tant de créatures humaines !

Après quarante-huit heures employées à des recherches qui ne pouvaient avoir de résultat, il fallut s'éloigner de ce lieu de désolation, et Marc se rendit au Groupe de Betto. Il y trouva le jeune Ooroony qui gouvernait paisiblement sa peuplade. On n'avait rien su du sort des colons, quoiqu'on eût été surpris de ne recevoir la visite d'aucun de leurs bâtiments. Déjà, depuis assez longtemps, les relations étaient beaucoup plus rares. La plupart des Kannakas avaient quitté successivement le service des blancs. Presque aussitôt après le départ des Woolston, les prétendus défenseurs de l'humanité, ces amis exclusifs du peuple, s'étaient mis à exiger d'eux beaucoup plus de travail qu'autrefois, et ils oubliaient de les payer. Aussi bientôt la désertion avait-elle été générale. Voilà à peu près tous les renseignements que les Indiens pouvaient fournir au sujet de la colonie. Seulement ils parlèrent de l'affreux tremblement de terre qui avait eu lieu, il y avait quelques mois, et qui avait surpassé de beaucoup en violence tout ce qu'on avait jamais ressenti dans ces régions. C'était dans cette convulsion affreuse de la nature que la colonie du Cratère avait péri tout entière.

Woolston laissa quelques présents à son ami, le jeune Ooroony, et après avoir débarqué deux ou trois Kannakas qui se trouvaient encore parmi l'équipage, il mit à la voile pour Valparaiso, où il se défit avantageusement de sa cargaison, et il rentra à Philadelphie après un peu plus de neuf mois d'absence.

Il fut rarement question parmi ceux qui avaient échappé si miraculeusement à ce désastre, de la colonie du Cratère, dont la naissance et la fin avaient été marquées par des catastrophes si extraordinaires. Mais ce fut pour notre ami l'objet de longues et profondes méditations. Que de fois il repassa dans sa mémoire tous les événements de sa vie qui se rattachaient au Récif : son naufrage, et son isolement complet, lorsqu'il y aborda pour la première fois ; ce roc aride, devenu fertile par une sorte de miracle dont il avait été l'humble instrument ; puis toutes ces îles grandissant tout à coup à la suite d'un tremblement de terre ; l'arrivée de sa femme et de ses amis ; le commencement et les progrès de la colonie, prospère tant qu'elle avait suivi la bonne route, maudite lorsqu'elle s'en était écartée ; son départ, lorsqu'il laissait des établissements en pleine activité au milieu d'une sorte de paradis terrestre ; son retour, pour trouver tout enseveli sous l'Océan ! Voilà pourtant l'histoire du monde et de ses avantages si vantés ! Pendant quelque temps nos efforts semblent créer, orner, perfectionner ; puis nous oublions notre origine et notre destinée ; nous voulons substituer notre néant à l'action de l'Être infini ; et dès que la main qui nous soutenait se retire, nous tombons dans l'abîme sans fond !

Que ceux qui crient à tout propos : Le peuple ! le peuple ! au lieu de chanter les louanges de leur Dieu, y réfléchissent profondément ! Ils s'imaginent que les masses sont toutes puissantes ; et ils ne voient pas que ce ne sont que des atomes imperceptibles au milieu de ces myriades d'atomes que la sagesse éternelle a créés pour ses fins mystérieuses. Leurs pays si vantés, avec leurs climats si favorables et leurs productions si variées, ne sont qu'une mince portion d'un globe qui lui-même flotte comme un point dans l'espace, suivant la route qui lui est tracée par un doigt invisible, et qui, un jour, sortira de son orbite à l'appel de la même voix qui l'y a placé. Gardez-vous donc bien, téméraires, de vouloir jamais reléguer cet Être redoutable à la seconde place dans les affaires humaines, et réfléchissez que tous ces avantages dont nous sommes si fiers, force du nombre, supériorité de l'intelligence, succès, — s'évanouiront, comme un songe, dès que les fins pour lesquelles ils nous ont été donnés seront accomplies !

FIN DU CRATÈRE.

SAINT-DENIS. — TYPOGRAPHIE DE DROUARD.